平成の税・財政の歩みと21世紀の国家戦略

大武健一郎

財団法人　納税協会連合会

はじめに

１９９１年12月に起きたことがその後の日本を大きく揺るがすことになるという覚悟が、当時は私はもとより、多くの有識者にもあまりなかったように思われる。１９９１年12月にソ連が崩壊し、ロシア共和国等に分裂した。当時の日本の新聞は大きく報じたが、その後の日本への影響はそれほど分析されていたようには思えない。

しかし、この出来事によって、日本の敗戦から続いてきた米国の仮想敵国ソ連が瓦解し、日本の「防共列島」としての地政学的位置は失われ、いわばフリーズ（凍結）されてきた日本の「敗戦」が現実のものとなったのである。米国の国防総省が米国議会に毎年報告していた「ソ連の軍事力」も、１９９１年を最後に出されることはなくなった。そして、象徴的な出来事は１９９３年にクリントン米国大統領と江沢民中国国家主席が会談し、「リメンバー・パールハーバー」が叫ばれたのである。太平洋戦争の戦勝国米国と中国が合同で、敗戦国日本にそのことの再確認を迫ったのである。

ソ連の崩壊から、米国は軍民転換政策をかかげて軍事技術の民間開放が進められることになった。そもそもインターネットもカーナビも軍事技術である。特に軍事機密そのものである暗号が、その一部とはいえ民間に開放されて、インターネットにおける本人確認に活用されることになったことは、インターネットの飛躍的発展に貢献することになった。こうした政策によって、米国は、その後今日まで世界経済のけん引車となってきたのである。

しかも、米国は世界のルールづくりにも着手し、アングロサクソン型のスタンダードがグローバルスタンダードの名の下に世界をかけめぐることになった。特に、企業会計のルールにはこの間、時価会計、退職給付会計、減損会計等、新しいルールが次々と導入されて、米国における企業会計ルールが日本においてもルール化されていくことになった。そして、先に成立した新会社法も、その延長線にあるとみるべきであろう。

こうした一連の出来事がはじまった１９９１年、すなわち平成3年12月から10ヵ月後の平成4年10月に、私は下京納税協会において講演の機会を得たのである。それから十数年間にわたり、ほぼ毎年講演させていただき、それを冊子にまとめていただいた。

ふり返ってみると、縁というものをつくづくと思う。私が、昭和46年に大阪国税局の調査部の調査官として赴任した折に、一緒に仕事をさせていただいた森下巳代治氏が、平成4年7月に下京税務署長となられた。そこで、そのとき主税局税制第二課長であった自分に、下京での講演のお誘いをいただいたのであった。その講演の折に知り合った下京納税協会専務理事の高浜正昭氏から「冊子にしてはどうか」とのお誘いをいただき、最初の冊子が誕生した。このとき以来、高浜専務理事と下京納税協会優青会の池田初枝氏、そして歴代の署幹部の方々には、公私にわたってお世話になった。そして、自分が国税庁長官在任中の平成17年1月、そして退官後の平成17年10月まで講演をさせていただくことになったのである。

この間、下京納税協会の歴代会長の方々、堀場会長、故滝井会長、故阿萬会長、そして道端会長には今日まで、企業人として日本を背負われる姿勢と生き方を御教示、御指導いただいた。また、下京納税協会の事務局の方々や会員の方々にも工場見学等をさせていただき、現場の視点の大切さや日本の伝統文化、科学技術の奥深さをお教えいただいた。

今回、本としてまとめるに際しては、第1回目の冊子から平成16年1月主税局長3年目の講演の冊子まで、10冊分を使用した。まさにこの間は、前述のフリーズされていた「日本の敗戦」が現実のものとなり、「バブルの崩壊」「銀行破綻」「不良債権処理」に明けくれた時代であった。その間、税の視点からではあるが、ずっと日本経済を見てきたひとつの記録的な意味もあるので、あえて現時点から見た修正は加えず、極力原文通りとして、現時点から見た感想を注記させていただくことにとどめた。また、本書には人口問題が随所にでてくるが、これも実は自分の経歴からくるものである。

自分は藤枝税務署長を終え、昭和51年7月、厚生省年金局年金課課長補佐になった。このとき、ちょうど昭和50年の合計特殊出生率（いわゆる女性が一生の間に生む子供の数）が発表され、

１・９１という当時としてはまさにショッキングな数字に遭遇したのである。

　昭和30年代中頃から昭和40年代を通して、ほぼずっと合計特殊出生率は2を維持してきていた。だからこそ年金について、社会保険制度によって世代間扶養が可能と考えてきていたのである。しかるにこの数字が2を割ったことで、今は亡き厚生省の同僚荻島補佐と「本当に年金制度は成り立っていくか」という議論を、夜を徹して行った思い出がある。その頃すでに従業員の減少によって、国鉄共済組合の年金が破綻しはじめていたのである。ところが、このときの人口問題研究所の議論は「出生率のダウンは女性の晩婚化が原因であるから、晩婚でも結婚すれば平均２人の子供を生むから、いずれ出生率は反転して２に戻る」というものであった。しかしながら、現実はそうならず傾向的に下り続け、平成16年には、ついに１・２５という数字になってしまった。こうした経緯があったため、自分は税にたずさわった期間も含め、ずっと人口統計にだけは関心を持ち続けてきたのである。

　税も保険料も国民負担としては同じであり、その人口構成から将来世代にとって耐えられることと、耐えられないことがあることは明らかで、それを無視して制度をつくることは社会保険制度のみならず、税制もまた破綻することになる。税は経済活動のある所から経済活動に見合って負担してもらうもので、経済活動のない所には負担してもらえないし、経済活動を超える負担は経済そのものを破綻させるからである。将来を見通すことが困難な今日にあって、人口だけはかなり将来予測をたてることができるのである。それにもかかわらず、人口問題を十分見通して対応することなく、今日まできたことが本当に悔やまれる。

総人口は2005年をピークに減少をはじめ、医学的に見たとき、本当の高齢者である75歳以上の人口がこれから急増し、2000年の900万人から2025年には2000万人を超える。このときには、全人口に占める75歳以上の高齢者の人口が、5〜6人に1人を占めることになる。特に地方は、3〜4人に1人が75歳以上の高齢者となる。もはやその時点まで20年を切った。この時代に向けて、しっかりとした対策を今から図っていくことが望まれる。

そこで、そうした問題も視野にいれて、日本の将来に向けての国家戦略について、財団法人納税協会連合会会長で、大阪商工会議所会頭の野村大阪ガス会長とお話をさせていただいた。それをまとめたものが第2部である。野村会長は、私が大阪国税局長在任中に知己を得た、毎日新聞大阪代表をされた木戸湊氏の紹介で、かねてから御指導をいただいてきた方である。野村会長は阪神淡路大震災の折に、当時の領木社長（前納税協会連合会会長）の下で、ガス事業対策本部長として、ガスによる二次災害の防止につとめ、また、復旧・復興を推進した方で、私がかねてから尊敬している方である。その方がこの本をまとめる折に、ちょうど財団法人納税協会連合会の会長に就任され、対談にも快く応じて下さったのである。まさにこれも縁だと思う。

多くの方々にお読みいただき、まさに「対談」に加わっていただいて将来の日本を考え、日本の国家戦略を議論していただけたらと思う。

今回、一冊の本にまとめることを提案いただいたのが、永年講演をとりまとめていただいてきた清文社であり、大阪国税局長以来10年間御交誼いただいてきた財団法人納税協会連合会の吉田副会長であった。人生は縁の連続である。

国の有様も決して偶然に決まるものではない。多くの先人達の知恵と、国を思う心で織りなされてきたものである。そして、そこには多くの縁の積み重ねがある。これからの日本の進路は決して平坦なものではないと思われる。しかし明治の開国のときも、まさに平坦ではない状況の中から、先人達は今日の日本へとつないできたのである。江戸城無血開城も、坂本龍馬、勝海舟、西郷隆盛はじめ、多くの先人達の縁があって行われたものである。今、日本はフリーズされていた「敗戦」の処理を終えて、いよいよ新しい時代に入ったように思う。自分達の国は自分達の手で切り拓いていくことが必要である。多くの方々、特に若い方々の未来に向けた日本の国づくりの議論に、本書が少しでも役立つことを期待している。

平成18年9月

大武健一郎

目次

激動の時代の税制改正　平成10年（1998年）　133

激動の時代を生きぬくために――税制改正の視点から　平成11年（1999年）　175

日本再生の道──税・財政を考える　平成14年（２００２年）

第2部　21世紀の日本の国家戦略（大武健一郎・野村明雄・吉田實男）

第１部　平成の税・財政の歩み

――１９９２年～２００４年　税制講演会より

我が国の税制改革の諸問題

［平成4年（1992年）10月29日］

主税局税制第2課長

平成4年

日本の出来事

【国内経済】

- 地価税実施
- ソニー、終身雇用制を廃止

【社会・生活・文化・科学・流行・世相など】

- カード破産
- ＰＫＯ法成立
- 安・近・短
- 複合不況

1992年

世界の出来事

- 地球サミット
- ＥＵ市場統合
- ＰＫＯ法による自衛隊のカンボジア派遣

日本の財政問題の推移

我が国では昭和35年頃には、〝均衡財政主義〟が採られていました。この〝均衡財政主義〟というのは、その年に入った税金でその時の歳出を全部賄っていこうとするものです。建設国債なども一切発行しない状態でずっと昭和30年代はやってまいりました。

そして、昭和39年、皆様ご存じのとおり、オリンピックが東京で開かれました。この頃までは、日本は所得倍増政策の下で税収が入ってきたのです。従いまして、国債を発行しないで、その年に入った税金でその年の予算をみるという〝入るをもって出づるを制す〟というような財政運営が行われたのです。

ところが、オリンピックが終わりますと景気が落ち込んでしまいました。そこで、40年度の補正予算でついに歳入補塡債というのを発行し、昭和41年からはご存じのとおり建設国債を発行することになります。

よく建設国債と赤字国債という言葉がでてきますので、ちょっとここで補足しておきますと、建設国債というのは〝4条公債〟と申しまして、財政法4条に基づいて、もともと国家の財政上発行することが認められている国債のことです。

これはどういうものかといいますと、公共事業のような、今の納税者だけでなく将来の納税者も利用できるものに対する支出を、いわば借金で行おうというものです。例えば、道路というのは道路を造った時の人だけではなくて、その後の人々も利用することができるという意味で、広くその後の納税者も利用することができるのだから、みんなで負担しましょうという仕組みをとっているのが、建設国債というものです。

それに対して赤字国債というのは、財政法上は予定されていませんので、これを発行する時には、特別の立法措置、法律が必要になります。この赤字国債が発行されるのは、例えば我々の子供達が学校へ行きますが、その義務教育にかかるお金が足りなくなって補填する場合などに発行するものです。これなどは今の子供達が受けるための経費ですから、本来、今の税金で賄わなければなりません。あるいは、今のお年寄りの医療費を税金で補填する。これはあくまでも、今の納税者が今のお年寄りのために払うのが当然なものでして、後の人達に払わせるのはいかがかと……。

こういうものは、本来、財政法上は今の納税者が払わなければならないのですが、これが払えなくなった時に赤字国債を発行することになります。

従いまして、大蔵省（現財務省）が、「建設国債はやむを得ないけれども赤字国債は好ましくない」といつも申し上げるのはそういうことです。建設国債というのは、いわば造ったものが何十年かにわたって使えるものである故、何十年かの間にそれを使う人達、即ちその間の納税者で払っていただくということですから、ある意味で正当化できるのです。しかし、赤字国債というのは、今の納税者の方が、お年寄りであれ、お子さんであれ、そういう方々のために支出するお金であるから、それは、今の納税者が払うべきだ、それを後の人達のツケに回すのはいかがかと、そういった性格のものなのです。

またこの頃、経済白書や通商白書などでさかんに社会資本の充実ということがいわれるようになりました。所得倍増政策で民間部門は拡大したけれども、道路や下水道などが少しもできてないのだから、それをみんなで造ろうじゃないかということで、その財源としての建設公債を初めて発行したのが、昭和41年でございます。

この頃は、まだ日本の経済は少し経済成長をすると、貿易収支が赤字になって輸入が輸出を上回り、すぐに〝国際収支の壁〟といわれるものに当たってしまい、景気を引き締めざるをえないという時代でしたが、徐々に日本の経済体質が改善されてきまして、輸出の方が大きくなってきましたので、いよいよ社会資本を充実して、日本の国家の礎をつくろうと言い出したのが40年代後半です。

ところが、昭和46年の8月、ニクソンショックが起こります。ちょうどこの頃、私は大阪国税局に勤務していましたが、いよいよ円の切上げというような話がちらほらし出したことを覚えています。

この直後、当時首相であった田中角栄氏が今こそ日本の社会資本を充実すべき時だということで、〝列島改造論〟をぶち上げました。ところが、折悪くし、石油ショックがやってきまして、世界は石油ショックのお陰で不況へ突入していきます。日本もまたその例外ではありませんでした。

そして、昭和49年に2兆円減税を行った煽りを受けまして、昭和50年には特例公債という赤字公債を発行せざるをえないことになりました。それでも世界からは日本はまだ発展余力があるのだから〝世界の機関車〟としての役割を果たすべきだといった議論が喧しくなったのが、この昭和50年代の前半でしたが、日本は建設公債のみならず、赤字国債というのを昭和51年以後大量に発行することになります。

日本は、昭和54年の第２次石油ショックの時には、経済立直しのためということで一般会計予算のうちの39・６％、約４割を借金で、６割を税金で賄うということになってしまうわけです。

その後の世界的な景気後退の中で、日本も税収大幅ダウンという状況下で予算をゼロ・シーリング、あるいはマイナス・シーリングというような形にし、歳出を抑えるという時代がやってきました。従いましてこの頃は、建設国債なども極力発行しないということで、ほとんどが前年同額、あるいは、マイナスになってしまいました。その結果、この頃の財政の影響として、現在でも「道路が充分に機能してないのではないか」「名神や東名などの高速道路はオーバーフローしているのではないか」といったような議論がでてきます。

しかも、この頃は同時に建設公債を抑えたにもかかわらず、税収減に対応するために赤字国債を発行せざるをえなくなりました。その結果、現在約１７４兆円の国債発行残高を持つことになるわけです。[※1]１７４兆円というのは気の遠くなるような金額ですが、この重みが現在の日本の財政にも押し掛かっているのです。

ところで昭和59、60年というのは日本は重厚長大型産業――神戸製鋼、住友金属、石川島播磨などですが――が非常な不況に陥ります。いわゆる構造不況といわれる時代に入っていきました。

そこで、日本の国はこのままではだめだということで、超低金利政策を実行したのですが、非常に不思議なことに昭和61年の税収が当初予算を上回るという事態になりました。また、昭和62年10月、アメ

※１　当時は１７４兆円でも気が遠くなるような金額であり、今日の状況などは思いもよらなかったのです。

リカのウォールストリートにおきまして、株が大暴落しました。いわゆるブラックマンディです。その時期、日本の株も一時下がるのですが、超低金利政策等々の影響もありまして、株は暴落しませんで、日本の株式市場だけが堅調という事態を続けることになります。

その後、その超低金利政策のお陰で今日よくいわれますバブルという状況を呈していくのですが、税収面におきましても、昭和62、63年と5兆円を上回る自然増収が入ってきます。そして平成元年におきましても、4兆円弱の自然増収がある。このお陰で、非常に皮肉なことですが、いわゆる赤字国債、特例公債依存からの脱却ということが、平成2年に実現することになります。

しかしその後、〝バブルがはじける〟という言葉でよくいわれますけれども、逆に税収は下振れを始めまして、平成3年、約2兆円の自然減収になってしまいました。さらに平成4年は、4兆８７００億円という自然減収が見込まれています。

他方、[※2]平成3年の12月、ソ連が瓦解しましてからは、日本はもっぱら、米ソ冷戦下の中の存在ではありえなくなって、国際的な役割による負担が次第に重荷となってくる時代になってきました。

財政事情の国際比較

公債依存度というのは、一般会計、いわゆる歳出に占める国債の比率ですが、日本の場合、１９９２年（平成4年）は10・1％になっています。これは予算の9割を税金で賄って、残りの1割を国債で賄っているということです。これが小さいほど借金が少なくて、税金で賄っていけるということになり、これが大きいほど、借金が多いということになります。日本以外でいいますと、アメリカが23・２％、イギリスが１・０％、ドイツが、11・０％、フランスが５・８％になっています。よくいわれますように、アメリカが日本より公債依存度がついに大きくなってしまったというのが、昨今の状況です。

次に長期政府債務残高の対ＧＮＰ費というのは、国民総生産に占める国の借金、国債の残高がどれだけあるか、を示したものです。これも公債依存度と同じく小さければ小さいほど借金がストックとして少ないということで、多ければ多いほどそれだけ重荷が大きいということになります。

１９９２年（平成４年）の日本は１７４兆円の公債残高を反映して長期債務残高の対ＧＮＰ比は44・７％になっています。一方、アメリカは54・４％、イギリスは30・４％、ドイツは21・５％、フランスは14・４％です。

イギリスの場合をみてみますと、先ほどの公債依存度は単年度では１・０％と小さいのですが、残高度ベースですと30％もあります。これは何故かといえば、イギリスの国債というのはコンソル国債という償還期限のない国債でして、この国債がたくさんあり、過去の借金の残高がずっと残っている状態ですので、ストックとして長期債務残高は、イギリスもけっこうあります。ただ、アメリカがこの長期政府債務残高の対ＧＮＰ比でも一番で、その次は日本、ヨーロッパの国はかなり軽いといえます。

ところが、歳出総額に占める利払費をみますと、日本が一番高く16・８％、アメリカは14・１％、イギリス６・１％、ドイツ10・６％、フランス12・６％です。

※２　米ソ冷戦の終焉が日本のその後を大きく揺るがすことになるとは、当時は十分理解していませんでした。

日本がなぜ高いかと申しますと、さきほどお話したように昭和50年代に大量の国債を発行しましたから、その分の重荷が大変大きいということが一つの理由です。それからもう一つは、アメリカの公債依存度や債務残高は大きいのですが、予算規模が大きいので歳出総額に占める利払費ということになると、日本より小さくなるということです。

いずれにしましてもここでいえることは、日本は決して欧米先進国と比べた時にいいという方には入らず、アメリカの次ぐらいに悪い財政状態であるということだろうと思います。

租税負担及び社会保障負担比率の国際比較

次に国民所得に対する租税負担及び社会保障負担の比率の国際比較に移りたいと思います。これは税金だけではなく社会保障負担といわれる年金、健康保険の保険料などを合算したいわゆる国民負担を比較したものです。

そこで、日本、アメリカ、イギリス、ドイツ、フランス、それから北欧のスウェーデンを比べてみます。租税負担と社会保障負担をたしたものの国民所得に対する比率をみてみますと、日本は昭和45年ごろは租税負担の18・9％と社会保障負担の5・4％を足すと24・3％ぐらいだったのですが、急速な高齢化をむかえまして平成4年の見通しでは、租税負担が26・4％、社会保障負担が11・8％、トータル38・2％です。

次に平成元年の各国を比較しますと、日本が38・7％、アメリカは36・5％、イギリス51・4％、ドイツ52・5%、フランス62・0%（昭和63年）、スウェーデンにいたっては75・9%という強烈な国民負担になっています。この数字から日本とアメリカはまだ租税負担及び社会保障負担が軽く、欧州の国々は大変重い国だといえます。ただそれぞれの国には特色がありまして、例えば、ドイツの租税負担は30・6%ですが、社会保障負担が大変重くて21・9%、トータル52・5%。これに対しイギリスの租税負担は40・6%、社会保障負担は10・8%、トータル51・4%とドイツとほぼ同じ国民負担になります。国によって税で賄うのか保険料で賄うのかという異った仕組みになっています。

いずれにしても欧州の国々はやはり重い租税負担になっています。スウェーデンは論外ですが、例えば所得が１００あったとしたら75は税金と保険料で持っていかれますので、手元には25しか残らないというような社会構造になっています。これがまさに高福祉、高負担の国ということなんだろうと思います。

ただ日本の場合には臨時行政改革推進審議会におきまして、いわゆる高齢化のピークがくるであろう２０２０年ごろにおいても50%を超えないようにしなさいというようなことがいわれていますし、21世紀の初頭、すなわち、２００５[※3]、6年頃でも40%の前半ぐらいで止めるようにしなさいという審議会のご答申をいただいて、租税負担及び年金の負担等はできるだけ抑えていく方向に向かっております。現在も、昨今の税収の減少も響きまして、38・2%という水準で止まっているわけです。しかし今後も現

※3　実際には２００５年の国民負担率は35・9%にとどまっています。もっとも国債で賄っている分も含めた歳出ベースの国民負担率は44・8%となっています。

図表１－１　国税収入の構成比の推移　　　　ＯＥＣＤの分類ベース（単位：％）

	昭和25年度	30	40	50	60	62	63	元	2	3	4
所得課税	54.4	50.7	57.9	67.2	70.1	69.5	69.7	70.7	70.7	69.2	70.1
所得税	38.8	29.9	29.6	37.8	39.4	36.5	34.4	37.4	41.4	42.3	41.7
うち資産所得分	0.5	1.6	4.5	11.5	8.6	9.2	9.2	12.4	16.3	n.a	14.6
法人税	15.6	20.8	28.3	29.4	30.7	33.1	35.3	33.2	29.3	26.9	28.3
消費課税	43.4	46.0	37.9	26.8	21.8	19.1	18.9	20.1	22.0	23.2	22.3
資産課税等	2.2	3.3	4.2	6.0	8.1	11.3	11.4	9.2	7.3	7.6	7.6
計	100.0	100.0	100.0	100.0	100.0	100.0	100.0	100.0	100.0	100.0	100.0

行の仕組みを維持していくと、負担水準は急上昇するわけで、負担水準を抑えるためには現行の仕組みを相当、変革していかねばならないと思います。

高齢化と労働力不足

国税収入の構成比の推移（図表１―１）をみてみますと、ご存じのとおり昭和63年に抜本改正を行いましたが、所得課税というのは63年には69・７％を占めていましたが、平成４年も70・１％とほとんど変わっていません。

消費課税はといいますと、昭和63年が18・９％であったのが、やはり消費税の導入が功を奏しまして、平成４年は22・３％ぐらいの水準になりました。

資産課税は昭和63年は11・４％でしたが、相続税をこの時にかなり引き下げましたので、平成４年は７・６％に下がっています。

ただ、所得課税の内訳をみてみますと、昭和63年の69・７％のうち、所得税が34・４％、法人税が35・３％です。平成４年になりますと、この法人税は28・３％とかなり下がります。

一方の所得税の方は平成４年には41・７％と膨らんでいます。これは所得税のうち資産所得分が昭和63年に９・２％だったものが、平成４年の見通しで14・６％、平成２年の実績では16・３％にまでなったことが理由だと思われます。これは平成バブル景気の中において、土地の譲渡所得税というのが大きかったということです。

平成４年は法人税の減収だけでなく、他方でこの資産所得分がウエート・ダウンしています。平成バブル景気において資産所得分が非常に膨らんだことが異例であったわけで、このような高い水準でいること自体が本当はおかしいのかもしれません。

おそらく今年の実績においては所得課税のウエートが相当下がり、結果として安定的財源である消費課税の方のウエートが見通しの22・３％よりは相当上回った形になるのではないかと思います。

この構成比の推移を念頭において、65歳人口の対総人口比をみてみますと、日本の場合、１９５０年、昭和25年などは、65歳以上のお年寄りの比率は４・９％、世界の中では圧倒的にお年寄りの少ない国だったわけです。それが徐々に日本の場合も長生きできる、あるいは、幼児死亡が少なくなる。そして、出生率が落ちるというようなことで、お年寄りの数が相対的に増えてきました。

１９９０年、平成２年をみますと、日本は12％、ドイツが15・４％、フランスが13・８％、イギリスが15・４％、アメリカが12・６％です。

この後日本の場合は急激に高齢化が進みます。２０００年、平成12年にはドイツと同じく17％になります。さらに２０２０年になりますと25・２％となり、お年寄りが４分の１を占めるという前代未聞の状態になります。このように日本の場合は絶対的水準が高いだけでなく、それが急激だということが問題としてあるのではないでしょうか。

　現在は１人の女性から平均してお子さんが１・53人生まれる。すなわち、少子化[※4]が進行しているので、育児休業法を早急に作る必要があるといわれていますが、厚生省では、この日本の数値は１・85人まで戻るという前提でやっております。

　何故１・85人まで戻ると、厚生省が読んでいるかといいますと、これは厚生省人口問題研究所の統計あるいはアンケート調査からくるものなんですが、女性の結婚に対する５原則というのがあります。１９７０年代、だいたい昭和45年頃は、「①女性はだいたい一生に１度結婚する。しかも、②結婚するとほとんど離婚はしない。③未婚では子供を産まない。④結婚すると平均２・２人のお子さんを産む。そして、⑤20代の前半で大半が結婚する。」という５つの原則がありました。

　ところが、今日この５原則の内でただ一つだけ変わりました。「20代前半で結婚する」というのがそれで、今や十数％しかおりません。30代でお子さんを産む人の方がはるかに多くなりました。

　したがって、人口問題研究所曰く、「今は女性の晩婚化が進んでいるだけで、いずれお歳をとってから結婚されて、お子さんを産むんだから、出生率は戻る」という前提に立っているわけです。

　事実、スウェーデンにおいては、１９６０年代に２・３～２・４人ぐらいあった出生率が一時は１・６人台まで落ちましたが、今は２人に戻ってきています。これは晩婚化という面と同時に育児休業法等が効いたのだとよくいわれますが、それに加えて１９７５年の婚姻法の大改正にあったことにもよります。

現在、スウェーデンでは、百人の子供が生まれれば、54人は未婚夫婦の子供で、46人が既婚夫婦の子供です。これは、決して両親がわからないというのではなく、結婚という形態をとらないということです。

例えばスウェーデンにおいては税制上も配偶者控除が第１子の扶養控除と同額で一人分しか受けられませんから、配偶者控除がないのと同じです。それから、年金に関しても年金法の改正によって、遺族年金もなくなりつつあります。なくなりつつというのは、既得権者がいまして、これを中止することはできませんから、新規適用がなくなるという意味です。本来ご主人が働いて、働いてない女性が残った時に生産手段がない。そこで遺族年金が出るのですが、スウェーデンでは女の方も男の方と同じように働いておられますので、女の方も年をとったら老齢年金が出ますので、もはや遺族年金はいらないということなのです。

このように婚姻法を前提とした諸制度の改正があって初めて出世率が２人[※5]に戻ってきているのです。

逆に、イタリアのように離婚や未婚の子供が許されないカトリックの国では、１９６５年頃は１人の女

※４　この見方が誤っていたことは、事実により証明されることになりました。

※５　２０００年には、そのスウェーデンも特殊出生率は１・55人に下っており、２人との差は移民を認めることで、年金財政を維持しているようです。

性が平均２・５人以上の子供を産んでいたのが、今や１・３人になっています。ソフィア・ローレンが離婚したいためにアメリカに帰化したと言われたのもこのためなのです。このような国では出生率はどんどん落ちているわけですから、日本において果たして１・53人がさらに１・85人まで戻るかどうかはよくわかりません。もし戻らなければ、先に申しました数値以上に急激な高齢化が進むことになります。

それから、もう一つ申し上げておかなければならないのは、アメリカについてなのですが、１９９０年から２０００年にかけて、65歳以上人口の対総人口比が１回なだらかな角度になり、その後、急激に上がっていきます。昭和45、46年ごろの推計ではヨーロッパと同じようにもっと早く高齢化が進むはずだったのですが、現在の推計によりますと、この１９９０年から２０００年の間、不思議なことにほとんど高齢化が進捗しない形になっています。これはアメリカでは大量の若年労働者の移民が行われたからなのです。

日本においても、労働力不足が顕在化し、国内だけでカバーできないとすると、移民が行われてこの数字はむしろ下に下がるかもしれません。その時は単一民族国家といわれる現在の日本の形態から、アメリカのような形態に少し移るということによって下へ下振れするということになります。

ですから、この推計はあくまで今の人口構成の上だけの機械的計算で、しかも、それには一定の予測が入っているということを念頭に置いた上で議論しなくてはなりません。ただ大きな流れとしては、間違いなくお年寄りの数は増えますので、黙っていれば、年金の保険料や医療保険の保険料の方は上がっていくでしょうし、税金の方も今のような行政システムを堅持しようとすると、租税負担も増えていかざるをえないということは明らかであろうと思います。

戦後の経済、社会、国民生活等の推移

(1) 経済の推移

次に「戦後の経済、社会、国民生活等の推移」に入ります。

シャウプ勧告当時、すなわち昭和25年と昭和40年、そして平成2年、この3つの時期を比べて国民生活等がどう変わったかを見てみましょう（図表1―2）。まず、「経済成長、国民総生産（名目）」ですが、昭和25年の日本は3兆9467億円でした。その当時のアメリカの国民総生産の26分の1です。現在アメリカの26分の1の生産力を持っている国といえば、メキシコが該当します。その意味では、当時の日本はメキシコぐらいの国民総生産を示していたということになります。

昭和40年になりますと、日本は昭和25年の国民総生産の8・3%に膨らみ、32兆7728億円、当時のアメリカのGNPの8分の1にまでなってきます。現在、アメリカのGNPの8分の1の国といえばカナダなどが該当します。ですから、メキシコからカナダ並みになってきたというのがこの頃です。そして今日、平成2年は428兆6675億円、昭和25年の108・6倍、アメリカのGNPの55%です。[※6]アメリカの人口が2億人で日本が大体1億人ですから、概ね1人当たりにすると同水準に並んだということがいえます。

次に「就業構造の変化」をみますと、昭和25年の就業者総数は3572万人、農業、水産業というよ

図表１－２　戦後の経済、社会、国民生活等の推移

項　　　目	シヤウプ勧告当時	昭　和　40　年	平　成　２　年
（経済の成長） 国民総生産（名目）	（昭和25年） ３兆9,467億円〔1〕 （当時のアメリカのGNPの約26分の１）	（昭和40年） 32兆7,728億円〔8.3〕 （当時のアメリカのGNPの約８分の１）	（平成２年） 428兆6,675億円〔108.6〕 （アメリカのGNPの約55%）
（経済構造の変化） 国内総生産の産業別構造比	（昭和25年） 第１次産業　26.0% 第２次産業　31.8% 第３次産業　42.2%	（昭和40年） 第１次産業　9.5% 第２次産業　40.1% 第３次産業　50.3%	（平成２年） 第１次産業　2.4% 第２次産業　36.9% 第３次産業　60.8%
（就業構造の変化） 就業者数とその産業別構成比	（昭和25年） 就業者総数　3,572万人〔1〕 第１次産業　50.7% 第２次産業　22.2% 第３次産業　26.6%	（昭和40年） 就業者総数　4,730万人〔1.3〕 第１次産業　23.5% 第２次産業　31.9% 第３次産業　44.6%	（平成２年） 就業者総数　6,249万人〔1.7〕 第１次産業　7.2% 第２次産業　33.6% 第３次産業　58.7%
（所得水準の上昇） １人当たり国民所得（名目）	（昭和25年） 4.1万円　〔1〕 （当時のアメリカの約14分の１）	（昭和40年） 26.6万円　〔6.5〕 （当時のアメリカの約４分の１）	（平成２年） 273.2万円　〔66.6〕 （アメリカの約1.1倍）
（所得水準の平準化） １カ月当たりの平均実収入の格差 （第５分位の平均実収入／第１分位の平均実収入）	（昭和26年） 5.8倍	（昭和40年） 2.9倍	（平成２年） 2.8倍
（消費の多様化、平準化、サービス化） 主要耐久消費財の普及率	―――― （昭和32年当時の「三種の神器」白黒テレビ、電気洗濯機、電気冷蔵庫）	（昭和43年３月） カラーテレビ　5.4% （白黒テレビ　96.4%） 電気洗濯機　84.8% 電気冷蔵庫　77.6% ルームエアコン　3.9% 乗用車　13.1% （昭和41年当時の「３Ｃ」カラーテレビ、カー、クーラー）	（平成３年３月） カラーテレビ　99.3% 電気洗濯機　99.4% 電気冷蔵庫　98.9% ルームエアコン　68.1% 乗用車　79.5%
家計の消費支出に占める食料費の割合（エンゲル係数）	（昭和26年） 51.7%	（昭和40年） 36.2%	（平成２年） 24.1%
家計の最終消費支出に占めるサービス消費の割合	――――	（昭和45年） 42.4%	（平成２年） 52.6%
（人口の高齢化） 総人口の年齢構成	（昭和25年） ０～14歳　35.4% 15～64歳　59.6% 65歳～　4.9% （22年～24年ベビーブーム）	（昭和40年） ０～14歳　25.7% 15～64歳　68.0% 65歳～　6.3%	（平成２年） ０～14歳　18.2% 15～64歳　69.5% 65歳～　12.0%
（経済の国際化） 貿易額（通関実績額）	（昭和25年） 輸出　2,980億円〔1〕 輸入　3,482億円〔1〕	（昭和40年） 輸出３兆　426億円〔10.2〕 輸入２兆9,408億円〔8.4〕	（平成２年） 輸出41兆4,569億円〔139.1〕 輸入33兆8,552億円〔97.2〕

（注）〔　〕内の数字は、シヤウプ勧告当時を１とした場合の倍率である。

うな第1次産業に携わる方が総人口の50・7%、第2次産業すなわち製造業をやられている方が22・2%、第3次産業、サービス業などに携わる方が26・6%でした。

ところが、昭和40年になると、就業者数は４７３０万人にまで膨れますが、第1次産業は23・5%、第2次産業は31・9%、第3次産業は44・6%になります。さらに、平成2年になりますと、就業者数は昭和25年の1・7倍、６２４９万人。第1次産業は、もはや7・2%で、第2次産業は33・6%、第3次産業は58・7%ということになります。

昭和25年から40年ごろというのは、農家世帯の次男、三男がどんどんサラリーマン化して、第2次産業、第3次産業へと流れることになります。そして、昭和40年から現在にかけては、農家の長男までがサラリーマンになってしまいます。さらに女性がどんどん職場に進出するということもあり、第2次産業、第3次産業への就業者数が急増し、就業構造が大きく変化していきます。

例えば、酒の杜氏さんなども昭和40年頃までは結構多くの方がおられました。典型的には、南部杜氏や丹波の杜氏などですが、第1次産業の農業をやっておられる方が冬の間、杜氏としてお越しになるのですが、そういった方達がどんどん減少したため、人手不足になって、現実に中小の酒造業の方々は杜氏が確保できず、廃業に追い込まれるという状況になってきています。

今でこそ有効求人倍率が下がるというようなことがいわれていますが、あれは平均の有効求人倍率で

※6 現在はアメリカの人口は2・9億人、日本の人口は1・27億人で、いかにアメリカが多数の移民を受け入れ続けているかということです。

して、よくいわれる３Ｋの職場――典型的には、建築業ですとか、看護師さんですとか、介護を行う福祉員ですとか、そういうような職場――では、今でも有効求人倍率は、はるかに１を超えています。

従いまして、これからも就業者を必要とする体制であることは間違いがありません。これに対応するには、高齢者にどうやって働いていただくか、女性の職業の場をどう確保するのか、あるいは先ほどお話したような外国人労働者をどうするのかというような問題があり、このことは国民の合意がいるのだと思います。さらには、ご存じのとおり、省力化・機械化というのがどうしても避けられない流れとなっているのだと思います。

⑵　所得水準の平準化とその社会生活への影響

こうした就業構造の変化とともに、１人当たりの国民所得をみますと、昭和25年では４・１万円。当時のアメリカの14分の１です。現在、アメリカの14分の１の国といいますと、ジャマイカとか、ルーマニアとか、トルコになります。昭和25年頃の日本の国民所得というのはそういうものだったのです。ところが、昭和40年になりますと、その６・５倍、26・６万円。これは当時のアメリカの４分の１です。今、アメリカの国民所得の４分の１の国がどこかといいますと、韓国、ギリシャ、プエルトリコといった国々です。それが今や、為替レートの問題もありますから、細かい数字は意味がありませんが、平成２年になると２７３・２万円、昭和25年の66・６倍。所得倍増政策どころか、66・６倍でアメリカの約１・１倍というような所得水準になってきました。

しかも、日本の場合には所得水準の平準化が進みます。一か月当たりの平均実収入の格差、すなわち最も所得の少ない2割の国民の世帯と最も所得がある2割の国民の世帯のその所得の格差なのですが、昭和26年で5・8倍だったものが今や2・8倍に縮小しました。高度成長の中で、[※7]日本はどんどん所得格差を平準化していったわけです。

日本の社会というのは、社長さんと新入社員を比べてみても、ほとんど所得の差がないということです。このことは、いろんな意味を持っていますが、みんなの水準が平等になったということは大変すばらしいことだと思います。

今の税制＝シヤウプ税制というのは、基本的にはいかにして中産階級を作るかということが税の基本にあるのだろうと思います。これは、先ほどお話した昭和25年の日本の状況というのが今のジャマイカやルーマニア、トルコの状況からいかにして所得を少しでも上げて中産階級をつくって国民を安定的にしていくかと腐心していたということだろうと思います。従いまして、逆にいうと税制の面でも、所得平準化、所得再分配というのが税の機能として、大変重視されてきたのです。

本来、税の一番大きな機能はよりよい公共サービスをするためにみんなでお金を出し合うということです。従いまして、アダム・スミスの頃の夜警国家では、外交とか、治安とかに対する分だけ税金を集めて後は自分でやるという時代だったのですが、だんだん所得再分配、社会政策という概念が入ってき

※7　今は逆に格差社会とか下流社会とかいわれ出していますが、五分位で平均実収入格差をみると、今も2・8倍位にとどまっています。

て、貧しい人からはほとんど税金をいただかずにお金持ちからいただいて所得を平準化しようというのが税制の機能となっていきます。

まさに日本の昭和25、26年ごろからの政策でこれが実現できましたが、ただ現在、我々が問題視していかなければいけないのは、本当に所得だけが貧富の差を表しているのかということです。私ども公務員の世界でも社宅というものがありますが、大企業の場合であれば、社宅以外にもいろいろなフリンジ・ベネフィットがあるはずで、アメリカなどには全くない、法人会員のゴルフ場というのが日本にあるのはご存じの通りです。本来、ゴルフをするのは個人なのに、法人がなぜゴルフをするんだとアメリカ人は不思議に思います。ですが、これは会社のお金でゴルフをするということで個人に分配されない一種の所得なのです。

日本では、所得の中でもお金の形をとらない実物給付というものが段々多くなっているのではないでしょうか。具体的は、あのバブルの時代であった平成2年の交際費と上場企業の配当額の比較が新聞を賑わしましたが、配当[※8]が4兆円、交際費が5兆円の国家になってしまいました。その交際費の中には、本当の交際費ではなく、従業員同士の飲み食いまでもが入っているというのが日本の一つの形態にまでなってしまったということですが、このような現象から税で所得再分配に重点を置くのがよいのかという点が問題になりました。といいますのは、税で所得再分配するよりは、歳出すなわち社会保障の給付の方で分配をきちっとやるべきだという議論です。

例えば、現在の日本の年金というのは一律の給付ですが、東京の1年間の消費支出と沖縄の1年間の消費支出とはかなり違います。現在の年金水準でも、沖縄では過大なので、むしろ保険料を下げてほしいという声がありますが、東京では当然、京都でもそうだと思いますが、生活費にはおよそ足りません。従って、保険料を上げても給付を上げて欲しいという声になります。従いまして、画一給付がいいのかどうかということを考えざるをえないのです。税金の世界もそうだと思います。今のままの画一化を続けていきますと、先ほど申しましたように高齢化がどんどん進みますので、税金を増やさなければならない。少しでも少ない税負担でやろうとすれば、本当に必要とするところに必要なお金が流れるようにする、ということにしていかざるをえないのではないかという気がします。この辺りはむしろ国民がどちらを望むか。スウェーデン型であるのか、そうでないのかということを考えざるをえません。

ただ、アメリカという国が規範かというとそれも違うと思います。昨年、ロサンゼルスで何故大暴動が起きたかというと、アメリカにおいて健康保険には、３５００万人の人が入っていないからといわれます。日本はそんなことはありません。もちろん外国人労働者の一部は気の毒ですが保険に入れないのが現状ですが、日本の場合は国民皆年金、皆保険です。年金はともかく、保険の方はほとんどが入っています。

アメリカでは３５００万人もの人が保険に入っていませんから、いったん病気になると、あっという間にホームレス、いわゆる浮浪者になってしまいます。そういう社会ですから、不満が鬱積して何かを

※８　企業のリストラが進み、経費がカットされる一方、株主重視ということで配当の増加が進んだため、平成16年には配当７・６兆円、交際費３・４兆円となりました。

きっかけにして、あのような大暴動が起こってしまうのです。

国がどこまでやるかということは、本当は国民の選択なのですが、日本では根掘り葉掘り国がやろうとしているように思います。

また、〝なぜ日本で企業メセナ、フィランソロピーがないか?〟その答えは簡単です。日本の所得水準をみれば、上と下の差がほとんどありません。みんな国が所得再分配をやりますから、フィランソロピーの必要が今までなかったのだと思います。

はっきりいってヨーロッパの社会というのは、一握りの人が地位も名誉もお金も全部持っている社会ですから、イスラム教における〝喜捨〟と同じように、いわゆるお金持ちの方がお金を恵まないと社会が機能しない社会なのです。そういう前提の上に成り立っておりますから、フィランソロピーとかメセナとかいうのは絶対避けて通れなかったのだろうと思います。アメリカにおける寄付の起源というのは別にあるのですが、今日は時間がありませんのでこの話は割愛させていただきます。

いずれにしても、日本の場合には、こういう平準化政策をやってきたのです。いい意味でも、悪い意味でも、国がありとあらゆるところに関与してきました。その結果、結果の平等がどんどん推進されました。アメリカが〝機会の平等の国〟であるとすれば、日本は〝結果の平等の国〟だとよくいわれますが、まさにその姿が出てきているのだと思います。

(3) 消費の変遷

次に「消費の多様化、平準化、サービス化」に入りますと、昭和32年当時の「三種の神器」は白黒テレビ、電気洗濯機、電気冷蔵庫ですが、ご記憶のとおりその頃、力道山の空手チョップが見れるからといってみんながテレビに夢中になったわけです。それがいつの間にか、どの家庭にも普及して今や白黒テレビを買う方が難しいというぐらいになりました。

次に、昭和41年には〝3C〟というのがありました。3Cとは、カラーテレビ、カー、クーラーです。ところが、これまたあっという間に普及して、平成3年には、カラーテレビの普及率99・3％、電気洗濯機99・4％、電気冷蔵庫98・9％となっています。ほとんど普及してしまったものですから、家庭電気製品の売れ行きが今一つ国内的には盛り上がらないということなのだと思います。

しかし、唯一今年の夏でも売れたのが、まだ普及率68・1％のルームエアコンです。私どもが一緒に勉強会をやっている東京電力さんのお話を聞きますと、今や民需の電力消費がものすごく大きくて、東京電力がいつパンクするかわからないと悩んでいる、その一番大きな要因がこのルームエアコンなんだそうです。

このように物の側面では消費も多様化して、しかも極めて普及した。この背景には、所得が平準化したということがあるのだと思います。

他方、昭和25年頃というのは、お金持ちの家にはお手伝いさんが結構いた時代でした。若いうちの行儀見習いと称してお手伝いさんとして、住込みで働いていたものですが、今やお手伝いさんのいる家というのはよっぽどのお金持ちということになってしまいました。その意味では、サービスの方が重要になってきたといえるんではないでしょうか。

我々がなぜ物品税をやめて消費税にしたかといいますと、一番大きな要因は、物でお金持ち、贅沢というのが計れなくなってしまい、従来の物品税では掛けられないサービスの方がよっぽどお金持ちの基準になってしまったということが背景としてあったわけです。

次に、「家計の消費支出に占める食料品の割合」をみますと、昭和26年が51・7％です。まだ私の小さい頃ですが、ハーシーのチョコレートなんかが貴重品で、あれを貰えるＧＨＱのところへみんな寄っていったというような記憶があります。

ところが、今や平成2年の「家計の消費支出に占める食料品の割合」は24・1％です。子供が少なくなっているのに教育費の負担が大きく、もう食料品だけが一番重要な物質ではなくなってきてしまったというのが日本の姿だと思います。

消費税の時に食料品を非課税にするかどうかという議論があった時も、日本という国の生活レベルを考えた時に、もちろん所得水準によって確かに家計の消費支出に占める割合がかなり違うということはありますが、同じ食料品でも、極めて高級品と一般品との間には値段の差があるという事実がありますので、食料品だけ別扱いはいかがなものかといい続けてきたわけです。

少し横道にそれますが、今年の夏、環境問題を勉強するかたわら、ゴミで有名な〝夢の島〟に行ってきました。夢の島も今やパンク状態なんですが、その夢の島に実は都鳥が大量飛来しているのです。平安時代の歌人、在原業平の和歌に都鳥がでてきますが、正式な名前としてはユリカモメと申します。このユリカモメというのは、本来11月頃飛来して、2月頃に去っていく鳥で、シベリアから来る渡り鳥なのです。ところが、昨今は8月頃来て、6月頃まで住んでおり、ほとんど定住状態になってきています。

夢の島の説明員の話では、これは、よっぽどシベリアに食べ物がないか、逆に夢の島に山ほど食べ物があるかのどちらかだということです。外食産業では3時間なり数時間売れないと捨ててしまうものが多いので、事実、夢の島には、大量の食料品が入ってきます。さらに、銀座のクラブなどで食べ残されたメロンなどが入ってきて、冗談でなく、夢の島でメロンが成るそうですから、まさに隔世の感があります。

(4) 総人口の年齢構成

次は「総人口の年齢構成（人口の高齢化）」ですが、先ほど年齢の高齢化の話をしましたが、15歳から64歳の総人口比は昭和25年には59・6％、それが昭和40年には68・0％、平成2年には69・5％という数字になっています。15歳から64歳というのはどういう意味があるのか。もちろん今日のように高学歴化しますと、15歳で学校を出て働くという方は多くはいませんので、いってみれば、健康でもっとも活力のある世代ということです。この年齢層は、現在までどんどん増え続けています。

おそらく平成４年頃がピークで、この年齢層が69・８％ぐらいを占めます。約７割が最も活力のある世代でいるということで、今日、日本がこれだけ発展してきたのは実はこうした背景があったからなのです。

事実、ヨーロッパの国々がかなり社会資本を投下して住みやすい国を造ったというのはこの時代なのです、今日、ヨーロッパの国々というのは働く世代が増えていません。これらの国々をみた時に、我々が少しでも社会資本を後世のために充実しておくとか、あるいは今の時代に借金をしないで、少しでも将来に備えようとかするためにも、[※9]この人口構成というのは大変に大きな意味を持っているといえるのではないでしょうか。

(5) 経済の国際化

それから「経済の国際化」ですが、貿易額をみてみますと、昭和25年頃の輸出が２９８０億円、輸入が３４８２億円ですから、圧倒的に輸入が多かったわけです。昭和40年頃になると輸出の方が上回ったり、あるいは年によっては輸入が上回ったりしていました。ところが、平成２年になると、ついに輸出は41兆４５６９億円、輸入は33兆８５５２億円。これを昭和25年と比べますと、輸出が１３９倍、輸入が97倍となり、圧倒的に輸出が増えています。そのことが、今日の国際収支の黒字につながっているのです。

以上のように、日本の経済構造というのはこれだけ変わってきているのです。私どもが税制改革を行わなければならないと考えたのは、こうした時代変化を見据えた時に、税の面もやはり改正していかざるをえないと思ったからです。

地価動向と土地対策

続きまして、ここから少し地価税の話に入りたいと思います。

この京都の地におきましても、地価が乱高下しました。みなさん関心がおありかと思いますが、事業承継というような相続税の問題にもこの地価が大きな影を落としました。

そこで「地価動向と土地対策」について触れてみたいと思います。東京圏の商業地を例にとりますと、昭和58年を１００とした場合、昭和63年は３０３・８、平成３年がピークで３４１・３、平成４年は少し下がって３１７・８となっていますが、それでもまだ昭和63年の水準までは下がっていません。その間の国民所得は約１・５倍ぐらいしか増えていませんから、なお土地の価格水準というのは若干高いことは事実です。

昭和58年頃というのは、重厚長大型産業が不況の真っただ中にあり、不況下の株高だとか、地価上昇だとかいわれだした時代です。

その後、昭和61～62年頃から土地が急騰しだしまして、緊急土地対策を策定するよう要望があり、税制の面でももっと税をきっちりしなければならない、と国会で度々いわれ続けてきました。

※９　まさに人口ボーナスの時代にいたわけです。

しかしながら、税の方は消費税をいかにして導入するかということに腐心していた時代でしたし、何より土地というものに対して税だけでの対応には限界もありますので、税だけで処理することはできません、といい続けてきたわけです。税だけで地価をどうこうすることはできませんから、土地についての基本的概念をきちっと作ってもらいたいといい続けたのが、この昭和63年から平成元年にかけてです。

平成元年12月14日に、ようやく土地基本法が成立し、これを受けて、緊急に税制調査会を開き、その後答申をいただきました。そして、平成３年度改正で地価税の創設を含む土地税制の改正へと繋がるわけです。

次に「首都圏の住宅価格と所得の乖離」について申し上げます。昭和58年の年収は５５７万円ですが、平成３年は８２８万円と幾分膨らんでいますから、概ね年収は１・５倍になっています。一方、この間のマンションの値段は２５５７万円から５９００万円になり、建売住宅は３６２９万円から６７７８万円になっています。

よくいわれますように、年収の5倍はおろか、7倍、8倍になっています。しかも、7倍、8倍の年収で買えるところというのは、東京でいいますと、一時間半近くかかるところというようなことになってしまうのです。

次に「市街地価格指数と主要経済指標の推移」ですが、昭和30年の国民所得を１００としますと、平成３年は５２０９。国民所得は、所得倍増どころか52倍ぐらいになったわけです。その間、消費者物価はというと、2度の石油ショックを経たにもかかわらず平成３年は５５８（昭和30年を１００とする）

ですから、約5倍強にしかなっていません。

その間、勤労者の実収入は、全国ベースで昭和30年を１００としますと、平成3年は１８８１、すなわち18倍強になったわけですから、物価に比べて実収入が増えたことは明らかで、豊かになったというのはこのあたりをみてもわかります。しかしながら、市街地価格指数の全用途は昭和30年を１００としますと、平成3年は全国で６７５１、6大都市で1万７２２１です。これは一番高い時ですが、１７２倍になっています。全国平均では67倍ですから、6大都市を除きますと、概ね国民所得の伸び率と同じです。従いまして地方では、国民所得とほぼ同じ比率で市街地の価格も推移していますから、現在の年収でなんとか住宅が買えるということです。しかし、6大都市では買えません。

次に、日本とアメリカの土地資産額をＧＮＰで比較してみますと、日本はアメリカの国土の25分の1の面積しかないのに、これを地価でプロットしてみますと3・9倍になりますので、アメリカ合衆国が4つ買えるという数字がでてきます。これは非常に不遜な話ですが、東京の皇居を買うお金で、ほぼカナダの全土が買えるというような笑い話にもなったわけです。

ここで一つ重要なのは、アメリカのＧＮＰに対する土地資産額の比率です。アメリカの場合は、だいたい0・7倍くらいですから、アメリカ合衆国の土地資産は、アメリカ合衆国の国民総生産の約7割ぐらいの水準でほぼ変わらないのです。すなわち、土地の価格というのは、国民総生産の伸びとだいたい比例するというのが、アメリカの実情です。

一方、日本の場合は、昭和45年にはＧＮＰに対する土地資産額の比率は2・2倍だったのが、平成元年には5・4倍になっています。こういった傾向は、世界の中では、アジアの国々がほとんど日本と同じ状況で、GNP以上に土地資産額が上っています。ところが、ヨーロッパとアメリカは、概ねGNPに対する土地資産額の比率が一定なのです。

これは、何に基因するのかを見ておく必要があります。そこで、まず日本の土地保有の状況からみてみますと、国土は3777万ヘクタールです。これは狭いようで、それほど狭くはありません。東西ドイツが合体しましたが、その統一ドイツより面積自体は決して小さくないのです。にもかかわらず、宅地はわずか137万ヘクタール、全国土の4%しかないわけです。この4%、137万ヘクタールで、アメリカ合衆国が3つも買える価格がついてしまうという、摩訶不思議な話になってしまいます。

この裏には、一つは日本の国は山岳地帯が多いということがあるのですが、ただ山岳といっても、ヨーロッパのマッターホルンのような山岳は一つもありません。ヨーロッパ・ベースでいえば、丘陵地帯に近いのです。これは、むしろ農林地といえます。これはお米の議論とも実は繋がってくるのですが、いわゆる、農地というのをどのように使うのかという議論が潜んでいます。要するにこの137万ヘクタールの宅地を増やしたければ、農地をどのようにするのかということこそ重要なわけです。

もちろん、緑がなくなるという大問題はもちろんありますが、ヨーロッパでは緑というのは自然にまかせるものでないということが当たり前になっています。ここで一つ申し上げておかなければいけないのは、日本は、どこがヨーロッパと違うかということです。その違いは、都市計画、都市利用計画があるかないかということが決定的に違うということです。

皆様方でドイツとかオーストリアとかスイスを旅行された方は、アパートの壁の色からベランダの花の色まで統一されているのをご覧になったことがあるかと思います。これはヨーロッパの都市の歴史によるものです。ヨーロッパの都市は城塞都市で、ドイツなんかはその典型といえます。ハンブルクなどのように城塞を造って、城塞の中で市民が生活する。そして、外敵から攻められれば、みんながそこに逃げ込むという社会です。ですから、城塞の中に下水を造り、社会資本を投下してそこに住む。これが、いわゆる住宅地です。そこは、城塞で囲われているものですから、誰かが占拠すると誰かが追い出されるという、いわばゼロサムゲームの土地利用なのです。

従いまして、日本のように私有権が強くなく、土地はみんなのものだという思想が徹底しているわけです。典型的に申しますと、イギリスなどは全国土がエリザベス女王の土地なのです。イギリスを旅行された方ならば、第2ヒースロー空港が、あっという間にできたのは承知だと思いますが、今、イギリスのヒースロー空港の滑走路は1本ではありません。これはイギリスの場合には、公共目的で使うとなれば売る売らないということはできませんで、エリザベス女王にお返しするだけです。ただし、返す額については、土地裁判所でいくらにするかという調停はあります。ところが、日本では、成田空港はいまだに充分機能していません。日本を含むアジアは土地の私有権が大変強いわけです。

では、土地はどういう財産かと考えてみますと、絶対有利な財産だといえます。それは、私達の納めた税金で土地の価値が上がるからです。ご存じのとおり、私達が納めた税金により道路ができたり、下水ができたりします。環境がよくなり、交通の便がよくなれば、そこの地価が上がります。

ですから、オリンピック景気の時の地価高騰、列島改造の時の地価高騰、そして今、４３０兆円の公共事業や東京の国際都市化といったことが叫ばれると途端に土地の値が上がるのです。

従ってヨーロッパやアメリカでは、土地はみんなのものだという思想が徹底しています。ところが、日本の場合やアジアの場合は、私有財産権が優先していますから、土地は、みんなの税金によって価値が増す絶対的に有利な資産だと考えられています。そこに、土地神話が生れる土壌があるのだと思います。

本来、土地利用計画がきっちりして、土地利用をきちんとすれば、地価というものは、そうそう上がるものではありません。土地が自分の自由にならないのなら、投資対象にはならないからです。一時、国内のあちこちの土地を買占めていた日本の企業がアメリカやヨーロッパの土地の買占めをして、みんな失敗したのはそのためです。アメリカやヨーロッパの土地というのは、投資対象にならないのです。

この京都におきましても、ＮＨＫの朝の番組「きょうふたり」があった時に地価が急激に上がりましたが、その後はまた大暴落しています。京都には風致地区がいっぱいあり、古都保存法で規制されている上、土地を掘り返すと史跡がいっぱい出てくるわけですから、投資対象になるはずがないのです。それが、たまたま地価高騰の煽りを受けて、最後に京都の地価が上がりました。これは、他のところの投資に失敗して、最後に京都に流れてきたということなんだろうと思います。

また、ご存じのとおり、飛鳥村には飛鳥の保存法という、今日でいえば憲法違反ではないかといわれるくらい強烈な法律がありまして、現状のような形でなければ改築もできませんので、投資対象にはならなかったのです。ところが、隣の橿原市というのは、ご存じのとおり、東京資本がどんどん入ってきまして、１ＤＫマンションが林立しています。ですから、本来は、税ではなく、こういったきちんとした法律での規制をやらないといけないのです。

残念ながら、日本においてはこういった伝統がありません。変な話ですが、誰が猫に鈴を付けるかという話になるわけです。話はそれますがこれができなくては、地方自治はないはずです。ヨーロッパの地方自治では、自分で自分の財産の制限をする。それを自分達がまとめる。その努力をすることから地方自治が始まったわけですが、日本にはこれがないということは、はっきり申せば、地方自治の土壌がまだまだでき上がっていないということなんではないかと思います。

そこで、私どもは土地対策を税でやる時に、まず「公共の福祉を優先する」という規定を作ってくださいと申し上げたわけです。

平成元年12月14日に土地基本法ができました。第2条の〝土地についての公共の福祉優先〟の中で「土地は、現在及び将来における国民のための限られた貴重な資源があること、国民の諸活動にとって不可欠の基盤であること、その利用が他の土地の利用と密接な関係を有するものであること、その価値が主として人口及び産業の動向、土地利用の動向、社会資本の整備状況その他社会的経済的条件により変動するものであること等公共の利害に関する特性を有していることにかんがみ、土地については、公共の福祉を優先させるものとする。」とありますが、これがその規定です。しかし今日でもこれと憲法における私有財産権との調整に苦労している状況です。

ただ、これを受けて3条で、「適正な利用及び計画に従った利用」「投機的取引の抑制」「価値の増加に伴う利益に応じた適切な負担」を採り入れ、15条の〝税制上の措置〟として「国及び地方公共団体は、土地についての基本理念にのっとり、土地に関する施策を踏まえ、税負担の公平の確保を図りつつ、土地に関し、適正な税制上の措置を講ずるものとする。」という法律ができて初めて税制調査会で税の議論に入ったということです。

それから、路線価といわれる公的土地評価の適正化についても、この法の中に「土地の正常な価格を公示するとともに、公的土地評価について相互の均衡と適正化が図られるように努めるものとする。」と記されています。わたしどもは、この法律を基にして今日の土地評価をやってきたわけです。

ところで、東京都の土地保有状況をみますと、１万㎡以上の宅地を持っている法人は１６７８社です。東京都内の法人数は10万１２５９社ですから、その内のわずか１・７%の法人が面積でいうと、全法人所有土地の50・７%、６４１８万４０００㎡を持っているのです。

個人ですと、２００㎡未満の宅地の所有者数は、全個人所有者数の71・３%です。実は、このあたりの所有形態が、相続税において居住用ないしは事業用の宅地２００㎡については相続税評価額を6割減にする、あるいは7割減にするという規定の基礎になったわけです。この数字が、全国で出ればいいのですが、それが出ません。その理由は、その昔、明治4年に地租改正をした時には、全国の土地所有台帳というのがあったのですが、戦後、国税から固定資産税へという流れの中で市町村別の固定資産台帳に分解してしまったからです。したがって、京都府でもこのような数字は一つもありません。

ところが、東京都でこんな統計がなぜできたかといいますと、23の特別区は東京都が直轄していますので、いわゆる市ではありませんから、東京都自らが固定資産台帳を作っているからなのです。

これを見た時に、私どもが実感したことは、現在の土地利用は資産価値と利用価値が乖離しすぎているということです。一例で申しますと、私が仲間と時々勉強会を行っている渋谷に道玄坂という所があります。昔、この道玄坂で八百屋や魚屋をやっておられた方々がいつの間にか八百屋や魚屋ができなくなってしまい、皆さんビルの経営者、オーナーになられました。

彼らのテナント料は２、３億円くらいで、減価償却や管理費等を経費で落としますと、実際は５、６０００万円の収入を得ておられるようです。これだと、売上高利益率は、２、３割ありますので、かなりな優良法人といえます。ところが、この土地はいくらですかと聞きますと、60億円だとおっしゃる。60億円で５０００万円しか利益が上がらないのなら、資産当たり利益率は１％にも満たないわけです。ですから、60億円を銀行に預けておいた方がよほど利益が上がるわけです。これは全部の土地にいえることですが、相続税、事業承継の時に一番苦労されるのもこの土地の問題なのです。

売上で上がる利益と、自分の持ってる資産とがペイしていないのです。こういう問題が今日ありとあらゆる日本経済の基礎にあると思います。実は、株式もそうです。よくいわれるように、株価とその配当利回りを時価で計算すると、イギリスは５％ぐらいですが、日本は１％にも満たないということです。株の方は、ただそれだけで済むのですが、残念ながら土地の方はそうはいきません。やはり、将来は、資産当たりの利益率を考えていかざるをえない社会になってくると思います。

しかし今日までで、例えば昭和60年に重厚長大型産業の企業の多くがダメージを受けた時も、人員整理や会社閉鎖はしたけれど、土地は売らなかったのです。

それはなぜか？　土地[※10]は実は必ず儲かるからです。有利な資産であれば持っていて損はない。その上バブルの時代には金融システムの中で担保価値として機能しましたので、より一層有利な資産になりました。

そこで、私達が考えなければならなかったのは土地利用計画をきちっと作ることです。そうすれば、地価は自然に下がっていって、住宅地には住宅地の値段がつくようになるのですが、経過的にそれを抑えるために、それに見合った負担をしていただかないといけないのです。しかし、全部にそういった負担をかけるといわば追い出し税になってしまいます。

そこで、地価税のようにある一定以上の資産価値を持っている方について一定の負担をお願いするということになり、中小企業の場合は15億円、あるいは土地の面積×3万円のいずれか多い額を控除するというようなことになりました。資産の利益率が現実とマッチしていないわけですから、それを一般の人全部にやれといったら、これはもう全く調整不能になるでしょう。ですから、ある程度利益を上げられる方々に対して低い税率で負担をお願いしたいということで、地価税ができたのです。

固定資産税は自治省の管轄ですが、これも評価は上げても負担はできるだけ上げないという形で調整されています。さっき申し上げましたように、土地が利用もしない人の「財産」になってしまっている点をなんとかして変えたいというのが、地価税導入の本来の狙いであるということです。

建築物の用途制限

次は「用途地域内の建築物の用途制限」ですが、これについては、第1種住居専用地域を含め８つの用途制限地域に分けられています。

例えば、東京の千代田区は、つい十数年前までの10万人の人口が３万７０００人に減ってしまい、永田町小学校が閉鎖されることになり、今大騒ぎになっています。

なぜ減ったのか？　いろいろな議論がありますが、私はこの用途制限が何にも機能しないからだと思います。なぜなら、千代田区には住居地域と商業地域しかないからです。

住居地域と商業地域とはどこが違うか？　劇場、映画館、バー、キャバレーなどは住居地域には建てられません。あるいは50㎡を超えるような車庫とか倉庫ができないとか、１５０㎡以下で環境悪化の少ない工場はできません。しかし、それ以外なら何でも建てられます。名前は住居地域となっていますが、なにも住居で使う必要はないのです。したがって、いつの間にか住居と思っていたところがオフィスビルに変わっているということになります。事実、靖国神社の前、あの辺りは商業地域ですが、そこと近くの富士見地区を比べてみますと、価格が１㎡当たり１０００万円と５００万円という差が出ています。

ちょうど1対2になっていますが、実は商業地域だから高いのではありません。靖国神社の前では容積率が８００％、富士見では４００％しかありません。まさに容積率と価格の相関関係がきれいにでて

※10　この考え方が平成4年時点では強く残っていました。その後、土地の価格は暴落を続けていくのですが……。

くるのです。

一方、ヨーロッパの国々は用途制限で価格が決まっています。住居地域なら住居地域としての低い価格になり、商業地域は高い価格になります。

ところが、日本では用途地域が全く機能していません。本当は京都の地にあっても地価を下げたければ用途制限をきっちりして、用途以外の建物は建設できないという計画を住民で作ればいいということです。

しかし、日本では一人でも反対者がいれば実際上できませんから、それを「資産」として利用したいという人が一人でもいると合意ができません。ですから、結局どんどん地価が上がってしまいます。

東京には田園調布や自由が丘といった、故渋沢栄一さんが造った本来の住宅地域がありますが、最近の地価高騰で、そこにはもう住めないという声が上がっています。この地区にも第1種住居専用地域という制約があるのですが、第1種住居専用地域でも「兼用住宅のうち店舗、事務所などの部分が一定規模以下のもの以外の兼用住宅」は建てられませんが、いわゆる事務所などで一定規模以外のものはいいことになっています。

これは何かというと町のタバコ屋さんです。おじいちゃんとおばあちゃんで小さなタバコ屋さんをやっている。それぐらいは第1種住居専用地域でもいいじゃないかということだったのですが、いつの間にか住居併用店舗が店舗併用住宅に変わり、いつの間にか有名芸能人のブティックができてしまうわけです。そうすると、有名ブティックが投資収益を上げられるような地価ということで、地価がどんどん上がってしまうわけです。ここに土地問題の悲劇があり、相続税問題の一つの原因があるのだと思います。結局、土地問題というのは、用途規制をきっちりするというのが本旨にあります。しかし残念ながら、日本にはまだその土壌がないため、逐次やっていかざるをえません。今のままの状態で放っておけば、同じようなことを繰り返すだけです。過去3度これを経験してきたわけです。そこでそれを抑えるために、なんらかの負担をある一定規模以上の方にはお願いせざるをえないということから地価税なり、土地税制の見直しをしたということです。

以上お話してきたとおり日本の現状には大きく分けると3つの問題があるといえます。一つは高齢化、一つは国際化、そして、今バブルがはじけたとはいいますが、もう一つは資産が大きなウエートを持つ時代になっているという資産化の問題があります。

バブルがはじけた、はじけたと一種の反動でいろいろな議論がでていますが、やはり資産の持つウエートというのは、ヨーロッパ社会と同じように大きくなっていますし、その転換点にきているといえます。これまでのように、所得だけは貧富が語られる時代ではもはやありません。

要するに、税の世界では、いつも長者番付といいますと、所得の多い順に書かれますが、本当の長者番付は、世界では資産の長者番付なのです。西武の堤さんではありませんが、資産の長者番付こそが本当の長者番付なのです。しかし、日本ではそれがわかりません。誰がどこの土地を持っているか、資産を持っているかわからないというのが実情です。

しかも会社の経営者の多くは、オーナーの方は別ですけれど、サラリーマンの社長さんの多くというのは、貸借対照表[※11]にほとんど関心がない。貸借対照表の中の土地資産という欄がありますが、実際、その土地を見たことのない方がほとんどです。

例えば、大きな鉄鋼関連会社ではボタ山をたくさん持っていますが、「この土地はどこにありますか?」と聞いても、「わからない」の回答しかもらえないのが実情です。

アメリカであれば株主権が非常に強いものですから、地価が上がって儲かると思ったら直ちに売ってしまいます。あの有名なロックフェラーさんがビルを売りました。それに対し、日本ではいろいろな議論がありました。しかし、アメリカではこれが最もリーズナブルなのです。あのように高い値段で売れるのであれば、株主のことを考えたらその時売るべきなのです。

ところが、日本では不思議なことに、例えば「ここの土地は先代の会長が買った土地だから売れば儲かるとしても絶対に売らずに持ち続ける」これが実情なのです。しかし、そろそろ日本の企業経営を含めて資産というものを念頭に置かざるをえないと思います。

所得をたくさん出す者、生産性の高い者が生き延びて今日の日本を造ってきました。典型的にはソニーの盛田さんや松下さんですが、その時代時代において所得を出す、言い換えれば生産性の高いところが生き延びて今日の日本が発展してきたのだと思います。

ところが、これからの社会は下手をすると、生産性は低いけれど資産を持っているが故に生き延びるというところがでてきてしまいます。これは一つの流れとして仕方がないのですが、そのために中小企業などが新規開業して発展していく道が封じられるのではないかということを一番危惧しています。

よく一部の方が「持てる者と持たざる者」といういい方をされますが、これからのダイナミックな日本の発展を考えようとすれば、資産がなくとも生産性が高い企業が生き延びて、日本をリードしていくという体制を作っていくことも必要だろうと思います。

税に引き戻してみますと、所得税で所得をたくさん出す方々だけから税金をいただくというのは、そろそろ行き過ぎになっているのではないか、長期的には消費や資産などでバランスを考えないとだめなのではないか、ましてや、ダイナミックな中小企業として生き延びていただくためにも、そういう制度の方がいいのではないでしょうか。

※11　バブル崩壊により、まさに貸借対照表こそが重要であることをその後の日本は経験することになります。

税制改革について

〔平成6年（1994年）11月4日〕

主税局総務課長

平成6年

日本の出来事

【国内経済】

●円高で輸入品急増、内外価格差広がる

【国内金融・中小企業】

●１ドル＝99.85円、戦後初の100円割れ

●預金金利、完全自由化

【社会・生活・文化・科学・流行・世相など】

●リストラ

1994年

世界の出来事

●北米自由貿易協定（NAFTA）発効

●金日成（キムイルソン）死去、金正日後継

1　税制改革の基本的な考え方――税負担の公平を確保するために

時代にあった税制の導入

今回の税制改革につきましては、新聞等ではその中身があまり議論されていないように思われますので、税制改革要綱そのものについても触れながらお話を進めさせていただきたいと思います。そのため、若干技術的といいますか、おわかり難いところがありましたら、後でご質問等でお答えさせていただきたいと思います。

今回の税制改革は、2年前あるいはもっと以前の税制抜本改革以来、私どもが申し上げてまいりましたように「税制を所得だけで仕組むのでは、日本の国の公平な経済活動を把握できないのではないか。」そこに、端を発していると思います。

日本の近代税制ができたのは、明治6年の地租改正からです。租税自体の歴史は古く、ここ京都では、今、平安遷都１２００年で賑わっておりますが、その当時にも租税はありました。更に遡れば、大和朝廷時代の「みつぎ」「えだち」等の租税制度や、7世紀半ばの大化の改新によって生まれた「租庸調」といった統一された租税制度まで遡ることができます。その後、中世の封建社会時代には米に着目した租税制度「年貢」が中心となり、これが明治の近代国家成立まで主要な税制として社会を支えてきたわけです。

しかしながら、こういった米を中心とした税制であれば、平成5年のように不作の年になると、ド〜ンと税金が減ってしまう。これではやっていけないということで、明治の近代国家が最初に行ったのが『地租改正』であったわけです。当時の社会は、京都等の一部の商業の発達した都市を除けば、その殆どは農業社会であったわけです。したがって、年貢米に代わる税金としては、土地に税金をかける以外に方法はなかったのです。そこで、明治6年から、豊臣秀吉の太閤検地以来初めての検地を行いました。日本中の土地を測って、そこから採れる収穫高を計算して土地代に換算し直し、その土地代の3％を地租として税金を払っていただく仕組みにしたわけです。

しかしながら、この制度が現実に機能するまでには、明治10年までかかりました。その間、税務職員の何人もが過労のために亡くなったり、まだまだ幕藩体制の名残が色濃く残る時代でしたので、とりわけ東北地方などでは中央から派遣された税務職員が現地で検地を行うこと自体大変な軋轢のあった時代でした。

このような過程を経て成立した『地租』でしたが、明治10年の国の税収の85％弱は、この『地租』による税収でした。その次に税収の多い税目は酒税でしたが、これは国の税収の6％でしかなかったのです。

ところが、時代が進むに連れ、農民からだけ税金を取るのはおかしいではないか、といった不満の声がでてきました。他方、当時は税の多額納税者にのみ参政権が与えられていたので、地租だと農民にばかり参政権が片寄るため、商工業者にも参政権をのぞむ声が強まり、所得税が支持されたわけです。そこで、明治20年に、所得税が創設されます。これは、所得の把握が可能になってきたという社会的な背景があるといえますが、明治前期から政府によって強力に推進された殖産興業政策により、力と富を蓄えてきた商人や工鉱業者のうち年所得３００円以上の方々を対象として所得税を課税することになりました。

この当時の世相を反映した小説として有名な『金色夜叉』に出てくる大金持ちの金貸しの指輪が、３００円と書かれています。この指輪についている宝石のカラット数を基にして宝石鑑定人に伺ったところ、現在の金額に換算して約１０００万円くらいだということですので、現在の年所得１０００万円以上の方々をベースとして所得税をお支払いいただくことになったのかなと思います。

その後、明治32年に所得税法の中に法人所得税（現在の法人税の原型となったものです）が設けられ、会社からも所得税を支払っていただくことになりました。そして、昭和15年の第２次大戦直前には、所得税と法人税等を合わせると、日本の国税収入の約60％を占めるまでになっています。

この状況からもおわかりいただけますように、農業社会では『地租』というもので公平な課税ができたのですが、商工業が発達するにつれ、所得課税という形で個人・法人の所得課税に移って来たのは、その時代に合った課税を求めてきた歴史であろうと思います。

急ぐ高齢化社会への対応

今日、我々が税制改革をお願いしておりますが、それには、いくつかの理由があります。その中で最も重要な点は、税制調査会でいわれていますように、今後、お年寄りが増えるということです。しかも、それが急速度に増えていきます。特に、〝団塊の世代〟といわれる40代半ばを中心とした世代――私は、その出発点の第1号に当たるのです――が、75歳になる頃には、[※1]日本の人口の4分の1が65歳以上ということになります。

　こういう時代になりますと、〝働く〟ということだけに着目して税をご負担いただくのでは、ある意味では不公平になるのではないか。税はみんなから払っていただくべきではないかという意見が出てきております。ちょうど、明治時代の初期に地租改正による税制が導入され、次いで商工業の発達に伴い個人と法人の所得に着目した税制に移行していったように、その時代時代に合った、国民のより広い層の方々に負担していただく税制にならないと、国の財政を賄っていけなくなるのではないか、という危惧が税制改革の根幹にあるのです。

　政府の税制調査会で一番問題とされていますのは、〝高齢化〟という問題です。私が2年前にお邪魔した時にお話申し上げました時以上に、日本の出生率が落ちてしまい、高齢化の速度が一層早まってきています。

　１９５０年頃には、欧米先進諸国の中でも日本は最もお年寄りの数の少ない国であったわけですが、平成2年（１９９０年）にはアメリカに近づき、２０００年になるまでにはアメリカのみならず、フラ

※1　この時代の特殊出生率の見通しがなお甘かったことはその後明らかになります。むしろ、今の時点でみると２０２５年頃には日本の人口の5～6人に1人が75歳以上という超高齢社会になっていると思われます。

ンス、イギリスを追い越し、２０００年を過ぎる頃には、ドイツをも凌駕し、その後は、急激に他の国々を引き離し、２０２０年には、日本の人口の4分の1以上が65歳以上の方々によって占められることになるのです。

このことによって、「65歳以上の方が働けない」といっているのではありません。むしろ、65歳以上の方々でも元気な方々には、こういった時代には働いていただかなければならない時代が到来することは間違いありません。今は、たまたま定年制度云々という話が出てきてはいますが、技術を持っておられる方や能力のある方々には、いやが応でも全力で働いていただく社会構造になっていくと思います。

私が今問題だと思っていますのは、65歳以上の比率よりも、むしろ、これからの75歳以上人口の比率の上昇です。平成5年の75歳以上人口は６６８万人で総人口に対する割合は５・４％ですが、平成37年（２０２０年）には、１６０５万人で総人口に対する割合は12・5％までウエイトを高めてまいります。

本日、ご出席されている方々の中にも、75歳以上の方がいらっしゃるかと思いますが、現在の75歳の方々と将来の我々の75歳とを置き換えるのは誤りであろうと思います。現在、75歳の方々は、戦後の粗食の中で過ごして来られた方々であり、〝質実剛健〟とでも申しましょうか、体力的にしっかりしておられるといわれています。ところが、現在の40～50代の方々は、〝飽食の時代〟に育ってきていますので、これらの方々が75歳になられたならば、恐らく、成人病、老人病になる率は現在の罹患率より遥かに高くなるといわれています。その上、医療水準も高くなっていきますので――ある意味では幸せなことなのですが――、逆に、寿命がどんどん延びて車椅子での生活等を余儀なくされるようになるといわれています。

特に、現在の医療は、寝たきり状態をつくらない医療技術を導入しています。人間は一週間くらい寝たきりでいますと、背骨が延びてしまい、以後立ち上がるのが非常に困難になりますので、手術をしてもすぐ起こして重力によって背骨をピシッと締める医療になっていることにお気付きかと思います。

多分、これからの医療も、この方向で進められるものと思われますので、もし成人病あるいは老人病等で体力的に弱っても、寝たきりにはならず、車椅子で生活されるという状況になるものと思われます。そうなりますと、お風呂に入るといった介護の問題、あるいは道路についても、今我々が想像している状態とはかなり違ったものになるはずです。車が通れるだけでなく、車椅子が擦れ違える道路が求められるようになるでしょうし、家の構造一つとってみましても、車椅子での上がり下がりが可能になるスロープが求められるようになるでしょう。このような状況を考えていきますと、こういった分野に相当お金をかけなければならなくなるだろうというのが、私どもや厚生省が中心になって考えている、今後の予測です。

厚生省流にいいますと、65歳以上74歳までを〝前期高齢化〟、75歳以上を〝後期高齢化〟というのだそうですが、この〝後期高齢化〟世代になりますと、やはりフルに活躍し、働くということは、やはり難しくなります。その意味では、稼ぎ手ではなくなり、その一方では、支出の方が相当に膨らむということになります。こういった時代になりますと、働く人達ばかりに負担をお願いするのは難しくなるだろうという考え方が、今回の税制改革の背後にあるわけです。

また一方では、15歳～64歳の人口は、平成5年は８７０２万人で総人口に対する割合は69・８％です。現在は、高学歴化が進み、15歳から20歳までの人で働いている人の方が少ないのですが、それでも、15歳～64歳の間の世代の比率が最も高いのが現在であって、以後段々この世代の比率が減少していき、平成7年（１９９５年）には69・４％、平成12年（２０００年）には67・８％と、この人口層のウエイトはどんどん減少してきています。そして、平成32年（２０２０年）には59・０％で、７５７７万人に減少し、活力のある世代が時代とともに相対的なウエイトを落としてきています。

かつて、農民だけに税負担をお願いしていたのでは、明治の国家が成り立っていかないということから、所得税のご負担をお願いしたと同様、今日においても、こういった活力のある世代の方々だけに税金の負担をお願いするのではなく、働いていない方々にも相応に税金の負担をお願いすべき時期にあるのではないか。そういう意味において、モノを使って消費に喜びを感じている時に、その消費という行為を通して働いていない方々にも、ある程度の税金のご負担をお願いしていかなければならないのではないか、というのが税制調査会答申の根幹にある考え方です。

公債残高の解消

もう一つ、ここで申し述べておきたいことは、公債残高の問題です。残念ながら、我が国の公債残高――国の借金――は、２００兆円を超えています。

「国債は借金だといっても、国が借金している分国内の誰かが国債を持っているのだから、結局その借金は、日本国内全体で見ればないのと同じではないか」というご議論をされる経済学者がおられます。貸し借りを相殺すれば借金とはいえないというご議論は、国内全体でみれば確かにそうかも知れませんが、個人個人で考えてみますと、国は、国債を持っている方々に対して、国債としてお借りした金額を、お返ししなければならないわけですし、そのお返ししなければならない金は、いずれ国債所有者を含む国民のみなさんから税金として納めていただかなければならないわけです。

仮に、この公債残高を２００兆円としましても、国民１人当たりで１６１万円を、４人家族で見ますと６４４万円を、税金としてご負担していただいて、国債の所有者にお返ししなければならないのです。もちろん、戦時国債のように紙切れ同然になるのであれば、どうかわかりませんが、これまた逆に国債を持って老後の生活をしようとしておられるお年寄りにしてみれば、そんなことは許されるはずがありません。その意味では、この国債残高についても、日本の今後を考える上で大きな要素になっているといえます。

もちろん、この国債費の解消は、税負担だけでやるべきものではございません。ある意味では、行政改革というものも、現在、言葉でいわれている以上に相当ドラスチックにやっていくことになると思います。国家公務員や地方公務員の行政改革だけでなく、行政サービスそのものも、ある意味では小さくできるところは小さくしていかないと、結局は、高い税金を払わされることになるわけですから、これからは、真剣に本当の行政改革を進めなければならない状況にあるのであろうと思います。

2　戦後の経済、社会、国民生活等の推移と税制

時代にあった税負担のあり方を考える

これからお話させていただく内容は、2年前にお話させていただいたこととダブる部分もあろうかと思いますが、ご容赦いただきたいと存じます。

今日の税制は、ＧＨＱの指示に基づいて、１９４９年に来日されたアメリカの財政学者シャウプ博士が、日本の経済実態をご覧になりながら、１９５０年に、いわゆる〝シャウプ勧告〟として答申されたものです。そこから出てきたのが、〝青色申告制度〟であり、あるいは地方財政の基本である〝地方財政平衡交付金制度〟――今でいう〝地方交付税交付金制度〟――です。

その時代がどのような時代であったかについて、もう一度振り返って見たいと思います。

１９５０年の国民1人当たりの国民所得は、年4万１０００円で、これは当時のアメリカの1人当たり国民所得の14分の1でした。皆様の中にはご記憶の方もおられるかと思いますが、当時の裁判官がご自分の給料だけで生活していたら、餓死してしまったという話が新聞に載った時代です。

こういう時代ですから、なにより〝所得で経済力を計るのが、最も公平である〟ということであったのであろうと思います。何故なら、戦争によって東京、大阪といった大都会は焼野が原になり、続いて終戦直後には財閥の解体、農地解放が立て続けにあり、資産の価値が殆ど意味をなさなくなった時代で

あったからです。

東京の原宿の土地代がゼロだという時代が相当長い間続いたのです。土地の価値が無い時代であり、しかも、所得たるや年４万１０００円でしかなく、稼がない限り何もできない時代であったわけです。しかも、同じ１９５０年には、隣国で〝朝鮮動乱〟が勃発し、国内ではゼネストが起きようとしていた時代なのです。したがいまして、当時の状況からして、所得をいかに上げるかということと並んで各人の所得をいかにして平等にするかということが、国の最も重要な課題になりました。

各家庭の収入を個別に調査して、最も収入の高い２割の家庭と最も収入の少ない２割の家庭とを比較して、１か月当たりの平均実収入の格差を比べてみますと、その開きは１９５０年には５・８倍程度であったのですが、１９９２年には、２・８倍くらいに縮小してきています。

ところが、現在のアメリカでは、この開きは10倍以上にもなっているのです。そこで、クリントンさんが大統領就任以来、健康保険制度の改革等によって、この所得格差の弊害を除去しようと努力しているところですが、日本の場合はアメリカとは逆で、収入の平準化が進んできています。

しかし、１９５０年当時の日本では、元々収入の少ない状況の中で、しかも所得格差が現在以上に大きかったわけですから、これをいかにして平等にするかが一番求められたことであったのです。したがいまして、日本の所得税は、「お金持ちの方はできるだけたくさん税金を納めてください」ということで、極めて累進度の高い税率構造を持つ所得税になったということだと思います。と同時に、アメリカ政府の意向を受けたＧＨＱが、日本の税制を作る上で、日本をいかにして安定した国家にするかという基本姿勢があったのであろうと思います。

今の社会を見渡したところ、所得だけで物事が割り切れなくなったことは、皆様が一番よくおわかりになっていると思われます。金融資産等ありとあらゆる資産が無くなった状態のときには、確かに所得がすべてであり、所得だけで貧富を計ればよかったのでしょうが、今日の社会では、年々の収入である所得だけで貧富を判定することができなくなってきています。

ここで、土地資産格差、金融資産格差、所得格差についての資料をご覧ください（図表2―1）。ちょっと、難しい言葉ですが、『ジニ係数』という言葉がでています。これは、例えば、国民を世帯別に見たときに全世帯が同じ収入を得ているとすると、ジニ係数は「ゼロ」となり、逆に1人の王様がいてその王様の家族だけに所得があり、他の国民の所得がゼロである場合は、ジニ係数は「1」となることを示すものです。したがって、このジニ係数が1に近ければ近いほど不平等で、ゼロに近ければ近いほど平等であるということです。

このことを念頭において、図表2―1の平成3年度の「所得格差」を見てみますと、「０・２９０３」となり、０・３を切る数値になっています。このように低い数値を示す国は、先進国の中では日本だけです。一方、金融資産格差は、年々相当縮小してきてはいますが、それでも「０・５０６４」と０・５を上回っていますし、土地資産格差は、「０・６２４５」と０・６を上回る状態です。

こういった状況の中で、所得だけで平等を判断するのは現実に合わなくなってきているのではないかということです。

図表２－１　土地資産、金融資産、所得についての格差

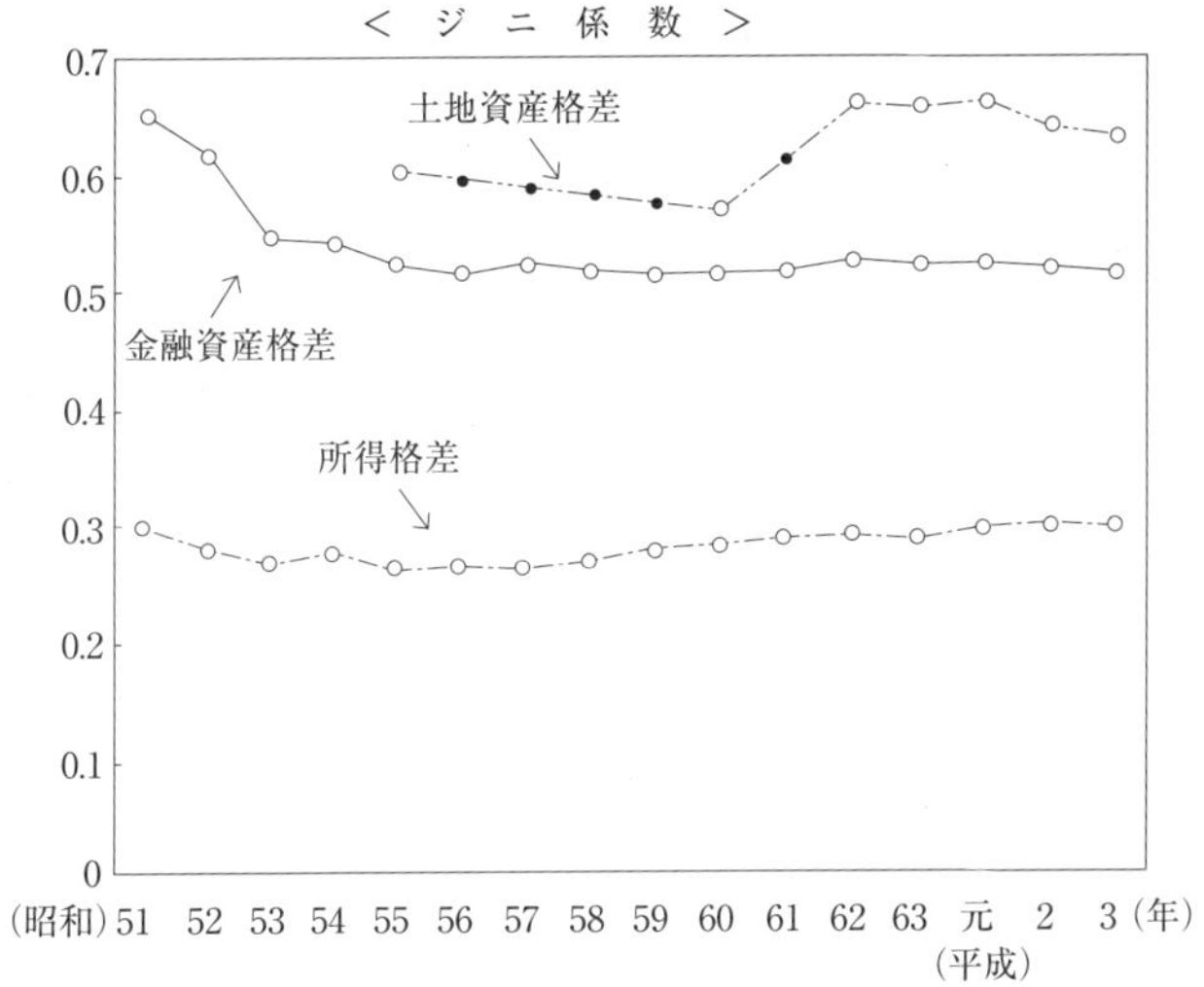

《平成３年度／土地資産格差、金融資産格差、所得格差の比較》

●土地資産格差　0.6245　（元年0.6510→２年0.6313→３年0.6245）
●金融資産格差　0.5064
●所得格差　0.2903

（備考）
１．総務庁「貯蓄動向調査」、「家計調査」、国土庁「地価公示」により作成。
２．持家の土地資産額の推計にあたっては、各年「家計調査」の個票（世帯表）の住宅に関するデータの中の敷地面積（持家のみ）に、各所在市町村の住宅公示地価を乗じた。公示地点のない市町村については、周辺市町村の地価で代替した。持家で共同住宅の敷地面積はおおむね登記面積を用いているが、０としているものもある。
３．土地資産額は持家の敷地面積についてのものであり、建物は含めていない。
４．金融資産格差は「貯蓄動向調査」の貯蓄現在高階級別貯蓄現在高から、また所得格差は「貯蓄動向調査」年間収入５分位階級ごとの年間収入から算出。

（出典：経企庁「平成４年度国民生活白書」）

ここで、土地資産を判定する一例として相続税を見てみますと、これまで一番たくさん相続税を支払われたのは、既にご承知のとおり、松下幸之助さんで、お一人で８００億円の相続税を支払っておられます。2番目は、大正製薬の上原正吉さんです。第3位は、恐らく今日ここにおられる方々も殆どご存知ないと思いますが、東京の世田谷に住んでおられた秋山紋兵衛という方です。この方は、世田谷一の大地主さんですが、世田谷税務署の毎年の所得番付にはそれほど顔を出さない方なのです。ところが、お亡くなりになると、なんと１３０億円の相続税をお支払いになり、歴代3位の高額納税者になられたのです。

このことから明らかなように、資産という面で大きな差が出てきたことは事実です。しかし、資産税というのは、私どもも平素種々お聞きしているところですが、極めて難しい税です。固定資産税についても、評価換えについて種々ご議論がありますが、資産というものは、活用しない限り利益が出てこないのです。ただ単に持っているだけでは収益を生むわけではありません。

相続があって税金を支払おうとする場合でも、その資産を活用しておられる方は相続税を支払えますが、活用できていない方は相続税が支払えないという意味で、資産課税というのは大変難しい税なのです。したがって、資産を売ってお金ができた時でないと払えない、という問題もあるのです。

所得課税が万能でないとすれば、資産課税についても充実させていくということで、今日までやってまいりましたが、後は、利子、配当課税をどうするかという議論が残っているだけで、土地税制を強化するということは現実問題としては無理という声の方が強く、むしろ緩和の方が議論されている状況ですらあるのです。

としますと、人間というものは、物を使ったとき、あるいは消費した時に喜びを感じるのではないか。資産を持っている方でも、それを売ったり、利用したり、あるいはそれを担保に借金をしたりして飲み食いをするのであれば、そのときに税金を払っていただくという方法も、一つのこれからのあり方なのではないかと思うわけです。

戦後の社会は、所得を稼がなければ何も楽しみを得られない、という形で推移してきました。特に、本日ご出席のご高齢の方々が汗水たらして今日の日本をつくってくださったんだと思います。こういった社会では、みんな働くんだから働いて得たお金で払っていただくのが一番公平であるという前提があったわけです。

しかし、今考えてみますと、働くことが目的ではなく、働いて稼いだお金で楽しむのが、働くことの本来の目的であるはずです。だとすれば、楽しみを感じる、正に消費するところで税金を払っていただくことを、バランス論としてウエイトを上げていかないとおかしいのではないかということなのです。日本は、イギリスに次いで所得税を早く導入した、いわば所得税の先進国なのです。先程もお話申し上げましたが、明治20年には、既に所得税を導入しているのです。その意味では、所得税は日本人にはかなり古くから馴染んだ税であるということがいえます。

では、所得とは何かといいますと、〝収入から経費を差し引いた残り〟が〝所得〟です。では、経費とは一体何なのかという問題が残ります。一例で申し上げますと、学生からよく聞かれる質問に「広告費は経費になるのに、どうして、素晴らしく立派な公益活動に寄付したものが経費にならないのか。」というのがあります。みなさんは既にご承知と思いますが、広告は、正に収入を得るためにするものであるから〝経費になる〟のであり、寄付は、収入とは関係なく支出するものであるから〝経費にならない〟のです。

ところが、この〝経費〟が収入を得るためのものであることを説明付けすることくらい難しいことはないのです。あまりいい例ではないかも知れませんが、一例をあげて申し上げますと、政治家の方の政治活動費には飲み食いの費用が含まれます。これを国民の目からみますと、「飲み食いの費用まで経費なのか？」と思われるかも知れませんが、逆に、政治家の方からいわせれば「糖尿病で食べてはいけないものまで無理して食べているんだ」と反論される方だってあるかも知れません。こういうことから考えますと、実は〝何が経費なのか〟ということは非常に難しいのです。

もう一つ例をあげてみますと、「納税者番号を入れたら、収入と経費が非常にわかりやすくなり、公平になる。」というご議論がありますが、実は、そうとばかりはいえません。何故ならば、その経費がその収入を得るための経費であるかどうかは、本人にしかわからないわけですから……。サラリーマンのクロヨン批判の一例としてよく出てくる話なんですが、「家族で外食していたら、隣に家族で外食に来た事業所得者が領収書を寄越せと執拗にいっていた。家族の分まで領収書をとって、経費で落としているのではないか。」といった意見が不公平論の一つとしてよく出てきます。しかし、このようなケースは、たとえ納税者番号が導入されても、わからないのです。その領収書が収入を確保するために使った経費であるかそうでないかは、〝神のみぞ知る〟で、正に本人にしかわからないのです。そういう意味で、所得という概念はわかったようで非常にわかりにくいものなのです。

我々のところに、不公平税制を正してくださいといって来られる方々がおられます――確かにまだ充分調査が行き届いていない、あるいは制度上も確かに実体とかけ離れている部分が若干はあるかもしれません――が、所得税には仕事をしている本人にしかわからない部分がつきまとっているのだと思います。

サラリーマンの方は、「事業所得者は何でも経費で落とせる」と誤解しておられる部分がありますし、逆に、事業をやっておられる方は、「サラリーマンは所得の低い方なら収入の四割までもが給与所得控除として差し引かれる、即ち、経費として認めてもらえる。そんなのおかしいよ」と思われるかも知れません。

こういう意味で、所得という概念は極めてわかり難い概念であり、所得税は大変難しい税であるといわざるを得ません。にもかかわらず、〝所得税がいい税だ〟というのは、所得はお金を払う時点で発生していますので、お金が動くという意味では捕まえやすい、わかりやすい税であるということはいえます。

所得・消費・資産間のバランスのとれた税制へ

日本の税制が所得税中心の税制となっていった理由としては、日本の社会そのものが、アメリカの西部劇に出てくる社会と同じ状態にあったのではないかと思っています。ワイアットアープとかローハイドとか、テレビの西部劇でお馴染みのアメリカの西部劇に出てくる社会は、極めて〝顔見知りの社会〟なのです。みんなが何をやっているかをお互いが知っている社会です。こういう社会には、所得税が一番いい税なのだと思います。

特に西部劇でいってみれば、カウボーイがいて、保安官がいて、教会の牧師さんがいる社会では、例えば、カウボーイ仲間は、それぞれが同じような生活をしているわけですから、一人ひとりにどのくらいの経費がかかっているかもわかっていますし、銀行家や牧場主が金持ちであることもわかっているわけです。こういう社会では、所得に応じて税金を負担していただくというのが、正にタックスペイヤーとしてのアメリカの思想に最も合っていたのだと思います。

事実日本でも、かつて私が赴任していた石川県あたりだと、例えば、能登半島や金沢あたりでも、飲み歩いていれば、「最近、あの人は羽振りがいいね」ということがすぐわかってしまうはずです。顔見知り社会では、所得を見れば、その人には資産があり、消費の力もあるということがわかるわけです。このような社会であれば、所得ですべてが捕まえられるのです。

ところが、今日の東京とか大阪に住んでおられる方々や、京都でも昔から住んでおられる方々以外の外から来られた方々だと、隣の人が何をしているのかもわからないという社会ができているのではないかと思います。まして、東京では、隣で殺人事件が起きていても、1週間もそれに誰も気が付かなかったとか、新聞配達のアルバイトの女性が早朝殺されているのに、誰もそれを見た人がいなかったとかいった社会では、どうしても「所得」が掴えられないのです。税務署では、税務調査を行う際に〝資料箋〟と呼ばれる書類を作成します。特に、新聞や雑誌で派手に豪遊している記事などが出ますと、所轄の税務署ではその人の所得調査をします。ところが、東京などでは、調べてみると、さほどの所得もなく、どうしてこんな豪遊ができるかがわからないといった事例が出てきているのです。

そこで、やはり、所得だけでは税金というものの公平さが保てないのではないか、という辺りに、所得税中心の税制から消費、資産のバランスのとれた税制を考える基があったということです。

それでは、所得税が現在どのような状態になっているかをみてみましょう。

図表2―2は、夫婦子2人のサラリーマンの給与収入が30%増加した場合、所得税と個人住民税を併せた税引き後の手取額がどのようになるかを比較したものですが、グラフの左側部分に当初の給与収入とその手取額が記され、右側部分に給与収入が30%増加した場合の増加した給与収入とその時の追加手取額が記載されています。通常、入社[※2]後5～6年経ちますと、給与収入は30%程度増加しています。例えば、従来、年収が７００万円であった人は5～6年後には２１０万円程度収入が増えています。このケースで見てみますと、年収７００万円のときの手取額は６４７万円ですから、税負担額は53万円です。その後5～6年経って給与収入が２１０万円増えたとしますと、手取額は１５５万４０００円増えますが、税負担額も54万６０００円増加することになります。

次に、年収８００万円の人の30%増加した際の追加手取額は１７２万３０００円、年収９００万円の

※2　当時はバブルが崩壊したといわれた時代でしたが、給与のアップが今よりかなり高かった時代だったということです。

図表２－２　給与収入が30％増加した場合の税引後手取額の増加額

（所得税＋個人住民税、夫婦子２人の給与所得者）

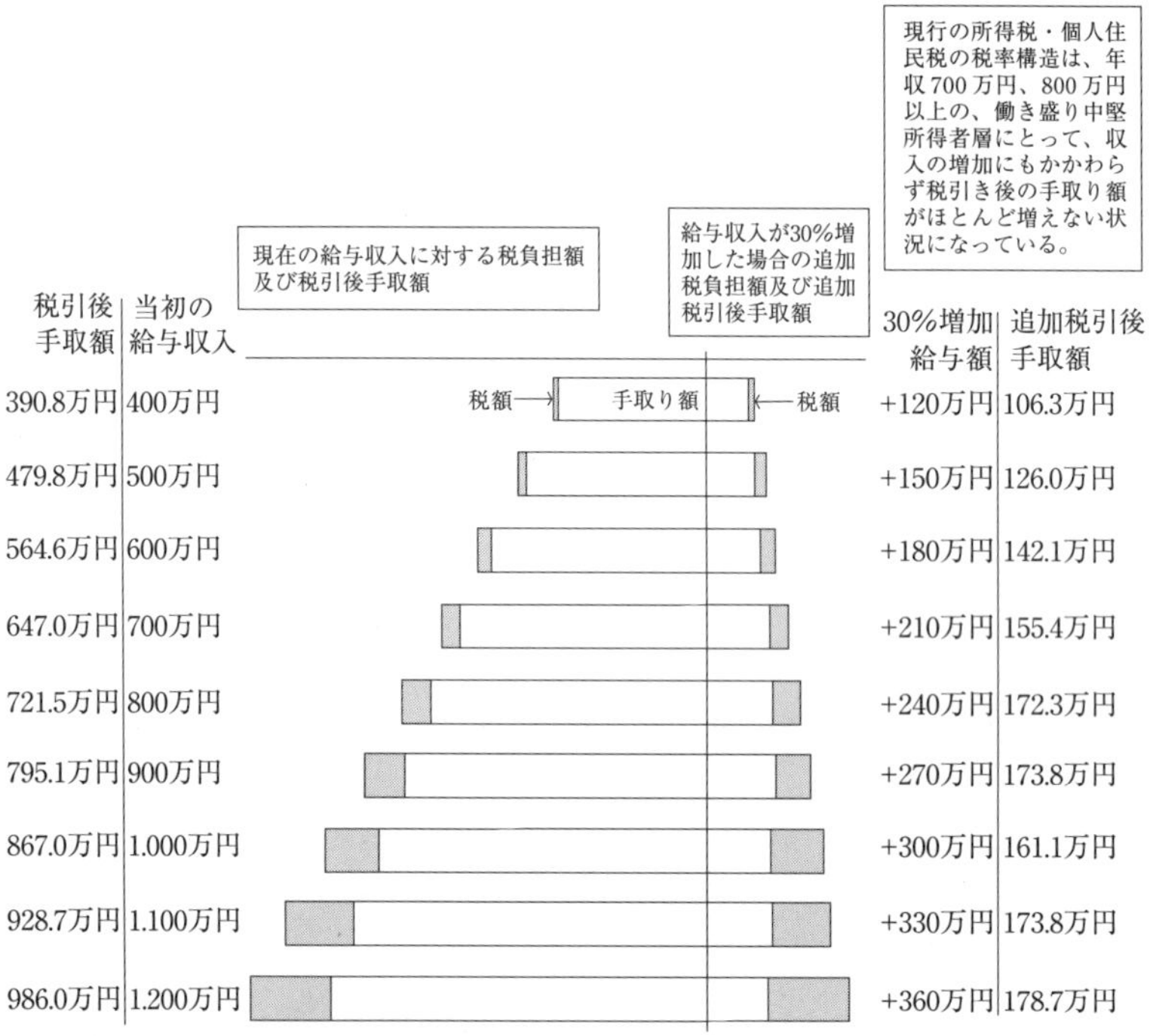

人の場合、追加手取額は１７３万８０００円、年収１０００万円の人の場合、追加手取額は１６１万１０００円、１１００万円の人の場合、追加手取額は１７３万８０００円となり、この給与ランクの人の手取額は給与収入の増加額に見合った増え方にはなっていません。ここに、現在の所得税と個人住民税の、いわゆる〝負担累増感〟があり、働いて収入が増加したにもかかわらず、税引後の追加手取額が大して増えないという状況になっていたという点、私どもが見直す必要があるとしているところです。

そこで、今回の税制改革において、中堅所得者層の負担累増感を和らげ

図表２－３　所得税の限界税率（夫婦子２人の給与所得者）

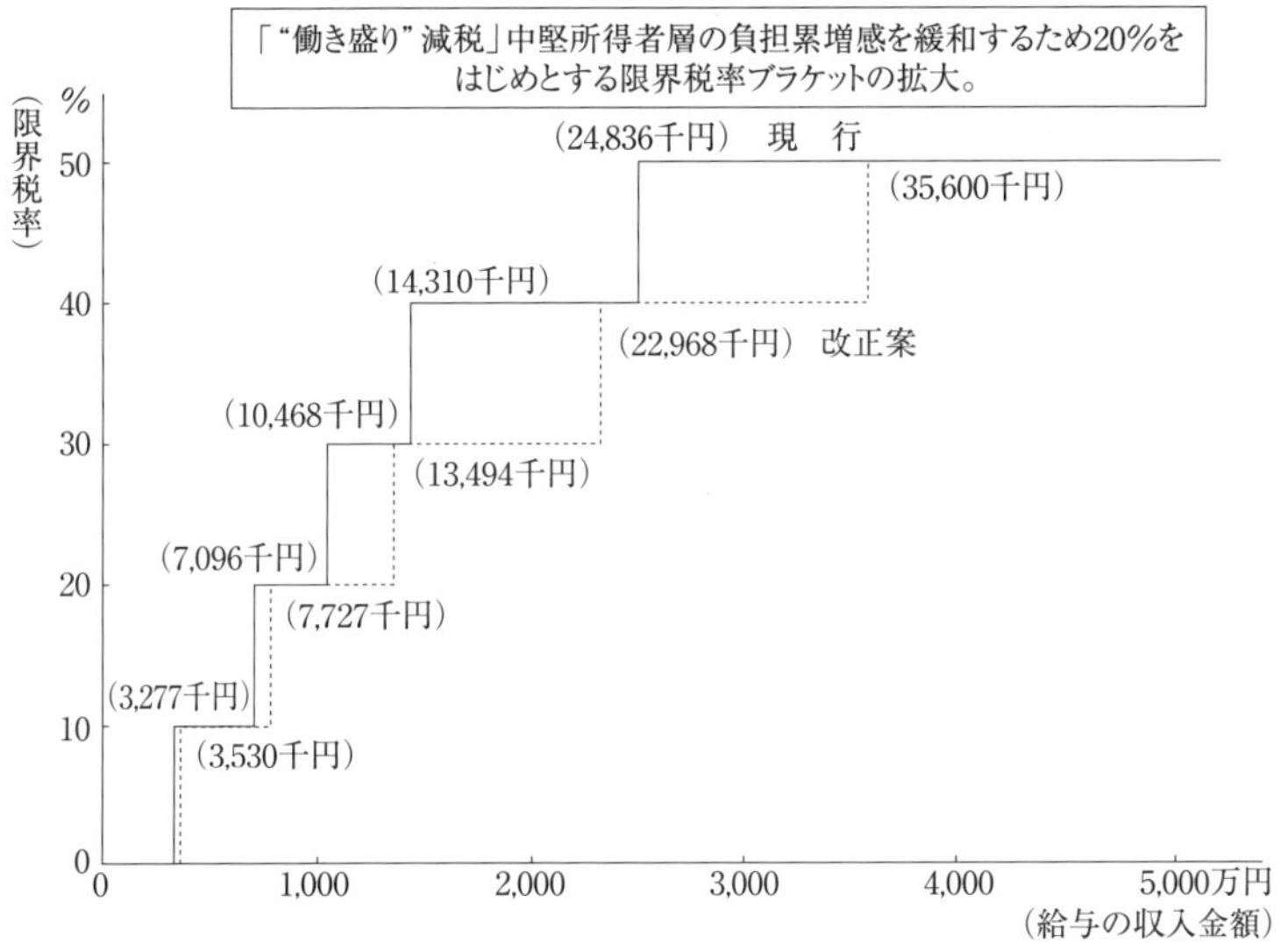

るための方策を講じています。その内容を、現行税制による場合と税制改革後とでは、どう違ってくるかを階段状のグラフで示したのが、図表2―3です。

追加的に収入が増加した場合に、その増加分に対して税金がいくら増え、その増加割合がいくらになるかを示したものを、〝所得税の限界税率〟と称しています。例えば、先程の図表2―2の例で見ますと、年収700万円の人の収入が追加的に210万円増えたとした場合に、追加手取額は155万4000円増加していましたので、増加した税額は54万6000円ということになり、この場合の〝限界税率〟は26％ということになります。

この図表2―3では、現行税制における所得税の限界税率を実線（――）で示し、税制改革後のものを点線（‐‐‐）で示していますが、今回の税制改革後は、この階段が随分となだらかになってきています。これは、追加的な収入の増加に対する税負担額が相対的に軽くなっていることを示しています。

従来は、例えば、１０４６万８０００円から１４３１万円までの収入の人は、追加的に収入が10万円増えれば、その３割である３万円の追加税額を負担しなければならないことになっていましたが、今回の税制改革により、３割の追加税額を負担するのは、１３４９万４０００円から２２９６万８０００円までの収入の人とされ、３割の限界税率となる収入の枠が相当拡大されています。これにより、追加的な税負担額がかなり軽くなっていますので、働き盛りのサラリーマンや自営業者である中堅所得者層の90％以上の方々の税負担額が、所得税についていえば、２割の限界税率で収まるようになっています。

３　『今後の税制のあり方』についての考え方

税制改革を行う3つの理由

このような改正を行う理由は、３つあります（図表２―４）。

その１つは、人生のある一時点で捉えますと、確かに人間には貧富の差はありますが、税負担というものは、長い期間で、世代を通じて考えていかなければ公平にはならないのではないかということです。

特に、中高年になりますと、収入は増えても一方で住宅費や教育費等で支出もどんどん増えていきます。しかも、その上に税金も累進で増えていくことになるので、収入は増えても、逆に生活が苦しくなり、いい年になった方が年老いた両親から息子（両親からみると孫）の教育費を出してもらわねばなら

図表２－４　今後の税制のあり方についての考え方

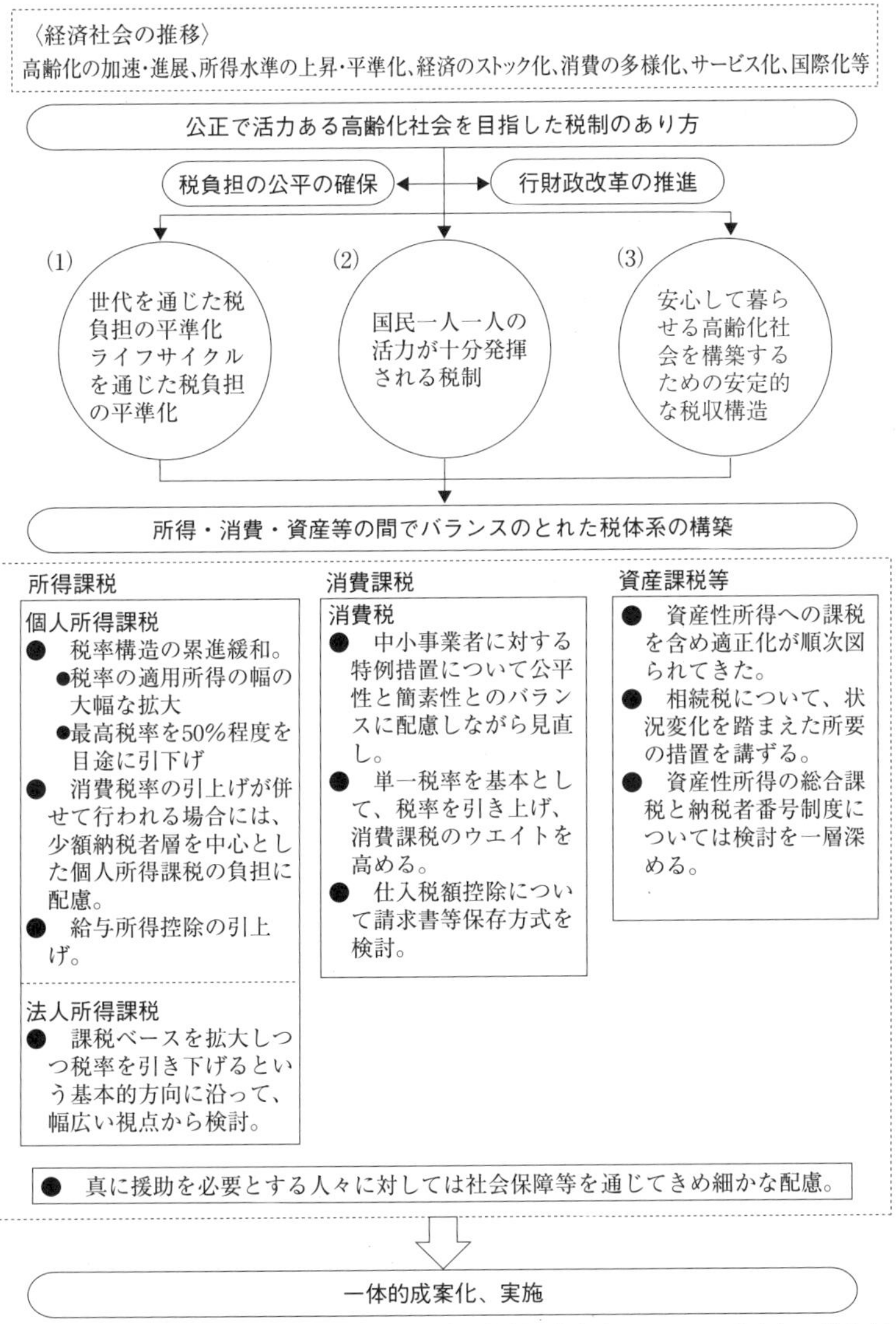
〈経済社会の推移〉
高齢化の加速・進展、所得水準の上昇・平準化、経済のストック化、消費の多様化、サービス化、国際化等
公正で活力ある高齢化社会を目指した税制のあり方
税負担の公平の確保
行財政改革の推進
(1)
世代を通じた税負担の平準化
ライフサイクルを通じた税負担の平準化
(2)
国民一人一人の活力が十分発揮される税制
(3)
安心して暮らせる高齢化社会を構築するための安定的な税収構造
所得・消費・資産等の間でバランスのとれた税体系の構築
所得課税
個人所得課税
● 税率構造の累進緩和。
●税率の適用所得の幅の大幅な拡大
●最高税率を50％程度を目途に引下げ
● 消費税率の引上げが併せて行われる場合には、少額納税者層を中心とした個人所得課税の負担に配慮。
● 給与所得控除の引上げ。
法人所得課税
● 課税ベースを拡大しつつ税率を引き下げるという基本的方向に沿って、幅広い視点から検討。
消費課税
消費税
● 中小事業者に対する特例措置について公平性と簡素性とのバランスに配慮しながら見直し。
● 単一税率を基本として、税率を引き上げ、消費課税のウエイトを高める。
● 仕入税額控除について請求書等保存方式を検討。
資産課税等
● 資産性所得への課税を含め適正化が順次図られてきた。
● 相続税について、状況変化を踏まえた所要の措置を講ずる。
● 資産性所得の総合課税と納税者番号制度については検討を一層深める。
● 真に援助を必要とする人々に対しては社会保障等を通じてきめ細かな配慮。
一体的成案化、実施

（平成5年11月10日政府税制調査会の「今後の税制のあり方についての答申」の考え方）

67　税制改革について（平成６年11月）

ないといった、ご家庭もでてきているのです。

このような働き盛りの中高年層は、収入も多いが支出も多いという状況を考えますと、その年代に負担の皺寄せをするのは難しいのではないかという問題があります。こういった背景があって、住宅取得控除とか教育減税といった特殊な政策減税の実施を求める声が出てきたんだと思います。しかし、ここは政策減税を行って対応するよりもむしろ、全体の税負担のレベルをなだらかなものにしていった方が、より公平なのではないか、という考え方があります。

また、これからの社会は、従来の年功序列の社会ではなくなっていくことも事実です。例えば、野球選手やサッカー選手などで有名な選手は、若くても活躍しているときには、驚くほどの高額な所得を得ている人もおりますが、生涯を通じて見た場合は、他の人に比べて所得が多いかどうかはわかりません。逆に、生涯給与として見た場合は、決して多くないというケースも少なくありません。

相撲取りでも、同じです。若い関取の頃は収入も多いが、親方になって協会に残るごく一部の人を除けば、現役を退いた後は、収入は激減するわけです。

したがって、ある年には何千万円もの収入があるけど、その次の年には殆ど収入がないといった方にとっては、所得税の累進課税方式は非常に重たいことにもなるわけです。ある意味では、人生設計は多様になってきていますので、自分のライフスタイルに応じて非常に損得がある課税が行われるのはいかがなものかということになるわけです。

こういったことを背景として、野球の落合選手やかつての江川選手のように、ご自分で会社を設立してご自分の得た所得は会社の収入として、所得の平準化を計ろうとされる方もでてきているのです。

所得税が、暦年所得という限界はあるものの、所得がフラットに継続的にある人と、ある年はど〜んとあるが、ない年は全くないという人との差を余りにも大きくしているのはいかがなものかと思うわけです。

野球選手がいて、一打逆転のチャンスのとき、「ここでホームランを打って活躍すれば、所得が増える」と思えば、張り切るかもしれませんが、頑張っても意味がないのであれば、ファイトが湧かなくなるといった笑い話があります。これがすべてとは申しませんが、確かに、これから働く人の数が相対的に少なくなってくるとすれば、若い人には、より活力を持って働いてもらわなければなりません。そのためにも、若い人には、ある程度手取りを残すということを配慮しなければ、結局、日本国内で稼ぐのは馬鹿馬鹿しいということになって、海外に移っていくケースだってあるわけです。

証券業界や金融業界で働く方々の中には、ロンドンやニューヨークへ勤め先を移してしまうといったことも、現実に出てきているのです。こういう意味においても、その活力を国内でも発揮していただけるようにしていく必要があるわけです。そのためには、所得が増えても手取額が増えないといった状況は好ましくないわけです。

これが税制改革を必要とする2つ目の理由です。

これからの社会は、働く人の数が相対的にウエイトを下げていくわけですから、所得にばかり頼っていたのでは、安定税収は益々難しくなっていくわけです。例えば、今日においても、まだ農民にのみ税負担を依存する〝地租〟で税収を賄っていたとすれば、税収の確保はできなくなっていたであろうと思われます。

やはり、税というものは、経済活動が活発なところでお支払いいただかねばならないわけですから、消費に着目した税で安定的に税収を確保したい、というのが3つ目の理由です。

事実、この不景気で消費が落ち込んだといわれていますが、こと消費税に関しましては、実は落ち込んではいないのです。個人個人は、決して対前年比で消費を激減させたりした事実はないのです。消費が減っているのは法人消費であって、個人消費は決して減っているわけではありません。

ご存知のとおり、百貨店等においても落ち込んでいるのは法人消費であり、法人の広告費や交際費関連経費が切り詰められた一環で落ち込んでいるのであって、個人の飲み食いが節約によって激減しているかといいますと、むしろ逆で、会社で飲み食いできない分個人で飲み食いするわけですから、個人消費はむしろ増えているという面もあるわけです。

以上のとおり、これからの税というのは、所得、消費、資産のバランスについて、見直しを行うべきではないかということで、今回の税制改革になったわけです。

法人課税の問題点

ではどうして、今回の税制改革は、所得税と消費税だけになったのか、というご議論がございます。

しかし、実のところ、所得税と消費税だけ検討したのではありません。平成5年9月19日の政府税制調査会の『今後の税制のあり方についての答申』には、所得・消費・資産等の間でバランスのとれた税体系を構築するための考え方をいろいろご提案申し上げているのです。

特に、法人税に関しましては、「課税ベースを拡大しつつ、税率を引き下げるという基本的方向に沿って、幅広い視点から検討しなさい」という答申があります。

これは、皆さんの方がよくご存じかと思いますが、日本の法人税率は諸外国に比べて、大変高くなっています。これは、間違いありません。これは、国税が高いだけでなく、法人事業税という地方税が相当に高いわけです。世界の法人課税を見た場合、おそらく、この法人事業税に該当する税金はないと思います。

こういった状況の中で、日本の企業がなぜ世界に伍してやってこれたかと申しますと、おそらく、アメリカや諸外国が指摘するとおり、次のような理由によるものであろうと思います。

その理由の1つは、「日本の企業は、利益を最大にしようとしていないのではないか」ということです。大企業であっても、日本の社長さんは短期の利益を追求するよりは、むしろ、中長期に安定的な配当をしようとしているということです。毎期毎期の利益を最大にしようとしていないのです。

ご存じのとおり、法人税は「利益×法人税率」ですから、利益の部分がアメリカなどに比べて相当に小さいのではないか、というのが日米の租税摩擦となったのです。「アメリカに進出している日本企業は、10年経っても20年経っても黒字にならないのに、その現地法人の社長は日本に栄転して帰っていく。こんなことは、アメリカでは考えられないことだ。アメリカなら、数年間も赤字が続いたら、その企業は閉鎖されるはずだ」というのが、アメリカ側の論理なのです。

ところが、日本の場合は、必ずしもそうではないのです。そのことから、アメリカ側は日本に対し、「売上高に応じて税負担をさせるべきである」とする主張が出てくるわけです。

日本においても、国会等で赤字法人課税の問題が議論されるのも、こういった背景があるからだといえます。もちろん、日本には、利益が過少でない企業も現実にはたくさんあることも事実ですが、他方で、「利益が出たときには、短期的には利益はできるだけ減らしておいた方が税負担も少ないし良いのだ」という、経済的判断が作用する現実があることも事実です。

ところが、アメリカでは大自動車会社の会長さんは、その会社が赤字法人であるのに、日本円に換算して3億円もの報酬を貰っているということが起こります。この会長が数年前の正月に来日した際に、「赤字法人なのに、こんなに報酬をもらうのは、おかしいのではないか」といったことで話題になったことはご記憶かと思います。

なぜこんなに高い報酬がもらえるのかといいますと、アメリカの場合は〝株主に最大の利益をもたらす経営者を雇ってくる〟という発想があるからなのです。日本の大企業の社長さんの場合は、その大部分は、従業員から段々偉くなっていって社長になるわけですが、アメリカの場合は、トレードされてきて社長になるわけです。したがって、中小企業の社長さんで成功した人がいると、その人をパッと引き抜いてきて大企業の社長に据えるといったことは、山ほどあるわけです。これは、野球選手で素晴らしい打者がいると、その選手を即座にトレードしてくるのと非常に似ている社会だと思います。

これを逆にいいますと、利益を出さない社長は即刻クビになるわけですから、必死になって利益を出そうとします。したがって、これには悪い側面もあり、トレードされてきた社長は、必然的に短期的視点で利益を出すことに夢中になりますので、中長期の投資ができないという、アメリカの問題点も出てきています。

しかしながら、外資系の企業においては、既にアメリカの経営観念に基づいたやり方が日本にも浸透しつつあることは確かなのです。一例をあげれば、外資系のエッソ・モービルが50％以上の株式を所有しているトーネン（元東亜燃料）の事例があります。トーネンのこのときの社長は、種々の理由があったにせよ、額面当たり１００％配当をしていたにも関わらず、更迭されました。その理由には、株主への配当問題があったといわれています。トーネンの株式は、額面50円ですから、額面１株当たり１００％の配当をしたところで50円にしかならないのですが、その株式の時価たるや１０００数百円ですから、その株式の「時価当たりの利回りで見れば、数パーセントに過ぎないではないか」というのが、株主側の主張です。日本では、配当の利回りが数パーセントもあれば立派なものですが、諸外国から見れば、そうではないのです。多くの含み益を持つトーネンが、それを配当に回さないで、他の事業活動に回すとはどういうことだ、もっと配当に回せ、というのが、大株主であるエッソ・モービル側のいい分であったようです。

多分、これからの日本の社会においては、こういった状況がいろいろ出てくると思います。そうなってくると、利益を最大にして、しかも、現在のような法人税率であるなら大変なことになる、という議論が出てくると思います。特に、ベンチャー企業には、その影響が大きく出てくるでしょう。

この議論は、更に今後、企業会計原則[※3]と税務会計の相違点をどうするか、といった問題に行き当たると思います。よくいわれることですが、企業会計原則上の償却のあり方をどうするのか、これだけ経済の成長率が落ちてきた社会においては、定額法・定率法という償却方法は定額法を原則として、むしろ、法人税率を引き下げた方がよいのではないか、といった議論もあるわけです。こういったご議論を踏まえて、税制調査会では、企業会計自体のあり方をきちっと検討したうえで、法人税率引下げの方向でやりなさい、という答申を出されています。したがって、今回の税制改正が終われば、次の改正は、おそらく法人課税のあり方の検討へと入っていくと思われます。

また、資産課税については、平成5～6年に相続税法や通達の改正を行い、相続税や事業承継税制の問題を含め、順次課税の適正化が図られてまいりましたが、残された問題である「資産性所得の総合課税と納税者番号制度の問題については、検討を一層深めなさい」と、答申には記されています。この資産課税の問題については、まだ検討が不十分だと思われます。有価証券取引税の問題を始め、金融課税の問題、あるいは土地課税の問題等々、資産課税の問題は、法人課税の問題同様、納税者番号なり、総合課税という問題を引きずりながら、これこそ次なる改正の課題であるということを整理していただいたわけでございます。

そこで、所得税と消費税の見直しが、今回の税制改革の中心課題、ということになったわけです。

4　今回の税制改革の意義とその内容

所得税の負担軽減の内容

やや、技術的になりますが、これから、今回の税制改革の具体的な内容をご紹介させていただきたいと思います。

まず、所得税の税率構造の改正から見ていきます。税率構造は、10％から50％までの10％刻みで5段階に区分されています。今回の改正では、この税率の刻みそのものは改正されていませんが、税率10％適用ランクの所得金額である「３００万円以下の金額」が「３３０万円以下の金額」に、20％適用ランクの「６００万円以下」が「９００万円以下」に、30％適用ランクの「１０００万円以下」が「１８００万円以下」に、40％適用ランクの「２０００万円以下」が「３０００万円以下」に、50％適用ランクの「２０００万円超」が「３０００万円超」に改正されています。

今回の所得税減税は、どちらかというと、20％以上の税率適用ランクの階段を大幅に拡大し、税率構造をできるだけなだらかに増加させようとしたことがポイントです。

次に、基礎控除、配偶者控除、配偶者特別控除及び扶養控除といった基礎的な人的控除をそれぞれ３

※3　この問題点を述べた数年後には、まさにこの問題が大きくなり、時価会計、退職給付会計、企業再編税制、連結納税等々、企業会計の変化に対応した法人税の見直しを余儀なくされていくことになります。

万円ずつ引き上げ、それぞれ35万円が38万円に（老人控除対象配偶者に係る配偶者控除と老人扶養親族に係る扶養控除は、いずれも45万円が48万円に、特定扶養親族に係る扶養控除は、50万円が53万円に）引き上げられています。

また、給与所得控除については、給与収入６００万円以下の給与所得控除率の適用対象となる給与収入の範囲を、40％適用ランクの「１６５万円まで」を「１８０万円まで」に、30％適用ランクの「３３０万円まで」を「３６０万円まで」に、20％適用ランクの「６００万円まで」を「６６０万円まで」に引き上げています。40％適用ランクの引上げは、課税最低限の引上げに効果があるのですが、20％適用ランクの引上げは、税率の累進構造をなだらかにすることに効果がありますので、給与所得控除の改正は、課税最低限の引上げと税率の累進構造をなだらかにするという２つの効果を持った措置になっています。

その結果、夫婦子２人のサラリーマン世帯の課税最低限は、３２７万７０００円が３５３万９０００円に引き上げられています。

これら以外の改正部分、例えば、源泉徴収を要しない公的年金等の源泉徴収限度額の引上げ等を含む改正等は、基本的には、今申し上げました基礎的な人的控除額の引上げに連動した改正ですが、その他に、給与所得者の年末調整の対象となる給与収入限度額及び確定申告を要しない給与収入限度額が「１５００万円」から「２０００万円」に引き上げられ、確定申告を要しない人の範囲が少し引き上げられています。

図表２－５　所得税・個人住民税の限界税率（夫婦子２人の給与所得者）

限界税率ブラケットの拡大により、累進構造を緩和。

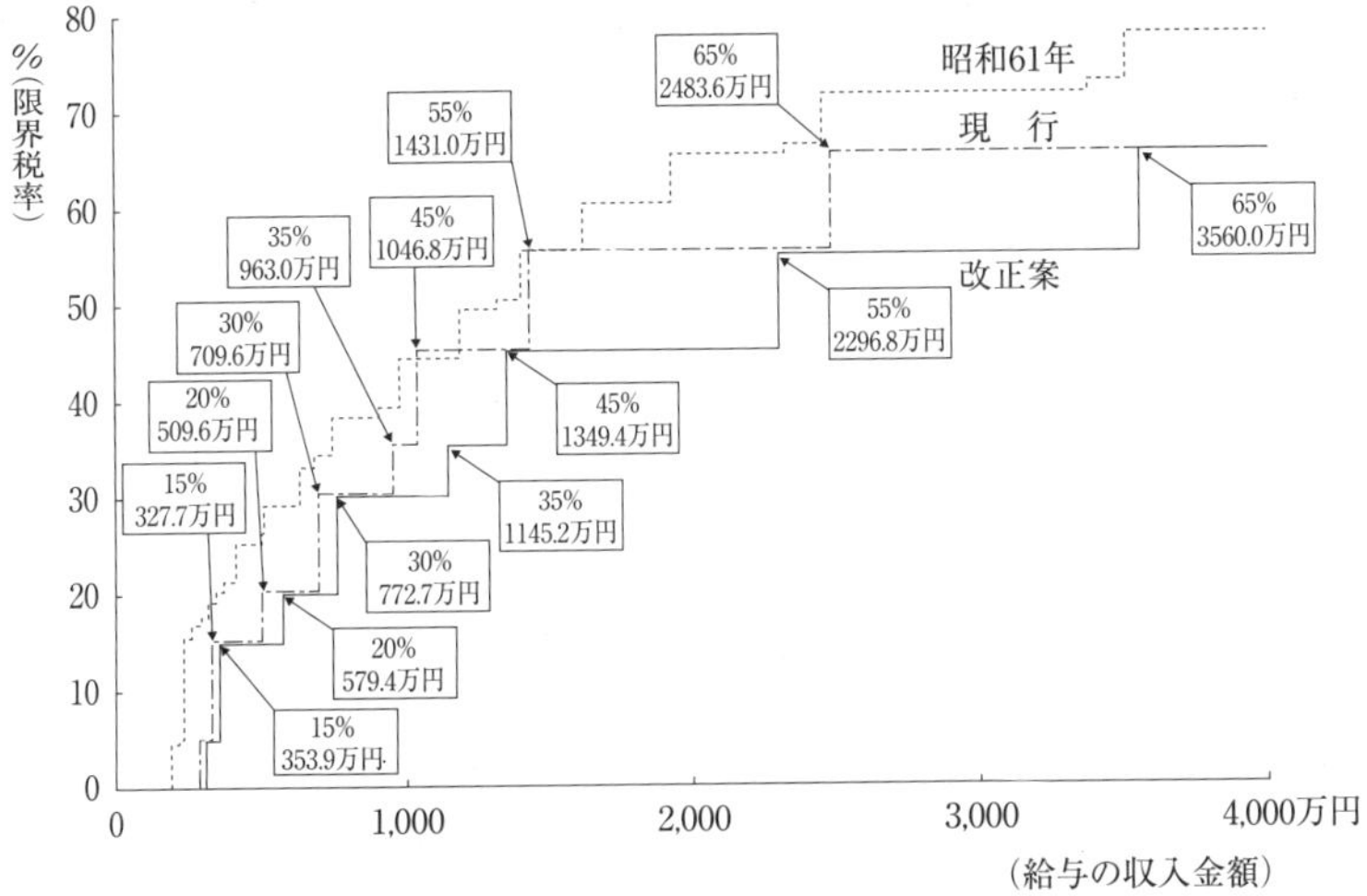

今回の税制改革による税率のフラット化は、どこで生じたかを見てみたいと思います。図表２―５をご覧ください。

昭和61年（「┄」部分）と現行税率（「-・-」部分）、今回の改正案（「―」部分）の三者の税率の刻みを比較していただくと、その違いがよく理解できると思います。昭和61年と現行（昭和63年の税制改革後）とを比べると、課税最低限は相当引き上げられていますが、「１０４６万８０００円」の部分では、逆に現行の税率の方が高くなるという現象が生じてきています。何故、このような税率の逆転現象が生じているかと申しますと、３％の税率による消費税を導入させていただいた際、中・低所得者に対する配慮を重視した減税を行ったわけですが、歳入としての消費税収入がそれほど多くなかったため、所得税の減税が思うようにできませんでした。その結果、低所得者の減税は大きくできたわけですが、中所得者以上の方々については、急激に負担を重くしていかざるを得なかったわけです。

そこで、今回の税制改革においては、所得金額で７００万円以上の方々を中心とした減税を行ったわけです。その結果、昭和61年以前のなだらかな累進構造を一段下げた形でのグラフになっていることを、概ね読み取っていただけるかと思います。その意味では、昭和61年と現在の改正案とを比較する形で見ていただいた方が、わかりやすいのではないかと思います。

次に、この3回にわたる制度減税による負担軽減状況を、夫婦子２人の給与所得者について給与収入別に比較してみましょう。現行制度による税額と今回の改正案による税額を給与収入別に比較したものが、図２―６で、昭和61年の税制抜本改革前の制度による税額と今回の税制改革案による税額とを比較したものが図表２―７です。

図表２―６を見てみますと、給与収入４００万円だと改正案による税額は６万５５００円で負担率は１・６％、５００万円だと17万５０００円で３・５％、６００万円なら30万円で５・０％と、税率はゆるやかな上昇を示しながら、給与収入２５００万円で税額７５２万２０００円、負担率30・１％まで増えてきています。図表２―７では、先の税制抜本改革と今回の税制改革を合わせた税負担の軽減割合は、給与収入４００万円だと69・６％となっていますが、給与収入が増えるに従って徐々にその軽減割合が少なくなり、２５００万円で25・８％となっています。このように、税負担の軽減割合は、低所得者層ほど大きく、高所得者層ほど小さいという姿が示されています。

図表２－６　制度減税による負担軽減状況（夫婦子２人の給与所得者）

制度減税により、税負担率はなだらかに増加。

給与収入	所得税						個人住民税						所得税＋個人住民税					
	現行制度による税額		軽減額		改正案による税額		現行制度による税額		軽減額		改正案による税額		現行制度による税額		軽減額		改正案による税額	
	㋑	負担率	㋺	軽減割合 ㋺/㋑	㋑－㋺＝㋩	負担率	㋑	負担率	㋺	軽減割合 ㋺/㋑	㋑－㋺＝㋩	負担率	㋑	負担率	㋺	軽減割合 ㋺/㋑	㋑－㋺＝㋩	負担率
円	円	%	円	%	円	%	円	%	円	%	円	%	円	%	円	%	円	%
4,000,000	52,500	1.3	19,500	37.1	33,000	0.8	39,750	1.0	7,250	18.2	32,500	0.8	92,250	2.3	26,750	29.0	65,500	1.6
5,000,000	125,500	2.5	19,500	15.5	106,000	2.1	76,250	1.5	7,250	9.5	69,000	1.4	201,750	4.0	26,750	13.3	175,000	3.5
6,000,000	203,500	3.4	19,500	9.6	184,000	3.1	150,500	2.5	34,500	22.9	116,000	1.9	354,000	5.9	54,000	15.3	300,000	5.0
7,000,000	291,500	4.2	25,500	8.7	266,000	3.8	238,500	3.4	40,500	17.0	198,000	2.8	530,000	7.6	66,000	12.5	464,000	6.6
8,000,000	459,000	5.7	81,000	17.6	378,000	4.7	326,500	4.1	40,500	12.4	286,000	3.6	785,000	9.8	121,500	15.5	664,000	8.3
9,000,000	635,000	7.1	81,000	12.8	554,000	6.2	414,500	4.6	40,500	9.8	374,000	4.2	1,049,500	11.7	121,500	11.6	928,000	10.3
10,000,000	811,000	8.1	81,000	10.0	730,000	7.3	518,750	5.2	56,750	10.9	462,000	4.6	1,329,750	13.3	137,750	10.4	1,192,000	11.9
12,000,000	1,336,500	11.0	226,500	16.9	1,110,000	9.3	803,750	6.7	125,750	15.6	678,000	5.7	2,140,250	17.8	352,250	16.5	1,788,000	14.9
15,000,000	2,362,000	15.7	463,000	19.6	1,899,000	12.7	1,277,750	8.5	122,750	9.6	1,155,000	7.7	3,639,750	24.3	585,750	16.1	3,054,000	20.4
20,000,000	4,262,000	21.3	938,000	22.0	3,324,000	16.6	1,990,250	10.0	122,750	6.2	1,867,500	9.3	6,252,250	31.3	1,060,750	17.0	5,191,500	26.0
25,000,000	6,177,500	24.7	1,235,500	20.0	4,942,000	19.8	2,702,750	10.8	122,750	4.5	2,580,000	10.3	8,880,250	35.5	1,358,250	15.3	7,522,000	30.1

（備考）１．子２人のうち１人が特定扶養親族に該当するものとして計算してある。
２．一定の社会保険料が控除されているものとして計算してある。
３．夫婦子２人の課税最低限は、所得税353.9万円（現行327.7万円）、個人住民税303.1万円（現行284.9万円）となる。

図表２－７　抜本改革前（昭和61年（個人住民税昭和62年度））との負担軽減状況の比較（夫婦子２人の給与所得者）

先の抜本改革と今回の税制改革を合わせた税負担の軽減割合は、低所得者層ほど大きく、高所得者層ほど小さい。

給与収入	所得税						個人住民税						所得税＋個人住民税					
	抜本前(61年)の制度による税額		軽減額		改正案による税額		抜本前(62年)の制度による税額		軽減額		改正案による税額		抜本前の制度による税額		軽減額		改正案による税額	
	㋑	負担率	㋺	軽減割合 ㋺/㋑	㋑－㋺＝㋩	負担率	㋑	負担率	㋺	軽減割合 ㋺/㋑	㋑－㋺＝㋩	負担率	㋑	負担率	㋺	軽減割合 ㋺/㋑	㋑－㋺＝㋩	負担率
円	円	%	円	%	円	%	円	%	円	%	円	%	円	%	円	%	円	%
4,000,000	125,100	3.1	92,100	73.6	33,000	0.8	90,650	2.3	58,150	64.1	32,500	0.8	215,750	5.4	150,250	69.6	65,500	1.6
5,000,000	225,400	4.5	119,400	53.0	106,000	2.1	168,650	3.4	99,650	59.1	69,000	1.4	394,050	7.9	219,050	55.6	175,000	3.5
6,000,000	353,050	5.9	169,050	47.9	184,000	3.1	261,400	4.4	145,400	55.6	116,000	1.9	614,450	10.2	314,450	51.2	300,000	5.0
7,000,000	522,450	7.5	256,450	49.1	266,000	3.8	367,750	5.3	169,750	46.2	198,000	2.8	890,200	12.7	426,200	47.9	464,000	6.6
8,000,000	722,250	9.0	344,250	47.7	378,000	4.7	482,150	6.0	196,150	40.7	286,000	3.6	1,204,400	15.1	540,400	44.9	664,000	8.3
9,000,000	942,250	10.5	388,250	41.2	554,000	6.2	596,550	6.6	222,550	37.3	374,000	4.2	1,538,800	17.1	610,800	39.7	928,000	10.3
10,000,000	1,169,000	11.7	439,000	37.6	730,000	7.3	718,100	7.2	256,100	35.7	462,000	4.6	1,887,100	18.9	695,100	36.8	1,192,000	11.9
12,000,000	1,740,750	14.5	630,750	36.2	1,110,000	9.3	984,100	8.2	306,100	31.1	678,000	5.7	2,724,850	22.7	936,850	34.4	1,788,000	14.9
15,000,000	2,782,500	18.6	883,500	31.8	1,899,000	12.7	1,399,750	9.3	244,750	17.5	1,155,000	7.7	4,182,250	27.9	1,128,250	27.0	3,054,000	20.4
20,000,000	4,896,000	24.5	1.572,000	32.1	3.324,000	16.6	2,112,250	10.6	244,750	11.6	1,867,500	9.3	7,008,250	35.0	1,816,750	25.9	5,191,500	26.0
25,000,000	7,290,250	29.2	2,348,250	32.2	4,942,000	19.8	2,841,400	11.4	261,400	9.2	2,580,000	10.3	10,131,650	40.5	2,609,650	25.8	7,522,000	30.1

（備考）１．子２人のうち１人が特定扶養親族に該当するものとして計算してある。
　　　　２．一定の社会保険料が控除されているものとして計算してある。

平成7年分所得税の特別減税の実施

次に、特別減税について触れておきます。平成6年分の所得税について特別減税が実施されましたが、当面の景気に配慮して、平成7年分の所得税についても、定率による特別減税が実施されることになります。

特別減税の額は、平成7年分の所得税額の15%相当額とされ、15%相当額が5万円を超える場合は、5万円を限度とすることとされています。個人住民税についても、特別減税が実施され、平成7年度分の個人住民税額（平成6年分の所得に対して課税される税額）の15%相当額を控除することとされます。ただし、15%相当額が2万円を超える場合は2万円が限度額となります。

平成6年の特別減税は、所得税にあっては、平成6年分の所得税額の20%相当額で２００万円が上限とされ、個人住民税は、平成6年度分の個人住民税額の20%相当額で20万円が上限とされていましたが、今回の所得減税は、制度減税による累進構造の緩和措置を中心としたものとし、特別減税は、むしろ景気対策の一環として、低所得者を中心としたものとなっています。

特別減税の実施方法は、平成6年分の特別減税と殆ど同じです。給与所得者の場合は、平成7年1月から6月までの間に支払われた給与等について源泉徴収された税額の15%相当額（15%相当額が2万５０００円を超える場合は、2万５０００円を上限とします。）を、原則として、同年6月に還付し、平成7年分の年末調整の際には、年税額の15%相当額から6月に還付した金額を差し引いた残額を控除することになります。

また、公的年金等についても、社会保険庁において給与所得の取扱いと同じような処理をお願いしております。事業所得者等に係る特別減税も、平成6年分の場合と同じで、確定申告時に特別減税の額を控除しますが、予定納税を行う方の場合は、特別減税額を織り込んだ予定納税額が通知されますので、その税額を7月と11月に納めていただき、確定申告で残りの特別減税額を精算することになります。

なお、平成8年においても、景気が好転した場合は別として、平成6年と同程度規模の減税を実施することとされています。最後に、消費税の改正が掲げられています。

消費税率の引上げ

消費税の税率については、現行の3%を4%に引き上げることとされています。

「新聞紙上等では〝消費税は5%になる〟と書いてあるのに、おかしいではないか」と思われるかもしれませんが、これは、今回の税制改革で創設される「地方消費税」の税率が、〝消費税額の25%〟とされていますので、消費税の4%とこの地方消費税の1%（4%×25%＝1%）とを合わせると、負担率が5%になるということなのです。

なお、消費税の税率を引き上げるという改正は、平成9年4月1日以後に行われる資産の譲渡等から実施することとされておりますが、工事の請負契約等については、平成8年10月1日前に契約を締結したものについては、改正前の税率である3%を適用することとする経過措置が設けられています。

消費税の税率については、「社会保障等に要する費用の財源を確保する観点、行財政改革の推進状況、租税特別措置等及び消費税に係る課税の適正化の状況、財政状況等を総合的に勘案して検討を加え、必要があると認めるときは、平成8年9月30日までに所要の措置を講ずる」旨の規定が設けられています。これが、新聞紙上等で報じられている〝見直し条項〟といわれるものです。

この背景は、皆様ご存知のとおり、平成5年11月19日の政府税制調査会の『今後の税制のあり方についての答申』（いわゆる「中期答申」）が出された後、平成6年4月8日、正に細川総理が辞任を表明された日に、追加的に税制改革に関する諮問が行われ、同年6月9日に答申（いわゆる「税制改革答申」）が出されています。

その答申の内容は、基本的には、今後到来する高齢化社会に対応していくためには負担の増加が必要であり、そのためには、消費税の税率を上げていかないと、これからの高齢化社会には対応できないという意味で、それをやる場合の意見を政府税制調査会に求められていたわけです。そして、その過程で新聞等でも議論されましたが、「21世紀福祉ビジョン」を実現するための試算や２０００年での財政収支を予測した「機械的試算」といった資料を基にいろんな議論をしてきたわけです。

その中で、政府税制調査会は、「今後、公共サービスの増加に伴う税負担の増加の必要性を国民に率直に訴えなさい。税制改革により、財政悪化を招くことは厳に避けるべきである。景気の回復による自然増収に大きな期待はできない。一方、国民に、このような税負担をお願いするなら、行財政改革や負担公平への努力をして増税規模をできるだけ抑えなさい。」と述べています。

ところが、このご議論の基になった福祉ビジョンについての算出根拠がまだ充分でないというご指摘があり、「今後は、福祉ビジョンの算出根拠をきっちりさせるとともに、国・地方を通じた行財政改革を行った後でなければ、国民の負担を増やすという方向付けをするのは、無理であろう。したがって、今後2年間をかけて福祉の中身の検討をきちっと行い、その上、更に増税が必要なら今回の改正案による消費税率5％を更に引き上げて増税するか、あるいは行財政改革によって財源の捻出を行うかを検討すべきである。」という結論に達したわけです。

したがって、現在の税制改革関連法案は、昨年（平成5年）11月19日の『今後の税制のあり方についての答申』を踏まえた内容になっているわけですが、その後の（平成6年）6月9日に出された税制改革答申に盛り込まれた内容は、結局、答えがでなかったものですから、今回の税制改革大綱では、この〝見直し条項〟として収録し、これについては、今後検討することとされたのです。

そこで、今後2年間かけて行財政改革をきちっとやり、2年後の平成8年9月30日までに、「消費税の税率をどうするかの結論を出して、所要の措置を講じなさい」ということになっているわけです。したがって、この部分については、与野党の間で今後、引き続いてご議論されることになります。

今回の消費税制度の改正点は、4点あります（図表2—8）。

その第1点は、事業者免税点制度です。この制度は、基準期間である前々年の課税売上高が３０００万円以下の事業者には、納税義務を免除するという制度です。この制度については、大いに議論がございましたが、今の日本の商実態等から見て、この３０００万円を引き下げるというのは、合意に至りま

図表２－８　消費税制度の改革

<table>
<tr><th>制度の概要及び改正内容</th><th>参　　考</th></tr>
<tr><td>○　事業者免税点制度
〔現行制度の概要〕
　基準期間の課税売上高が3,000万円以下の事業者は、納税義務が免除される。
〔改正の内容〕
　新設法人の成立当初の２年間については基準期間（前々事業年度）がなく、原則として免税事業者となるが、資本金1,000万円以上の新設法人の基準期間のない課税期間については、免税点制度を適用しない。</td><td>○　平成２年の商法改正により、平成３年４月以降に設立される株式会社の最低資本金は1,000万円とされている。</td></tr>
<tr><td>○　簡易課税制度
〔現行制度の概要〕
　基準期間の課税売上高が４億円以下の課税期間については、選択により、売上げに係る消費税額にみなし仕入率を乗じた金額を仕入れに係る消費税額とすることができる。
　みなし仕入率：卸売　90％、小売　80％
　　　　　　　　製造等70％、その他60％
〔改正の内容〕
　適用上限を４億円から２億円に引き下げる。</td><td>○　適用状況（平成４年度）
<table>
<tr><th>売上階級</th><th>適用者数</th><th>対象売上</th></tr>
<tr><td></td><td>万者</td><td>兆円</td></tr>
<tr><td>～１億円</td><td>95</td><td>48</td></tr>
<tr><td>～２億円</td><td>29</td><td>41</td></tr>
<tr><td>～３億円</td><td>11</td><td>27</td></tr>
<tr><td>～４億円</td><td>6</td><td>19</td></tr>
<tr><td>計</td><td>141</td><td>135</td></tr>
</table></td></tr>
<tr><td>○　限界控除制度
〔現行制度の概要〕
　その課税期間の課税売上高が5,000万円未満の場合には、次の算式により計算した税額を控除する。
$$\left(\text{本制度がない場合の納付すべき税額}\right)\times\frac{5,000\text{万円}-\text{課税売上高}}{2,000\text{万円}}$$
(注) 課税売上高が3,000万円に満たない場合には3,000万円として計算する。
〔改正の内容〕
　本制度を廃止する。</td><td>○　適用状況（平成４年度）
<table>
<tr><th>区　分</th><th>適用割合</th><th>１件当たりの限界控除税額</th></tr>
<tr><td>個　人</td><td>％
53.0</td><td>千円
168</td></tr>
<tr><td>法　人</td><td>20.1</td><td>160</td></tr>
<tr><td>計</td><td>30.9</td><td>165</td></tr>
</table></td></tr>
<tr><td>○　仕入税額控除
〔現行制度の概要〕
　仕入れの事実を記載した帳簿又は仕入先から交付を受けた請求書等の保存を税額控除の要件とする。
〔改正の内容〕
　制度の信頼性を高める観点から、仕入れの事実を記載した帳簿の保存に加え、請求書、領収書、納品書その他取引の事実を証する書類（インボイス）のいずれかの保存を税額控除の要件とするインボイス方式を導入する。</td><td></td></tr>
</table>

85　税制改革について（平成６年11月）

せんでした。

しかし、資本金１０００万円以上の新設法人については、この制度の見直しを行うこととし、設立当初の2年間については、納税義務を免除しないこととされました。事業者免税点制度は、前々年の課税売上高が基準になりますが、新設法人には、2年前の課税売上高がないため、自動的に免税になっていたわけです。したがって、たとえ大きな企業でも、新設法人であれば2年間は消費税は免税になっていたのですが、「これは免税点制度の趣旨にあわない」ということで、今回の改正の背景になったわけです。

平成2年の商法改正により、平成3年4月以降に設立される株式会社の最低資本金は１０００万円とされていますが、この規定に沿って新設された資本金１０００万円以上の株式会社の基準期間のない課税期間については、この免税点制度を適用しないこととされました。

第2点目は、簡易課税制度です。この制度は、基準期間の課税売上高が4億円以下の課税期間については、選択によって、売上げに係る消費税額に業種ごとに定められた一定のみなし仕入率を乗じた金額を、仕入れに係る消費税額とみなすことができるという制度です。今回の改正では、この制度の適用上限である4億円が2億円に引き下げられています。

平成４年度の簡易課税適用者は１４１万者で、対象売上高は１３５兆円ですが、今回の簡易課税制度の適用上限の引下げにより、17万者がこの制度の適用対象から外れ、対象売上高46兆円が本則課税に移行することになりますので、全体としては相当圧縮されることになると思われます。

第３点目は、限界控除制度です。この制度は、基準期間の課税売上高が３０００万円を超えると課税事業者になり、税負担が急激に増えることになりますので、課税売上高３０００万円から５０００万円までは一定の調整をして税負担がなだらかな形になるようにするための制度です。しかし、この制度については創設当初から、いわゆる〝益税〟が生じる制度だという批判もありましたので、平成９年４月１日からは、この制度は廃止することとされました。

第４点目は、仕入税額控除制度です。現行制度では、単に帳簿あるいは仕入先から交付を受けた請求書等の保存を仕入税額控除の要件としていますが、改正案では、制度の信頼性を高めるため、仕入れの事実を記載した帳簿の保存に加えて、請求書、領収書、納品書その他取引の事実を証する書類（インボイス）のいずれかの保存を仕入税額控除の要件とする、一種のインボイス方式を導入するという改正です。

もちろん、これは取引の都度提出していただくのではありません。青色申告者であれば、所得計算上の書類は残しておられると思いますが、消費税においても、所得税や法人税と同様に、これらの書類の保存を仕入税額控除の要件とさせていただいたということです。

以上が、今回の税制改革における消費税に関する見直し部分です。

道府県税として地方消費税が創設されたことによって、消費税の配分方法等を規定する消費譲与税が廃止されます。また、国内取引に係る地方消費税の執行は、納税者の事務負担等を勘案して、当分の間、税務署が消費税と地方消費税の両者を併せて行い、輸入取引に係る地方消費税の執行は、税関が消費税に併せて行うことになっています。また、消費税の中間申告に係る確定消費税額の最低額については、消費税額と地方消費税額とを合わせた額が現行の最低額と同一になるように調整することとされています。

これらは、できるだけ納税者の事務負担を軽減したいという趣旨から現行どおりにさせていただいております。以上が、今回の税制改革の内容です。

所得減税による減収額

先程、今回の税制改革は、所得税の累進構造の緩和に力点がおかれていたことをお話させていただきましたが、最後に、具体的な数字によってこのことをご説明させていただきたいと思います。

平成6年度（平年度）の所得減税の減収額は、所得税が3兆８０００億円、個人住民税が1兆６６００億円となり、トータルで5兆４６００億円となっています。このうち、累進構造を緩和する役割をもつ税率構造の改正による減税額が2兆３０２０億円、課税最低限に直接リンクする部分である人的控除の引上げ等による減税額が６６６０億円、累進構造を緩和する役割と課税最低限を引き上げる役割を半々にもつ給与所得控除の拡充による減税額が４８５０億円となっていて、2兆５０００億円強が累進構造を緩やかにするための減税であり、1兆円弱が課税最低限の引上げによる減税となっています。

その意味では、世界の水準と比べて圧倒的に高い日本の課税最低限の引上げは、物価調整程度に止めて、税率構造をフラットにするための減税を中心にしているということがおわかりいただけるかと思います。

なお、これらの制度減税以外にも、平成6年度に引き続き2兆円強の特別減税が行われています。

以上が、今回の税制改革の姿です。

※

「こういうことをすれば、ペイする。」とか「これなら十分ペイしてるよ。」とか、よくいわれます。この〝ペイ〟という言葉は、あるものを支払った時にその見返りとなるものと、自分の支払ったものとが上手くみあっている場合に〝ペイする〟という使い方をするわけです。ですから、「タックスペイヤー」というのは、税を払ったら、その税の見返りとして、自分が歳出予算でどれだけの恩恵を受けるか、それを監視するというのが、租税民主主義の基本なのです。これが、シャウプ博士の提言された税制の基本にある思想なのです。

われわれが日本の税制についての様々な議論の中で、これからは税そのものと併せて、歳出がどれだけ自分にペイしているかということを国民みんなが議論していく時代に入っていくんだと思います。特に、歳出というのはある人には非常に重要であるけれども、他の人には全く関係のないものかも知れません。この辺りがなかなか理解しにくいところです。

実は私の親戚に人工透析を受けている者がいます。この人工透析が保険制度の恩恵を受けることができるために、家族はいうに及ばず親戚一同本当に感謝しています。しかしながら、一般の人にとっては、このことはわからないのです。そういう意味で、歳出というのは一人ひとりの生活や生きざまと関わるものですから、一般的な説明は難しいと思います。しかしながら、これからは、行財政改革を押し進め、どうやって予算をスリム化するかという方へ議論を進めていくことになると思います。また、そうでなければ、間違いなく、これからの高齢化社会は乗り切っていけないのではないかと思います。

こういったことをも踏まえて、金融課税の問題や法人税のあり方とか、資産課税のあり方といった諸問題について、今後、皆様方と議論を進めて参りたいと思います。税制改革というものは、1回限りで終わるものではありません。より公平な税制を求めて、これからもいろいろ議論を進めてまいりたいと思います。

今後の税制のあり方について

〔平成8年（1996年）1月18日〕

主税局審議官

平成8年

日本の出来事

【国内金融・中小企業】

●住専処理法成立
●整理回収銀行発足
●ペイオフ凍結、預金全額保護
●阪和銀業務停止（戦後初）

【社会・生活・文化・科学・流行・世相など】

●正月三が日初詣過去最高の8,776万人
●ジミ婚
●病原性大腸菌「O157」
●生活習慣病

1996年

世界の出来事

●台湾初の総統直接選挙、李登輝圧勝
●イギリス、ＢＳＥ発生

世界の大きなうねりの中で

私どももよく経済評論家あるいは学者の方々とお話をいたします。そのときに「経済改革はゆっくりやったらどうだ」とか「急いでやるべきだ」という意見があります。私は、経済改革をやるとかやらないとかいうことではなくて、もはや選択ができない状態にあるのではないかというように思っております。

現在の日本は、明治元年、すなわち１８６８年の状態から約１３０年が経過して、本当の意味で世界の大海原の中に放り出された、そういう状態なのだと思います。そして本当の意味での真の日本の開国が今日の混乱の一番根幹にある問題です。それはただ単に経済システムとか、皆様方の企業経営だけではなくて、一人ひとりの心の問題にまで関係しているように思います。

オウム真理教が世間を騒がせましたが、思い返していただければ明治の文豪の方々、夏目漱石にせよ森鷗外にせよ、みんな自我の確立を叫んでおりました。しかし『三四郎』であれ『こころ』であれ、小説の中に出てくる日本人はやはり自我を確立できないで七転八倒しています。

血縁にせよ地縁にせよ、あるいは戦後よくいわれる社縁というか、会社の縁にせよ、みな音をたてて壊れています。一人ひとりが置かれている状況はといえば、そうした中で、それぞれが自己責任を果たしなさいといわれているのが今の日本の姿なのではないかと思うわけです。そういう意味では欧米流の宗教観や自我の意識というものと、いわゆる集団主義的といわれる日本人的生き方とは、必ずしも一致していません。

今日たまたま朝日新聞の『政界再編を読む』という欄のアンケート調査の中に「世界の原則に合わせて行動すべきだ」と大半の方が思っておられると書いてありました。しかし、世界の原則に合わせて行動するくらい難しいことはないのではないかと思います。今、起きている金融の問題や皆様方の会社の経営の中でも、[※1]世界の原則に合わせるというくらい難しいことはありません。そして、また世界の国々も決して世界の原則に合わせているわけではないと思います。合わせるようにしながら、他方で、それぞれの独自性を守ってるというのも事実なのです。

これからお話しいたします税制についても、大きな流れとしては世界の税制とある程度調和していくべきだ、と思います。しかし、ヨーロッパとアメリカとでは違いますし、もちろん日本とも違います。このあたりは企業会計原則一つとってもそうですし、もっというなら商法とか民法とか、人間の生活の基礎に関わる部分が、アメリカと日本とでは決定的に違います。特に、皆様方ご関心がある相続税、あるいは事業承継税制といわれる分野などでもそうです。日本の民法体系というのはどちらかというと大陸型といいまして、ヨーロッパ型です。ところが今、日本が直面している開国はまずはアメリカとの開国です。これは日米安保条約という一つの大きな絆の中での開国なのですが、アメリカ型の民法というのは実は必ずしも日本の民法体系が前提としているものとは一様ではない部分があります。もちろん商

※1　当時、こうはいっていたものの、その後の日本がこの問題にいかに苦しみ、現在も新会社法等で難しい問題に直面している、そういう状況になるとまでは覚悟はできていませんでした。

法もそうです。こういうところに、実は世界の原則に合わすということの難しさがあり、皆様方の経営、私ども一人ひとりの生活、そして国家の運営にも、大きくぶつかってくることになる問題だと思います。

日本はここで初めて、ある意味では日本という国のレゾンデートル（存在理由）というか、位置づけというものを自分たちで確認するという作業をしなければならなくなっていくのだろうという気がしてならないのです。

ベアリングズ社の倒産

昨年（平成7年）の3月頃でしたか、ベアリングズ社という会社が倒産をしました。ちょうど阪神大震災が1月17日に起きて、その混沌とした状況の中でしたので、日本ではあまり紹介がされませんでした。このベアリングズ社というのは、日本の近代史とは切っても切れない関係にあった会社なのです。

最初のベアリングズ社と日本の取引は、日本が開国する１８６０年代から70年代頃にさかのぼります。ベアリングズ社というのはそれこそアジア貿易、南洋貿易のヨーロッパにおける代表的なマーチャントバンクでした。ベアリングズ社は、日本から絹を買ったり、逆に日本へ鉄道を売りつけようとして幕府や各藩を走り回っていたわけです。

このベアリングズ社が、日本が初めて円建て外債を発行したときの最初の幹事会社になるわけです。１９０２年、明治35年ですが、日本興業銀行等と一緒に総額５０００万円、５％の外国債を海外で発行いたしました。その仲介役をやったのがこのベアリングズ社でした。それが、日本初の鉄道の資金源となったわけです。ベアリングズ社と日本との付き合いはこれにとどまらず、その後日本政府のアドバイザーとしてロンドン、ヨーロッパ、ニューヨークなどで、当時の日本の外債発行の仲介役をやってまいります。そうして集めた総額1億ポンド超のポンド建て外債が、日露戦争の資金になるわけです。

日露戦争の資金を調達して、その後日本がロシアに勝った。今度はロシアへの債権取立てもこのベアリングズ社がやったわけです。そういうことで、当時のレベルスタークというベアリングズ社の代表に当たる人が日本政府から旭日大勲章を受けておられる、という関係にもなっているのです。このベアリングズ社というのはまさに日本の近代化をしていくための後押しをずっとやってきた会社です。これはイギリスの会社ですが、少なくともヨーロッパの中では日本を最も知っている会社として有名だったわけです。

そのベアリングズ社が去年、日本の金利が上がると読みまして、先物金利の相場で失敗いたしました。すなわち、デリバティブに失敗をして倒産をするわけです。もちろんベアリングズ社には往年の力はなかったのですが、しかし、この日本通といわれるベアリングズ社が日本の先行きを見誤って倒産をしたということは、まさに日本という国の大きな変貌が一つの要因になっているのだろうと思いますし、江戸末期以来の日本通の外国の企業も、日本経済の変化を見誤る程の質的な変化がおきているということだと思います。

なぜ、そういうことになったかということですが、3つないし4つの大きな問題が、日本の側にあるのだと思います。

まず大きくいえば国際化。この国際化も、大きくいうと2つの国際化があります。

1つは世界中が経験しなければならない国際化です。それこそ環境問題に代表されるように地球規模の問題。資本主義社会自体が、世界的社会システムとして、もう一度問われはじめているという意味での、グローバル化した社会における地球的環境問題の解決をどうするかという意味での国際化です。そしてもう1つの国際化が、先程いった本当の意味での日本の開国です。明治の初頭において、我々の諸先輩が国際化のために果たした役割はたいへん大きかったと思います。しかしその後、日本は、大正デモクラシーを経たあとの敗戦の中で、長崎出島を通して世界の国々と付き合うように、アメリカを通して世界と付き合うというある種の特殊な位置づけに戻りました。そうした日本がいよいよ本当に開国するという問題です。

第2番目の問題は、世界中が経験しつつある情報通信社会化という問題です。今までどちらかというと、人と人とが物理的に動くことによって交流がなされたものが、情報が国境を越えて、開かれたネットワークを通じて飛び交うという時代に入っていきます。一例で申し上げれば、今度の住専の不良債権の処理のいろいろなスキームの問題について、某政治家が、「インターネットを通じてアメリカから聞いちゃったよ」といわれたという話が流れてきます。あるいは守秘義務があって一切流していない情報が、海外へ外交ルートを通じて流れて、それがまた日本に逆流してきたりします。あるいはまた、東京や大阪や京都に住まなくても、地方の離れたところにいらっしゃっても、まさに情報を通すことによって、世界のありとあらゆる物品を購入することも可能になります。この高度情報通信社会がもたらす人間への影響をどう考えたらいいのかということです。インターネットにつきましても、日本人は英語が得意ではありません。インターネットを駆使するためには語学力がどうしても必要であるという意味では、日本語しかうまく駆使できない日本人は、ハンディを負っております。そして、このような意味での高度情報通信社会というのは、実は日本よりもアジアの方が次第により進みつつあります。特に東南アジアの国々、シンガポールとか台湾などは、日本を飛び越しつつあるという状況です。そうした高度情報通信社会へどのように対応していくかといった問題があります。

そして第3番目には日本が特に経験しつつある少子高齢化の問題です。これは何度かお話ししましたので省略します。そしてさらに、この少子高齢化社会と関係があるのですが、今までのように物を生産し、そこから得られる所得だけでは日本人は幸せをかちとれないということです。いかにストック、すなわち資産を利用するかということが重要になる社会になってきています。これはヨーロッパの社会が典型的にそうなのです。確かにヨーロッパの国々はＧＮＰだとか、あるいは所得は決して大きくなさそうに見えますが、彼らと生活を一緒にした方ならおわかりだと思いますが、きわめて豊かな生活がそこにはあるわけで、このあたりも考慮する必要があります。

以上、こうした大きな流れの中で、世界の中の日本の変化の認識に失敗したベアリングズ社は倒産をしていったわけです。詳細は時間もあり省略しますが……。

今や、日本の企業も、場合によっては日本という国自体も、第2第3のベアリングズ社になりかねない状況に置かれているのだと思います。同様に私たちも、これらのことを念頭に税制というものも考えなければならないという認識に立っているわけです。

1　税制の機能と基本理念――「公平」「中立」「簡素」の理念

大変な激動の中の国家にあって、結局税金とはなんだといいますと、国・地方公共団体が行う公共サービスを賄うための会費です。はっきりいえば、税金というのは皆様に払ってもらわなければ何の意味もないものなのです。税金というのはあくまでも国家の財政を賄うもので、その会費をどういう基準で払っていただくか、国民一人ひとりにご納得いただけるかというところに、基本的役割があるわけです。

新聞の論調など見ておりますと、世直しのために税金があったり、あるいはどちらかというと税金の額はどうでもよくて、それがどのように役立つかなど、税[※2]の政策的役割みたいなものだけを議論されていることも多いように思います。

それでは、１００ページの図表３―１を見てください。

税という公共サービスを賄うための会費を国民の方々にどうご納得いただくかというところから、「公平」「中立」「簡素」というような概念が出てくるのだと思います。もちろんその意味では今回のバブル処理のような歳出の問題とも切っても切れないわけです。やはり、そこはどう使われているかということを確認しながら、そのためにどういう税金をどれだけ集めたらいいのかということになるのだと思います。その税収を確保するときの基準として、大きくいえば「公平」「中立」「簡素」と、資料に書きましたが、先ほどお話した世界の多くの国々も、基準としてはおおよそこのような基準になるのだと思います。

「公平」の理念

「垂直的公平」と書いてあります。よくいう所得再分配です。貧しい人は少ししか払わず、お金持ちの人はたくさん払う。それによって多く所得を得る人と少ない所得の人の均衡をできるだけ図ろうということです。事実これもまた、公平感、国民の納得という意味では大変重要なことだと思います。同時に「水平的公平」、これは何だというと、同じ所得を得ている、あるいは同じ生活をしている人は同じくらいの負担をするという、横の面での負担感の「公平」です。

　このあたりは、所得の概念で一番難しいところなのです。例えば江戸時代ですとか、もっと昔であればみんなが似たような生活をしています。以前に地租の話をしましたが、農民であればみんなお米を作っていました。そういう時代ではお米に換算してどれだけ採れればどれだけ税金として払っていただけるかということで、これは極めてわかりやすいわけです。あるいはアメリカの開拓時代の職種は、カウボーイか銀行家かグローサリーという雑貨商かというところです。ほとんどが顔見知りですから、この人ならこれくらい払ってもらうのが当たり前だとわかっています。こういうところでは、「公平」と

※2　そうした大きな役割をもつことは事実ですが、基本的役割は歳入の調達手段であるという点です。

図表3－1　税制の機能と基本理念――公平・中立・簡素

税収の確保

〔国・地方公共団体が行う公共サービスを賄うための会費〕

公平

○　税制への納税者の信頼の基礎となるものは負担の公平であり、いかなる場合も貫かれるべき重要な原則。

○　垂直的公平はもとより重要であるが、水平的公平がより一層重要に。更に近年の高齢化の進展に伴い世代間の公平も重要に。

中立

○　経済活動や資産選択等に対し、できる限り歪みを与えないよう課税の中立性確保。

○　経済の国際化・成熟化が進展する中、民間部門の潜在力を引き出し活性化させるための構造改革の要請が高まり、中立性が一層重要に。

簡素

○　納税者にわかりやすい簡素で明確な制度であることが、納税者の信頼を得るために不可欠。

いうのが極めてわかりやすいわけです。

ところが今日の社会というのは、例えば皆様方のように経営者の方であれば「申告納税で自分たちの税金は大変重いが、サラリーマンはそれに比べて何の経費も計算しないで自動的に給与所得控除が受けられていいな」と、思っておられる方もいらっしゃいます。他方で「事業者の方は自分の家族の飲み食いを経費で落としているのに、ぼくは事業者でないから経費で落とせないよ」というサラリーマンの方もいらっしゃいます。やはりこのあたりが「公平」の概念の大変難しいところなのです。「同じ生活程度の人が皆100円払うなら自分も100円払うけど、みんな払ってくれよ」というのが税制の上での「公平」の重要性です。

そして、実は、制度だけでは「公平」は成り立たない。例えば税務署の職員の方々が、どれだけ執行の面で「公平」に処理していただけるかということにかかってくるわけです。結局、執行が伴わない制度というのは意味がないということです。申告納税制度の大原則において、納税者の方々にその申告の中で納得していただきながら払っていただくという、そこが公平感の基本になっていくということだろうと思います。

「中立」の理念

そして第2番目が「中立」です。「中立」というのは非常にわかりにくいのですが、これからの国際社会の中では、極めて重要な概念になりつつあるように思います。図表3―1には「経済活動や資産選択等に対し、できる限り歪みを与えないよう課税の中立性確保が重要だ」と書いてあります。この典型的な例は金融商品課税などです。ある金融商品が税制上有利であれば、他の金融商品よりそれを買った方が得だということで、みんなそちらへなびいていきます。そういうことが金融活動を歪めることになるわけです。また、ある企業にとってのみ有利な租税特別措置があると、他の同業の方に比べて有利になるということもあるわけです。税だけではありませんが、制度というのはできるだけ経済活動に「中立」である必要があるということで、最も大切なことなのですが、同時に実はここが一番難しいところだと思います。

今、私どもは法人税の改正を目標にして、いよいよ動き出しております。やはりここでも議論される一番重要な点は、何が「中立」かということです。

一例を申し上げますと「引当金」です。退職給与引当金というのがありますが、この退職給与引当金をたくさん利用しているのは、結局多くの労働者の方、あるいはサラリーマンの方が大量に終身雇用で就職しているような企業です。パート中心の企業に関しては退職金制度があって無きに等しいわけですから、退職給与引当金制度があってもほとんど機能しません。それに対して典型的には重厚長大型の大型企業などでは、ある意味では終身雇用制が定着しておりますから、こういうところでは退職給与引当金制度というのは極めて重要なのです。

また退職給与制度があるために、いったん勤めた方は同じ会社に長く勤めた方が有利だということになります。年金制度のように合算して年金給付が受けられるならともかく、退職給与制度というのは、何カ所も勤めを変える人には決して有利ではありません。つまり、一カ所にずっと長く勤めている人ほど有利ということになります。女性の雇用の問題について考えれば、女の人の場合には出産等により、転職するケースが非常に多い。そういう方にとっては決して有利ではないということがあるわけです。

会社自体にとっても退職給与引当金を利用できる会社と利用しにくい会社とがあるわけです。決してこの退職給与引当金がおかしいというわけではありません。退職給与制度が存在する場合は、未払い退職金としてある程度の額を留保しなければならないのは当然です。そういうものがあることは、税制としてはおかしくはないのです。しかし、税ではなく、その仕組みそのものが、本当にこれから必要な人材を必要なところにおくという意味で、いいかどうかという議論もありましょう。

減価償却の仕方もそうです。日本の減価償却の仕組みというのは、特別償却、特別償却とやってきました。確かに日本は戦争の終わったあと、古い施設をできるだけ償却して、より近代的な施設に切り換えることが重要であったからです。

ところが、償却を早くすることだけがいいかといいますと、必ずしもそうではない。去年、私は大阪の金型業界のある企業へ見学に行き、そこの社長さんから話を聞きました。最近の金型というのは大変大きくなり、例えば2年で償却するとなると償却費が大きすぎて、「中小企業じゃ買えない」ということです。例えば店頭公開なり上場しようとしている会社は利益を一定率出さなければなりませんから、新しい大型の金型を買おうと思っても、償却費が大きすぎて赤字になるので買えない、というのです。最近の金型というのは2年程度で償却し終わるようなものではないので、かなり長く使えるものも当然あるわけです。そうなったときに、何でもかんでも短い償却期間がいいのかどうかという話もあるのです。

日本の場合には、定率償却と定額償却を選択できます。ヨーロッパとかアメリカでは建物、建築物に関しては定額償却しかありません。定率償却は認められていないのです。日本では、ビルそのものをできるだけ早く償却させる仕組みになっています。これからの日本の社会においてそういうことが本当にいいかどうかというのも、みんなで議論しなければなりません。しかし、他方で、こういうものは急に変えればいいというものでもないと思います。皆様方の経営を考えた上で、ある一定の前提で商売しているのに、ある日突然その制度が変わってしまったというのでは、大変困ることです。かなり予告をして、方向を変えて行くことが必要になってくると思います。

また「中立」ということで、非常に難しいのは〝国際化〟です。先程の「中立」というのは日本のみの「中立」ではないのです。世界の物差しに比して「中立」かどうかということも出てきますので、非常に難しいわけです。例えば、有価証券取引税は「日本だけのものではないか」という議論があります。しかし、有価証券取引税のないアメリカでは所得税が総合課税になっていまして、日本のように分離課税にはなってないわけです。このあたりの「中立」というのをどのように制度として仕組んでいくかというのは、税制だけではありません。[※3]民法、商法まで考えた中立性でなければならないということだと思います。

「簡素」の理念

最後に「簡素」です。納税者にわかりやすい「簡素」で明確な制度であることが、信頼を得るために不可欠です。これは執行が伴わない税では意味がないということにつながります。往々にして辛いのは消費税などは典型なのですが、できるだけ「公平、公平」ということを追求していきますと、制度が複雑になってまいります。インボイスといいますが、韓国型のインボイス制度は、3枚連冊で全部を出さないといけません。現実に韓国でそれがワークしているかといえば必ずしもワークしていないので、倉庫に退蔵されているわけです。「公平」を考えるとそこまでやるのかということですが、「簡素」ということを考えるとそこまで事業者の方にお願いするというのはいかがかと思うわけです。「公平」と「簡素」どちらをどう重視するかという、いわば比較考量の話になってくるわけです。

例えば納税者番号などという話もあります。総合課税の話もそうです。これも本当に総合課税で納税者番号を入れて完璧にしようとすれば、それこそ金融機関や会社などは事務量が非常に増えてくると思います。このあたりを、どのように選択をしていくのかということです。ただしコンピュータ化という話がありますから、いずれはコンピュータ申告のような形に日本もなっていくのだと思います。そういう中で「公平」と「簡素」のバランスというのをどういうふうにとっていくかというのが、税の上で重要になり、しかも国際化という中で、世界の税制調和の中でどうしていくかということになると思います。

2　税体系のあり方――所得税、消費税、資産税と経済活動

図表3―2を見てください。

「いかなる税目も何らかの問題点を伴うことは避け難いと考えられ、税収が特定の税目に依存しすぎ

※3　「中立性」の本質は、経済の活性化にとって足かせとなっているような制度や施策を見直す場合の基準として「中立」という視点が有効であるということかと思われます。しかし、国家戦略にもとづいて税制を構築するときは、むしろ「選択」ということが必要になってくると思います。

図表３－２　税体系のあり方——所得・消費・資産等の課税バランス

「税制の抜本的見直しについての答申」 昭和61年10月

いかなる税目も何らかの問題点を伴うことは避け難いと考えられ、税収が特定の税目に依存しすぎる場合には、その税目の抱える問題点が増幅され、税負担の公平な配分を妨げ、国民経済に悪影響を及ぼす危険がある。したがって、所得、消費、資産等の課税ベースを適切に組み合わせつつ、全体としてバランスのとれた税体系を構築することが肝要であると考える。

「今後の税制のあり方についての答申」 平成５年11月

税体系における所得・消費・資産等に対する課税のバランスは、あらかじめその望ましい割合を固定的に決められるものではなく、その時々の個々の税制の仕組みやその下での経済諸活動の推移に応じて変化するものである。

る場合には、その税目の抱える問題点が増幅され、税負担の公平な配分を妨げ、国民経済に悪影響を及ぼす危険がある。」とあります。「したがって、所得、消費、資産等の課税ベースを適切に組み合せつつ、全体としてバランスのとれた税体系を構築することが肝要である」ということです。それこそ昭和61年の抜本見直しのときの答申にいわれているわけですが、この思想というのは今も変わっていないと思います。会社の経営でいえば一つの製品にだけ頼っていたら、経営が不安定だというのと似ていると思います。

国家の機能を考えた場合に、例えば「所得税はやめて全部消費税にしてしまえ」という方もいらっしゃいますが、これもまたいきすぎです。なぜかといえば、消費というのは、働いて、そしてその働いて得たもので結果として消費をするわけです。しかしながら働かないでも、過去の蓄積によって消費をする方もいらっしゃいます。そういう意味では、所得がなくても消費はできます。消費だけで考えていた場合には、使わないで所得をガンガン得てる人というのは、実は課税繰延べがされるということです。変な話ですけど、守銭奴的な方は税金がかからなくなってくる、貯蓄奨励的な税制になるわけです。

逆に今度は所得だけにかけることになりますと、使うことを前提にしないで稼ぐことを抑えることになってしまいます。あるいは、資産という非常に難しい問題があります。資産税というのも実は種類がいろいろありまして、所得税にも資産税があるわけです。譲渡所得税、土地を売ったときに得る所得に対する所得税というのは資産税の一種というようにＯＥＣＤ（経済協力開発機構）の統計なんかでは整理されるわけです。

ただ皆様方が一番頭におかれる資産税は、相続税であり固定資産税であり地価税であると思います。こういう税というのは持ってるだけでは経済活動が伴っているとは限らないわけです。本来は持っていて確実に経済活動の裏打ちがあるなら、そこからお払いいただくというのが大変有効な手段なんです。典型的な固定資産税などを例にとってみますと、持っているだけで使っていない生活用の財産みたいなものについて、一体どのようにお払いいただくかという仕組みが、実は非常に難しい税なのです。

消費税を導入したときに多くの方から受けた批判には、「たくさん資産を持った人から税金を払ってもらえばいいじゃないか」ということでした。それはそのとおりなんです。しかし、たくさん資産を持っているからといって、経済活動が活発かというと、そうとは限らないのです。例えば、あるところでおじいさん、おばあさんで生活をしておられた。おじいさんが先に亡くなられて、おばあさんは遺族年金で生活されていた。お子さんがいない。そのおばあさんが亡くなられたとき、結局は３億円もの土地や財産を国に残してくださった。そのおばあさんにも生前、固定資産税はかかっていました。その方は極めて貧しい生活をして、過ごしておられたわけです。そういう意味では資産税というのは大変難しい税なのです。

税金というのは所詮経済活動があるところからしか払っていただけないわけです。これは当たり前のことなのですが、往々にして忘れられがちです。一例で恐縮ですが、決して地方分権を否定するわけではないのですが、地方分権には地方税財源は基本的に地方自治体それぞれで賄うという発想があるのです。例えば北海道のある地において、その地を賄う経済活動があるかといえば、ないのです。そこで税金を集めろといいましても難しいわけです。そこで地方交付税という財政調整が必要になるわけです。

そういう意味では税というのは、やはり経済活動があるところから払っていただかなければなりません。その経済活動を何で見るかという基準として、所得、消費、資産という一応のメルクマール（指針）でお払いをいただいたらどうかというのが、私どもの考え方です。「これからは働き手が非常に少なくなるから所得税をもっと軽くしたらどうだ」というのは確かに一家言ではあります。しかし、それだけではやはり私ども、税としてはいかがかなという気がつきまとうのです。他方で、資産税をどんどん上げればいいというのも、現実に経済活動の裏打ちがある資産ならともかく、ない資産には払っていただけないということです。このあたりが非常に難しく、悩ましいところなのです。

3　所得、消費、資産の課税

国税の税目

図表3―3を見てください。

今日の所得、消費、資産という税金の中身はどうなってるのかというのを並べたものです。国税でいいますと、現在21税目あります。所得課税といわれるものが所得税、法人税。それから資産課税というのが――譲渡所得は本当はこの資産課税にいれてもいいというのがＯＥＣＤの考えですが、あえて税目で分けて、――相続税、地価税、有価証券取引税、取引所税、印紙税、登録免許税と並んでいます。そして消費課税というのは消費税以下、酒・たばこ、揮発油、航空機等の個別物品税が並んでいるわけです。現在の税制でいいますと、円グラフにありますように、平成8年度当初予算ベースで、54兆円の国税収入のうち60・4%が所得課税でした。資産課税が9・3%、消費課税が30・3%になっております。

あと一つコメントしておかなければならないのは、消費課税というとすぐ消費税ということに今はなっていますが、日本の場合も、世界の国々も付加価値税といわれる一般的消費税とは別の個別消費税があります。それらを足して消費税が大体日本の場合は30%であるということです。これがヨーロッパの国々は5割は超えてるということになるわけです。

図表3―4をご覧いただきたいと思います。

図表３－３　国税の税目（21税目）

所得課税	所得税 ★ 法人税 ★	消費課税	消費税 酒税　たばこ税 揮発油税　航空機燃料税 石油ガス税　石油税 自動車重量税 関税　とん税 地方道路税 特別とん税 電源開発促進税
資産課税等	相続税・贈与税 ★ 地価税 ★ 有価証券取引税 取引所税 印紙税 登録免許税		

（注）★印は直接税、無印は間接税等。

国税の内訳（平成8年度当初予算額）

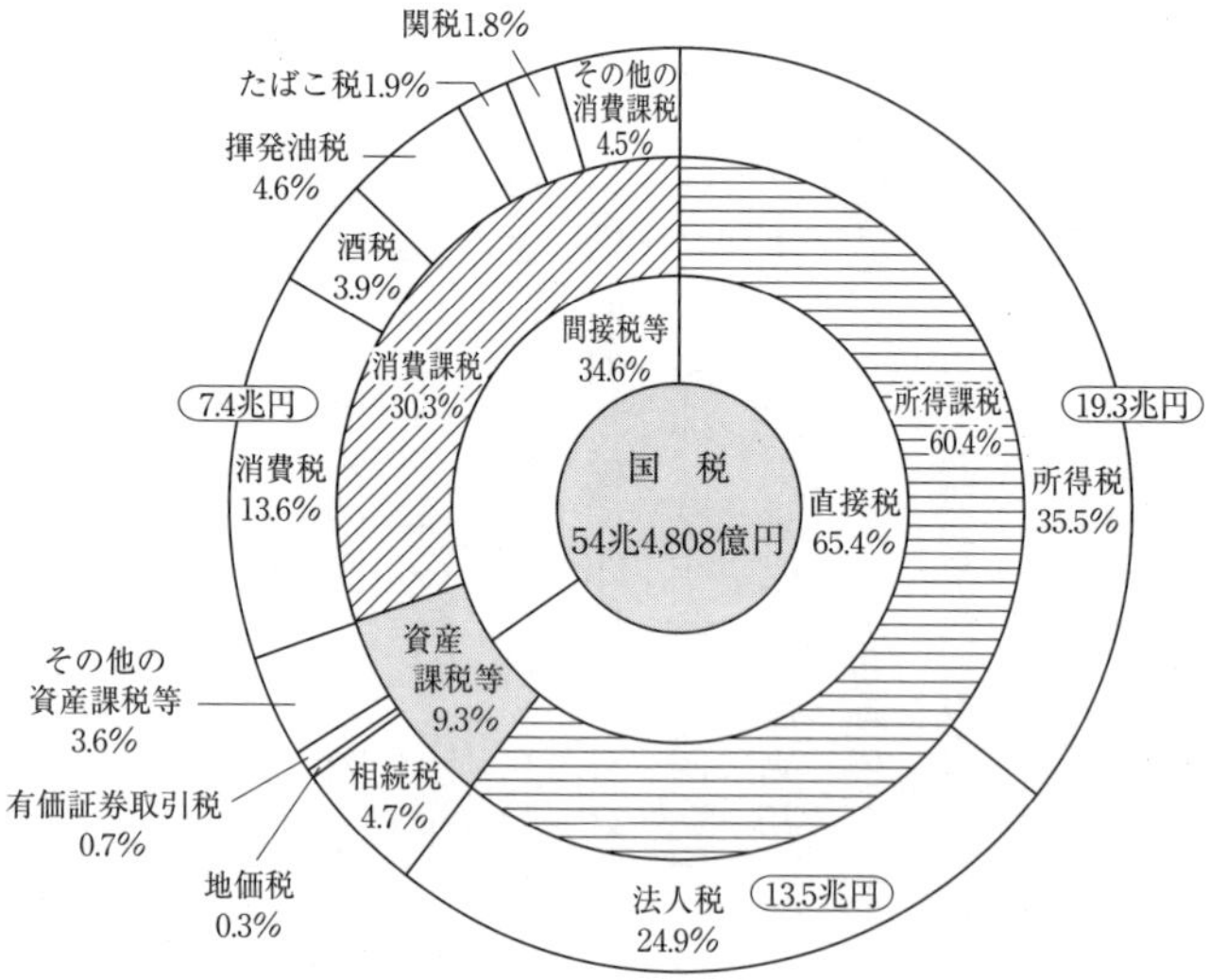

図表３－４　所得・消費・資産課税等の割合の国際比較〔1993年、国税〕

所得課税合計（24ヵ国中４位）

アメリカ	88.8%
オーストラリア	71.0%
カナダ	69.7%
日本	63.2%
ニュージーランド	62.5%
スペイン	56.2%
イタリア	55.5%
オランダ	54.5%
ベルギー	53.6%
アイルランド	48.8%
ルクセンブルク	47.6%
デンマーク	47.1%
ドイツ	45.5%
イギリス	44.9%
トルコ	39.0%
ポルトガル	38.8%
オーストリア	38.0%
フランス	36.0%
スイス	32.7%
ギリシア	28.0%
ノルウェー	27.8%
フィンランド	26.9%
アイスランド	23.4%
スウェーデン	17.6%
ＯＥＣＤ諸国平均	46.6%

消費課税（24ヵ国中23位）

スウェーデン	72.6%
ノルウェー	70.4%
フィンランド	68.9%
アイスランド	68.2%
ギリシア	66.5%
ポルトガル	59.9%
スイス	59.5%
フランス	55.6%
ドイツ	52.0%
デンマーク	48.2%
オーストリア	46.7%
アイルランド	46.6%
イギリス	45.3%
スペイン	43.4%
ベルギー	42.1%
オランダ	41.2%
ルクセンブルク	41.0%
トルコ	38.8%
イタリア	37.1%
ニュージーランド	35.7%
カナダ	30.3%
オーストラリア	27.4%
日本	26.9%
アメリカ	9.4%
ＯＥＣＤ諸国平均	47.2%

資産課税等（24ヵ国中４位）

トルコ	22.2%
オーストリア	15.3%
ルクセンブルク	11.3%
日本	9.9%
イギリス	9.9%
スウェーデン	9.8%
フランス	8.4%
アイスランド	8.3%
スイス	7.8%
イタリア	7.4%
ギリシア	5.5%
デンマーク	4.7%
アイルランド	4.6%
オランダ	4.3%
ベルギー	4.3%
フィンランド	4.2%
ドイツ	2.5%
ノルウェー	1.8%
アメリカ	1.8%
ニュージーランド	1.7%
オーストラリア	1.6%
ポルトガル	1.2%
スペイン	0.4%
カナダ	0.0%
ＯＥＣＤ諸国平均	6.2%

（備考）１．OECD 歳入統計の区分基準に従って作成。
２．利子、配当、キャピタル・ゲイン課税は所得課税に含まれる。
３．資産課税等には、資産課税のほか、有価証券取引税、取引所税、不動産取得税及び印紙収入等が含まれる。
４．資産課税とは、富裕税、不動産税（固定資産税等）、相続・贈与税等をいい、日本の割合は4.1%である。
５．平成７年度当初予算における日本の所得課税、消費課税、資産課税等の割合は、それぞれ61.7%、29,0%、9.4%である。

日本は所得課税が24ヵ国中、4位です。アメリカは圧倒的に所得課税中心の国ですから1位、日本が4位です。消費課税は24ヵ国中、アメリカがビリでして、日本はビリから2番目です。資産課税等は、日本は高い方に属しまして4位です。トルコとかオーストリアというのは大変大きいわけです。あとは9%台がイギリス、スウェーデン等々が並ぶということです。

国民負担率の国際比較

続いて図表3—5を見てください。

日本、アメリカ、イギリス等の租税負担です。日本は負担率の小さな国に属しています。スウェーデンの69・3%というのは、極端ですが、イギリスもドイツも5割前後、フランスは6割を若干超えているというような状態です。その中でも、黒い斜線がついているのが租税負担です。白ぬきのところが社会保障負担です。国によりまして、特にヨーロッパの国は、租税負担率が相対的に重い国と社会保障負担が重い国とがあります。イギリスは租税負担が重い国で、社会保障の分、いわゆる年金とか医療保険料などというのは10・5%で、むしろ日本より低いくらいです。ほとんど税金という形です。

それに比べてフランスは租税負担も34・2%ですが、社会保障負担が28・5%という水準になっています。極めて社会保険料の重い国です。その下の日本の租税負担と社会保障負担の状況の欄を見ていただきますと、右下の方に平成7年度実績見込というのがあります。日本は租税負担が23・9%、そして社会保障負担が13・8%、トータル37・7%という水準になっています。景気の低迷の中で法人税など

図表３－５　国民負担率の国際比較

〔国民負担率＝租税負担率＋社会保障負担率〕

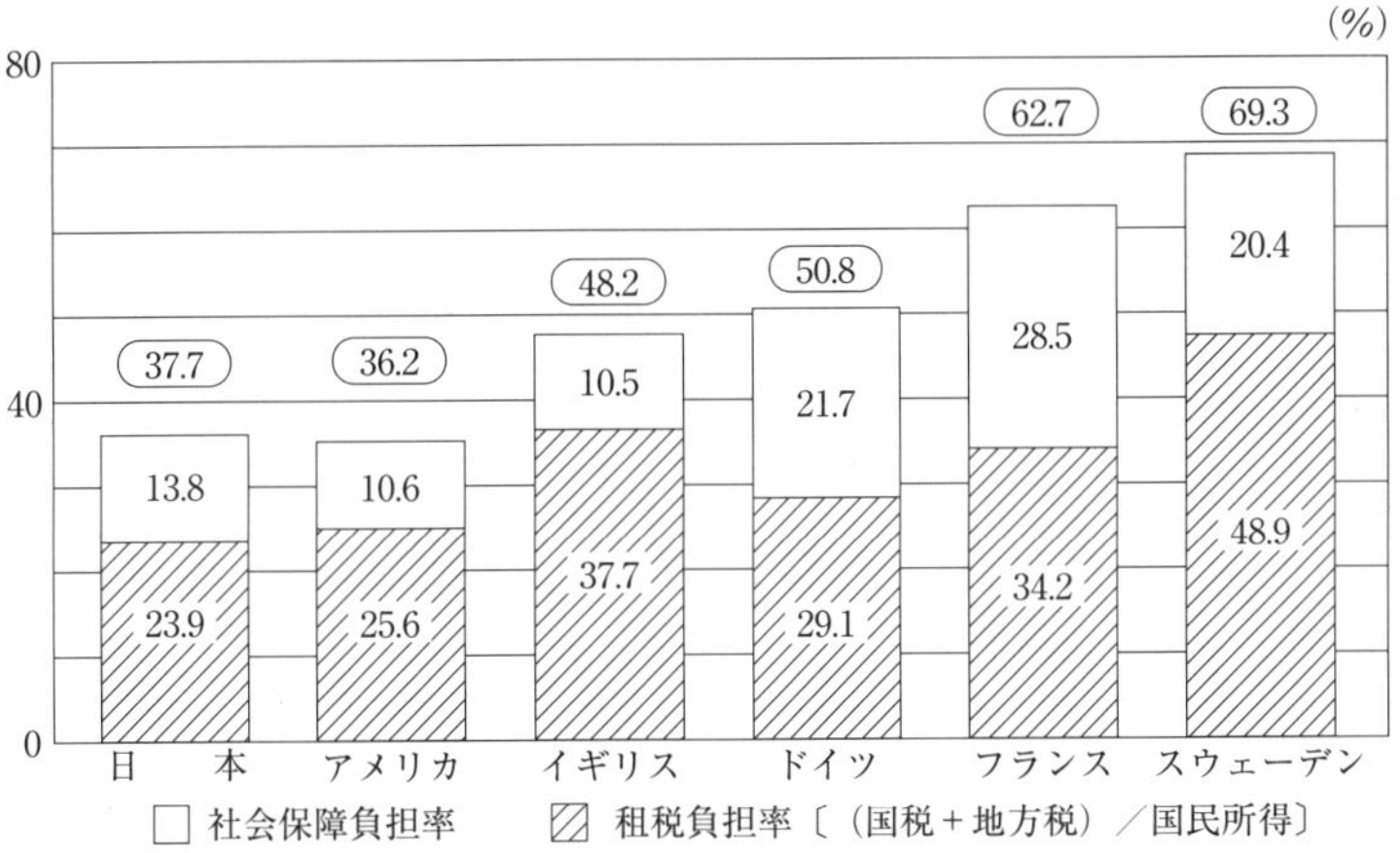

（注）負担率については、日本は平成７年度補正後見込み、諸外国は1992暦年実績（ドイツ、フランスは1990暦年実績）。

（%）

項目／年度	日本 租税負担A	日本 社会保障負担B	日本 計A＋B	項目／年度	日本 租税負担A	日本 社会保障負担B	日本 計A＋B
昭和45	18.9	5.4	24.3	62	26.4	10.6	37.0
50	18.3	7.5	25.8	63	27.3	10.6	37.9
55	22.2	9.1	31.3	平成元	27.6	10.8	38.4
56	22.8	9.8	32.6	2	27.8	11.4	39.2
57	23.1	10.0	33.1	3	27.1	11.6	38.7
58	23.4	10.0	33.4	4	24.9	11.9	36.8
59	23.9	10.1	34.0	5	24.3	12.1	36.5
60	24.0	10.4	34.4	6	23.2	12.5	35.7
61	24.9	10.6	35.5	7（実績見込）	23.9	13.8	37.7

が大変減収になっていること、そして、所得税の５兆５０００億円の減税などが響きまして、今の租税負担の比率23・9%というのは、実に昭和59年の水準になっています。

一番のピークはバブル華やかなりし頃の平成2年でして、27・8%という水準までいきました。それがどんどん下がって現在は、平成6年よりもちょっともち直して、23・9%という水準にあるわけです。社会保障負担の方は単調に増えて13・8%です。これはまさに高齢化が進むにつれ、非常に増えてきました。この社会保険料の方は結局、※4自分のものだからということで皆さんがお払いいただくので、このような姿になっているのだと思います。このままいきますと、日本の場合にはかなり社会保険料、社会保障負担の大きな国になっていく可能性があると思います。

実は、私は平成4年にこの会で、「いずれ社会保障の国民負担は上がっていくにしても、２０００年という時期に租税負担と社会保障負担を足した水準が40%台の前半で納まることを目指します」ということをお話ししました。しかし今、40%どころか37・7%という水準で、その意味では負担が軽いという状況にあるわけです。それ自体は結構なことです。しかし、逆にそれならそれだけ歳出を抑えていかなければならなかったということでもあります。

税収の推移と公債残高

次に税収の推移をみると、平成2年には、60兆１０００億円まで税収が上がった時期があります。このときに、日本の国は財政再建が実現できたというか、いわゆる特例債から脱却しましたが、それがいかにバブルの落とし子であったかということはその後判明していくわけです。この60兆１０５９億８０００万円のあと、平成４年には54兆４０００億円まで激減することになります。そしてさらに平成６年からは、５兆５０００億円の減税、地方税を除いて国税分だけだと、３兆数千億円の減税をやった結果、54兆１０００億円が51兆円に減ります。その後継続しておりますので。、現在当初予算でも51兆３０００億円くらいで推移しているというのが今の状況です。

平成８年度における公債残高はついに、２４１兆円になっております。公債残高２４１兆円というのは国民１人当たりにすると１９２万円の借金でして、４人家族でみると７６７万円、いずれ払わなければならない借金を抱えているということになるわけです。再び思い返してみますと、平成４年の秋には、この数字が、１７８兆４０００億円というところです。当時は１７８兆４０００億円ではなくて１７４兆円、その後景気対策をしたものですからさらに増えて１７８兆円になっているのですが、当時、私は「１７４兆円にもなっています」というお話をしたように思っております。平成６年のときには、この数字が２０１兆円ですと申し上げたのですが、その後また景気対策で公債を発行したものですから、実績としては２０６兆６０００億円になっております。[※5]今度また２４１兆円です。２年ごとに、30、40兆円ずつ増え続けているということで、このままいきますと大変な事態になります。

※４　しかし、現実には高齢化に伴い、年金財政の困難化が明らかになるにつれて、国民年金の保険料未納問題が顕在化することになってくるわけです。

※５　結局、日本はこの「大変な事態」へつき進んでいくことになりました。

野村総合研究所の理事長で税制調査会の委員の鈴木淑夫先生の「日本は個人貯蓄残高が１０００兆円あるんだから、むしろ公債をもっと発行してもいいんだ」という発言が日本経済新聞に書いてありましたが、私などはそのあたりを大変危惧しております。なぜなら、個人貯蓄１０００兆円というのですが、毎年の個人貯蓄の純増、即ち、フロー（一定の期間内に動く財貨の流量）でみると40兆円です。ところが国の借金の方が20、30兆円に毎年なってきているわけですから、もっぱら個人貯蓄をほとんど国や地方自治体が借りるということになります。本来個人が貯蓄して、その貯蓄したお金が企業に回って、企業が設備投資をして経済が繁栄するというのが戦後のパターンであったわけです。アジアでは最近そうですが、日本では逆に違ってきたわけです。

あまり新聞では取り上げられていないのですが、日銀の資金循環表を見ますと、平成6年の実績で、統計をとってから初めて民間企業が純貯蓄の側にまわりました。どういう意味かといいますと、本来個人が純貯蓄をしてその貯蓄の中の一部を企業が借りる側になり、それで設備投資をするはずであるのに、企業も個人も貯蓄をして国や地方自治体が借りるという姿になっているわけです。いい換えると、本来自分の会社で設備投資するよりも公債を買った方が利回りが高いのではないかということになっていたわけです。今は投資する時期ではないからということで、結果としてそういう行動に出たということだと思います。もちろんトヨタのようにバブルの時代からトヨタ銀行といわれるように、むしろ純負債ではなくて純貯蓄にまわっておられた企業ももともとあるわけですが、大方の民間企業がそういうパターンになってしまった、ということは大変憂慮すべきことです。海外ではイギリスなんかが一部そういう状態になっています。日本は相対的に金利は低いのですが、にもかかわらずもっと予想収益率が低いがゆえに、低い金利でも公債を買った方が得だということになってきたのではないかということです。裏を返すと、これは一種のクラウディングアウトの状態です。

現在、景気がある程度上向いてまいりました。これはある程度皆様方の方がおわかりになってると思いますが、事実マネーフロー（資金循環）や、日銀のハイパワードマネー（日本銀行など発券銀行の負債）などを見ましても、ここ数カ月間はかなり増え続けておりますから、それなりの資金需要が出つつあります。そのときに本来企業が借りるべきものが国に資金がいったのでは、投資は進まないわけです。こういう状況下では、反転して金利が上がり出す恐れもあります。やはり今日本の国がある程度現状を保てるのは金利が低いからで、金利が逆に反転し出しましたらどういうことが起きるでしょうか。一つは、今起きようとしている民間設備投資であれ、住宅金融公庫の融資であれ、こういうものに陰りが出てくるわけです。もう一つは何よりも日米の金利差が縮小すると、円高にもどる可能性を秘めています。今日、日本の金利の低いことが、日本の円安を助長している面があるわけです。有名なアメリカの証券界の方が「日本の株はまだ買いだ」と新聞記事に書かれていたのも多分そうしたことが裏付けになっているのでしょう。

したがって、このまま行くと、せっかく上向いてきた景気の流れを崩す可能性を秘めているわけです。先にも述べた通り「日本は個人貯蓄が残高ベースで１０００兆円もあるんだから平気だよ」と思われがちです。しかし純増ベースで見る限りは40兆円くらいでして、しかもこれから高齢化が進むということになりますと、貯蓄高は増えていくということはありません。むしろ年金など、純貯蓄よりも支払いの方が増えていく状態になるわけです。そうなった時には、この1000兆円の貯蓄にあぐらをかいているわけにはいかないのです。これは決して脅しではなくて、財政再建がいよいよ本当に正念場になりつつあると私は思っています。

今の日本の経済状況は、はっきりいって昭和50年代、あるいは60年代の前半におけるものとは本質的に違ってきていると思います。確かに今までのように国際化の波を避けて、垣根の中にいるならば、スウェーデンのように外債をいっぱい発行してその外債で生活することだってよいでしょう。だけどその結果どういうことになっているか。スウェーデンのボルボという会社の社長さんはスウェーデンに住みたがらず、他の国に移ってしまったといわれていました。「税金が高いから国を出ていく」と、こういうことになるわけです。このようなことを起こしてしまっては、国際社会の中で日本が生きていけるはずがありません。

主要国の財政事情

次に図表3―6をご覧ください。

フロー・ベースとストック・ベースと書いてあります。そのフロー・ベースで見ると、公債依存度といいまして、一般会計の予算に占める借金で賄ってる分がどれだけあるかということです。日本は1990年には1割くらいだったのですが、1995年には実に25・5%です。アメリカが10・3%、イギ

図表３－６　主要国の財政事情

○　国の財政事情

項目／国名	フロー・ベース		ストック・ベース	
	公債依存度 (%)	利払費／歳出総額 (%)	長期政府債務残高（国）の対GDP比 (%)	長期政府債務残高（国）の対国税収入比
(実績) 日　　本	(90') 10.6 ↓ (95') 25.5	(90') 15.6 ↓ (95') 14.4	(90') 46.3 ↓ (95') 59.1	(90') 3.2倍 ↓ (95') 5.1倍
アメリカ	(96') 10.3	(96') 15.5	(94') 60.2	(94') 5.2倍
イギリス	(94') 17.9	(94') 6.9	(94') 45.4	(93') 1.7倍
ド イ ツ	(95') 14.3	(95') 11.5	(94') 23.4	(94') 1.9倍
フランス	(95') 17.6	(95') 13.5	(93') 20.6	(93') 1.2倍

○　地方等を含めた財政事情（一般政府ベース）

	フロー・ベース			ストック・ベース		
	財政収支対GDP比 (%)			債務残高対GDP (%)		
(暦年)	1993	1994	1995	1993	1994	1995
日　　本	▲4.9	▲7.0	▲7.6	75.1	81.7	88.9
アメリカ	▲4.2	▲2.9	▲2.8	64.3	63.2	63.0
イギリス	▲7.9	▲6.5	▲4.2	47.4	51.6	53.4
ド イ ツ	▲3.3	▲2.5	▲2.3	51.8	54.6	62.5
フランス	▲6.1	▲6.0	▲5.0	52.9	56.8	59.5

(出典) OECD／エコノミック・アウトルック（平成７年６月）

(注)　財政収支については、年金制度において、修正積立方式をとる日本、米国は、将来の年金支払いのための積立金である社会保障基金の黒字を除いたベースで比較している。なお、これを含めた収支は以下のとおり。

(暦年)	1993	1994	1995
日　本	▲1.4	▲3.5	▲4.1
アメリカ	▲3.4	▲2.0	▲1.8

(補注)　マーストリヒト条約では、欧州通貨統合に参加する財政上の条件として、①財政赤字の対GDP比が３％以下、②政府債務残高の対GDP比が60％以下であることが定められている。我が国の財政（一般政府ベース）の場合、この条件を満たせない状況にある。

リス17・9%、ドイツ14・3%、フランス17・6%ですから、日本の公債依存度がいかに高いか、4分の1は借金で賄っているということです。さらに歳出総額に占める利払いの比、これはなぜか日本は下がっております。金利が非常に下がっているものですから、利払い費は金利が低い分相対的に減ってきているということです。それと同時に昭和50年代の中頃に、機関車論で大量に国債を発行した分の借換え分の金利が下がっているということもあるわけです。しかし、それでもほぼアメリカと同じということで、イギリスなどよりははるかに高いわけです。

それからストック・ベースというのがＯＥＣＤなどでは大変重視されている分野なのですが、長期債務残高、国の対ＧＤＰ比というのがあります。すなわち国民総生産、国内総生産と比較して国の長期の借金がどれだけあるかという水準です。見ていただきますと、日本はＧＤＰとＧＮＰとはほぼ同じですから、1年間に国全体で生産する額の59・1%の借金を抱えているということです。これがアメリカは60・2%、イギリス45・4%、ドイツ23・4%、フランス20・6%です。

さらには税金の収入との比較で借金がどれだけあるかということになりますと、日本は5・1倍です。すなわち日本の1年間の国税を5年分まったく支出をしないで税金だけ集めて、やっと借金は返せるということです。これがアメリカも5・2倍でほぼ同じ。イギリス、ドイツ、フランスはそれぞれ1・7倍、1・9倍、1・2倍です。さらに地方も入れますと、例えばＧＤＰの債務残高などは日本はアメリカを抜いています。1995年、この下の表の一般政府ベースで見ると88・9%、アメリカは63・0%です。ヨーロッパはかなり地方が悪い部分があって、イギリス、ドイツ、フランス、それぞれ53・4%、

62・5％、59・5％となっていますが、日本の財政は圧倒的に悪いということがおわかりいただけると思います。

そこで、一番下の（補注）には「マーストリヒト条約では、欧州通貨統合に参加する財政上の条件として、①財政赤字の対ＧＤＰ比が３％以下、②政府債務残高の対ＧＤＰ比が60％以下であることが定められている。我が国の財政の場合、この条件を満たせない状況にある。」とあります。表で見ていただけばわかります。財政赤字の対ＧＤＰ比は日本はまったく満たせていないということです。60％以下というところが、日本は88・9％であるということになるわけです。

新聞などを見ておりますと、フランスが付加価値税の税率を上げたとか、ドイツが法人税を上げただとか、最近欧州で増税が続いているようです。なぜこんなことになっているのかというと、まさにこのマーストリヒト条約がポイントなのです。ヨーロッパのＥＵ通貨統合に参加する条件としてこれが課されたものですから、遮二無二、財政再建をやっているというのが欧州の状況です。

アメリカもまたそれを受けて、共和党と民主党との間の大統領選挙の一番の焦点が財政の建て直しというところに向いているわけです。そこに一人、はぐれ鳥になっているのが日本なのです。日本につきましては、特にアメリカの経済学者からも「日本はむしろ個人貯蓄がたくさんあるんだからもっと借金してもいいよ」という声が聞こえてきます。しかし、今申し上げた意味での個人貯蓄は、ストックでは確かにそういう面がありましたけど、[※6]フロー・ベースでは底が枯渇しつつあるという状況もまた認識し

※６　この年の４年後、２０００年から日本の家計貯蓄率は急速に下降しはじめることになります。

なければなりません。

したがって、本当の意味で財政再建はまさに土壇場に来たなというのが実感です。

４　時代に即応したよりよい『税』を求めて

税収の決算額と試算額の乖離

次に、図表３―７を見ていただきたいと思います。

下に注があります。「税収試算額は60年度の税収決算額を基準として、61年度以後は『名目ＧＮＰ成長率×税収弾性値１・１』で伸ばし、59年度以前は『名目ＧＮＰ成長率×税収弾性値１・１』で割り戻して算出している。」とあります。上のグラフの実線で書かれたのがすべて平成６年までは実績値です。そして点線で書いてあるのが税収の試算額です。

今までの税というのは大体マクロで見ると、名目のＧＮＰの１・１倍くらいで伸びています。例えば成長率が３％であれば、税収は３・３％で伸びる。成長率が５％であれば５・５％くらいで伸びるというのが、10年くらいをならして見ると大体試算できたことだったわけです。そこで、昭和60年を起点にして過去をプロットしてみますと、まさに昭和60年以前、50年代というのはほとんど点線と実践が一致しているわけでして、まさに、税収決算と「成長率×１・１」というのがいかに過去の統計上は一致しているかということがお読みとりいただけるかと思います。

ところが、それ以後を見ていただきますと大きく乖離します。この富士山みたいな山がバブルです。

図表３－７　税収の決算額と試算額の対比

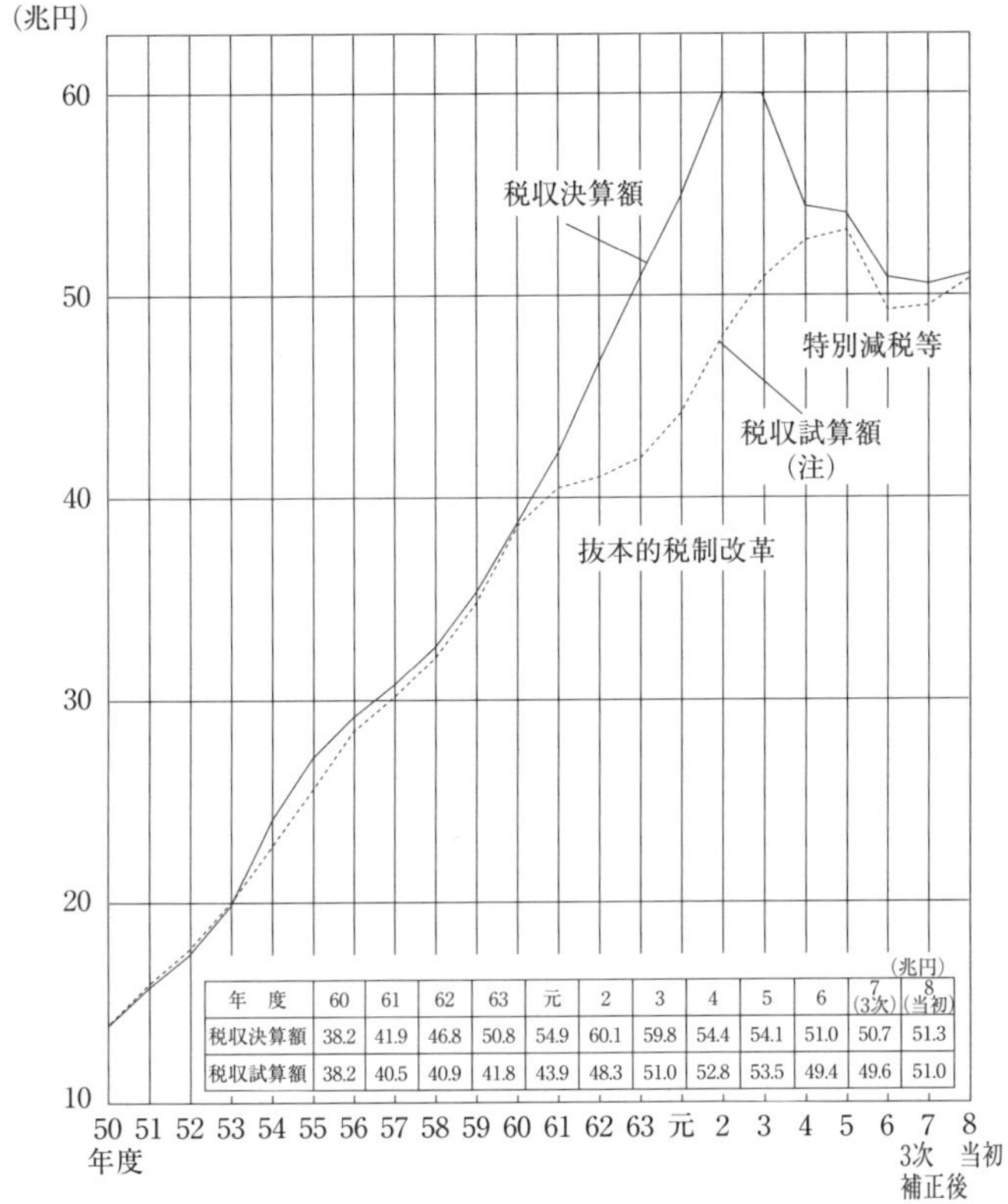

（兆円）

年　度	60	61	62	63	元	2	3	4	5	6	7（3次）	8（当初）
税収決算額	38.2	41.9	46.8	50.8	54.9	60.1	59.8	54.4	54.1	51.0	50.7	51.3
税収試算額	38.2	40.5	40.9	41.8	43.9	48.3	51.0	52.8	53.5	49.4	49.6	51.0

（注）　税収試算額は、60年度の税収決算額を基準として、61年度以後は「名目GNP成長率×税収弾性値1.1」で伸ばし、59年度以前は「名目GNP成長率×税収弾性値1.1」で割り戻して算出している。

123　今後の税制のあり方について（平成８年１月）

すなわち税収が本来入ってくるべき部分を大きく上回って、税収決算額が増え続けたわけです。財政再建が成り立ったかのような印象がありました。実は、それは大きな誤りであったということですが、このあたりは、皆様の経営にも似たような面が、売上高とか何かにもあったのではないかと思います。そしてやっと、平成８年くらいのところからおおむね、一致しつつあるというのが実体です。しかもこれからの経済成長率というのは、新経済社会の経済計画をもちましても、[※7]よくいって３％、もしも構造改革が進まないときは１・７％とか、そのぐらいしか伸びないということです。

一部の学者、政治家に、楽観論的に「いずれ経済が持ち直せば税金は入ってくるよ」という方がいらっしゃるのですが、実はそんなものではないということを読み取っていただけると思います。もし税金が入ってくるとすれば、バブルをもう１回起こすこと以外はないわけです。確かに大正デモクラシーの末期、日本は大恐慌の直前に似たようなことを起こしたわけですから、歴史は繰り返すのかもしれません。しかし、もはやバブルというのは、簡単に起きるものではありません。そうなると税収が自然増収で賄えるような状態にはないということです。だからといって、増税といっているわけではありません。何より重要なことは、皆様が当たり前と思ってるような行政サービスもやめていかなければならない時代に入ってきているということです。つまり、歳出を切れば、それだけ税が少なくてすむわけです。しかし、現状では歳出といい、歳入といい、ある程度我慢してやっていかざるを得ないのです。そこで、平成９年４月１日に消費税を３％から５％へというのが法律には書かれているわけです。

いずれにせよ、日本は今、国際化、情報化そして高齢化という中にいながらも、足元の財政事情は、世界の中でも類を見ない悪さになっています。そのような状態で今、大海に放り出されようとしている。しかも、その中で過去の、つまりバブルの後始末に追われているのが実情だというような気がします。皆様方の経営について「バブルの後始末を今頃やってるような会社はとうに倒産してるよ」といわれるかもしれません。しかし、バブルの後遺症をまったくひきずってないかというと、かなりのところはひきずっておられるのではないでしょうか。国もまた最も遅れて、住専対策を代表的なものとして、ひきずりながら、やっております。しかし、バブルの、図表3—7の富士山のような部分を、頭におきながら経営をしても成功するわけはないし、国の財政運営も成り立つわけがないことだけは、はっきりしているということです。

目的税的な税へ

これからは、どのような日本を皆様が選択されるかにかかってくると思います。福祉を期待し、税金を払ってもいい、と思われるのかどうか。社会保障の水準を維持するためには多少の増税はやむを得ないというのが、朝日新聞のアンケートでは圧倒的に多かったそうです。それは「社会保険料の増ならいいよ。払うよ」ということだと思いますが、一つ皆様に考えておいていただきたいのは、社会保険料ほど逆進的なものはないということです。なぜなら、社会保険料は所得から取る一種の所得税なのです。社会保険料という名前はついていますが、厚生年金のように企業負担、個人負担、2分の1ずつであれ、

※7　結果は、むしろマイナス成長という事態を経験することになりました。

国民年金のように全額個人負担であれ、いずれにせよ所得の中から払うものなのです。

各国比較図表３—５（１１３ページ）を見ていただくと、所得税のウェイトの小さい国は保険料のウエイトが高いということが読み取っていただけると思います。フランスという国はほとんど付加価値税の国です。その代わり社会保険料が高いウェイトを占めているわけです。イギリスは付加価値税が高いことは高いが、所得税もまた高い。そこでイギリスは保険料は小さくなっているのです。ですから社会保険料で、今後の高齢化社会を担っていこうというのであれば、ますます所得税のウェイトを下げて、消費税に移っていかなければならないという面もあると思います。

今の社会保険料というのは修正積立方式といいまして、実際は付加方式と同じで、今払われている保険料は今のお年寄りに払っているわけなのですが、頭の中では自分が払ったものが将来自分に戻ってくるという認識ですから大変払いやすいのです。いい換えれば、一種の目的税なんだろうと思います。ですから、これは私見でもありますし、税制調査会では異論のあるところですが、これからの税というのはある程度目的税的なものになっていかざるを得ないという気もいたします。ただ、目的税的な税の最大の欠陥は、例えば揮発油税が道路だけに使われているということから、極めて硬直的であるという批判があるように、同様の問題を秘めているということです。しかし払う側からすれば「自分が、そのガソリンで運転してるときにその道路を使ってるんだからしかたがない」と思われ、また「これは揮発油税あるいは自動車重量税によって造られた道路です」と書いてある看板を見られたときに、納得いただける部分もあるわけです。個人個人が納得して払っていただくというのが税の民主主義ですから、その意味では今後は考えていかなければならないのかもしれません。

社会保険料のように、ある種の保険料システムであれば、それはそれで一つのやり方です。しかし、税全部が目的税になってしまっては、成り立たないのはご理解いただけると思います。「防衛費ですとか外交経費というのは一体誰が払うんですか」という話になりかねないわけです。自分がストレートに自分の選択で払えるものなら、本来、税の必要はないのです。皆が一緒に使うということで税を払っていただいているわけですから、そこはやはり目的税にも限界はあるということなのでしょう。

税の基本の基本みたいなお話を今日はさせていただいたわけですが、いずれにしましても、今まで当たり前と思ってきたことをすべて国際的な視点で、あるいは高齢化という意味で、今までとは異なる視点で問い直さなければ、間違いなく税は成り立たなくなってきたことだけは事実です。しかもそれがどっと押し寄せてきていて、ゆっくりと選択することができなくなってきているということなのです。

5　時代の変わり目の認識

今年の丙子《ひのえね》の年というのは、ちょうど60年前が昭和11年で、これは2・26事件が起きた年です。その後、上海事変等がありまして、日本は太平洋戦争へと向かっていきます。さらにその60年前というのは明治9年です。これは萩の乱とか秋月の乱とかというのが起きた年です。そして翌年西南の役が起きて、これによって、ある種のかたがついて明治新政府の安定へと向かっていきました。決して60年周期説をとるということではないのですが、同じような意味で、平成3年8月、ゴルバチョフのソ連の解体以後、米ソ冷戦が終わって、アメリカにとっての防共列島であった日本が本当の意味で新しい開国を迎えました。

今年[※8]は、よい方向に向かうか悪い方向に向かうか、我々が切羽詰まった状態の中で新しい選択をしていかなければならない時期になってきたと思うわけです。しかし、残念ながら、本当の意味での明治維新のような認識が私ども個人個人にはないのが実情です。国民の多くの方がそう思えないのは当たり前ともいえますが、その認識でやっていかないと国が成り立たなくなってしまっているというのが実感です。

6　宗教法人・公益法人の課税問題

最後に皆様方に考えていただく意味で、今回の税制改正でも大変議論になった、あるいはこの京都という古都において関心のおありになる宗教法人、あるいは公益法人のお話をしておこうと思います。

日本の場合には、宗教法人というのは、宗教法人法という法律はありますが、根幹は民法によっているわけです。図表3—8をご覧いただきたいと思います。

民法34条というのがあり、その中に33業種が営利法人として位置づけられているわけです。公益法人という項目があるのですが、その中に財団法人、社団法人、宗教法人、学校法人、社会福祉法人全部一

図表３－８　公益法人等に対する法人税の課税制度の概要

公益法人等の範囲	財団法人、社団法人、宗教法人、学校法人など
課　税　対　象	収益事業から生ずる所得に対してのみ課税される。 (注) 収益事業の範囲は、物品販売業等33業種を政令で規定
適　用　税　率	27%の軽減税率　　　（参考）基本税率：37.5%
寄附金に係る特例	公益法人等の寄附金の損金算入限度額は、収益事業から生ずる所得の27%（学校法人、専修学校を設置する準学校法人及び社会福祉法人については50%と年200万円のいずれか多い額）とされており、また、収益事業部門から公益事業部門への支出は、寄附金とみなすものとされる。

公益法人等の数（平成６年12月末調べ）

民法34条法人	25,906件（ 10.2%）
学　校　法　人	7,488件（　3.0%）
社会福祉法人	14,502件（　5.7%）
宗　教　法　人	183,897件（ 72.6%）
そ　の　他	21,363件（　8.5%）
合　　　計	253,156件（100.0%）

（備考）平成８年度改正案

・公益法人等の寄附金の損金算入限度額の引下げ　所得の27%⇒20%（学校法人等及び社会福祉法人については、従来どおり。）
・公益法人等の収支計算書の提出制度の創設（小規模法人（年間収入5,000万円以下の法人）については、提出義務なし。）

緒に規定されています。さらに、特別法が作られていまして、学校法人法、社会福祉法人法、宗教法人法というのが別にあります。

実はここで問題になっているのは、最近阪神・淡路大震災でかなり議論になりだしているNGOとか、NPOとかいわれる民間非営利団体です。実は日本の民法上は、営利を営まない法人はすべて公益法人なのです。ところが公益でない、営利法人でない法人があります。多分皆様の会社にもあるはずです。要するに社員旅行会とか、公益ではないが民間の営利法人でもない、公益でも営利でもない、というのがこの法律

※8　現実にはこの年、金融機関の破綻が顕在化し、本格的な金融機関の不良債権処理が始まることになりました。

の中では読めないのです。落ちている部分なのです。このあたりが、「公益法人法をどうするんだ」「あの民間非営利団体法をどうするんだ」とか新聞等で議論が出ている所以です。

実はこの話と宗教法人の話とは似ていまして、公益法人というものを一体、法の上でどう位置づけるのかというのを、まず先に議論しなければならないのです。特に法律上は、社会福祉法人も学校法人もみんな公益法人ですから、その中で宗教法人だけ取り出してどうこうしようとすることには無理があります。宗教法人法にきちっと定義していただかないと、税法だけで対応するというのは難しいのです。土地税制が、土地基本法を受けて実施されたのと同じです。だからといって、公益法人全体について、収益事業が民間の方の収益事業と同じなのに、税率が低くていいのかという議論は当然残ります。

例えば一番いい例が、財団とか社団とかあるいは社会福祉法人が行っているホテル事業があります。要するに福祉施設みたいなのがあって、その税率が低く抑えられています。一般のホテル会社から見ると、明らかにおかしいではないかという議論が出てきます。これは、本来の収益事業を一体どう考えるかということになります。

一方で、収益事業で育英資金を賄ってるところがあるとします。それにも、税金をかけるのかという議論が出てくるわけです。一番難しいのは、その収益事業によってその公益団体が賄われているのに、そこに重い税金をかけるということはどうか、ということです。今回、みなし寄付というのを、税率でいえば2％くらい重くさせていただいております。しかし全体としては税でどうこうするという以前に、日本における公益活動というものをボランティア活動も含めて、どう位置づけるかということを考えていただかなくてはならなくなったということです。

　その意味で最初に、商法だとか民法も少しずつ変えていく必要があるかもしれないといったところに、つながってくるのです。アメリカは、明らかに日本とは違って、はじめから民間非営利団体というのを法人化することを認めていまして、かなり日本と様子を異にしていると思います。しかし一方で、宗教法人のいわばお布施のようなものにまでストレートに課税している国は多分、世界中にありません。他方、その収益事業に普通の民間団体と同じように課税している国はいくらでもあります。このあたりを整理していただかないと議論がごちゃごちゃになるなという気がいたします。

激動の時代の税制改正

［平成10年（1998年）1月23日］

主税局審議官

平成10年

日本の出来事

【国内経済】

- ●改正外為法
- ●新日銀法

【国内金融・中小企業】

- ●金融ビッグバン始動
- ●長銀、日債銀、一時国有化
- ●金融監督庁発足
- ●大手21行に公的資金1.8兆円注入

【社会・生活・文化・科学・流行・世相など】

- ●冬季五輪長野大会
- ●日本列島総不況

1998年

世界の出来事

- ●アジア通貨続落
- ●北朝鮮テポドン発射事件
- ●金正日（キムジョンイル）国家元首に
- ●金大中（キムデジュン）大統領就任

必ずルネッサンスはくる

一昨年の平成8年1月18日に「今後の税制のあり方」ということで講演させていただきましたが、今、私はその時にいくつか申し上げた方向に日本は進んでるなぁ、というふうに思っております。その時にお聞きになった方は、ご記憶にあると思うのですが、ベアリングズ社が倒産をしたという話をしました。そのベアリングズ社というのは日本の近代化と大変深い関係にあり、日本を知り尽くしたヨーロッパの企業であったにもかかわらず倒産したのです。ひょっとすると日本の企業も、場合によっては日本という国自体も第2第3のベアリングズ社になりかねない状況におかれているのではないか、という話をしました。ベアリングズ社が誤った一番は、日本という国が自分の持っている財産にまったく目を向けてこなかった、素人であったということを見誤っていたという点にありました。そのことの咎が第一にあったということです。それともうひとつ、ベアリングズ社自身が国際化の意味を理解しそこなっていたのではないかという気がいたします。

今もいろいろと新聞論調等々で国際化、グローバル・スタンダードといわれますが、私は現時点ではグローバル・スタンダードというのは存在しないと思っています。いずれできていく方向にあると思いますが、今はないと思います。

日本は明治以来ある意味での鎖国の中を歩んできました。そして今初めて、開国の道を歩むことになったときの戸惑いというものが、今日の日本の苦しい状況をつくっているのだと思います。ただ、私は根が楽観主義者ですので、日本もアジアの国々も決して再生しないとは思っておりません。必ずルネッサンスはくると信じております。それは今日のお話の中からもご理解いただけるかと思います。資産の問題というのはある意味では一過性のものです。その中で生き延びていくのは人なのです。人という面で考えたとき、日本はまだまだ捨てた国ではないということだけは確かだと思っています。

今日は「激動の時代の税制改正」というテーマですが、今回の平成10年度税制改正を通じまして、自分が思っていることをしゃべらせていただき、そして、これからの日本というテーマに移らせていただくという順序で話させていただきたいと思います。

1　激動の時代の平成10年度税制改正——財政・経済構造改革と景気対策

平成10年度税制改正の概略

今、国会で議論になっているのが所得税の特別減税法案、補正予算関連であるわけですが、全体として、今回の税制改正は消費税を導入した時に負けないくらい規模の大きなものになっています。法律の数で5本出させていただいています。

まず、所得税の特別減税。

それから法人税法等の一部改正法。法人税というのは、昭和40年以来抜本的な見直しをしておりませんでしたから、まさに久々の抜本的な改正です。

次に金融・土地税制の改正を含む租税特別措置法の改正。この2つの改正はあとで詳しく説明させていただきます。

そして、あまり多くは喧伝されていないのですが、帳簿を電子データで保存していただいていいという電子データ保存法。特に百貨店などでは多数の帳簿書類がかさむために、それこそ倉庫がいっぱいになるというご批判がありますが、他方、改竄されてしまい脱税を許すことになってはいけない。規制緩和や行政の簡素化の流れの中で、ぎりぎり電子データの保存ということで位置づけをしました。今年の7月から実施していくということを考えております。

最後に、たばこ特別税という税を導入させていただいています。これは、財政構造改革に資するという観点から実施させていただくものです。新聞ではたばこ特別税については、たばこは国鉄の債務に関係ない、「キセル乗車」くらいしかつながらないのではないか、という笑い話でいわれております。

国鉄の長期債務というのは、今まで国の隠れ借金として世の批判を浴びてきました。本来は国の借金であるにもかかわらず、清算事業団に借入金というかたちで積み残して、見えないかたちで処理していたのです。今回、国鉄の長期債務は、国が処理できるものは処理するという意味でディスクローズして、国債整理基金特別会計で処理するということに踏み切らせていただき、その一方でいろんな財源捻出をしますが、ぎりぎり足りないところを、財政物資であるたばこというものにお願いしたというものです。

たばこ1本1円で喧伝されているのですが、法律上は1本82銭上げさせていただくということになっています。たばこ税という税はご存じの通り従量税です。価格にかけてるわけではなくて1本あたりいくらという税なものですから、たばこの値段がどんどん高級品にシフトすると自動的に一箱当たりの税負担は軽くなっていくということになるわけです。特にこのごろのように、ファッション性をもった外国たばこなど値段の高いたばこにシフトすると、ますます税負担は軽くなっていきます。そこで、平成元年のたばこの負担率に戻すという調整をすると、１本82銭の税アップになるということになるわけです。その財源は全額国債整理基金特別会計に直入して国の借金を返すということにさせていただいています。

５本の改正の概略をお話しましたが、今度の税制改正というのは、日本の構造改革と景気対策をどう兼ね併せるかというところで、非常に苦労いたしました税制です。たまたま先日、関電の秋山社長のところにお話に行きましたら、すでに勉強いただいておりまして、「今度の税制というのは相当大規模ですね。にもかかわらず、新聞にほとんど取り上げられず、評価されていないのは気の毒ですね」といわれました。

いずれにしましても、そのくらいかなり大幅な改正をしております。特に経済構造改革ということで、減価償却のやり方や退職給与引当金の問題などを全部ひっくるめまして、かなり大規模な法人税改革をさせていただいています。

それからビッグバンに対応するということで、金融税制改革です。とくに有価証券取引税、取引所税の税率を今回半減させていただくとともに、平成11年末までに廃止するということを決めさせていただいております。それ以外にも新しい金融商品に対応する税制も構築しております。

一方で、景気対策に資するということから、ひとつの大きな柱として資産デフレ対策を講じさせていただいています。土地の税制や住宅税制まで含めまして、土地基本法ができる以前の水準に戻すだけでなくむしろ、それ以上に税金を軽くするという措置を講じております。その意味で税制調査会の学者の先生方からは、必ずしも評判がよろしくないのです。私は、日本の今の不景気は資産デフレにあると思っております。バブル後の長期的なデフレ化については、この席で何度も警鐘を鳴らしたつもりですが、それはやむを得ない面も持っております。世界の、それこそグローバルな流れの中で日本が避けて通れない道だと思います。しかし、なんとかその速度を緩められないかということで資産デフレ対策の税制を講じさせていただいているということです。

それから同時に、総理のイニシアティブによりまして、所得課税の特別減税というかたちでフローの対策、所得の対策も講じさせていただきました。その結果、所得課税の特別減税２兆円を除いても国税だけで７５００億円、地方税まで入れますとおおむね１兆円の減税になります。

日本の財政とその改革

日本という国の今の財政状況は大変な事態になっています。すでに２５０兆円を超える、[※1]２５４兆円（補正後ベースでは２５６兆円）もの大赤字を抱えております。全世界の開発途上国の累積債務が２１５兆円です。つまり、２５４兆円という数字は、世界の開発途上国の債務をはるかに上回るものだということです。私がこちらに最初に寄せていただいた平成4年10月の日本の国の借金は、確か１７０兆円くらいだったのではないでしょうか。それがあっという間に２５４兆円になっている。１７０兆円のときですら「えらいことですよ」という話をした覚えがあるのですが、今やそれをはるかに上回る状況になってきているのです。

その状況の中で、この財政構造改革法では、この6年の間に特例公債という財政法違反の公債をやめる、ゼロにするということを目指すとともに、毎年、特例公債の発行額を減らすということになっております。新聞などでご覧になられたように、均等に6年間減らしていくと１兆２５００億円減らすというのが筋なのですが、法律上は「少なくとも前年の特例公債発行額よりも減らす」というふうになっております。前年の特例公債発行額を超えた特例公債を発行すると、去年の暮れに通した財政構造改革法の違反行為になるということです。そのあたりの兼ね合いを図りつつ景気対策に最大限に配慮しながら、なお財政構造改革法違反でない姿にということで、七転八倒したということです。

図表４―１の土地資産額の日米比較をご覧いただくと、今回の日本の不景気について、一番端的にわかるのではないかと思います。日米を比較するとともに、昭和45年から平成8年までの推移を示しております。バブルの最も甚だしきころ、平成2年における日本の土地資産額は２３６５兆円ありました。それが平成８年は１７７０兆円です。この間に６００兆円の土地資産デフレが起きたということです。括弧書きになっているのは、法人の所有土地の資産額です。平成2年には７０９兆円であったものが、平成8年には５００兆円くらいになった。ここでも２００兆円減っているということです。この法人所

※1　この国債残高すら、その後の国債増発による残高の累増と比較すれば、たいしたことがない水準だったのです。

図表４－１　土地資産額の推移の日米比較

	年	昭和45	50	55	60	平成2	3	4	5	6	7	（備考）8
日本	土地資産額（A）〈兆円〉（ ）はうち法人所有土地	163.0	376.7	700.5	1004.1	2,365.4 (709.3)	2,173.3 (644.1)	1,944.2 (572.0)	1,864.6 (542.0)	1,823.9 (529.0)	1,767.0 (512.8)	1,770.1 (500.8)
	GNP（B）〈兆円〉	73.2	148.2	240.2	320.4	430.5	459.0	471.8	475.4	479.3	482.9	499.9
	GNP に対する土地資産額の比率（A／B）	2.2倍	2.5倍	2.9倍	3.1倍	5.5倍	4.7倍	4.1倍	3.9倍	3.8倍	3.7倍	←4.0倍 3.5倍
アメリカ	土地資産額（C）〈億ドル（兆円）〉	7,492 (269.7)	13,851 (422.7)	30,056 (610.1)	42,878 (859.7)	49,591 (666.5)	47,242 (591.5)	42,890 (535.1)	42,300 (473.3)	43,642 (446.1)		
	GNP（D）〈億ドル（兆円）〉	10,107 (363.9)	15,981 (487.7)	27,080 (549.7)	40,536 (812.7)	55,461 (745.4)	57,371 (718.3)	60,458 (754.2)	62,599 (700.4)	69,357 (708.4)	〔国土面積はアメリカの1/25〕	
	GNP に対する土地資産額の比率（C／D）	0.7倍	0.9倍	1.1倍	1.1倍	0.9倍	0.8倍	0.7倍	0.7倍	0.6倍		

資料：日本は、経済企画庁「国民経済計算」、アメリカは、「Balance Sheets For the U.S. Economy」及び商務省資料。
（注）１．土地資産額は年末残高、GNP は暦年中の計数。
　　　２．アメリカにおける括弧内は、IMF 発表の各年末の為替相場により円換算したもの。

有土地の大半は金融機関の担保に入っていると想定すると、これだけ金融機関の担保が目減りしたということで、このことが今の金融機関の危機にもつながっているのです。

平成２、３年ごろの数字をご注意いただきますと、平成２年のＧＮＰが４３０兆円、そして日本の土地資産額は２３６５兆円です。すなわち国の生産力に対して土地の価格が５・５倍もついていたということです。アメリカを見てください。そのころでも０・９倍とか０・８倍です。アメリカに土地資産バブルがあったというのが昭和60年ごろです。このバブルがその後アメリカで、Ｓ＆Ｌの金融機関が倒産したりする要因になったのですが、それでも１倍とか０・７倍とか、そのくらいなのです。

本来の地価というものは、その土地の生産力を現在価値に還元したものですから、こんなに格差があるのはどう見てもおかしいのです。しかも日本では、昭和60年には３・１倍だったものが急に５・５倍にもなった。私どもも「これは将来大変ですよ」ということを何度もいわせていただいたつもりです。結局、３・５倍まで戻りましたから、61年ごろの状況にまで落ちたということです。一方で今、アジアの経済危機が起きていますが、アジアの国々はみんな日本と同じような状態になっているのです。違うのは台湾だけではないでしょうか。

大変不遜なことですが、当時は日本の皇居だけでカナダ一国が買えてしまう。こんな土地資産価格がつくこと自体が、おかしかったのです。そのおかしさが今も、ある意味では続いてることは事実ですが、それがあまりにも急速に調整されていくということは今日の金融危機をより激しいものにしますので、この資産デフレを一時的にせよ止めなければならないというのが、今回のひとつの大きな課題であったというふうに思っています。

土地の買換え特例というのが典型なのですが、従来なら東京、大阪、京都の目抜き通りに、わざわざ田舎の土地を売って買う人には買換え特例は認めなかったのです。これを今回、全面改正いたしました。田舎の土地を売って東京、大阪、京都の土地を買っても8割の圧縮記帳を認めますということにさせていただいて、土地の需要というものを喚起しようという政策に、3年間という時限を付したうえで、させていただいています。

ただ、この土地資産額が下がる要因というのは歴史的なものだと私は思っています。

経済学でいうところの、要素価格均等化原理というもので考えてみますと、世界の経済がひとつになっていくときには、各要素ごとに、例えば人件費にせよ土地の価格にせよ、世界だいたいおしなべて同じになるはずなのです。それがならないのは人口の移動が禁止されているとか、土地のように輸入ができないなどの事情によるのです。

確かに土地の輸入はできないのですが、コメの自由化ということが土地の要素価格均等化の要因になったと思います。土地は輸入できませんが、海外、オーストラリアやニュージーランドなどでコメを作って日本に輸入するということが可能になっています。このあたりが大きなグローバル化の流れの中で、土地というものの要素価格均等化の流れを助長しはじめたと思います。

もっと大きいのは、日本国内の人口移動が止まったということです。それまでは大量の人口移動があって、大阪、京都、特に東京へ人が流れていった。両親は田舎に残して自分たちは都市に集まる。日本では農地の宅地化が自由にできませんから、宅地が非常に限られているわけですが、そこへ人がワッと入ったわけです。供給が限られてるところに需要が増えるのですから、土地の価格が上がったのは当たり前です。人口移動が止まったということは、買手が減ったということです。その上に規制緩和の流れの中で農地の宅地化が自由化しつつあります。供給の方は自由化で増加して需要の方は止まるわけですから、需給のバランスを考えるなら、長期的に価格は下がらないと本当はおかしいのです。

また、全然別の見方をしてる方もいらっしゃいます。

行政改革で建設省と運輸省が合併することになります。日本の土地というのは大きく分けて3つの省庁が所管として持っています。最大は農地で農林省。宅地は建設省が所管しています。そして意外と忘れられているのですが、臨海部の土地は運輸省の所管です。そこでは運輸省が利用規制をしています。

建設省と運輸省が合併いたしますと、臨海部[※2]の宅地化が間違いなく進むだろうというのが、大手のディベロッパーの方の認識です。そうなると運輸省の土地まで宅地化が進むわけですから、間違いなく供給が出てくるということです。したがって地価は下がる方向にある。しかし、土地の値段が下がればその土地に投下する資本当たりの利益率が上がるわけで悪いことではないわけです。世界の企業だって日本に入ってきやすくなるのです。事実、日本の地価が下がってシンガポールの土地より安くなったので、シンガポールの土地を売って日本に来るという企業もでてきているのです。しかし、一方で金融機関から土地を担保に借金をしてきたような方々は、七転八倒することになる。これが今の状況なのだろ

※2　今まさに東京等のベイエリアに超高層の住宅が林立し出しています。

うと思います。

今、一番講じなければならないのは、不良債務との関係で資産デフレというものをどうとらえ、それをどう軟着陸させるかということだと思います。これが今回[※3]の景気対策における土地税制改正の背景にあるということなのです。

所得税、個人住民税負担の国際比較

次に図表４―２の所得税・個人住民税の実効税率の国際比較（夫婦子２人の給与所得者）をご覧ください。これは縦軸に所得税・個人住民税の実効税率を書き、横軸に給与収入金額を０円から５０００万円までプロットして、日本と欧米各国を比較したものです。１０００万円というラインを縦にご覧いただきたいのですが、１０００万円というところでは日本はフランスをちょっと上回る程度です。他の国の方が相当に高い。日本では１０００万円より下の給与収入の方は世界の中で最も低い所得税、住民税であるということを知っておいていただきたいと思います。日本では、１０００万円以下の納税者が全納税者の94％を占めております。つまり日本の所得税、住民税納税者の中で94％の方は外国に住んだ場合より、いい換えると外国で所得税をお払いいただくより低い負担で済んでいるということです。もちろん日本の場合でも全体を通して低いとはいっておりません。例えば日本の場合には社会保険料のあり方がどうであるとか、高速道路の料金とか、税というかたちをとらない負担があることも事実です。しかし所得税でみる限り、94％の方にとっては他の国より軽いのです。そして、この94％の方が払っている

図表４－２　所得税・個人住民税の実効税率の国際比較　（夫婦子２人の給与所得者）

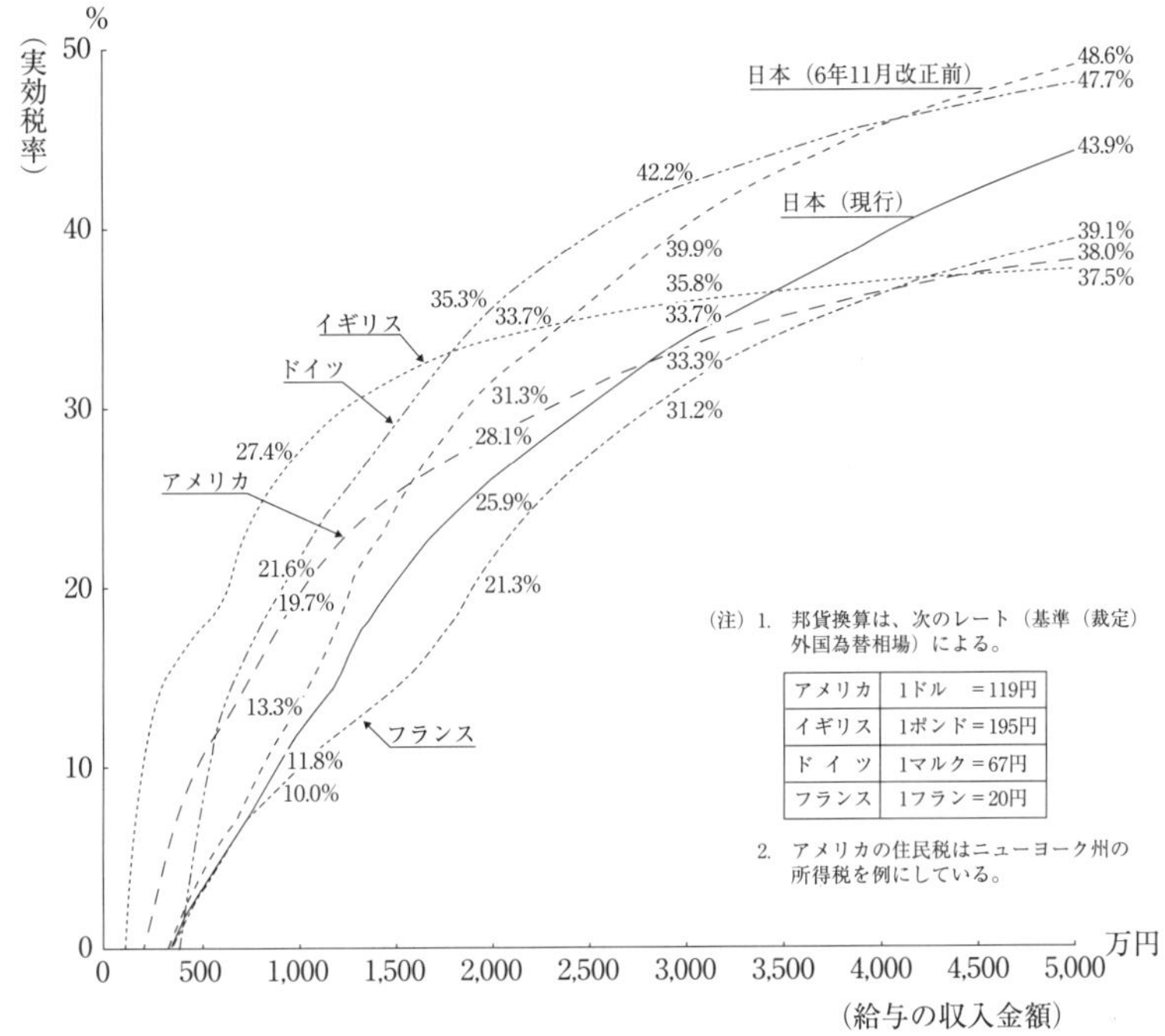

（注）1.　邦貨換算は、次のレート（基準（裁定）外国為替相場）による。

アメリカ	1ドル　＝119円
イギリス	1ポンド＝195円
ド イ ツ	1マルク＝67円
フランス	1フラン＝20円

2.　アメリカの住民税はニューヨーク州の所得税を例にしている。

（備考）数値は、給与収入1,000万円、2,000万円、3,000万円及び5,000万円における各国の実効税率である。

所得税、個人住民税は全体の税金の６割に相当します。

裏を返すと給与収入が１０００万円を超える納税者は全体で６％しかいないのに、税負担でいうと全体の４割を払っているということです。これが最も極端なのが相続税で、本当に一握りの人だけで払うことになっている。その意味では日本の所得税は最高税率が高いということは事実です。

今回、法人税率を３％も下げまし

※３　実際の地価下落は米ソ冷戦の終焉に伴い、日本列島の地政学的価値が下がり、普通の国になっていく過程で起きたことであり、税制改正だけで解決できるようなものでないことは、この後明確になっていきました。

たから、ますます所得税との格差が拡がりました。これからの改正で所得税、住民税の最高税率を下げる、下げていかなければならないというのは政府税制調査会からも答申を受けております。しかし、実は所得税減税、住民税減税という場合は、景気対策であればあるほど課税最低限を上げることになるのです。例えば今度の減税もそうです。１人当たり例えば夫婦子２人の世帯だと６万５０００円減税しますと、多額の所得税、住民税を払っている人も少ない人もみんな６万５０００円になるわけです。ということはまた課税最低限の引上げをしたことでもあるわけです。ですから今国会論争の中で、恒久減税化というときに、景気対策となったらやはりわずか６％の人だけの減税というのでは景気効果がないですから、どうしても多くの方への減税をせざるを得ない。それはなかなか選択できないのではないか。それなら消費税を選択するのかということにもなっていくわけです。

　しかしながら消費税の税率を、今の時点ではさらに上げるということはできないでしょうから、そう簡単に所得税全般にわたる減税はできない。しかも国民所得比で見ると、租税負担率は日本は決して世界の中で高くない。しかもすでに日本は高齢化率で、アメリカを超えてイギリス、ドイツ、フランス並みになっているわけです。しかもこれから日本が真の国際化に対応するとすれば、国際関係の経費というのは増えてくるでしょうから、そうなるときに本当に租税負担を一方的に下げることは難しい。もちろん行政改革なりでいらない経費をどんどん切るということは当然しなければならないし、そのためには雇用システムも変えなければならないと思います。しかしいずれにせよ、こういう苦しい実情にあることだけは知っておいていただきたいと思うわけです。

図表4－3　法人所得課税の表面税率（調整後）の国際比較

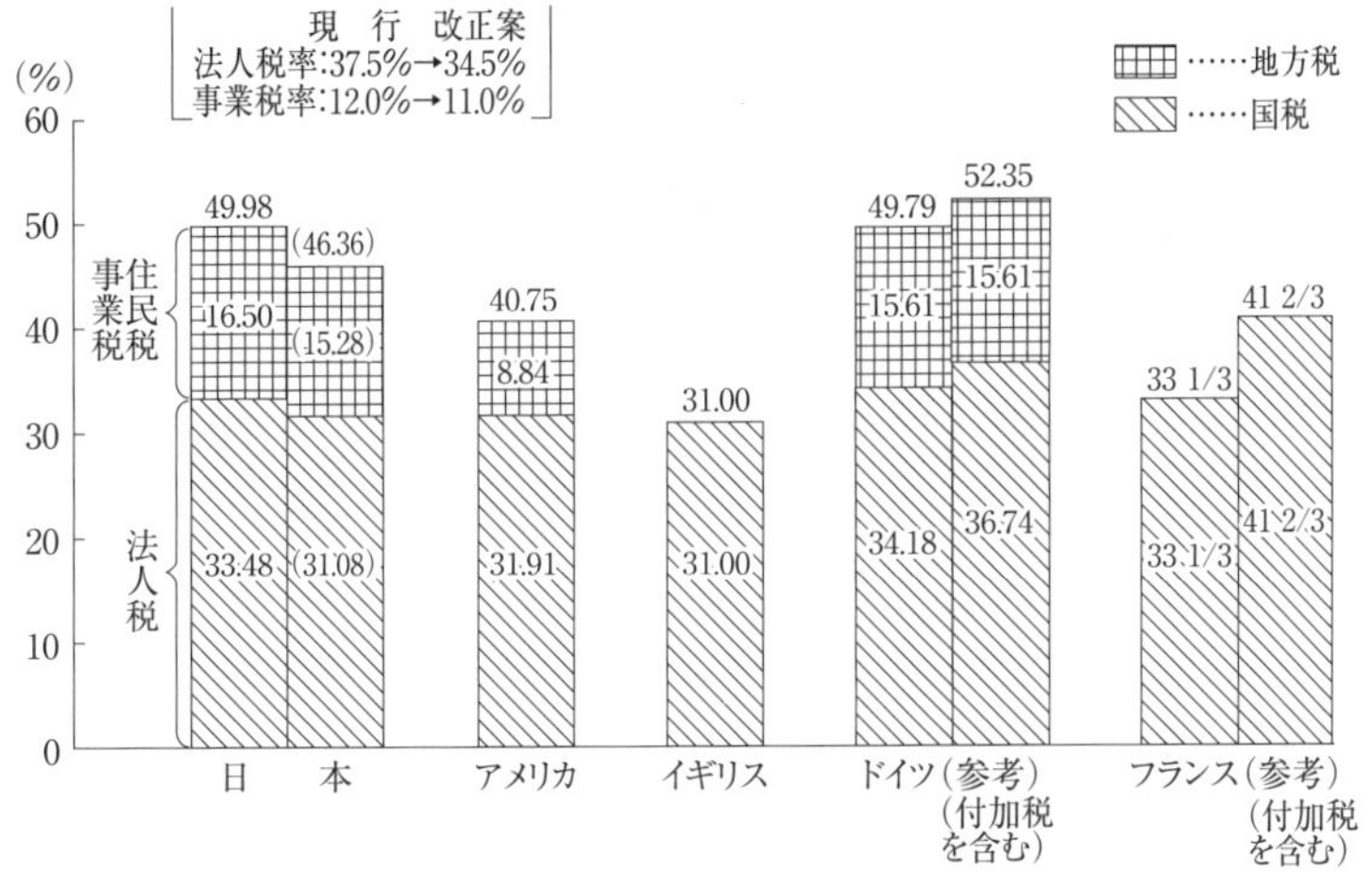

（注）１．日本の表面税率（調整後）は、法人事業税が損金算入されることを調整した上で、「法人税」「法人住民税」「法人事業税」の税率を合計したものである。なお、日本の「法人事業税」は、所得に対して課税されるものであるが、行政サービスの提供に対し必要な経費を分担する物税たる性格のものである。
２．アメリカの「地方税」は、カリフォルニア州（州法人税）の例である。
３．ドイツについては、付加税（法人税額の7.5%）を含めた税率を付記した。なお、ドイツの「国税」は、連邦と州の共有税（50：50）であり、「地方税」は、営業収益を課税標準とする営業税である。
４．フランスについては、付加税（法人税額の25%、年間売上高5000万フラン以上の法人の場合）を含めた税率を付記した。

赤字法人課税

法人税につきまして図表4―3をご覧ください。斜線の部分が法人税ですが、今度の税制改正によりまして法人税に関してはアメリカの連邦法人税より軽く、イギリス、ドイツ、フランスという世界の国々のそれと比較してもほぼ一緒。あるいはドイツ、フランスよりは軽くなりました。あと日本が手を着けなければならないのは、法人事業税です。今年これから議論されるのは地方税の法人事業税の外形標準化という、いわば所得にリンクしない、世にいう赤字法人課税の問題でもあります。ただ私個人の印象を申しますと、この赤字法人課税というのは「言うは易く行うは難し」という面ももっていると思います。皆様方も赤字法人のところを見て「ズルいやつがいる」「本来赤字でないところなのに赤字を出して法人税を払ってないところがある」と思われるのではないでしょうか。ご実感だと思います。日本の場合、全法人２６０万社くらいあるのでしょうか、その中で6割強の法人は赤字なのです。そしてその赤字の法人の多分半分は本当の赤字なのです。これは粉飾した赤字ではなくて、いつ破産するか、いつ廃業するかというところにいるわけです。こういう方々にも外形標準に課税するのであれば、お払いいただかなければならなくなるわけです。ここが実は非常に悩ましいところでして、税金というのは経済活動のあるところからしか払っていただけないわけです。

　税金を仕組む者や税金取りというのはそれぞれの企業のことなんかどうも思ってないのだろう、税金さえ集めればいいのだろうと誤解される人がおられるのですが、実は税金に携わる者は国の企業が繁栄しない限り税金も入ってこないことはよくわかっておりまして、経済活動のないところに税負担を求めても無理だと思っています。特にこれは執行をやられている税務署の方は一番おわかりなのではないでしょうか。なぜなら課税することができても徴収できませんから。何も財産がなかったら、それこそ住専処理機構ではありませんが、大変な悪戦苦闘になります。ですから赤字法人課税というのは、確かにズルをしている3割なり4割というところに負担を求めようという意味では大変素晴らしいことですし、やるべき方向なのですが、しかし本当に払えないところをどうするかということを、解決しなければならないわけです。

図表４－４　法人税率の推移

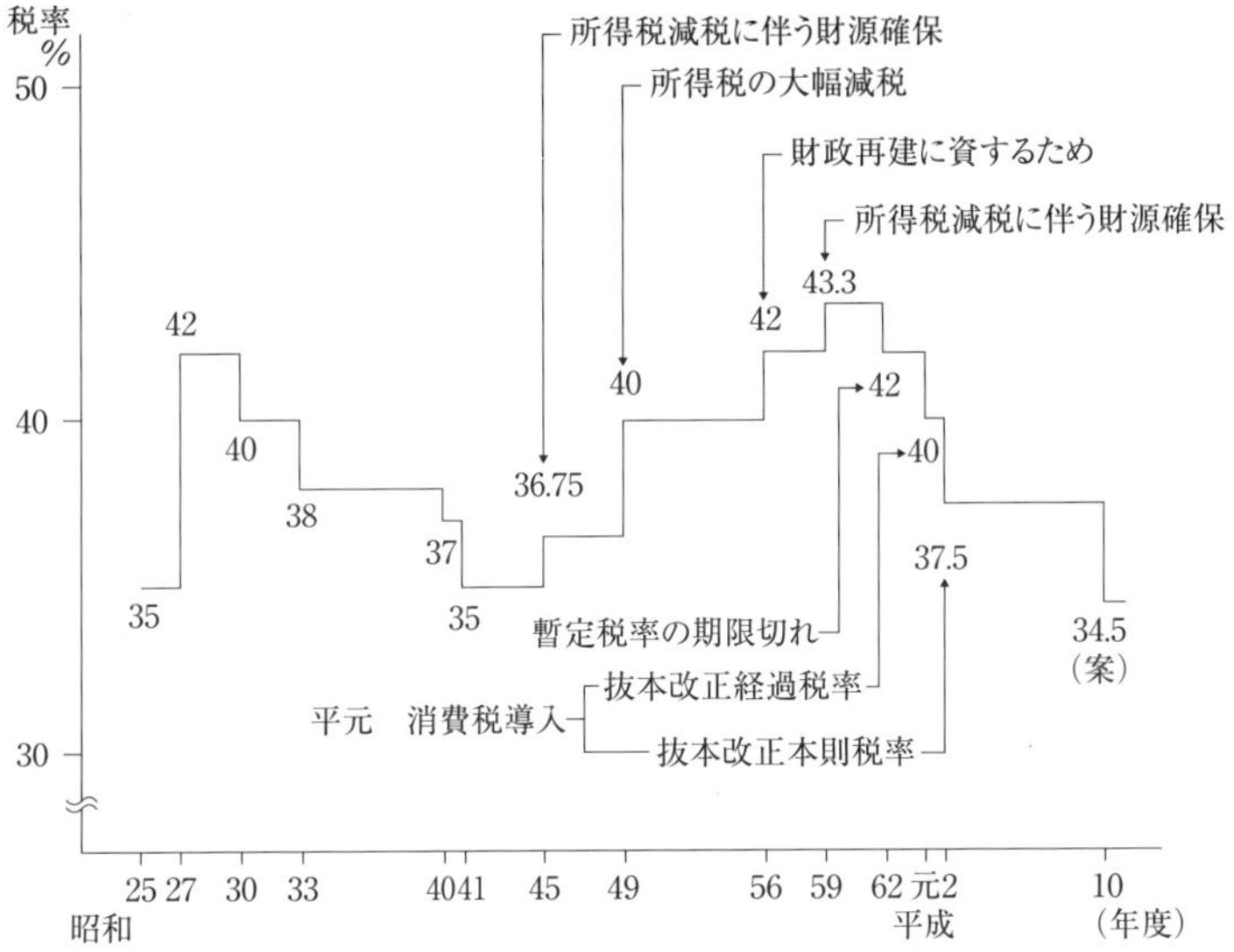

図表4—4をご覧ください。今回の国税の34・5%、もちろん中小特例の25%等というのも含めて、シャウプ勧告以来、過去最も低い税率になっています。

2　ビッグバンと日本——米ソ冷戦の終結とアメリカ経済

米ソ冷戦の終結にみるもうひとつの側面

次に、ビッグバンについての私見を述べさせていただきます。

最初に私が参った時に、日本の国の戦争が終わったということを申しました。平成3年8月にソ連が瓦解した。そこで初めて、米ソ冷戦の中にあった日本が、本当の意味で国際社会への仲間入りをせざるを得なくなったということを申し上げました。ソ連が冷戦の敗戦国になって共産圏の国が自由貿易圏の中に入っていく。当時、中曾根元総理が「ソ連圏に対する防共列島としての日本の位置づけというものが終焉し、日本はあまやかされなくなりますよ」と、いわれたと話したと思います。

昭和20年に日本は第2次世界大戦の敗戦国になったのですが、日本本土では１ドル３６０円の為替レートが設定されたのに対し、沖縄では１２０円の為替レートが設定されました。それは沖縄は輸入しやすい為替レート、すなわち基地を営みやすい為替レート。日本本土は輸出しやすい為替レート、すなわち経済発展させるというＧＨＱの明確な意思があったのです。

米ソ冷戦の終結したその時、私たちはもうひとつの側面を気付いてなかったように思います。それはアメリカがロシアに勝ったという側面です。日本は昭和20年に敗戦を迎えたわけですが、アメリカはその後約50年間、日本でいう戦後50年間を米ソ冷戦の中で戦ってきた国なのです。納税者番号制度やマネーロンダリングなどの、軍事的色彩といいますか、そういう状況でなければ導入できないような仕組みをアメリカはこの50年の間に導入しておりますし、今日、アメリカが情報通信分野で一人勝ちしている理由というのがそこに隠されてるように思えてならないのです。

アメリカは米ソ冷戦が終わるやいなや、この冷戦中に培った軍事技術を民需へ転換し始めました。日本でも戦争が終わった昭和20年代、経済安定本部の指導のもと、重厚長大産業、なかんずく造船業などが破竹の勢いで伸びます。それはなぜか。それは戦艦大和を造った海軍の軍事力を民間の造船技術に活かしたからで、石川島播磨重工業であれ、三菱重工であれ、その技術が日本の戦後を支えました。同じことが今アメリカで起こっているのです。本来軍事技術ということで一切民需転向を許されなかった部分が、かなりの部分で民需に転換し、今日の圧倒的な情報通信技術としてアメリカの発展を支えているのではないだろうかと思われるわけです。このことは何も情報通信のみならず、今日お集まりの皆さんの中にも関係している、例えば化学の分野、製薬の分野、こういうあたりも軍事研究で培った技術力が転用されているのです。

これは、アメリカの優秀な頭脳を持った人が軍事部門の公務員から民間の企業へ流れたということなのです。アメリカは米ソ冷戦が終わるやいなや、人材という意味でも防衛費とともに切りました。優秀で軍事的な知識を持った軍事技術者が民間企業のトップレベルに座るわけですから、軍事的技術が当然転用されます。さらにもっと重要なことは、ソ連、東欧の優秀な科学技術者が大量にアメリカに入っている、しかもそれは民間部門にも登用されているということです。米ソ両国における科学技術がアメリカの民需に転換されているということなのだろうと思います。

しかし、このアメリカの一人勝ちがアジアの多くの国々に危機をもたらしました。タイ、インドネシア、シンガポール、全部ドルとリンクして為替を設定していました。戦後のドルは戦勝国としてどんどん強くなりました。ところがアジアの国々の通貨というのは戦勝国という裏付けがありませんから、ドルにリンクしてどんどん強くなっても実力不相応の為替レートになるわけです。それが今日、悲劇をもたらしている一因にもなったわけです。

アメリカと日本の雇用システム

米ソ冷戦の終結とアメリカ経済を考えるとき、アメリカが戦勝国であるという側面を忘れてはならないと、私は思います。しかし、もちろんそれだけだとは思いません。アメリカはレーガン以来、ずっと行政改革や経済構造改革に取り組み、リストラを各企業ごとにものすごくやりました。GEという会社はジャック・ウェルチのもとで大量の解雇をし、強い企業へと変身していったわけです。アメリカの社会というのは、首を切れるという雇用システムです。しかし日本はそうではありません。どちらかといえば、賃金は下げるけども人は切らないという経営で今日まできてるわけです。

長い目で見た時にどっちがいいかというのは、社会の安定を考えたときにはわかりません。しかしアメリカはそういうかたちで、人に転職をさせました。アメリカ大使館の私の友人が「日本のシステムは転職はしないけど転業するシステムだよね」と、いっていました。事実そうなのです。日本では大企業になればなるほど、国家公務員がその典型ですが、組織の中でずっと同じ仕事につくというのはほとんどないのです。ずっと営業マンだった方が、ある日から急に総務部の人事課に変わったり。一番いい例が新聞記者だろうと思いますが、30歳代くらいまでは一生懸命取材で走り回っておられますが、40歳くらいから社内に閉じ込もり、場合によっては管理部門に移る。これは会社は変わらないけど転業していることなのです。

ところがアメリカはそれがないわけです。セールスマンはずっとセールスマンとしていく。転業はしなくて転職するのです。会社を変わるのです。ですから終生本職というものを持っている。日本でもブルーカラーの方々はその道を歩んでおられるのですが、ホワイトカラーはそういう育てられ方をしなかった。とくにこれは大企業や公務員の場合は典型です。エリートといわれる人ほどいろんな部署に回してゼネラリスト[※4]として育てるということをしてきたわけです。

ですから業務の専門性よりも会社内における信頼感、あるいは会社に対する忠誠心というものが何よりも重要なファクターになってきたのです。これからの構造改革を考えたときには、たぶんこれまでのようなやり方では済まない。労働関係の専門家の方と話をしていると、日本ではリストラで肩を叩いたときにいわれて一番困るのは「どこでもいいです。自分は上司の命令で今までずっときました。どこでもいいですからどこか紹介してください」ということなのだそうです。「どこどこへ行きたいという専門性なりをもっていればいくらでも努力できるのですが」と、その専門家の方がおっしゃっていました。

私は大阪で1年間、納税協会の幹部の方々とお付き合いをさせていただきましたが、皆様方の中にはかなりオーナー経営者の方がいらっしゃって、本当に羨ましいことがあります。それは死ぬまで本業をやれるということです。もちろん命をかけて会社のために、それこそ板子一枚下は海の底なのですが、しかしずっと本業を通せる。だからこそ事業承継税制とかにご関心を持たれるわけです。

ところが、これがホワイトカラーのサラリーマンでは決して有り得ないのです。私も50歳を過ぎまし

※4　日本では、多くのホワイトカラーがゼネラリストとして育てられたため、会社を退職後に他につぶしがきかず、いわゆる天下りしかできない人材を大量につくることになったということに、現在、日本全体がやっと気づき出したようです。

た。大学時代の友人の半分以上は第二の人生を歩んでいます。商社に入った者はほとんどそうです。商社時代は電子部品を扱っていた者が、ラジオ放送の会社に移っていたりするのです。全然専門性のないところで第二の人生を送っています。

毛利元就が「本業忘るることなかれ」というのを座右の銘にしたというのを、たまたま私が大阪局在任中に聞き、うちの職員全員によくいっていたのですが、それは国税職員というのは、退職後も税理士先生になったりして本業を通せるという意味で、最高の職業だと思ったからです。企業でも経理の方のようにずっと経理をされるような方はよろしいのです。ところが多くの会社では、それはほんの一握りです。経理の方が社長になるというのは道としてはなかなかないのです。専門家になればなるほど社長にはならない。そのあたりが日本の雇用システム、リストラの問題というものにも影響してくると思いますが、アメリカはそれにまさに取り組んだわけです。アメリカでは経理の方であれば大企業でリストラされても、中小企業の安い賃金の経理に移っていくということですから、そういう意味では非常に弾力的な構造で吸収できたということだと思います。

ところが、日本はまだまだそれができてなくて、企業側で首を切る場合も同じ職種というよりは、自分の関連会社へ出すというかたちでリストラをしているのではないでしょうか。そうすると、第二の人生でヤル気を失ったＯＢ職員と接触している事業部門までが全部元気がなくなってしまう。これはある大手の財閥系の商事会社の方から聞きました。だけどもこれはしょうがないという話をしておりまして、このあたりこそ行政改革の場合にも、考えていかなければならないと思います。

先ほど申し上げたように、同じ仕事をしていないゼネラリストの方が偉くなるわけでして、そういう仕組みから変えていかないと本当のビッグバンには対応できない。それは一例で申し上げれば金融機関がそうだと思います。本当にファンドマネージャーとして金融一筋を通している人というのは、そんなにはいらっしゃらない。頭取を目指す人というのはそれこそいろんな分野を経験されているわけです。裏を返せばどの分野についても専門性がないのです。専門性で比較すると食っていけない。すなわちその銀行から離れたら何の価値もないということになりかねない。ここにビッグバンということの怖さがあるのだと思います。

ビッグバンで何が変わるか

金融の税制、ビッグバンで何が変わるかといいますと、図表４―５をご覧ください。主要諸国における個人金融資産残高が品種別に書いております。日本ではご存じの通り１２００兆円の個人金融資産残高があるわけで、まさに世界の金融大国であることは間違いがありません。ただ、日本は約１億２０００万人で１２００兆円です。アメリカはレートが今や１３０円近くになっていますから、日本円で換算すると２４００兆円くらいあるのです。アメリカは人口的にだいたい日本の倍ですから、いわれているよりはるかに個人ベースでの金融資産大国なのです。ですから何も日本だけが世界の金融資産を持ってるわけではないのです。一部の評論家にはあたかも日本の金融資産ばかりが大きいかのようにいわれていますが、この表でご覧いただく通り、アメリカもまた金融資産大国なのです。

図表４－５　主要諸国における個人金融資産残高

		現金・通貨性預金	定期性預金等	保険・年金	有価証券	株式	合計
日本 1996年	（十億円）	136,484	628,191	303,452	141,025	73,936	1,209,151
	（構成比）	11.3%	52.0%	25.1%	11.7%	6.1%	100.0%
アメリカ 1996年	（億ドル）	4,495	38,920	69,037	82,316	47,798	227,681
	（構成比）	2.0%	17.1%	30.3%	36.2%	21.0%	100.0%
イギリス 1996年	（億ポンド）	5,100		11,198	4,261	—	21,774
	（構成比）	23.4%		51.4%	19.6%	—	100.0%
ドイツ 1996年	（億マルク）	4,413	16,661	10,667	14,623	2,959	49,550
	（構成比）	8.9%	33.6%	21.5%	29.5%	6.0%	100.0%
フランス 1995年	（億フラン）	12,872	34,457	21,652	56,142	48,993	131,491
	（構成比）	9.8%	26.2%	16.5%	42.7%	37.3%	100.0%

（出典）日本銀行国際比較統計1997
（参考）1996年末：１ドル＝115.98円、１ポンド＝198.71円、１マルク＝75.25円、
1995年末：１フラン＝20.96円

それに比べると欧州の国々は大したことはないということですが、ここで私が申し上げたいのは、国ごとにどのような形態で国民がお金を持っているかということです。日本は定期性預金、典型的には郵便貯金等で5割以上持っております。アメリカは保険年金か有価証券で持っています。イギリスは圧倒的に保険年金で持っています。ドイツは日本に似ておりまして、定期性預金で33%持っており、有価証券は29%です。意外と知られていないのがフランスでして、アメリカ以上に有価証券で持っています。しかも株式に37・3%持っているという姿になってます。

この資産構成がビッグバンによってどう動くかというのは、次の図表４－

図表４－６　個人金融資産残高の割合の推移（イギリス）

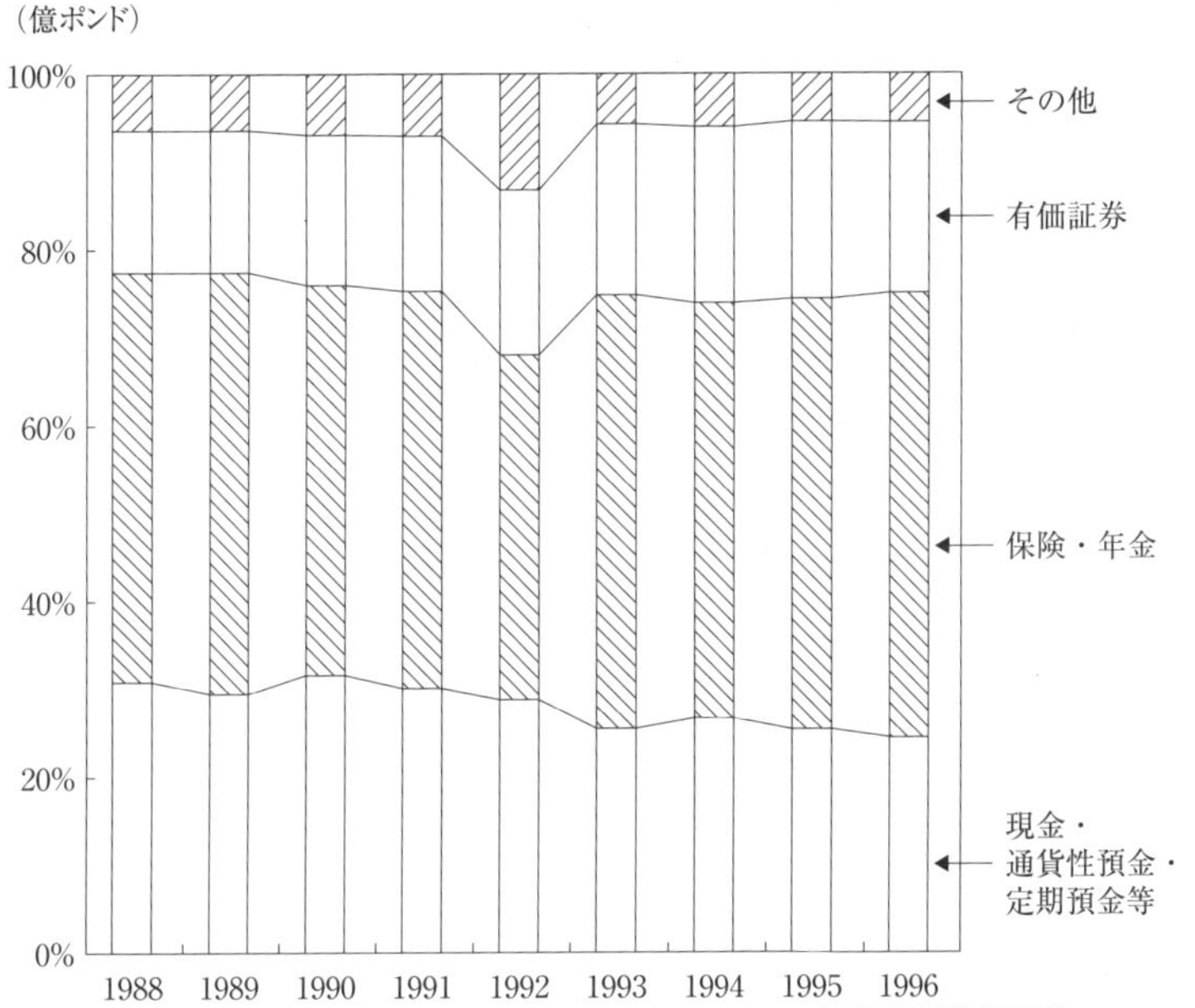

出典:国際比較統計

6をご覧ください。イギリスの推移です。イギリスのビッグバンは１９８６年で書いておりませんが、その後の推移でみるとほとんど資産構成は変わっていないということです。多くの方々はビッグバンを過ぎると、日本の個人預金は間接金融から直接金融へ、いい換えれば株式とか有価証券に向かうのではないか、というようなイメージでとられがちです。しかし、イギリスの例で見ると、実はビッグバンによる国際化が起きても変わっていないということです。

　では何が変わったのか。経営者が変わりました。イギリスにおきましては、大陸系、特にドイツの会社に多くとられるのですが、その経営者の多くが変わりました。例えば、ビッグバン以降もイギリス資本の証券会社として続いてるのが全体で7社くらいです。

エイトキン・キャンベル、ロバート・フレミング、シュローダーなどです。ビッグバン以降撤退した証券会社、イギリス資本の国内株マーケットメーカーとしてですが、それが9つあります。それからビッグバン以降外国企業に買収された証券会社というのが4つあります。クライソンオートグリーブソン、スミス・ニュー・コートなど、アメリカ系、ドイツ系、例えばメリルリンチなどに買収されています。

ビッグバンによって、個人の生活が変わっていくというのは本当に徐々なのです。そんなに急激に変わるものではない。人の心までビッグバンで変わるのではないのです。結局は経営者が変わる。今いった日本の、とくに銀行の雇用システム自体が、専門性の欠けた人達で成り立っているとすれば、そればかりやっている専門家にとって変わられるのは当たり前で、経営者が変わるのみならず、ボードで実際に働く人が外国人になるということを示唆しています。

日本の開国、アメリカ型グローバル・スタンダード

そういう意味でビッグバンというものを受け止めるべきだし、日本の開国というのはそういうことを意味しているのだと思います。ただここで気をつけなければなりませんのは、税で見る限りは世界にグローバル・スタンダードなどありません。これもグローバル・スタンダード論争ということで議論されているのですが、グローバル・スタンダードという言葉は、例えば、アメリカ型のグローバル・スタンダードとヨーロッパ型・大陸型のグローバル・スタンダードと、大きく分かれると思います。

このとき日本の開国というのは、アメリカへの開国だということを忘れてはならない。先程の話につ

ながるのですが、日本は戦後50年間執行猶予されてきた敗戦が、今ある意味では現実化してるのだと。これはいい過ぎかも知れません。だけどそのくらいの覚悟を持って今を認めない限りしようがないと思います。今回の改正の中で一例で申し上げれば、先程お話した有価証券取引税を平成11年末までにはやめます。その代わり譲渡益課税を適正化します。しかしこれさえもグローバル・スタンダードではないのです。アメリカ型スタンダードではあってもヨーロッパのそれではない。

例えば、典型的にはスイスでは、譲渡課税というのは一切ありません。全部流通税です。日本でいう有取税や取引所税だけなのです。なぜなら各人の所得を把握するということをもともと求めてない。プライバシーの保護ということです。と同時にヨーロッパの国々は、スウェーデンやデンマークといった小さな国は別ですが、納税者番号がありません。ひとりひとりの所得をつかもうとしてもつかめないわけです。

ところがアメリカという国は納税者番号を持っています。アメリカで一旦勤務されて、そこで生活をされる場合、必ず社会保障番号という番号をもらいます。その後、ずっとその番号で「あなたは国内預金をいくら持ってますか。海外にいくら持ってますか」と、聞かれます。申告義務があるわけです。もちろん我々日本人がアメリカに勤務したところで将来そこに住もうと思っていないのなら、報告しなくてもいいのかも知れません。脱税容疑で摘発される恐れもほとんどないでしょう。しかし、アメリカ人にとっては、ポリティカルアポインティーであるポストについた場合、それを拒否したり、それで嘘をついたら社会から追放されるわけです。シティバンクの日本代表の八城さんはアメリカに長くいらっしゃったのですが、税制調査会でこうおっしゃってました。「自分自身その銀行に預けていたことすら忘れてたのですが、日本に戻ってきてもいまだに、『あの時に持ってた金融機関の口座は今どこに移したんだ』と聞いてくる」と。

どうしてこんなことが可能になったのか。ひとつは南米の麻薬組織のマネーロンダリング防止。これも実はキューバ問題もあるのかなと私は思います。アメリカという国は戦争をしていたのですから、敵国に資金が流れることはとても認めるわけにはいかないのです。アメリカの納税者番号というのは極めて特異な、世界でまれに見る資産管理、所得管理の方式です。総合課税もできるし有価証券もいくらで売買したかわかるわけです。

税のプロの方はご存じかも知れませんが、日本には世界に冠たる税制がひとつあります。それが源泉徴収制度です。この源泉徴収制度ができたのは昭和15年、まさに戦争中だからできたことともいえます。しかし、日本はこれから納税者番号を取り入れていかざるを得ない。まだまだ個人のプライバシー保護問題や、まして国民総背番号みたいな感を払拭しなければならない。また、日弁連をはじめまだまだ容赦されていないと思います。しかしアメリカ型グローバル・スタンダードというのはそういうことなのです。

アメリカ型グローバル・スタンダートへの日本の開国というのは非常に深い意味を持っております。日本が考えている仕組みとはかなり違うのです。これは新聞情報ですから真偽はわかりませんが、ある有名な政治家が大臣になられる時に奥様から「私の財産まで全部公表しろっていわれるんでしたら大臣のポストを断って」といわれたという話があります。日本では所得を公表するのはしかたがなくても、資産まで公表するのはどうか、という強い意見を多くの方がお持ちなのではないでしょうか。

このあたりはアメリカとは国のできかたからして違うのです。アメリカは市民社会ですから、国家に財産を収奪されるという歴史がないわけです。みんなで街をつくっていった国ですから。日本では自分の財産も相互にディスクローズするということは考えたこともない。いったんディスクローズしたら国家から収奪されるぞ、というのが江戸時代以前から日本人にはしみついているわけです。

アメリカ型グローバル・スタンダードに近づいたもうひとつの例が法人税です。従来の日本というのはどちらかというと大陸型でした。企業会計と税務会計がほぼ一緒。これは確定決算主義というのですが、企業会計で決算したものを税務会計でも受け入れて、租税特別措置、その他で一部修正して処理していくのです。今回の法人税改正は、この企業会計を基礎にするということからいえば少し離れたように思います。

アメリカというのは企業会計と税務会計はまったく別物です。企業会計は基本的に保守主義の原則で、まさに債権者や株式投資家にできるだけ安全・公正にディスクローズすることを目指しています。すなわち保守主義というか、安全性が優先しています。ところがこれは利益を常に小さく計上することになります。例えば日本では、建物の減価償却というのは、定率法と定額法のどちらでもいい。利益がたくさん出そうなところは早く償却して経費を大きくする。しかし利益が少ないところは徐々に定額法で落とすことで経費を小さくして、その年の収益を少しでも増やそうとする。そういうことが可能だったわけです。

アメリカは、企業会計では例えば工事完成基準とかかなりの選択性があっても、現実の税務会計は原則、工事進行基準に絞られています。今回の改正で、税務会計上は選択性をやめるという方向に向かいましたが、企業会計もそれについてこいといってるわけではありません。企業会計と税務会計が切り離れていく方向に向かうという意味では、アメリカ型グローバル・スタンダードに、法人税改革も向かっているということです。そういう意味では日本という国が特に経済的交流の大きいアメリカと合わせ、日米の企業が互いの国に進出するということを目指しているわけです。アジアの企業自体がアメリカ型決算をとるところが多くなっておりますが、これらもそちらにシフトしたということだろうと思います。

そういう意味でいいますと、ビッグバンというのは私の個人的意見としては、日本としてしたいからするものではない。一部の識者やいろんな方々が「このビッグバンさえやれば世の中よくなる。元気が出る」といっておられますが、私は違うと思います。それは本当の意味でいえば、いいすぎかも知れませんが、明治維新の時に尊皇攘夷を叫びながら結局尊皇開国になった。いい換えれば日本という国が世界の中で国際化していくときには、やらざるを得ない、避けられない選択であるということなのだと思います。その中で明治の志士の人たちは和魂洋才ということで、大和魂は残して、経済技術は西洋に学ぼうとしたわけです。

だけどこれも、私が前回来た時にお話した通り、そんななまやさしいものではありません。ドイツに留学した森鷗外にせよ、イギリスに留学した夏目漱石にせよ、それこそその留学経験をして帰ってきた後、大変な苦労をするわけです。夏目漱石の『それから』『三四郎』『道草』とか、みな何かといえば、結局ヨーロッパ型の自我の確立、自己責任、そういうものを目指しながら最後までストレイシープ（迷える羊）で終わるのです。一人ひとりの自己責任というものをどこまでとれるかというところにぶちあたっているわけです。

その後、大正デモクラシーを経て日本が戦争に入り、ある意味で鎖国の中に戻っていった。そして50年経た今日、新たな開国を迎えてるわけです。経営者の方々も、今の時期に生きている人達は１３０年前の明治維新の時と同じような、ある種の大きな転換を迫られているのだ、という覚悟がいるのだと思います。しかし同時にこれは悪いことばかりではなく、日本の国は明治維新の時に洋才を採り入れ、世界に飛躍する国家をつくったわけですから、私はそうしたハンディを乗り越えて、日本はいずれ再生すると思っております。

3　これからの日本、日本の再生

ハンディキャップこそ再生のチャンス

次に、これからの日本にどういうことが待っているか、ということをお話します。

私はストック・デフレというのは大きな潮流としてはやむを得ないことだと思います。亡くなられた司馬遼太郎さんは『土地と日本人』の中で、あの田中角栄元総理の列島改造論のころに、すでに警鐘を鳴らしておられました。「日本だけがこんなバカみたいに土地というものを経済のたねに使うというのは大変問題だ。土地というものはみんなのものだ。それを下手に扱ったら必ず後で咎が起きるぞ」ということをいわれておりました。亡くなる直前にもそのことを話されております。

日本の戦後50年というのは、あるいはアジアもそうだったのだと思うのですが、金融について、もっとも楽な土地というものをたねにして非常に低コストで資金調達するメカニズムを創出したのだと思います。もちろんいい面もあります。アメリカよりはるかに低い資金コストで金融が融通できた。それは土地という担保があったからです。しかし世界の自由化、国際化の中で垣根がとれたときには、世界の土地の価格はそう大きく離れてはあり得ませんし、その資産価値というのは所詮そこから生み出される生産性で決まってくるのだということを忘れてはならないと思います。

私は以前、「ロックフェラーのビルを日本の企業が買って大変なひんしゅくをかっている、けしからん、また日米摩擦になる」という新聞論調に対して、「そんなことありませんよ。向こうはそんな高い値段で、利用できないものを買ってくれるなら、待ってましたと売りますよ」と、お話したと思います。資産が急にどんどん増えたサラリーマンの社長さんというのは、自分自身が資産を持っていませんでしたから資産にどうアクセスするかというのは、素人です。逆にもともと資産をずっと見てきている経営者の方々、今日もこの中のオーナー経営者の方はそうだと思いますが、そのような方々は自分の財産がどうあるかということを常に頭に置きながら経営しておられると思います。ユダヤ人など昔からの富豪といわれる方は、資産運用のプロなわけでして、いかにそれを運用するかの専門家なわけです。ですからロックフェラーのビルなどはバブル崩壊で値が下がるとまた元の鞘に戻ることになるわけで、結局、日本の企業は高値つかみして安く売らされる。日本の企業だけが損をしているということになるわけです。

しかし、これはひとつのいい経験として、乗り越えていけばいいわけです。皆様方の企業でもそういう経験にあったとき、そこで倒産さえ免れれば次には日本の技術力なり、そういうものが勝つ時代に、また必ず戻るのです。

特に、これは私が何度もお話したように、ハンディキャップこそ日本の起爆力だということを忘れないでいただきたいということです。それは昭和50年代の歴史が物語っています。昭和50年代、福田赳夫元総理は「日本は安定成長に移る」と、いわれました。確かに経済学的にはそうだったのでしょう。ところがみごとそれははずれました。日本は昭和50年代も発展しました。なぜか。「公害」があったからです。日本は公害、水俣病というものの先進国であったが故に、それを乗り切るために国を挙げて公害防止対策に取り組みました。ある目標に向かって突き進むということが企業においていかに活力を生むかということは、経営者の方ならおわかりの通りです。非常にわかりやすい公害というものに全力で取り組んだ。結果、公害防止技術でも先進国に育ったわけです。

公害あったればこそ日本の50年代はあった。その意味では現在においても日本の国にとって大変だと思われることに全精力を注いで取り組むと、意外と道は開けるのではないかと思います。今、日本の国が取り組まなければならないのは、高齢化の問題です。例えば、国の役割は国際社会に対応することと高齢化への対応だけに絞る。極端にしたほうがいいと私個人は思います。公共事業でも、お年寄りが住みやすいようなスロープをつくる。専らそういうことにできるだけ資源を投入する。[※5]集中させた方がいいのではないかと思うのです。

個人の生活をみても現実問題としてこれだけの高齢化国になったにもかかわらず、お年寄りの消費性向が非常に低いわけです。なぜかといえば、いまだに認識にギャップがあるからです。子どもは親の面倒をみてくれないのに、親の方は子どもに面倒をみてもらえるという錯覚のもとで、[※6]一生懸命子供に金を残そうとしている。アメリカの社会というのは、事業承継はしませんが財産承継は考えます。すなわち、自分の事業はしたい人にさせるということで売ってしまう。その財産を持って自分の老後をゆっくりと夫婦で過ごして、残った分を子どもに与える。子どもにはそれで好きなことを始めさせるというのが多くの富豪の道です。残念ながら日本はその感覚がまだできていないと思います。これからの日本の高齢化社会では、老後は自分でみるという覚悟が絶対にいると思います。それにもかかわらず、親は子どもをみるとき、自分の老後をみてくれるかな、というやましさがまだまだ残っていますね。ここを覚悟せざるを得ないのだろうと思うのです。

家についてもみなそうです。東京などは退職するころに家を建てるのです。その時には子どもは出て行ってしまっていて親のところにはいないわけです。子がいなくなってから家を建てるのです。だからまったく無駄になるわけです。本来は子どもと一緒に過ごしてる時にこそいる家が、いなくなってからできるのですからこんなバカなことはない。それでお父さんお母さんが死ぬと、子どもが戻ってきてその家に住むということになっているわけです。

これからの日本では高齢化社会をまともにとらえ、老後の設計は自分でするという仕組みをつくらなければならない。そのためにはもっと資産というものを流動化する手段が必要です。土地問題で一番ひどかった事例は、以前にもお話したと思いますが、青山の目抜き通りで、お祖母さんが一人で寂しく年金生活をしていて亡くなられた。身寄りが全然ない。何十億円という財産でした。その方のところには生前たくさんの銀行がいって「その土地を担保にして借りませんか」と持ちかけたそうですが、お祖父さんが死んだところだから出るのは嫌だということで借りもしなかった。本当はもっと豊かな生活が営めたはずなのです。

日本の高齢化社会の仕組みを考えたときには、まだまだ道がいっぱいあるのかなぁ、というふうに思います。先般も若林仏壇さんを見学させていただいて素晴らしい伝統技術の集団を見ました。日本の技術力というのはこれからの高齢化社会、例えば車椅子などにも通用するのではないでしょうか。非常に素晴らしい技術を持っています。一人ひとりの障害の部位にあった製品をつくる。たぶん日本ではできるはずです。でも今はフランスの独壇場です。このあたりを国を挙げて、地域を挙げて取り組む価値があるように思います。

次に、人口爆発と地球環境。これは京都会議を通しておわかりの通り、アメリカのグローバル・スタ

※5　小泉政権になってから、竹中大臣が「選択と集中」と主張されたのは同旨だったように思います。

※6　いわば「親達の反乱」が日本でも起こり、貯蓄率がこれほど早く急減するとは思っていませんでした。

ンダードが世界のグローバル・スタンダードのように思われていますが、環境問題ひとつとれば明らかにそうでないことがわかるのです。大きな世界の潮流は限られた資源をより有効に使うということです。よりよい品をより安く、いくらでも無駄をつくっていいから安くつくればいい、という時代は終わりつつあるのです。そういう意味では民間企業でも再利用とか省資源に徹底的に取り組んでいるのでしょうが、今はまだPRとか宣伝広告みたいな意味で利用されている場合が多いのです。しかし、この問題も日本が国を挙げて先進的に取り組む課題といえると思います。

それから情報通信です。私はグローバル・スタンダードのキャッチフレーズというのはしょせんは情報通信だと思います。全世界同時に、世界各地で起きていることが全部わかる。イラクとアメリカの戦争が世界同時にわかる。これからの日本では情報通信の分野にも国家を挙げて取り組まなくてはならない。企業においてもこれをどう使うか。今まではハードの面で一生懸命導入だけしていたのですが、むしろこれをどう使いこなすかというソフトの面に必死に取り組んでいかなければならないのだろうと思います。

新しい4つの視点――規制緩和、自己責任原則、資産の有効活用、貿易立国でない日本

最後に「新しい視点」ということで、4つのことを申し上げます。

ひとつは「規制緩和」。これは今の経済構造改革の大きな柱なのですが、是非忘れないでいただきたいのは、規制緩和ということは「罰則と取締り強化」ということと裏腹であるということです。

アメリカではおとり捜査が行われています。そして国税庁職員がピストルを持っています。アル・カポネを捕まえたのはエリオット・ネスという人で、彼は国税庁の職員、税務職員です。いってみればアメリカ社会というのは規制緩和の裏で、強烈な取締りがある。納税者番号とか目に見えないところで強烈な管理を行っているということなのです。このあたりを是非知っておいていただきたい。残念ながら日本というのは、言葉では「隣は何をする人ぞ」になっているにもかかわらず、身内はみんな善人という意識でできあがっています。しかしこれから国際化し膨大な情報の進出がきたとき、自己防衛をしてないと大変なことになるのです。

これは変な話ですけど、日本でも個人の家にまでＳＥＣＯＭが入りだしていることを、大阪国税局長になって仕事を通して知り、私はびっくりしました。たぶん今まで日本人はバカにしていたと思います。アメリカではガードマンを雇ってる。日本は警察があって安全は水や空気と同じだと。もはやこの神話は終わりつつあるわけで、そういう意味での取締りということにも本気で取り組まないとならないのだろうという気がいたします。

次に「自己責任原則」。これはアメリカを貫く、あるいはヨーロッパを貫く原則です。宗教からくるものもあると思います。自分のことは自分で守るということにもなります。その結論は機会の平等です。日本では典型的にこれと違うのは大学制度がそうです。入るときはやたら難しいが、出るのは楽。仲間はみんないい人間。同業者組合もそうだと思います。酒の免許というものも今まではそうだったのだと思います。しかしこれからは、みんな自由にやりなさい、となる。その結果何が起きるかといえば、結果の不平等が起こる。これをある程度覚悟しなければならないということです。もちろん、和魂洋才の魂の部分にある、日本的な、アジア的な農業社会の良さというものを捨ててはならないと思います。ヨーロッパというのは狩猟民族ですが、日本的な農業社会にあるみんなで共同作業をする良さというものも捨ててはならないと思います。グローバル・スタンダードという道のひとつは、この結果の不平等をどこまで受認するかということを、裏腹で持っているということを考えていただきたいと思います。

特に最近好んでよくいわれる言葉に、地方分権という言葉があります。地方分権は大変素晴らしいことで、地元のニーズをきちっと捉えて安い経費で運営していくという意味では大変いいことなのです。しかし、地方分権は裏を返すと地方分義務なのです。義務も伴ってるわけです。これを北海道の市町村の方々にお話したときに「いやいや困った」といっておられました。町村長さんでしたが、地方分権になるとお金は補助金ではなくて自由にくる、使い方だけ自由になると思っておられたのです。そうではないのです。自分で税金もとってくださいということなのです。そういう意味では市町村間での結果の不平等も起きてくるということです。そのあたりを一体どこまで覚悟してるのかということです。

そして、先ほどもお話した、「資産の有効活用」。資産というものをこれからは有効に使うということを常に念頭に置かなければいけない。日本の国の公務員が一番そのことを考えねばならないと思います。それを肝に銘じなければいけない。国家全体の中の資産を、どううまく使って高齢化社会をどう乗り切るかということを考えなければならないと思っています。

最後に、意外なことを一言申し上げます。実は日本は貿易立国ではないのです。この自覚がない。

図表４－７　名目国内総生産に対する輸入比率の国際比較

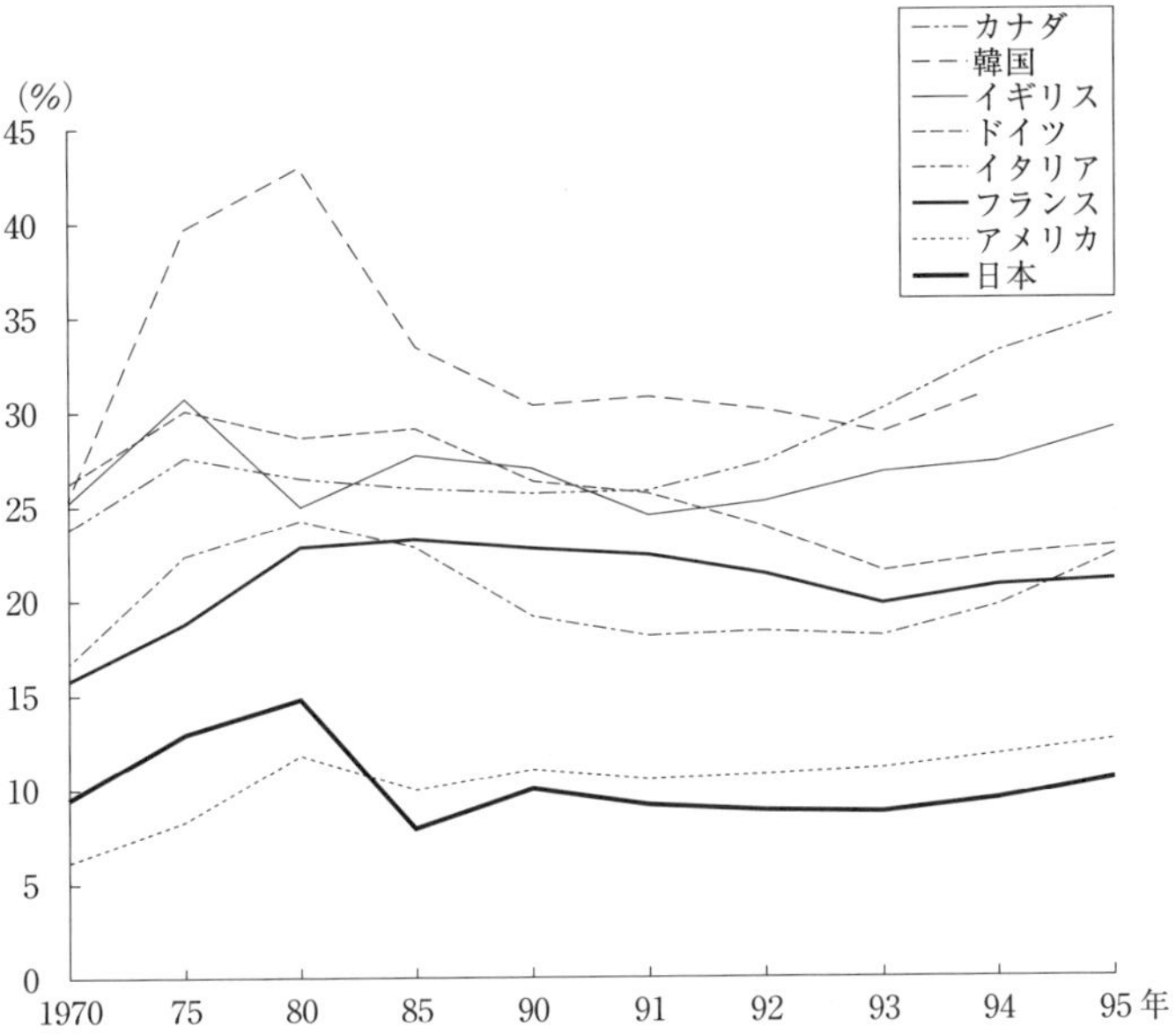

（注）１．1980年までは名目国民総生産に対する輸入割合
　　　２．ドイツは1990年以前は旧西ドイツベース、90年以降は統一ドイツベース

図表４―７の名目国内総生産に対する輸入比率の国際比較をご覧ください。たぶん多くの方の認識とは違うと思います。縦軸に輸入比率です。横軸に時系列です。太い線で書いてあるのが日本です。日本の輸入比率は１割です。輸出の方も１割ちょっとです。アメリカも同様です。他の国は２割ないし３割。韓国はついこの間、１９８０年代は４割を超えていました。

日本は貿易立国だと思っておられたと思うのですが、実は日本はすでにサービス化した社会になっているのです。ＧＮＰのかなりの部分がサービスなのです。物ではない。サービスになっているものですから、ウェイトで計算するとこうなるということです。資源小国なのに、貿易収支で成り立っているＧＮＰは１割にすぎないということです。

現在、実は輸入価格は上がっています。日本の為替レートはついこの間は80円だったのが１３０円になったのに、あまり輸入物価は変わってません。輸入物の卸売物価は上がっていないのです。これは2つの理由があって、ひとつは輸入とサービスの比率。サービスの方のウェイトが大きくて、物の輸入の方が小さいのです。すなわち日本の場合には輸入インフレにならない体質なのです。もうひとつは、皆様方が一番苦労されている価格破壊。すなわち規制緩和による競争激化です。典型的なものはガソリンで、輸入価格が上がっているのに全然小売価格が上がっていない。むしろ下がっています。韓国ではウォンが大幅に切り下がったことによって輸入価格がドンと上がり出し、生活自体が直撃を受けました。インドネシアもそうです。ところが日本はウェイトが小さいものですから、輸入価格、つまり国内の卸売物価にはほとんど響いていないのです。

今、日本は為替レートが上下に動いても、そう騒ぎをしなくてもいいのかも知れないということです。もちろん個々の企業にとっては大変なことです。輸入商社あるいは輸出商社にとって、メーカーにとってそれぞれ大問題なのですが、しかし日本という国はこういう体質になってきているということも知っておいていただきたいと思います。他方、他のアジアの国々はそんな状況になく、今や大変な危機に遭遇しているということです。

今、我々は、あるいはアジアの中での日本という意味で、そして述べてきた通りいろんな意味で激変の中にいます。事実、明治維新から20年くらい混乱の中を日本が過ごしたのと同じように既存の秩序が壊れていきますから、これから多くの方々、我々を含めて既存の秩序の中で生活してきた多くの方々には大変な衝撃がくると思います。しかしそれでめげていてはいけない。それを乗り越える新しい勇気が生きてくると思いますから、ぜひ皆様方にもその担い手になっていただけたらと思う次第です。

税も及ばずながら、和魂洋才ではありませんが、[※7]グローバル・スタンダードを目指しながら日本的なものは残して、どうやったら日本の中で企業の皆様方、生活する方々にとって良くなるかを、これからも真剣に勉強していき、対応していきたいと思っている次第です。

※7　これがいかに難しいことか、今もなお、この問題に日々ぶつかりながら多くの日本人は苦しんでいるのかも知れません。

激動の時代を生きぬくために

税制改正の視点から

［平成11年（1999年）1月23日］

国税庁次長

平成11年

日本の出来事

【国内金融・中小企業】

- 整理回収機構発足
- 大手15行に公的資金7.5兆円注入

【社会・生活・文化・科学・流行・世相など】

- 東海村核燃料工場で臨界事故

1999年

世界の出来事

- ＥＵ通貨統合
- ＮＹダウ、初の１万ドル台に

1　日本の行きづまり

人口移動の終焉

今回の改正の背景にある日本の行きづまりの一番のポイントは、人口移動が非常に盛んに行われた50年が終わったということです。

昭和25年、日本における働く人の数は3572万人でした。そのうち1次産業、すなわち農林水産業で働く方が50・7%、2分の1を超えていました。現在、働く人の数は6557万人と1・8倍に膨らむ一方で、農林水産業といった1次産業にたずさわる方はわずか5・3%になっています。その分が全部3次産業へ流れていったわけです。このことが田舎から、東京、大阪、京都へと人の大移動が起きたということを示しているのです。

戦後50年間の景気は、人口移動によってもたらされたという面を見逃すことはできません。戦後、「生めよ増やせよ」という時代の子供、第1次ベビーブームの人たちが次々と巣立っていきました。最初は次男、三男が東京や大阪へ出ていったのが、そのうち長男も出ていって、田舎にはおじいちゃん、おばあちゃんしか残らなくなった。これにお母ちゃんをあわせて、いわゆる「三ちゃん農業」といわれるようになっていきました。そうして東京や大阪、京都など都会に仕事を求めて大量の人が入ってきました。その結果、人間はどこかに住まなければなりませんから、家が求められ、家具、調度などが必要になってきたのです。「より良い品をより安く提供する」という大量生産・大量消費の方式の普及とあいまって、物はつくれば売れるという時代が演じられたわけです。

これはフォード１世がＴ型フォードを開発したときと非常に似ています。アメリカで１９０６年、フォード１世は従来注文生産であったフォードという自動車を、カタログで販売しました。すなわち大量生産を始めたのです。時あたかもアメリカは西へ西へと移動しながらの西部開拓時代です。植民地として豊かさを求めて入ってきた多数の人口増加の流れの中で、より良い品をより安く作るフォード型の生産が、破竹の勢いで伸びていったのです。

同じことが戦後の日本でも演じられました。このことが戦後の50年を特異な時代にしたのです。そして今日、その人口移動は終焉しました。そして住宅建築も止まったということが、今回の景気回復の足を引っ張っているのです。日本の住宅はマッチ箱といわれるように、それこそ十分なスペースというにはおこがましいのですが、物理的な戸数としては足りてしまったということは見逃せない。ということは、さらに大きな家が求められなければ、新しい需要は起きてこないということなのです。今回、１兆２０００億円を超える住宅取得にかかる所得税の大減税に踏み切りました。その減税の中で２４０平方メートル以下という面積制限を撤廃したのもこのことが背景にあるのです。

同じことは自動車でもいえます。日本における自動車の普及率の一番低い県はどこかご存じでしょうか。東京都です。２番目が大阪府、３番目が神奈川県。京都府は５番目くらいに位置しています。いわば１人当たり所得の高い順に普及していないのです。なぜか。それは駐車場、あるいは道路が狭いからなのです。自動車も買換え需要が主体になってきたといわれるゆえんが、ここにあるのです。1人当たり所得が低い県で自動車の普及率が低いのは長崎県と北海道くらいです。しかし長崎県は、離島が多く坂が多い県ですので、自動車の効用が低いからという面もあるのです。今まだ売れるとすれば雪というハンディキャップがあるにせよ、北海道くらいではないでしょうか。もちろんこれからの自動車というのは、新しいニーズに合った自動車が求められていくと思います。単なる輸送ではない、遊ぶための自動車です。トヨタ自動車の奥田社長が、今度、自動車レースに新しい自動車を供給するということを宣言されたようですが、ここにもレジャーとしての自動車に展開しない限り新しいニーズが見込めないとする姿があるのではないでしょうか。

人口移動が止まったということは、今までのように常に供給が足りなくて需要を刺激すれば景気がよくなるという時代が終わり、その供給過剰の中で需要をどうするかという時代になってきているということを意味するのではないでしょうか。いい換えればプラスサムの時代からゼロサムの時代に入ったということです。しかし、決してマイナスサムではないのですから、全部が行きづまるわけではありません。不景気といわれる中でも人のシェアを奪い取って伸びている企業ももちろんあるのです。

私ども税務の仕事で、従来は重点業種というのがありました。非常に景気のいい業種、ないしは調査先として特に注目する業種というのが多くあったわけです。しかし、今やそういうことがいえなくなってきました。ある業種ではなくて、それぞれの業種の中で伸びている企業を選別しなければならないようになってきているのです。それはそれぞれの業種の中で企業同士が互いに食い合っているということを意味するのです。ゼロサムゲームの中での選別の時代に入っているということなのではないかと思うのです。

高齢社会の到来と超高齢化の進展

2つ目の要因は、高齢社会の到来と超高齢化の進展です。よく「高齢化」といわれますが、「化」というのはまだ高齢になってないから「化」なのです。ところが、日本はすでに堂々たる高齢国なのです。この高齢社会の到来が、今日の景気に大変大きな影を落としていることは事実です。国民一人ひとりがお金を持っていないわけではありません。みなさん大変お金をお持ちです。しかしながら、自分が高齢者になったときに自分の老後は人に頼れないのではないか、自分のことは自分でせざるを得ないのではないかという意識があって、そのことが消費需要を後ろ向きにしているのです。しかし、世の中は高齢化すると暗いというイメージばかりなのですが、よくよく考えてみたら長生きできることくらい素晴らしいことはないのです。そして65歳を過ぎたら働けないということでもないわけです。元気なら働けるわけでして、そのことイコール暗いわけではないのです。

また、日本では高齢化が非常に急速に進んできたことがあって、お年寄りについての見方が欧米に比べて極めて偏見に満ちております。日本では古くから「老いらくの恋」という言葉がありますが、欧米では老いらくの恋は当たり前です。ぜひヨーロッパやアメリカの老人ホームを見学してみてください。その華やかなスタイルと、そこで演じられている恋愛ゲームをご覧になるはずです。なぜか日本では、お年寄りは恋をしてはいけないようなムードになっていますが、実は日本でも恋愛ゲームは演じられています。私もボランティアで老人ホームを訪れたことがあるのですが、そこでは大変男性がもてるわけです。それはおわかりのとおり、長寿者は女性の方が多いわけですから、少ない男性をめぐって大変な恋愛が演じられているのです。しかしながら年寄りが化粧をしたり、年寄りが派手な恰好をすることについては、まだまだお年寄り自身も抵抗感のある国民性なのです。

たぶんこれからは、お年寄りに自分たちの豊かな老後を演じてもらうツールを、官民あげてつくっていくことが重要なのだろうと思います。これからの社会は、この超高齢国家の現実をまともにとらえて、お年寄りの生活パターンにもっともっと選択肢を与えていく必要があるのだと思います。もちろん介護機器など、いろんな意味でお年寄り向けの開発にももっと力を入れるべきでしょう。しかし、ケアのいるお年寄りにはむしろいろんなサービスが提供されているのに、元気なお年寄りに対するサービスは驚くほど限定されているのではないでしょうか。元気なお年寄りにはそれこそ恋愛もしていただければ結構だし、もっともっと多様なニーズに応えるツールが開発されてしかるべきではないかと思います。しかし日本では、まだそうした切り替えができていなくて行きづまっている面もあるように思うわけです。

米ソ冷戦の終焉とグローバル・スタンダードに対する戸惑い

第3点目、米ソ冷戦の終焉とグローバル・スタンダードに対する戸惑いです。冷戦の終焉は、アメリカの勝利であるということを忘れてはなりません。中曾根元総理がいわれたとおり、日本というお碗型の列島は、ソ連に対する楯のような地理的位置にあったことから、米ソ冷戦の中では地理的に極めて戦略的な位置にありました。その意味で日本は世界の自由主義圏の中で、かなり大目にみられてきたという事実は否めません。しかし、米ソ冷戦が終わり、アメリカがソ連に勝ったという現実に立ち至った時、日本のみに許されていたことが、もはや認めてもらえなくなるということにもなったのです。その意味で、グローバル・スタンダードに対する戸惑いが大きくのしかかっているのです。

税制でもそうですが、グローバル・スタンダードというものは決してひとつではありません。アメリカ型のスタンダード、ヨーロッパ型のスタンダードなどがあるわけでして、決してグローバル・スタンダードはひとつというわけではないのです。しかし現在の日本においては、ありとあらゆるものについてアメリカ型のスタンダードを頭において改正していかなければならなくなっているように思われます。

たぶんそのことに対する戸惑いが、多くの経営者や消費者、国民全体に大きくのしかかっているのです。典型的には規制緩和があります。実は日本の規制のかなりは、同業者同士の規制です。例えばつくる側がつくりやすいように、売る側が売りやすいようにつくった規制が多数あるわけです。これを、アメリカから世界のルールに従ってやめろといわれているのです。いい換えれば、楽市楽座を世界から求められているということなのだろうと思います。

これは日本と欧米の歴史的な違いが、背景にあるのだと思います。日本は農業国家でした。ご存じのとおり弥生文化以来、基本的には農耕で成り立ってきました。農耕というのは、みんなで一緒に行動しないとうまくいかないのです。典型的には稲作でして、田植えの時期にはみんなで田植えをやり、刈り取る時はみんなで一緒に刈り取ることが求められていたわけです。ですから人と違うことをするよりも、人と同じことをするほうが正しいということを学んできたのです。これは私が十数年前に石川県の商工労働部長や総務部長をした時にも痛感いたしました。例えば雪降ろしです。大雪が降ったとき、一軒の家が雪を降ろせば、周りの家全部が一緒に雪を降ろすわけです。そうでなかったら道路を通ることができないからです。一緒に作業をすることが重要なのです。

ところが欧米の文化は違うのです。欧米は基本的には牧畜、狩猟の国家なのです。日本でも漁業の世界では同じだと思うのですが、漁場は人と違うところを探さない限り収穫を得られないのです。ですから自分の漁場は自分の息子にさえ教えないことがある。今みたいに魚群探知機があって、魚のいる場所が簡単にわかる時代ではありません。ですから、人と違う選択をして賭をし、リスクを負うということが求められ、そこから自己責任が生まれてきた社会なのです。いい換えれば他人と違うことを求めることが、成功のカギであり失敗のカギでもあるのです。安定、安全よりも賭、リスクを追求するのです。今日の我々は、そうした欧米人たちと欧米型のスタンダードを分け合わなければならなくなってきました。その違いを踏まえて、我々は考えていく必要があるのです。

しかし、何も全部をグローバル・スタンダードに合わせる必要があるといっているのではありません。こうした欧米型の発想を頭において生活をするということが必要なのです。これは今日のテーマではありませんから少しお話を省きますが、日本では残念ながら「賭」と「博打」の違いがわかっていないのだと思います。日本は賭というとすぐに博打を思い、それは決して好ましくないことだと考えます。ですから子供にはできるだけ賭のない進路をとらせたいと思います。そのことが学歴社会を助長し、今日のサラリーマン社会をつくってきたように思います。しかしこれからの社会というのは、実はリスクをとることこそ求められており、これがベンチャーにつながるのです。日本は残念ながらこの50年間、まったくその逆を求める人生設計を助長してきたのではないかと思うのです。そうした歴史的な違いによる戸惑いの中にいることが、余計に日本の消費行動を含めた行きづまりを助長しているのではないかと思います。

土地担保金融の破綻

第4点目は土地担保金融の破綻です。昭和60年、日本の土地資産額は約１０００兆円でした。それがあっという間に、平成2年には２３６５兆円になります。当時ＮＨＫの朝のテレビドラマ「京ふたり」という番組のなかでは、京都の土地の高騰の話がありました。そして平成8年は１７４０兆円です。現在はさらに下がって１５００兆円近くになっているのかもしれません。

そして、平成2年の法人所有土地は７０９兆円、平成8年が５００兆円です。たぶんこれも現在は４００兆円近くに落ちているのかと思います。つまり２００兆円ないし３００兆円、法人所有土地の価値が下がったわけです。そして法人所有の土地の大半が銀行、金融機関の担保に入っているということからすると、この目減りが今日の金融不安のもとに横たわっているということなのです。

バブル時に、多くは濡れ手に泡で資産が上がったようにみえたものです。そしてそれをもとに、いろんなことが行われました。大企業にあっては設備投資が行われました。この土地資産の高騰がなければ、従来に比して極めて安い金利での転換社債やワラント債などの発行はできませんでした。平成２、３年ごろは、従来に比して非常に安い金利で海外からお金を引いてくることができたわけですから、基礎素材産業の大手企業もこぞって設備投資を行ったわけです。そのことが今日過剰供給力として横たわっているのです。このことは忘れてはならないと思います。もちろんこの過剰な設備投資は同時に過剰な労働需要をもたらしました。ですから労働もまた過剰になった。だから今リストラの議論が起きるわけです。

　こんな例えは適当かどうかわかりませんけれども、ＫＯＮＩＳＨＩＫＩさんに合うような洋服を作ってしまってから、そのＫＯＮＩＳＨＩＫＩさんに合うように食べて太れということが、今いわれているように思われるのです。そんなこととてもできないことです。しかし逆に、ＫＯＮＩＳＨＩＫＩさんのサイズの洋服をダウンサイズするということは大変な失業を伴う。また、企業における大変な設備廃棄みたいなことをもたらさざるを得ないということになる。これは急にはできない。ですから、少々無理でも公共事業の追加を含めて、需要の方を喚起しているということなのです。

　私は今、本当にすべきことは、供給の調整、リストラ、構造改革ではないかと思うのです。これらこそ本当に必要なことだと思うのです。しかし、それを一挙にしすぎると失業や不景気を一層加速させることになるものですから、今、こういう景気対策を打ち出している、という位置づけなのかなと思うわけです。

と同時に、この資産のデフレ対策が重要であるがゆえに、今回、例えば先ほど申し上げた住宅減税のなかで、初めて減税対象に土地を入れています。そもそもこの住宅減税は、建物取得の借入金についての利子分を控除するという制度であったのですが、今回、その家と一緒に買う土地の借金の利子も、その対象に加えたということなのです。ここにも土地の需要を少しでも喚起したいという思惑があるのだろうと思います。

また、今回の改正では、いわゆる事業承継税制なり相続税というものには、ほとんど触れられていませんが、事業所得者の事業用宅地については従来２００平方メートルまでだったものを３３０平方メートルまで、80％なり50％減額の対象としています。ここにも土地需要喚起の効果があるのかと思います。なお、今回の改正では相続税は変えていません。政府税制調査会の答申によりますと、相続税の最高税率は所得税と住民税の最高税率65％とのバランスで70％となってきたとされていますから、所得税、住民税を足して最高税率が50％になった以上、いずれ[※1]相続税の最高税率も5割くらいに落とさなければならないと思います。今回は所得課税の税率構造は見直さずに最高税率を引き下げ、あとは定率減税をしているだけですから、所得税の税率構造を見直す時までには、相続税の税率構造も見直すということになるかと思われます。

しかし日本の地価は、アメリカの水準と比べたらまだまだ高い水準にあるということを忘れてはなりません。従って今回の改正によって、土地が上がるということはないでしょう。しかし下がるのを止め

※1　事実、平成15年度改正で実現することになります。

ておかないと景気はより深刻化するので、その対策のひとつとして対応したということかと思われます。

2　アメリカの繁栄とブレトンウッズ体制の危機

アメリカの戦勝景気……情報産業の一人勝ち

私が認識するところ、アメリカには2つの側面があると思っています。ひとつはアメリカの戦勝景気です。先ほどから申し上げてきたとおりアメリカはロシアとの冷戦に勝ちました。それによる実質的な好景気が裏打ちとしてあるのです。よくアメリカは「バブルだ」といわれます。確かにバブルの側面がありますが、実体経済という意味では、主として情報産業で一人勝ちをしているということを忘れてはなりません。

昨年の統計は出ていませんので一昨年の数字で申し上げますが、日本が世界一の輸出国である産品は何でしょうか。もちろん自動車などいくつか出てくるでしょう。しかし、皆さん驚かれると思いますが、日本は一昨年、鉄鋼と造船でも世界一の輸出国なのです。これだけ軽薄短小の国だといわれながら、造船・鉄鋼は世界一の輸出国であったのです。なぜか。私はこの背景には、戦艦大和を造った技術があったからではないかと思うのです。すなわち日本の戦後50年は、八幡製鉄所や三菱重工、石川島播磨など、要するに戦艦大和を造ったその軍事技術が民需に転換されて、傾斜生産方式とともに世界に飛躍していった時代でもあるのです。そして一昨年、造船、鉄鋼で世界一ということは、それが今日まで続いているということなのです。

アメリカでは何か。情報産業です。情報産業というものは実は軍事産業です。ロシアとの冷戦時代に、民需への転用を抑えてきた情報分野が、ロシアに勝ったことによって次々と民需に転換されているのです。例えばインターネットはペンタゴンの技術であり、カーナビはＮＡＳＡの技術です。アメリカは冷戦後、財政負担を軽くするために軍事費を削減しました。すなわち今日のアメリカの情報通信分野の一人勝ちは、軍事費を削減したことにより、軍事産業で働いていた方が民需の産業に移っていったことによるのです。優秀な頭脳が民間に流れたということです。そのことがアメリカの戦勝景気を支えているのです。

ＣＮＮ、インターネット、Windows95、カーナビ、これらはすべて、基本的にはアメリカの軍事技術とは切っても切れない関係にあるのです。Windows95自体がというわけではありません。あのマイクロソフト社は、新しいベンチャーの技術を次々と買うことによって、大きくなっていった企業です。すなわち、そのベンチャーの技術者の中には元軍人や軍事関連の技術者が多数おり、その技術を買うことによってどんどん大きくなったのです。

そして、皆さんが絶対に知っておかなければならないことがあります。それは、昨年２月に暗号の自由化が始まったということです。アメリカは昨年２月、ついに暗号の自由化を始めました。今まで暗号というのは、最高級の軍事機密で自由化など一切しませんでした。もちろん、今でも特に重要な暗号は押さえていると思いますが、一般的暗号は開放を始めました。何のためでしょうか。電子商取引のためです。電子商取引がこれからの最大の商取引になっていくということを、米国政府はよく知っているわけです。

昨年11月にアメリカ、カナダ、オーストラリア、日本の国税庁長官会合が開かれましたが、そこでのメインテーマのひとつは電子商取引でした。電子商取引には2つのポイントがあります。まず本人であるかどうかの確認ができなければいけません。そのためには個人鍵という、いわゆる暗号が必要なのです。その暗号を誰が決めるか、誰が胴元になるかということが重要なのです。電子商取引の社会は、胴元こそが経済取引を牛耳ることができるのです。

もうひとつの重要な点は、その商取引がどこで課税されるかということです。この電子商取引の課税問題というのは、ＯＥＣＤでも今やメインテーマになりつつあるのです。電子商取引では、物が動けばその移転の時点で物の把握ができるわけですが、多くのサービスは把握しにくい。例えば弁護士、公認会計士のサービス、あるいは建築の設計図やソフトなど、ありとあらゆるサービス分野は、ほとんど電子商取引だけで完結してしまうことになるのです。そういう社会が間近に迫っているのです。このことを十分認識しているアメリカは、いち早く暗号の自由化を始めたのです。

アメリカ型のグローバル・スタンダード

もちろんアメリカは、単に自国の国際戦略だけで動いているのではないと思います。アメリカは、ある意味では一度としてしたことのない偉大な実験をしている面もあると思います。あれだけの多民族を国家の中に抱えて、本当に国際国家ができあがっている唯一の国なのです。歴史的にも初めて肌の色が違ういろんな民族が集まって、国家をつくっているのです。だからこそアメリカは、アメリカの方法が一番普遍的だという確信のもとに、世界にその方法を広めようとしている。十字軍のような思惑で、例えばＩＭＦ体制として世界に輸出しているのだと思うのです。アメリカは、そうした国際国家の仕組み、すなわちアメリカ型のグローバル・スタンダードが、世界にとって一番いい方法だという確信のもとに動いているとも思われるのです。

ＩＭＦについては、最近アメリカの中でも反省が起きています。アメリカ型の経済至上主義に対しては、ピーター・ドラッカー氏が論じています。「世界の国の多くは経済よりむしろ社会の安定を求める。アメリカ型の経済至上主義は、世界で本当に通用するのか」と。確かにＩＭＦの勧告を強行した結果、インドネシアでの失敗、あるいは韓国の悲劇、そしてロシアやアメリカの庭先ともいうべき南米にまで火が及ぼうとしている。この現実をみれば、ＩＭＦ体制の行き過ぎに対して若干危惧の念が起きていることも事実なのです。しかしながら、これからもアメリカの実体経済は先を読んで行われていくでしょうし、だからこそ一人勝ちが続いているのだろうと思います。例えば、企業格付け会社や公認会計士というのも、アメリカのグローバル・スタンダード追求戦略のひとつです。この企業格付け会社のひとつ、ムーディーズはもともとはアメリカの大陸間の鉄道会社の評価のために、１９００年ごろにできたマイナーな格付け会社のひとつでした。しかし今や、日本の格付けまでするくらいの実力を持ちつつあるのです。

公認会計士についても、今、アメリカの公認会計士事務所は5か所に収斂されつつあります。従来はビッグ6といわれており、今はビッグ5、将来はビッグ4になるともいわれていますが、アメリカで独禁法上の問題があるという勧告があり、今は5つに止まっています。それでも例えばアーサーアンダーセン、ＫＰＭＧ、それぞれ1社当たり公認会計士が何人いると思いますか。10万人です。全世界に1社当たり公認会計士を10万人前後抱えているのです。例えばインドネシアの主要企業の監査役は、ほとんどこの人たちです。公認会計士を世界に散らばせているということは、世界の企業の会計ルールがアメリカによって仕切られていくということを意味しているわけなのです。

アメリカの影……ブレトンウッズ体制の危機

しかし同時に、アメリカの影の部分を忘れてはならない。すなわち、ブレトンウッズ体制の危機です。図表5―1をご覧ください。

これはアメリカで双子の赤字だとか三つ子の赤字だとかいわれていた１９９０年ごろに、一度提起されたことがあるはずの問題です。すなわち対外純資産、純負債残高の問題です。戦後すぐのころは、アメリカは世界の富を集中させ、世界の純資産をほとんど持つという状態でした。ところがブレトンウッズ体制は、アメリカのドル紙幣を世界に流すことによって世界経済が維持されるというメカニズムなのです。すなわちこのメカニズムは、アメリカがドルを使って、世界の国々の商品やサービスを買うことによって世界経済がワークするという仕組みなのです。したがって、アメリカの負債は雪だるま式に増

図表５－１　対外純資産残高

（億ドル）

年	1985	1986	1987	1988	1989	1990	1991	1992	1993	1994	1995	1996	1997
米　国	1,329	450	▲111	▲1,346	▲2,504	▲2,511	▲3,551	▲5,128	▲5,035	▲5,801	▲6,877	▲7,671	▲12,236
日　本	1,383	1,980	2,514	2,892	2,975	3,399	3,839	5,272	6,482	7,213	7,779	8,885	(10,298)
為替レート	238.54	168.52	141.64	128.15	137.96	144.79	134.71	126.65	111.20	102.21	94.06	108.78	120.99

米国：商務省発表、Survey of Current Business、時価評価ベース
日本：1995年以降は国際収支表第５版、それ以前は旧国際収支表第４版による「国民経済計算年報」（経企庁）より。
為替レートは、年平均レートを使用。
1997年は未発表のため、「平成９年末の現在の対外の貸借に関する報告書」（大蔵省）より試算。

えていくことになったのです。

　見ていただきたいのは１９９６年から97年の間に、４６００億ドルも増えており、１９９７年には１兆２２３６億ドルもの対外純負債があるということです。１９９８年には１兆４０００億ドルの純負債があるのではないかともいわれております。急激に増え続けているわけです。この負債額は、全開発途上国の純負債額よりも大きい額なのです。すなわち世界の開発途上国の借金をはるかに凌駕する負債を、アメリカは抱えているということなのです。

　アメリカの純負債は2つの意味を持っています。ひとつは、これだけの純負債を抱えてしまったアメリカのドルは、将来どうなるのかということです。１９９９年１月、ＥＵ11か国の統一通貨が発足しました。これが完全にワークするとなると、ＥＵ11か国の通貨が発行されます。しかもＥＵ11か国の財政状況は極めていい。対外純負債もない。ドルは初め

て相対的通貨になり、ドルだけでは世界の金融面を牛耳ることはできなくなるのです。

そしてもうひとつの意味は、アメリカに一番金を出しているのは日本だということです。見ていただきますと、１９９７年、暫定数字ではありますが、１兆ドルもの金を日本は対外純資産として持っているのです。この対外純資産があるからこそ、世界から「日本は金持ちなんだからもっと景気対策を打て」といわれるわけです。しかしこの資産は国にあるわけではなく、日本の民間企業が海外へ貸したりするかたちで世界に流れていっているのです。日本の企業全体、国民全体がこういう残高を持っているのです。

これは変ないい方ですが、金貸しくらい危ないものはありません。江戸時代において常に狙われたのは、金を貸していた両替商であり米問屋でした。今、世界の国にとって、金貸し日本がいなくなることはいいことに決まっているのです。第１次世界大戦において、アメリカがなぜフランス、イギリスとともにドイツと戦ったか。実はアメリカはフランス、イギリスに大変な金を貸していたからなのです。もしフランス、イギリスが負けて借金が棒引きにされたら大変だということで、その債権を保全するために参戦したといわれています。その結果、第１次世界大戦で勝ったフランスとイギリスは、アメリカに対する債務を全部ドイツに振り替えます。ドイツは大量の借金で七転八倒する。その危機の中からナチス、ヒトラーが生まれてくるわけですが。

アメリカの借金あるいは純債務の問題は、ブレトンウッズ体制が安定した社会の中ではあまり大きな波は立ちませんでした。しかしこれからの世界金融の流れの中で、果してそうであるか。また、１兆ドルという債権を持つ日本が、世界の中でどうなるかはよくわからないのです。日本は、このブレトンウッズ体制を一番受益してきた国だと思います。確かに1兆ドルも金を貸しているのですから、金の供給国であるわけですが、ドルが安定しているからこそ、日本経済は今日まで安定した貿易を続けてこられたのです。そして、このブレトンウッズ体制を守るために、今、日本は傷つき苦しんでいるのです。逆にいえば、日本も世界経済の一員として、ブレトンウッズ体制を守るために貢献したということなのです。そして今日のいろんな財政政策や税制改正も、今回のブレトンウッズ体制の危機、インドネシアから始まり、韓国、ロシア、南米へと広がりつつある世界経済の危機に対して、世界の景気、経済を守るという観点からなされているともいえるのです。

　思い返していただきますと、１９９０年前後、宮沢大蔵大臣の時にブレディー構想というものがありました。当時、ブラジルなど南米が大変な通貨危機にみまわれたのです。そして南米から広がって世界経済はおかしくなるかもしれなかった。その時打ち出したのが宮沢構想で、これがブレディー構想となって世界を救うことになっていくのです。日本は当時、消費税導入の前夜でした。そうした厳しい状況の中で、財政政策は選択できなかった。日本は低金利政策を打ち出し、金融緩和によって日本経済を盛り上げました。その後遺症として資産インフレを巻き起こし、資産デフレにつながったのです。そして今日の金融破綻のもとになったのです。

　この後遺症は膨大なものです。金融も、そして今回財政も傷ついてしまった。さらに恐るべきは、ドルとＥＵ通貨という2つの大きな通貨の中に、円が埋没してしまう恐れがあるのではないかという問題です。今回は時間がありませんからあまり詳しくは述べませんが、ドル、EU通貨と同じように、円の価値を守り続けるため、今回税制上も円の国際化に踏み切っています。

以上お話してきたとおり、アメリカ経済は、戦勝景気という実体面における強さと、金融面におけるドルの影との間で揺らいでいるのです。アメリカの為替レートが円高にふれている背景も、ひとつはEU統一通貨が生まれたことによって、ドルが相対酌に価値を落としているということがあるのです。そしてもうひとつ、南米の危機です。南米はアメリカの庭先ですから、その破綻次第でドル自体が揺らぐことがあるかもしれない。そうしたことを先に読んでいるという面もあるのかも知れません。いずれにせよ、日本もヨーロッパもアメリカも、それぞれの立場で世界の金融システムを何とか建て直したいと努力しているのです。

しかし、ブレトンウッズ体制の次にくるものは、まだ何も見えていないのが実態なのかなと私は思っています。このあたりはもっと詳しい専門家の方がいらっしゃいますから、別の機会に聞いていただければと思う次第です。

3　避けて通れぬ国際化

ビッグバンに向けて

日本の国際化は、もはや避けて通れない問題だと思います。今までは、日本は日本独自のシステムでやってこられたのですが、今やすべての分野でビッグバンが起きることを前提に考えなければならない状況にきています。しかし、国民生活のすべてといっているわけではありません。金融界でも、世界の銀行と競う大手の都市銀行などはまさにビッグバンの最中ですが、信用金庫、信用組合などは、国際化[※2]によって大きな影響を受けるわけではないのです。国際市場で戦う分野、戦う企業は国際ルールに従わねばならなくなるということであって、それ以外の企業にとっては、実はそれほど大きな変化ではないかもしれないのです。

　要するに、すべての独自性を捨てる必要はさらさらないのです。世界の市場で共通に商売をするとき、そのルールを守ればいいのです。日本では右側通行で歩いていればいい、何も全部左側通行にする必要はないわけです。ここのところは、きちっと頭の上で整理する必要があると思います。

　ただビッグバンで何が起きるかについては、知っておかなければなりません。それは外国企業の進出、外国人の日本への進出です。そしてビッグバンをしなければならない理由は、そこにあるのです。これは変ないい方ですが、日本の経済安全保障のためにも、外国人や外国企業にきてもらわなければならないのです。日本は韓国の悲劇を繰り返してはいけないのです。

　韓国の悲劇とインドネシアの悲劇とは根本的に違います。インドネシアでは華僑資本や日本の経営者を大量に入れて、それを中心にした経済でした。しかし、スハルト大統領がもう高齢で政権は長くは続

※2　この点は、その後すべての金融機関が影響を受けていくことが次第に明らかになってきました。しかし、本当にそれが必要なことなのか否か、今後検証する必要があるように思います。

かないだろうとみた華僑資本が、いずれイスラム教の力が強まって、華僑の排斥が起きるのではないかということを懸念し大量に国外に逃げ出し、インドネシアの危機が始まったのだと思います。

それに対して韓国は、基本的には経営権を韓国の企業に置いておくという経済政策をとってきました。すなわち資本は入れるけど、経営は韓国系の財閥企業や韓国人によることを前提にしてきたのです。お金は入れるけど経営権は渡さないわけです。すなわち韓国の場合には、外国資本に実物投資をさせないで、金融を引いてきて、韓国の企業に設備投資をさせる戦略をとったわけです。ですから、韓国が危ないといわれた途端、あっという間に金が海外へ逃げてしまったのです。その結果、資金繰り倒産みたいなかたちで経済危機に陥ったのです。

日本はこの轍を踏んではならないのです。外国の企業に日本において設備投資させることがこれからの日本の経済安全保障上重要なのです。ＩＢＭであれ、コカ・コーラ・ボトラーズであれ、実際にそこに工場をつくってしまえば、危機にあっても韓国のケースのように瞬時には逃げられないのです。そして相互に投資し合うことによって、そこに雇用の場もできてくるわけです。これからは、日本の企業だけで雇用を守ることはかなり難しいでしょう。例えば金融機関も、いくつかは外資系の経営になり、外国人がその銀行を経営することになるでしょう。同じことはたぶんいくつかの産業でも起きてくることだと思います。これは何となく残念な気持ちがされるかも知れませんが、そうやって外国人に来てもらい外国人が経営することによって、日本と世界との相互依存が生まれ、世界の国々にとっても必要な国になるのです。

規制緩和と税制改革

そこで、規制緩和と税制改革がいるのです。外国人、特に欧米の人たちは高い報酬なくしては働きません。例えば数年前、クライスラーの有名な会長が日本に車を売りにきたことがありました。ところがその会長は3億円も給料をもらっていた。その当時、クライスラーは赤字会社でした。そこで「そんなに給料を支払っているから赤字なんじゃないか」と日本の新聞紙上を賑わしました。しかしアメリカではこの給料が当たり前なのです。なぜならアメリカは訴訟社会ですから、株主代表訴訟や住民訴訟などに備えて、経営者ならたくさんの金をもらわなければ割りが合わないからです。すなわち、敗訴すれば大変な賠償責任を負う、従って成功報酬も大きくなければならない。まさに、先ほども申し上げました賭の社会なのです。

　ですからアメリカの企業に日本に来てもらうからには、高い報酬を前提に来てもらわざるを得ないのです。そのときには税制も、アメリカのように働いたら働いた分もらえるような税制にしておかないとなりません。今回の税制改正で所得税・個人住民税あわせての最高税率を5割にし、法人課税についても基本税率を4割にもっていくこととしたわけです。

　今日お集まりの方も含めて、たぶん今度の所得税の最高税率の引下げの恩恵を受ける人は、そんなに多くありません。そんなに給料をもらってないのですから。ところが、これからの日本社会はそうしなければやっていけない。すなわち、そういう体制をつくることによって外国企業にきてもらうことが必要なのです。税に限りません。規制も彼らの社会に通用するルールを提示して、それによって彼らに賭をしてもらう。外国の企業に設備投資をさせて、そこに日本人も勤めることで、雇用も確保されていくのです。万が一日本が戦争に巻き込まれたときにも、日本人だけが困るのではない、外国の経営者も日本に設備投資したものが破損するのを避けるため、一緒に守らなければならなくなる。それが相互依存関係だと思うのです。私はそういう意味でも、「避けて通れぬ国際化」だと思っています。

4　日本の再生――ハンディキャップこそ再生のチャンス

高齢社会

日本にとっては、今までお話ししてきたようないろんなハンディキャップや課題があるということこそ再生のチャンスだと、私は確信しています。今までのように、一律の内需拡大で成長していくような時代は終わりましたが、しかし日本にはまだまだ商売の種が転がっているのです。先ほどからお話ししているような高齢社会では、まさに高齢者向けの内需がたくさんあるのです。

アジアの人口爆発と地球環境

それからアジアの人口爆発と地球環境です。

これから日本の人口増加は止まりますが、アジアは増え続けます。そしてそのアジアの人口爆発は、

[※3]たぶん10年に10億人ずつのペースで地球の人口を増やしていくと思われます。世界の国から持ってくれば資源はいくらでもあるという時代は、わずか2、３００年の歴史であって、過去そういう時代はなかったわけです。常に有限の資源の中でいかに工夫するか、限られた資源をいかに有効に使うかということで、地球人類は歩んできたわけです。先般開かれた京都会議で提起されたとおり、資源はこの人口爆発の中で非常に貴重なものになっていくことは明らかです。これから世界の人口爆発によって、資源制約の問題にぶちあたることになるのです。人口爆発に備えて限られた資源をより有効に使う仕組み、そうしたものをいち早く取り入れていく改革がいるのです。そこにも内需の種があるわけです。

日本は昭和50年代、一見安定成長になったと思われた時代に、公害というハンディキャップにぶちあたりました。チッ素の問題とか水俣の問題で、日本は世界から公害列島といわれました。その結果、日本の優秀な企業と個人は、必死になって公害対策にそれこそ全力投球されました。そのことが昭和50年代の日本の発展を支えたのだと思います。そして蓄積されてきた日本の技術は、人口爆発と地球環境に役に立たないことは決してない。確実に日本再生の鍵になるのだろうと思います。

※3　確かに現在も人口爆発は続いていますが、中国はじめアジア各国も特殊出生率が下がりはじめ、人口置換水準である「2」を割りつつあるので、いずれ人口増加は止まる方向にあることが次第に見えてきたように思われます。しかし、その時の人間が地球の資源でやっていけるのか否か、未だわかってはいません。

情報通信革命

それと同時に情報通信革命です。これは否が応でも避けて通れない道です。先ほど申し上げました電子商取引ひとつをとっても、情報通信革命の真っ只中にいるわけです。我々税の現場でも、いずれ電子申告、電子納税などが、たぶん身近な課題になっていくと思います。しかし、そういうことを考えたとき、日本は情報通信分野での革命には若干遅れてしまっています。特にアメリカには大きく水を開けられている事実があります。しかし、まだまだ日本にだってついていく部分が必ずあると思うのです。

5　発想の転換

何らかの障害があったとき、常にそれを乗り越えてきたのが日本人です。障害がないときに問題が起きるのであって、障害があるときこそ発展のチャンスなのです。チャンスはピンチだしピンチはチャンスなのです。あのバブルの時代はチャンスに見えましたが、実はあの時にピンチが始まっていたのです。今[※4]は逆にみんながピンチと認識しているからこそ、逆にチャンスの芽が広がってきているのです。今、勝ち残るということが、最大の鍵なのだと思います。

そこで、私は発想の転換として次の5つを掲げています。

情報市場はグローバル化、物流市場はローカル化

情報は、先ほどの電子商取引のようにグローバルに世界を駆けめぐり何でもきます。だからこそ物流は、もう一度ローカル化するのです。情報市場の発達により、どこに何があるかということがすぐわかる、一番近くに何があるかということがすぐわかるということです。そこで物流市場はもう一度縮まっていきます。ですから地場産業や地場企業というのは非常に重要になっていくのです。大企業も地方分散型で小規模な工場をつくるというのは、実はこの発想なのです。たぶんこれからは、「より良い資源をより有効に」ということから再利用も考えると、ますます物流市場はローカル化していくでしょう。

現場に戻れ、現場に高い価値を（ソムリエの発想）

私は工場見学が趣味で、今日も奥谷組の見学をさせていただきました。私は、北は稚内から南は波照間島まで、そうした現場や工場を２００か所以上まわらせていただいています。そしてつくづく思うことは、もう一度現場に戻ることが今一番重要だということです。特に消費の現場に戻ることが、最も重要だと思っています。

いろんな意見があると思いますが、日本は現場を非常に大切にした国でした。それぞれの職業ごとに

※4　経済が回復してきた現在、まさにこのことを痛感します。例えば、今日の製鉄業の技術レベルの高さは、この時代の苦況の中できたえられてきたものだと思われます。

現場に優秀な人材がいて、非常に優秀な技術が受け継がれてきたのです。ところが、戦後の自由な社会、永井陽之助先生のいう柔構造社会になり、画一的な安定思考を求め、同じような学歴を求め、賭を避ける社会になってだんだん現場から遊離した管理者が増えていくようになってしまったのです。

　しかし現在でも、金型等の製造業の現場に素晴らしい技術者を抱えています。その道50年というような方を筆頭に大勢いらっしゃるのです。にもかかわらず、こういう方々を水や空気みたいに思ってきてしまった。しかし、水や空気のように当たり前の存在ではないのです。これからの社会では、その人たちにステータスとお金を保証しない限り存在しなくなってしまうのです。

　手本として一番いい例が、ソムリエです。ソムリエというのは今やテレビや映画にもなるくらいなのですが、もともとは樽の番人で、フランスワインの世界では下積みの人たちだったのです。その樽の番人が、ワインの保管状況を一番よく知っているのは当然で、その番人にワインを選んでもらうことがいいワインを選ぶ一番いい方法だということに気づいたわけです。そこでソムリエという資格をつくり、それに高い名誉と地位を与えた。これが今日のワインの発展なのです。

　今日も日本酒業界の方がいらっしゃるかも知れませんが、あれだけ美味しい日本酒をつくっておきながら、どうして酒を出す現場に、ソムリエのような立派な知識や技術がないのでしょうか。せっかくのいいお酒を燗ざましにして飲ませたり、熱々にして大吟醸を飲ませたり、そういうことを平気でしているのです。仲居さんや板前さんが一番現場を知っているのに、そこに本当のステータスを与えていないのです。そういう意味でも、今一番重要なことは現場に戻る、現場に高い価値を置くということなのです。

私は我々の税の現場においても、局あるいは国税庁に優秀な人材を集める時代は終わり、税務署の第一線に優秀な人がいていただく時代だと思っています。要するに、現場に優秀な人材を置かないとダメな時代になっているのではないかと思うのです。

有形、無形資産の活用

これについては、京都の方は百もご存じでしょう。まさに長い歴史を踏まえて、それぞれの持っている財産を最大限利用するということです。バブルが終わって資産の時代は終わったといわれがちですが、むしろこれからは資産をいかに使うかということを常に考えなければならないのです。アダム・スミスの『国富論』というのは、「国富」なのです。「国民所得論」ではないのです。にもかかわらず日本は戦後50年間、フロー、すなわち所得でものを考えてきてしまった。本当の国富というのはストックなのです。資産なのです。資産をどう活かすかということ、資産当たり利益率を常に頭において経営をしてこなかったことに対する咎が、今日の不況を招いたのだと私は思います。ですからもう一度皆さま方にも、有形であれ無形であれ持っている資産をどう使うかということを、現場に戻って考えていただきたいと思うのです。

規制緩和と罰則強化

以前から、規制緩和の流れがあるわけですが、規制緩和とは「ならず者」を謳歌させる社会ではありません。フェアなルールを破った者には、必ず罰則がついてまわらなければならないのです。堺の商人の楽市楽座の裏に強烈な取締りがあったということや、スイスという平和国家が大変な軍事力を持っているということが象徴しています。日本はこれから規制緩和をしていくわけですが、同時にそれに対する罰則の強化は避けて通れないということです。市場というものが何でも解決できるわけではないのです。資本主義の前提にはプロテスタンティズムの倫理のような、ある種のフェアなルールがあってはじめて市場が成り立つのです。それにはルール違反に対する罰則というものを明確に持たなければならないわけなのです。

国家機能の低下と自己責任原則

残念ながら日本は金融破綻をしています。財政も破綻してしまいました。たぶん、これからの国家の経済政策には限界が出てくるでしょう。今回の予算のように、国が前面に出て経済対策をできる時代は、終わりつつあります。例えば、これから大きな歳出を国債発行ですれば長期金利が上がってしまって、逆に民間投資を圧迫し、逆効果になることだってあり得るのです。そういうことを考えていくと、国家機能は低下せざるを得ないのです。その意味で一人ひとりが、自己責任に立って賭をしていくことが要求されるのです。この賭というのは、純粋な意味での企業経営を求められているということでもあるのです。教育も含めて、これからは自己責任原則に基づいた賭に、真剣に取り組んでいかなければならない時代なのではないかなと、私は思っています。いずれにせよ、そうした発想の転換の上で、皆さん方の経営をしていただきたいと思うわけです。

今回の税制改正は経済社会の構造的な変化、国際化の進展に対応するとともに、現下の著しく停滞した経済活動の回復に資するよう、緊急に所得税、法人税の減税を実施しております。まだ抜本的な見直しではありません。例えば法人税ひとつをとっても、税率の引下げだけをし、課税ベースの拡大や時価主義の問題、あるいは連結納税の問題などは先送りされています。所得税の問題でも、本来でいえば諸控除について、もっと考え直さなければならないと思っています。一律に税率だけを下げてしまったわけですが、課税ベースの拡大を同時に考えないことには、構造的に成り立たなくなっていると思います。

特に今回、消費税収の歳出を福祉目的化することを明記しました。そうすると、これからは社会保障以外の国の機能、すなわち防衛、外交、司法、そうしたものを一体何で賄っていくのかということになります。結局、基幹税目である所得税か法人税で賄わざるを得ないのです。ただ法人税は、たぶんこれから連結納税が導入されていくと大幅な減収となり、それほど大きな税収にはなり得ないでしょう。その意味でももう一度、所得税を見直さなければならなくなると思います。ですから我々は、皆様方とともにさらなる税制改正に向けて考えていかなければならないと思っています。

いずれにしても、今回の改正は今申し上げてきたような、大変[※5]な経済危機の中で国としてギリギリの選択の下にさせていただいているものだということをご理解いただきたいのです。

これからの日本には、言葉でいうよりはるかに大変なことが待っていると思います。皆様方にはより新しい発想に立って、ぜひ乗り切っていっていただきたいのです。これまで皆様方のご努力によってほんとうに素晴らしい国をつくってきたわけですから、これからも日本の21世紀が少しでも良くなるように、少しでも良く維持できるように、一層の踏ん張りをお願いしておきたいと思います。

※5　実はこの時、この税制改正の財政に対する負の遺産がこれほど大きいとは自分も気づいていませんでした。例えば、この時の所得税の恒久的減税を元に戻すだけで10年近くを要し、消費税の増税をより難しくすることになったのですから。

税・財政の現状と21世紀への展望

［平成12年（2000年）1月22日］

国税庁次長

平成12年

日本の出来事

【国内経済】

●九州・沖縄サミット

●そごう倒産

【国内金融・中小企業】

●金融庁発足

【社会・生活・文化・科学・流行・世相など】

●豊島産廃問題、住民と香川県の公害調停が成立、2016年までに完全撤去を目指す（不法廃棄物の処理費用見込み300億円）

2000年

世界の出来事

●台湾総統に陳水扁

●ロシア大統領にプーチン

●金大中・金正日、南北初会談

１　税・財政の現状

今年度も大規模な当初予算

図表６—１に一般会計歳出総額、租税及び印紙収入、公債発行額、租税負担率などが、昭和50年、55年、60年、平成元年からずっと年度ごとに書いてあり、一番右のところに12年度当初予算を書いています。その一番上を見ていただきますと、84兆９８７１億円という当初予算[※1]としては日本始まって以来の大きな規模の予算の数字が書いてあります。11年度の２次補正後の数字が89兆円ですから、これには及びませんけれど、11年度の当初81兆８６００億円に比べても非常に大きな当初予算を組みました。

その一方で歳入、つまり租税及び印紙収入という欄の一番右端を見ていただくと、48兆６５９０億円になっています。48兆円というのは11年度の当初よりは大きくなっていますけれども、平成元年ですら54兆９２１８億円あったわけですから、租税・印紙収入としては昭和60年の38兆円より大きいけれども平成元年より小さい。これは昭和62年ごろの数字なんです。

昭和60年から平成元年にかけて、いわゆるバブルが始まりだした時期ですけれども、そのころに戻った歳入しかありません。その結果、公債発行額は32兆６１００億円と、平成11年度当初の31兆円に比べてもそれを上回る公債を発行し、しかも一般会計歳出に占める租税印紙収入の割合は57・３％という数字です。11年度においては、景気対策のために第２次補正後では公債発行額は38兆６１６０億円という

図表６－１　一般会計歳出総額、租税及び印紙収入、公債発行額、租税負担率

（一般会計歳出総額・租税及び印紙収入・公債発行額：億円、国民所得：兆円）

	昭和50	55	60	平成元	2	3	4	5	6	7	8	9	10 ３次後	11 当初	11 ２次後
一般会計歳出総額(A)	208,609	434,050	530,045	658,589	692,687	705,472	704,974	751,025	736,136	759,385	788,479	784,703	879,915	818,601	890,189
租税及び印紙収入(B)	137,527	268,687	381,988	549,218	601,059	598,204	544,453	541,262	510,300	519,308	520,601	539,415	501,650	471,190	456,780
公債発行額	52,805	141,702	123,080	66,385	73,120	67,300	95,360	161,740	164,900	212,470	217,483	184,580	340,000	310,500	386,160
(B)／(A)	65.9%	61.9%	72.1%	83.4%	86.8%	84.8%	77.2%	72.1%	69.3%	68.4%	66.0%	71.6%	57.0%	57.6%	51.3%
租税負担率	18.3%	22.2%	24.0%	27.6%	27.8%	27.1%	24.9%	24.4%	23.2%	23.3%	23.1%	23.5%	23.1%	22.3%	(21.9%)
うち国税	11.7%	14.2%	15.0%	17.7%	18.2%	17.4%	15.6%	15.3%	14.4%	14.4%	14.1%	14.2%	13.6%	12.9%	(12.5%)
うち地方税	6.6%	8.0%	9.0%	9.9%	9.6%	9.7%	9.3%	9.1%	8.8%	8.9%	9.0%	9.3%	9.5%	9.4%	(9.4%)
国民所得	124	200	260	322	346	363	369	372	374	381	391	390	381	381	(381)

（注）１　一般会計歳出総額・租税及び印紙収入・公債発行額は、一般会計上の額。
２　平成９年度までは決算額。平成10年度、平成11年度及び平成12年度は予算額。
３　平成10年度及び平成11年度の国民所得は、政府経済見通しによる実績見込額及び見通し額。
４　平成11年度（２次後）の租税負担率は、国税収入の減少を加味して、暫定的に算出したものである。

※１　小渕内閣による11年度予算につぐ、この12年度予算が今日の財政破綻的状況を決定づけることになったように思われます。

数字になっているため、同割合も51・３％にとどまっています。
一方、租税負担率と国民所得という欄は一番右が空白になっていますが、これは国民所得額が発表されるのが１月下旬でして、まだ正式統計が出ていませんので、その数字は書いていません。そこで一応11年度の２次補正後というところでご覧いただきますと、たとえば11年度の予測では国民所得は３８１兆円といわれていました。この数字でご覧いただきますと、かっこ書きですが、租税負担率は21・９％、これは国民所得で租税及び印紙収入の国税・地方税を合算した租税全体を割ったものです。なかんずく国の税金については12・５％、地方税が９・４％となっています。これが内訳です。

ちなみに12・５％という国税の負担率を見ていただくと、昭和50年の11・７％よりは上回っていますが、昭和55年の14・２％よりももちろん低い水準です。これは昭和52年くらいの水準でして、みなさんは税負担が大変重いという実感がおありになるんだと思いますが、数字としてご覧いただくと実態は低い水準にとどまっているわけです。

地方税の９・４％というのは、たとえば平成元年には９・９％でしたからその水準よりは低いんですけれど、しかしよく見ていただくと平成６年ごろよりは少し増えています。これはこのころに固定資産税の評価替えが行われました。地方財政は悪いといわれながら、税収という意味では地方税９・４％でほぼ横ばいで推移してきているということがおわかりいただけると思います。ただトータルとして21・９％という数字は、ここで見ていただくと昭和55年の22・２％という数字よりも低いわけですから、54年ごろの数字に戻るわけです。歳出は戦後最大、歳入は非常に低いということがおわかりいただけたと

図表６－２　国民負担率と財政赤字（対国民所得比）

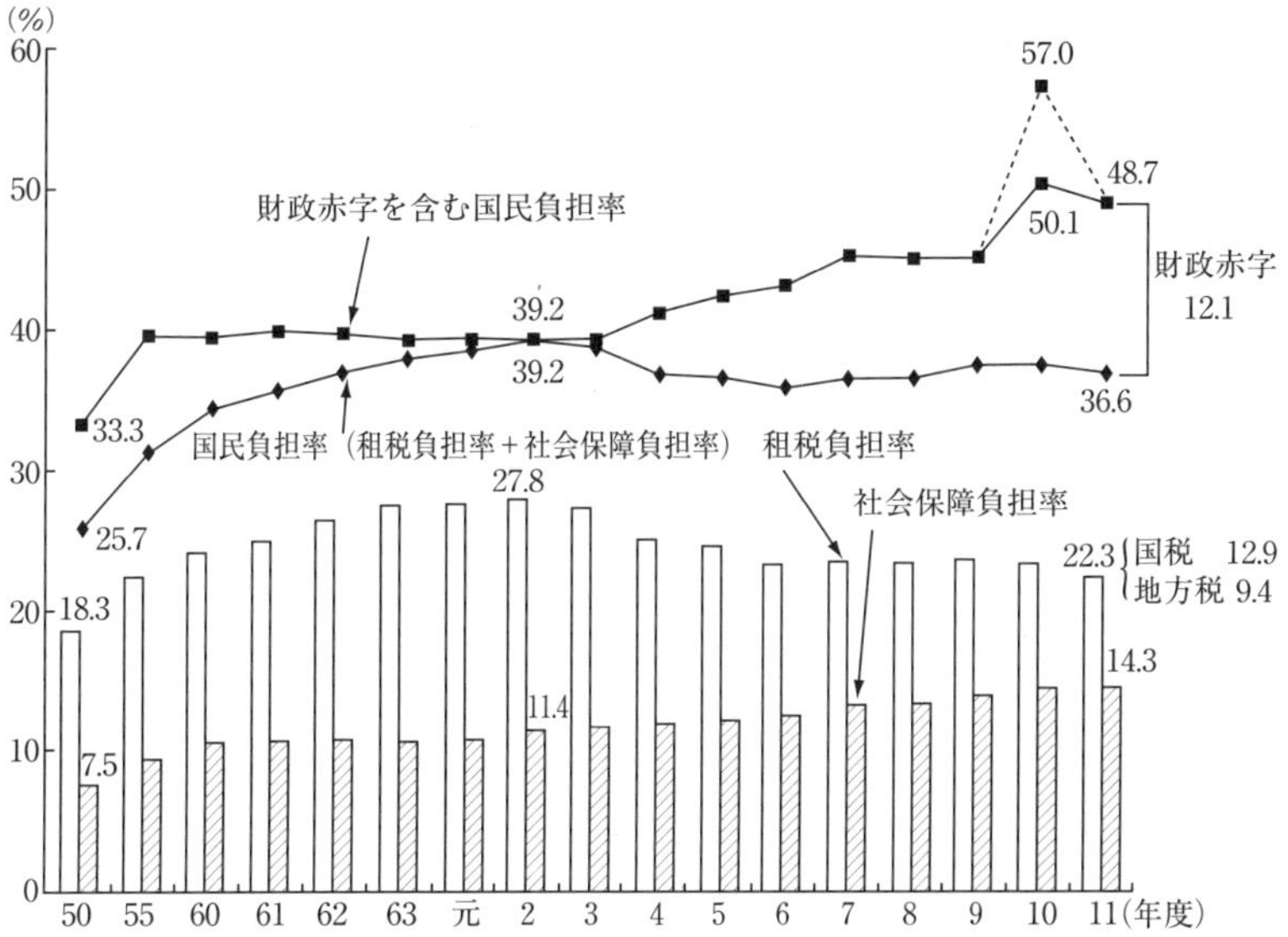

（注）１　平成９年度までは実績、平成10年度は実績見込み、平成11年度は見込みである。
２　平成10年度の国民負担率は、財政赤字のうち国鉄長期債務及び国有林野累積債務の一般会計承継に係る分を除いたベースが50.1%、これを含むベースが57.0%である。

思います。その結果、公債依存度が大変大きくなってしまっているということです。

国民負担率は36％台

次にそれを示したのが図表６―２の「国民負担率と財政赤字」です。国民負担率というのは先ほどお話した租税と、みなさんにお払いいただいている年金とか医療の保険料を足したものを国民所得で割ったものです。これを下の棒グラフで見ていただくと、白ぬきの方が税金で斜線の方が社会保険料です。平成11年度まで書いていますが、平成11年度でいうと国税・地方税を足した22・３％という当初予算の数字がここには書いてあります。それに社会保険料の14・３％を足すと36・6%です。

一方歳出の方は、国民所得に対する歳出をトータルで見ると48・7%となり、財政赤字はその差の12・1%あるわけです。国民所得が約３８０兆円ですから、12・1%ということは40兆円を超える財政赤字を毎年続けているということがおわかりいただけると思います。これは単に、先ほどの一般会計の公債だけではなくて、保険・年金も含めたトータルとしての財政赤字がずっと続いていることを示しています。この国民負担率の36・6%という数字をぜひ頭においておいてください。

次に、竹下内閣に始まって海部内閣と続いていくときに、臨時行政改革推進審議会というのがありました。そこでまとめられた平成2年4月18日の最終答申を見ますと、「行政改革の主要課題と改革の基本的方向」と題した中に「国民負担の増大抑制と財政の運営方針」が出されています。その中の「国民負担の水準の目標」には、

「国民の公的負担について、租税と社会保険料を合わせた国民所得に対する比率（国民負担率）は、社会保障関係経費がかさむ高齢化のピーク時（２０２０年ごろ）においても50%を下回ることを目標とする。国民負担率は、昭和50年代以降逐年上昇を遂げ、現在すでに40%に達している状況から推して、今後、制度の改革がなされなければピーク時には50%をかなり上回ることも懸念される。これを50%未満にとどめるためには、社会保障制度を始めとした制度・施策の改革はもとより、行財政全般にわたり思い切った改革を進めていく必要がある。この改革努力の下に、高齢化のピーク時にいたる途上の21世紀初頭（２００１年１月）の時点においては、国民負担率は40%台半ばをめどにその上昇

を抑制すべきである」

と書かれています。いろんな行財政改革をやって、なおかつ当時の予想として来年の1月には国民負担率を45%くらいにとどめようと書いてあるんです。

ところが今は、36%台だということですね。今回の景気対策、たぶん日本がやってきた景気対策は国内の景気対策の面もあるんですが、アジアを通貨危機から守るという側面が大きなウェイトを占めていたと自分は思いますが、そういうことを続けてきた結果、現在は36%であるということです。行財政改革をして、なおかつ45%に抑えたいという水準よりさらに８%低いということは、３８０兆円の８%ですから、約30兆円以上の減税をしているということなんです。たぶんみなさんの実感としてはあまりお感じにならないかも知れませんけれども、当時の予測として、行財政の改革を一生懸命やってもこれだといってた、その水準よりなお30兆円を超える減税なり社会保険料の引下げをして、今日財政運営がなされてきているという事実だけはまず知っておいていただきたいと思うわけです。

すでにサミット参加国一の高齢化国

次に図表6—3に「65歳以上人口の対総人口比」があります。１９６０年から２０２５年まで書いています。先ほど平成2年の水準では高齢化のピークが２０２０年と書いてありましたが、実は統計予測が甘くて高齢化のピークは２０２５年までいくという推計がその後出たものですから、そちらの数字で書いてあります。たぶん昔、この会合でお話したことがあると思います。今日は時間がないのでくわし

図表6－3　65歳以上人口の対総人口比

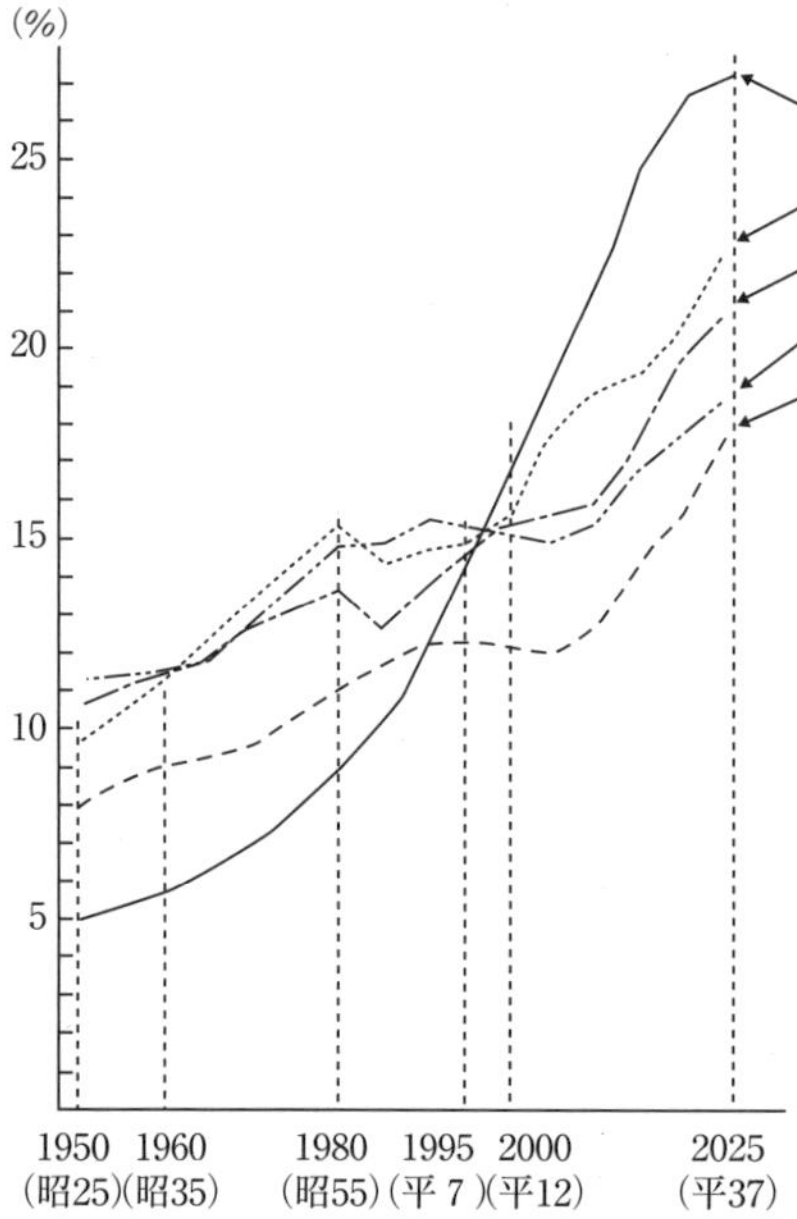

	1960	1980	1995	2000	2025	1960→1995	1995→2025
日　本	5.7	9.1	14.6	17.2	27.4	＋8.8	＋12.8
ドイツ	11.5	15.6	15.2	16.0	22.9	＋3.7	＋7.7
フランス	11.6	14.0	14.9	15.7	21.3	＋3.3	＋6.3
イギリス	11.7	15.1	15.5	15.3	19.0	＋3.8	＋3.6
アメリカ	9.2	11.3	12.6	12.4	18.1	＋3.4	＋5.4

（注）1　日本は「国勢調査」及び「日本の将来推計人口」（国立社会保障・人口問題研究所，平成9年1月推計）による。
2　外国は国連推計による。

くお話できませんけれど、この厚生省の人口問題研究所の統計というのは私にいわせるとかなり楽観的高齢化率です。実際はもっと少子化が進んでいくと思いますから、この比率はもっと高くなるんじゃないかと私は思います。

２０００年というところを見てください。17・2とあります。ということは65歳以上の人口は１００人のうち17・2人、いい換えれば１０００人中１７２人は65歳以上だということになっています。他の国を見てください。ドイツ、フランス、イギリス、アメリカ、みんな17より低い数字です。特にアメリカは12・4ですから、１０００人のうち１２４人しか65歳以上はいないということです。日本は、あたかも自分は若い国でこれから高齢化が進むかのような誤解がありますが、実は違

図表６－４　人口構成の上での生産年齢人口の推移

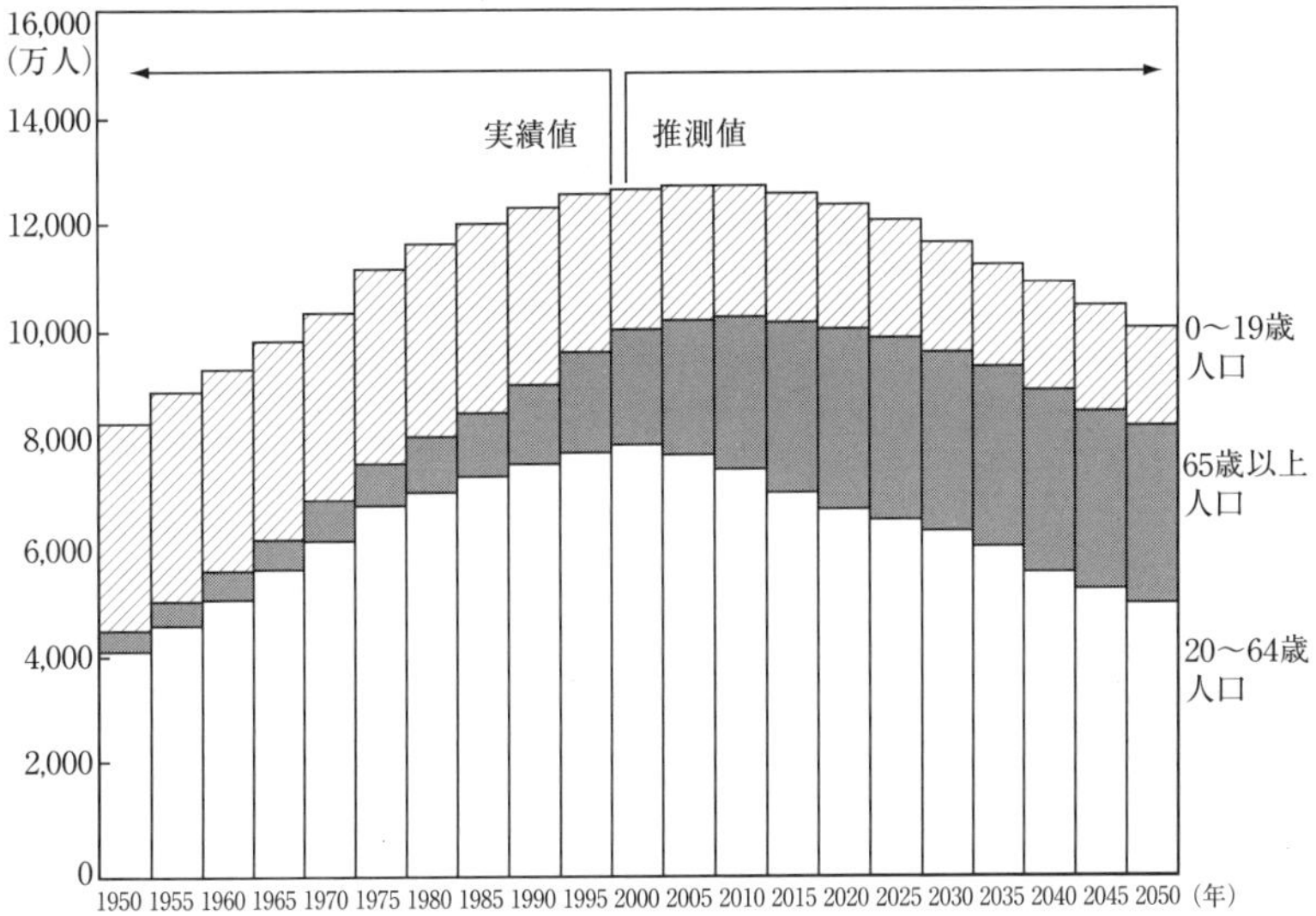

（備考）１　「日本の統計1998」（総務庁統計局）、「日本の将来推計人口」（平成９年１月推計、国立社会保障・人口問題研究所）により作成。
２　推計値は中位推計の値。

います。日本は、特に今のサミット参加国の中では最も高齢化が進んだ国だということをまず認識しなければなりません。もちろん、日本よりももっと高齢化している国はあります。スウェーデンとかデンマークという北欧の国は、人数が少ないこともあって高齢化が非常に進んでいますけれど、しかしそうした国々もあっという間に抜いて、２０２５年には日本はたぶん先進国中最大の高齢国になっていくということです。すでに高齢化になっているにもかかわらず、今の租税や社会保険料負担で凌いできているということなんです。

　図表６―４「人口構成の上での生産年齢人口の推移」を見てください。生産年齢人口というのは20歳～64歳の人口のことをいいます。もちろん、今のように高学歴化が進みますと、はたして20歳から働いているかといえば最近

は大学院に行くような人も増えていますから、20歳の人が本当に生産年齢になっているかどうかわかりませんし、お年寄りは逆に元気ですから64歳を超えても働いているケースもあり、その意味ではこれだけを単純に見てよいかどうかはわかりません。ただこういう統計で見ていただくと、0歳から19歳と65歳以上を合算した非生産年齢人口と生産年齢人口（20歳～64歳）の比率では、生産年齢人口が一番多いのが２０００年なのです。要するにお年寄りはどんどん増えますが、子どもの数がどんどん減るものですからトータルでいうと生産年齢人口、つまり働く人の比率は今が一番多い時期だということです。

２０５０年にまったくこのとおりになるとは思えませんけれど、生産年齢人口が非生産年齢人口より少なくなるという事態になります。ということは将来、働く人の数が少なくなって支えられる方が増えていく現状において、今借金をして将来の人にまわすということが許されるのかどうかを私たちは知っておかなくてはならないと思われます。

日本の国民負担率はかなり低い

次に図表６―５を見ていただきたいと思います。国民負担率の内訳を書きました。日本、アメリカ、イギリス、ドイツ、フランスという国々の１９９６年ごろ（日本は１９９９年度）の数字を比較しています。

まずトータルの国民負担率は、日本とアメリカが36・6％とか36・5％で低くなっています。それに対してイギリスが49・2％、ドイツが56・4％、フランスにいたっては64・1％。これは裏を返せば、

図表６－５　国民負担率の内訳の国際比較

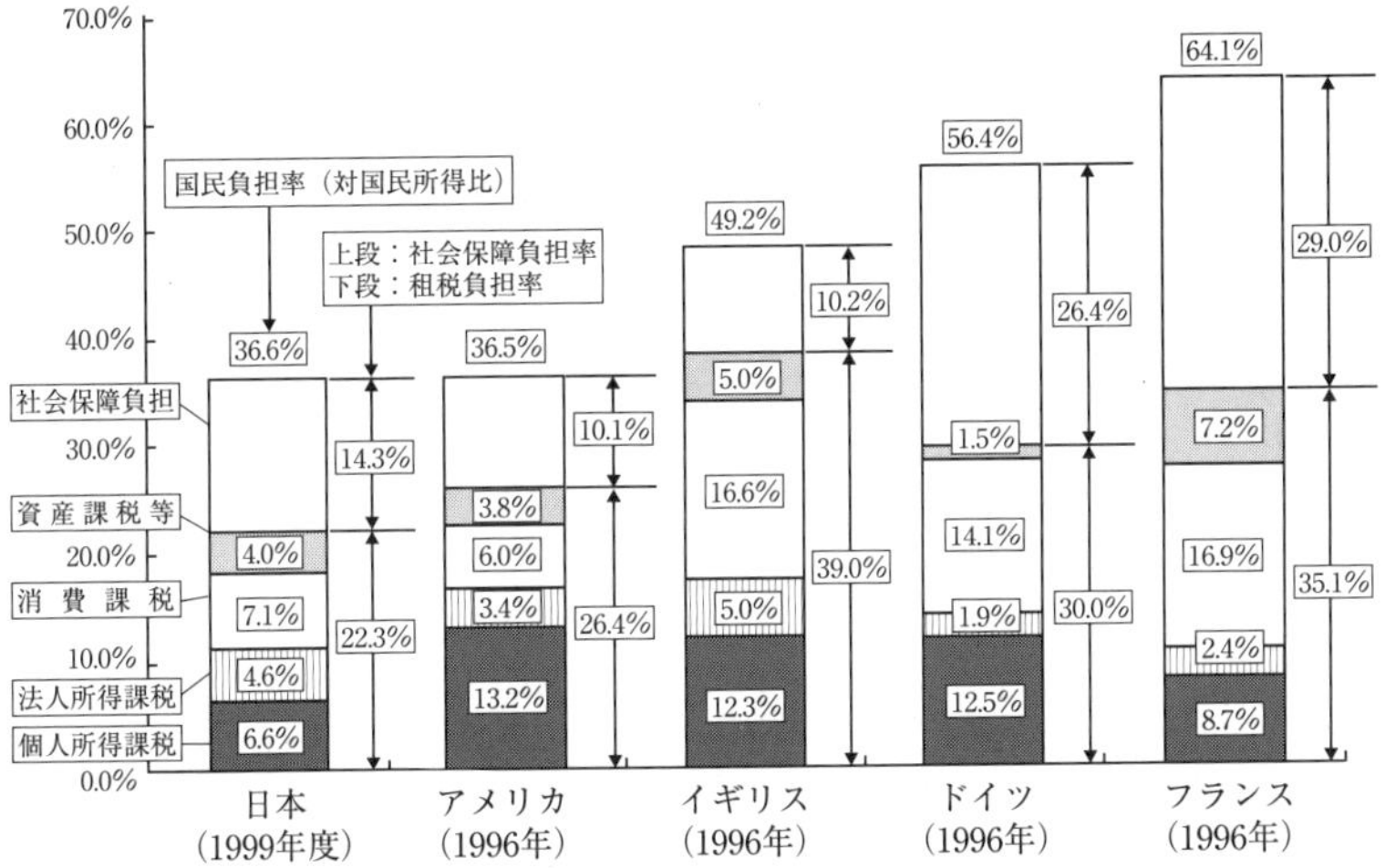

（注）１　日本は11年度予算ベース。日本以外は「Revenue Statistics 1965-1997（OECD）」、「National Accounts（OECD）」等により作成。

２　租税負担率は国税及び地方税合計の数値である。また所得課税には資産性所得を含む。

３　日本の法人所得課税の租税負担率（4.6%）の内訳は国税2.7%、地方税1.9%

もし１０００万円をもらった人がいたとすると、６４１万円は税金と保険料でとられ、３５９万円しか手取りは残らないという社会になってるということです。日本やアメリカは１０００万円所得があったとすれば６３４万円が手に入るということです。いかにフランスなどの負担が重いかということがおわかりになると思います。アメリカの場合は若い国ですから、保険料とかが非常に低くすんでいるということがいえます。日本のような超高齢国がアメリカと国民負担率において並んでいるという実態をまず知っておいていただきたい。

　次にこの図の黒い部分「個人所得課税」を見ると、日本は国民所得比で所得税と住民税を足したウェイトは６・６%。アメリカ13・２%、イギリス12・３%、ドイツ12・５%、フランス8・7%となっています。日本は所得税が重いという言葉をよく聞きますが、統計数字で明らかなのは、日本は付加価値税中心のフランスよりも低いんです。これはなぜか。課税最低限が世界に比べて圧倒的に高いからです。地方の町村においては、たとえば所得のある方の半分は所得税を払っておられない。いい換えれば課税最低限以下ですから、税金を払わなくてすむということになっています。それが非常に大きく響いているわけです。

そこで、ご存じのような地域振興券というものの背景が浮かび上がってくるわけです。景気対策として減税しても、地方によっては5割以上の人は何の減税もない。それはそうです。所得税が課税されてないんですから、課税されてない人に減税はいきっこないわけです。ですから景気対策をやろうと思ったら、地域振興券にならざるを得ないわけです。しかし、これからのことを考えると、本当にこの状態でいいのかどうかは非常に大きな問題としてでてくると思います。

もう一つ同じような意味で見ておいていただきたいのは真ん中の「消費課税」です。日本は7・1%、アメリカは6・0%、イギリス16・6%、ドイツ14・1%、フランス16・9%です。確かにヨーロッパの国というのは消費税率が非常に高い。他方、アメリカの場合は、小売売上税という税なんですが、あとでお話するように徐々に小売売上税すら課税しにくくなっています。インターネット取引、特に電子商取引が盛んになってくると、アメリカは州によって小売売上税の税率が違うものですから、いわゆるバーチャルな意味での本店をつくって、そこから全部売るという形をとることで小売売上税を逃れるという動きが広がりつつあり、もっと危機的な状況に陥ってます。したがって、アメリカにおいてすら付加価値税というか、消費税みたいなものを導入しないとだめじゃないかという議論が高まっています。いずれにしても日本の場合は消費税の税率が低い。

もう一つ知っておいていただきたいのは白い部分、これは税じゃありません。保険料です。厚生省が所管しており「社会保障負担」となっています。日本は14・3％、アメリカ10・1％、イギリス10・2％、ドイツ26・4％、フランス29・0％です。象徴的なことはアメリカ、イギリスというアングロサクソンは保険料はあまりとらないで税金で賄っている国なんです。アメリカは高齢化が進んでいませんから、その分少ないんですけど、いずれ社会保険料でやるか税金でやるかという選択を迫られてくると思います。逆にいうと、ドイツ、フランス型というのは税金より保険料で社会保障をカバーするという色彩が非常に強くなっています。

日本でも最近の新聞紙上で基礎年金部分は税金でやったらどうだ、消費税でやったらどうだ、しかし保険料はないと困る、といったいろいろな議論があります。実は社会保障負担というのは、第2の所得税だという側面をもっていることを忘れないようにしていただきたいんです。社会保障負担は個人ならば所得税、企業にとっても折半負担ですから法人税という性格をもっているわけです。ですからドイツ、フランスという国がなぜ付加価値税を増やさざるを得なかったかというと、個人所得税と法人税、それに社会保障負担を足したものが働く人にかかる税ですから、社会保障負担を考慮すると所得税や法人税を引き上げる余地がなかったともいえるわけです。

いずれこの国民負担率を高齢化に応じて引き上げていかざるを得ない。そのときは所得税か保険料のどちらかで賄うのか。あるいは付加価値税という消費税で賄うのか。つまり、これからは所得にかかる部分、今いった個人所得課税や法人所得課税、社会保障負担という働く人にかかる部分と、消費税という使う人全員にかかる部分のバランスをどう計っていくのかというのが大きな問題であると思います。

一義的に年金を全部保険料で手当てしようとするなら働く人が負担するわけですから、消費課税をその他の歳出のために当てていかざるを得ないでしょう。しかし、もし基礎年金部分を消費税で手当てするならば、他の財源は所得税や法人税をもう一度引き上げて対処せざるを得ないということを意味しているわけです。そういう意味ではこれからの税なり社会保障というのは、全体を見ながらどう国民が選択していくのかということです。単に所得税か消費税かという議論ではたぶん止まらなくなっていくことを知っておく必要があると思います。

図表６―６では、諸外国のＧＤＰに占める個人所得課税と消費課税の比較をしました。縦軸に国内総生産に対する消費課税の税収、横軸に国内総生産に対する個人所得課税の税収をプロットしたものです。デンマークは一番上にありまして実に個人所得課税も25％を超え、消費課税も16％を超えて大変重くなっていますが、日本の場合にはあの「３％から５％への消費税の増税、そして所得税の減税」という税制改正以前は下の方のところでした。その上の黒いアミ点のところが現状です。１９９９年の姿で、日本は個人所得課税が少し減って消費課税が増えたということがこの表でおわかりいただけると思います。ただいずれにしても、どちらも他の国より軽いということだけはぜひ認識しておいていただきたいと思います。

図表６－６　諸外国のGDPに占める個人所得課税税収・消費課税税収の割合

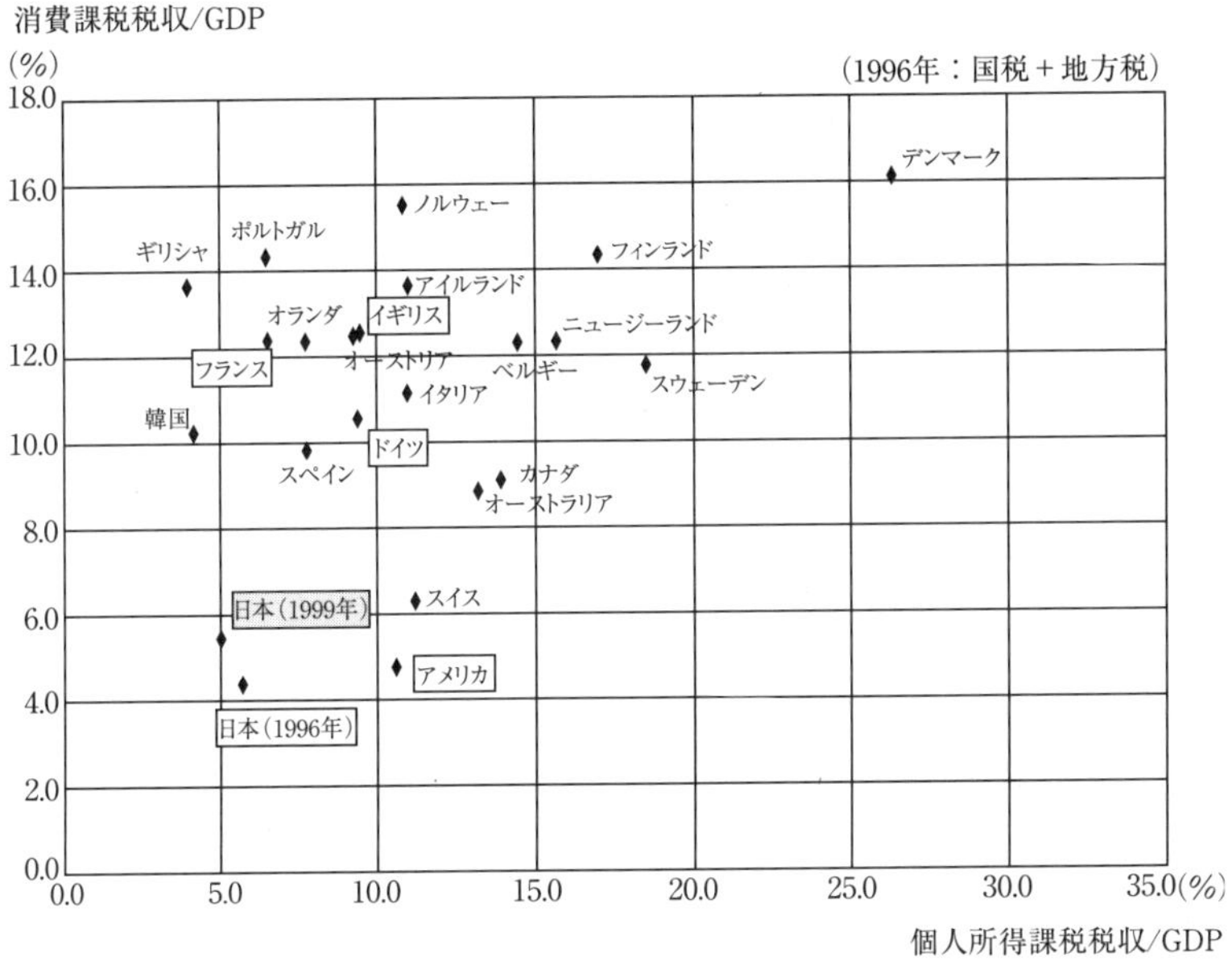

（注）日本（1999年）の税収は平成11年度当初予算ベース、GDPは平成11年度政府経済見通しベースの計数である。

（出典）“Revenue Statistics 1965-1997”(OECD)

増え続ける国債残高

そこで、これだけの借金をしてきた結果どういうことが起きているかということにそろそろ入らせていただきます。

図表６―７の円グラフ２つをご覧いただきたいと思います。左側が一般会計の12年度の歳出予算案で、今審議されているものです。右側が歳入です。先ほど申し上げたように歳出は84兆９８７１億円、歳入もトータルとしては同じ額ですが、租税及び印紙収入は48兆６５９０億円となっています。これは全体の57・２％で、あとは公債金やその他の収入で賄っています。

歳出の「国債費」を見ていただくと、21兆９６５３億円、約22兆円です。地方

図表６－７　平成12年度一般会計歳入歳出の内訳（予算案）

平成12年度一般会計予算における歳出は約85兆円です。

そのうち国債費は約22兆円、全体の約４分の１を占めています。

一般会計歳出から国債費、地方交付税交付金等を除いたものを「一般歳出」といっています。

社会保障関係費、公共事業関係費、文教及び科学振興費でこの一般歳出の３分の２以上を占めています。


一般会計予算における歳入の約６割が租税及び印紙収入で賄われていますが、残りのうち約33兆円（約38%）は公債金収入に依存しています。

歳　出

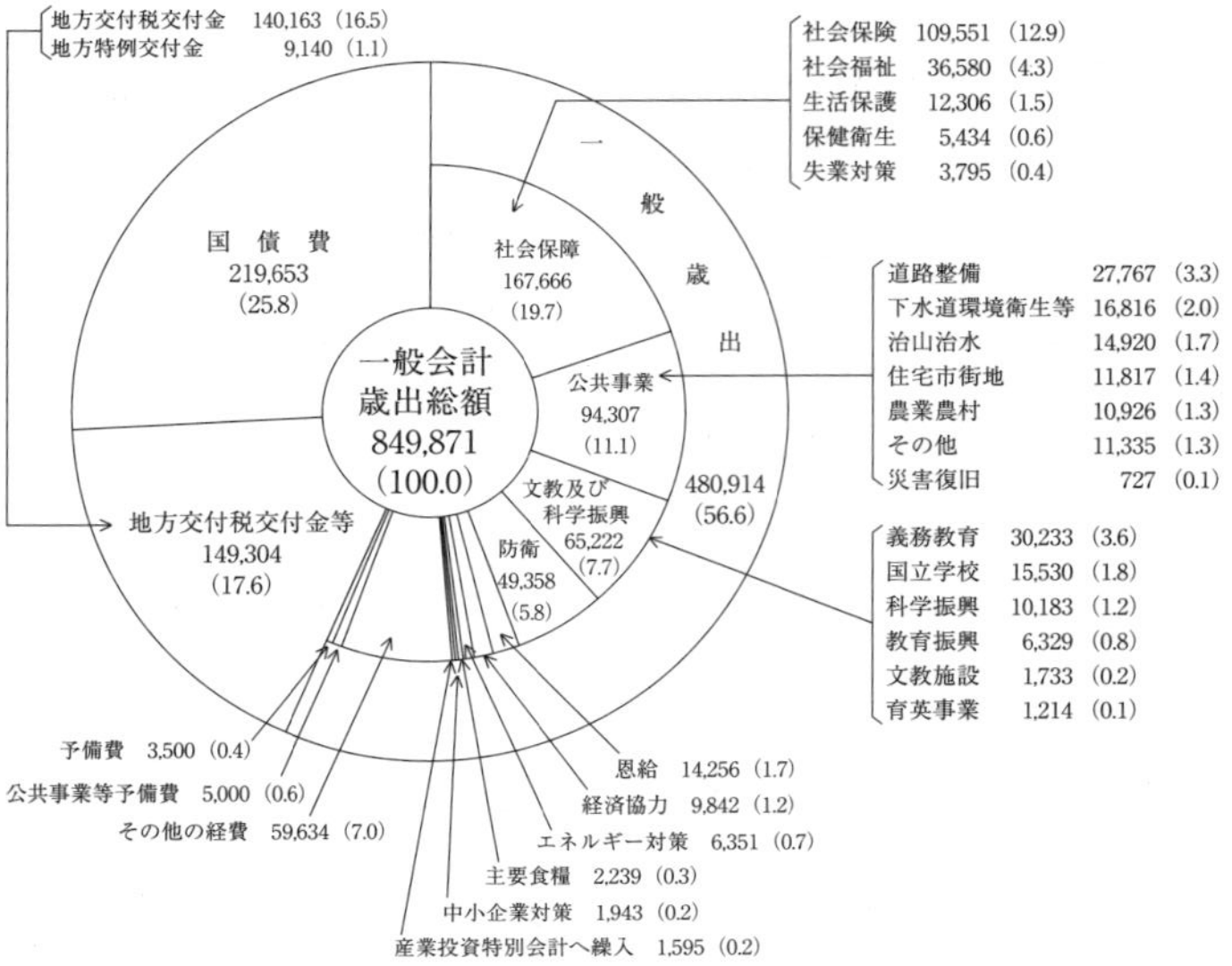

歳　入

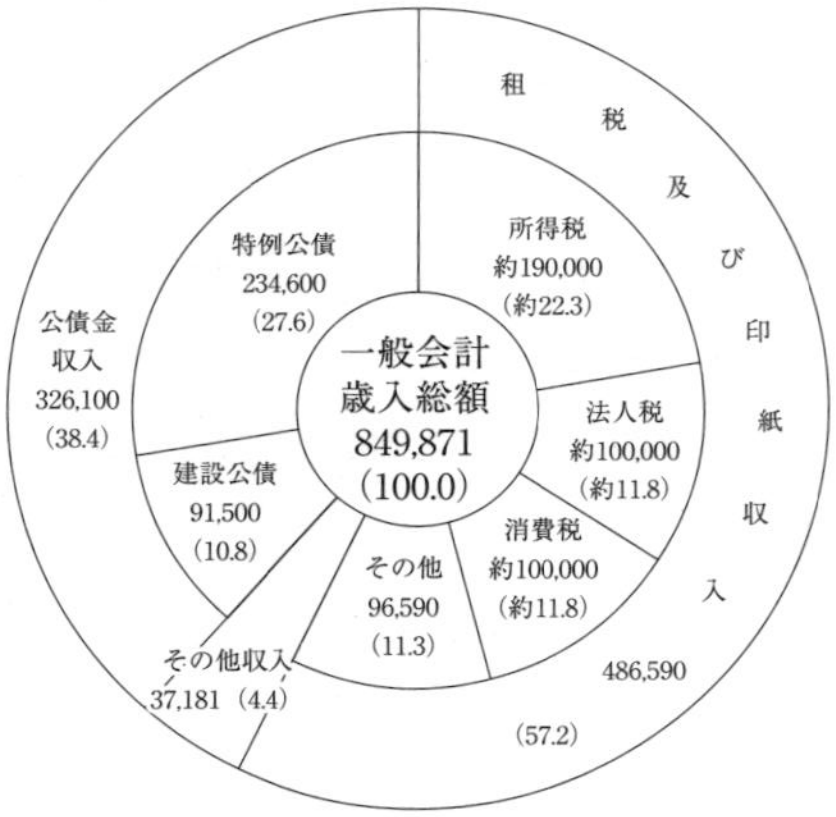

（単位：億円，%）
なお（　）内は構成比

交付税が14兆９３０４億円で約15兆円です。国債費と地方交付税を足しただけで始めから37兆円がなくなってしまいます。そこで右の歳入を見ると所得税が19兆円、法人税が10兆円、消費税が10兆円。所得、消費、法人という基幹3税目で39兆円です。ところが、所得税の中に今年は臨時分があります。みなさんはおそらくお気づきかと思いますが、ちょうど10年前に定額郵便貯金の利子が非常に高いときがありまして、その10年満期の郵便貯金が今年から来年にかけて解約されます。そのときに利子が発生しますから、その利子の源泉税が約2〜3兆円通常より増えてくるわけです。常態でいえば39兆円ではなくて36〜37兆円なんです。ですから基幹3税目だけでいえば、たぶん国債費や地方交付税を足したものよりも少なくなる可能性すらあります。

「その他」と書いたものが9兆６５９０億円あるんですが、これは酒税、タバコ税、揮発油税などです。こうしたもので大半の一般歳出、社会保障、公共事業、文教、防衛といった国の経費を賄わざるを得なくなっています。あとは借金です。もちろん、社会保障は消費税を重点的に充てることになっていますけど、お金のトータルで考えるとそういう財政状況だということです。

次に、一般会計だけの公債残高はどれだけあるかというと、３６４兆円になります。３６４兆円というのは12年度の一般会計税収の7年半分にあたります。この残高を解消しようとすれば、一般会計の税収を何も他にまわさないで7年半かかるということです。しかも、全世界の開発途上国の累積債務が２０６兆円ですから、日本ははるかにそれを上回る公債残高を抱える国になっているということです。

そこで、日本、米国、英国、ドイツ、フランス、イタリア、カナダというサミット参加国の国及び地方の財政状況（１９９９年）を見ると、日本は赤字が10・９％、これは国内総生産に対する比率です。アメリカは黒字で０・５％、カナダも１・６％、一番悪いフランス、イタリアでもマイナス２・５％です。１９９０年では、イタリアはマイナス11・２％で今の日本より悪いんです。それが急激に改善してマイナス２・５％まで回復しています。他の国もみんな改善しています。なぜかというと、ご存じのとおりヨーロッパの国々はＧＤＰ比マイナス３％以内に赤字を抑えないとＥＵに加盟できないことになっているからです。ちょうど金融機関が例の国際的なルールで８％条項とか４％条項というようなことをいわれてビス規制をされたのと同じで、ＥＵに加盟するためには財政赤字をＧＤＰ比マイナス３％以下に抑えるというのがあったもんですから、他の国は急速に改善したわけです。

　ところが日本は逆でして、この間景気対策、アジアの通貨危機ということを踏まえて急激な赤字となりました。その結果、マイナス10・９％。イタリアは血みどろの財政再建をやったんです。私の友人のイタリア大使館の者から聞きましたけれど、イタリアに行かれた方はおわかりのとおり、イタリア南部というのは開発が遅れているもんですから、南北格差是正のために景気対策よりも国土開発がどうしても必要な国なんだそうです。ところが、その国がそれをやめてでも財政再建をした理由は、あのローマ帝国をつくったというイタリアの自負なんです。それがＥＵに加盟できないという事態はイタリア国民として許されないという意識があって、国民合意のもとに急速に財政再建をやってきたとのことです。もちろん財政上、ドレッシングしているといった説はありますけれども、いずれにせよ、このようにやってきた。

今度はそれを残高ベースでみると、日本は１９９０年にはＧＤＰ比61・４％、１９９１年58・２％で決して悪い国ではありませんでした。ところが今や１９９９年ＧＤＰ比１０７・２％、すなわちＧＤＰを上回る国・地方の債務残高を抱える国になってしまったわけです。イタリアはなお１１８・５％あります。もちろん今述べましたように精一杯の債務のカット、財政健全化に向けて10年間努力して、やっとＥＵに加盟したにもかかわらず債務残高は１１８・５％で、圧倒的に日本よりも上にいるわけです。裏を返すと日本も、これからたぶん財政健全化に努力するにしても、このイタリアと同じで10年以上にわたって債務残高の重さを背負っていかなければならないということを暗示しているわけです。

イタリアは精一杯健全化したんですが、一番悪いときは１９９４年の１２６・１％。健全化した結果１１８・５％まで来ていますけれど、しかし日本より悪い。これだけ健全化したイタリアでも残高ベースでこうなっているということは、たぶんこれから日本は同じことを10年間続けていくというか、苦しんでいかざるを得ないということを暗示しているわけです。

２　日米貯蓄動向の比較——日本において大量の国債消化を可能にしてきた理由

貯蓄率は高いが……

そこで次にお話をしなければならないのは、なんで日本という国が大量の国債を発行して、しかも０金利じゃないけれども、０・５％という極めて低い公定歩合で、そして国債も極めて低い金利でやって

図表６－８　日米貯蓄率推移表

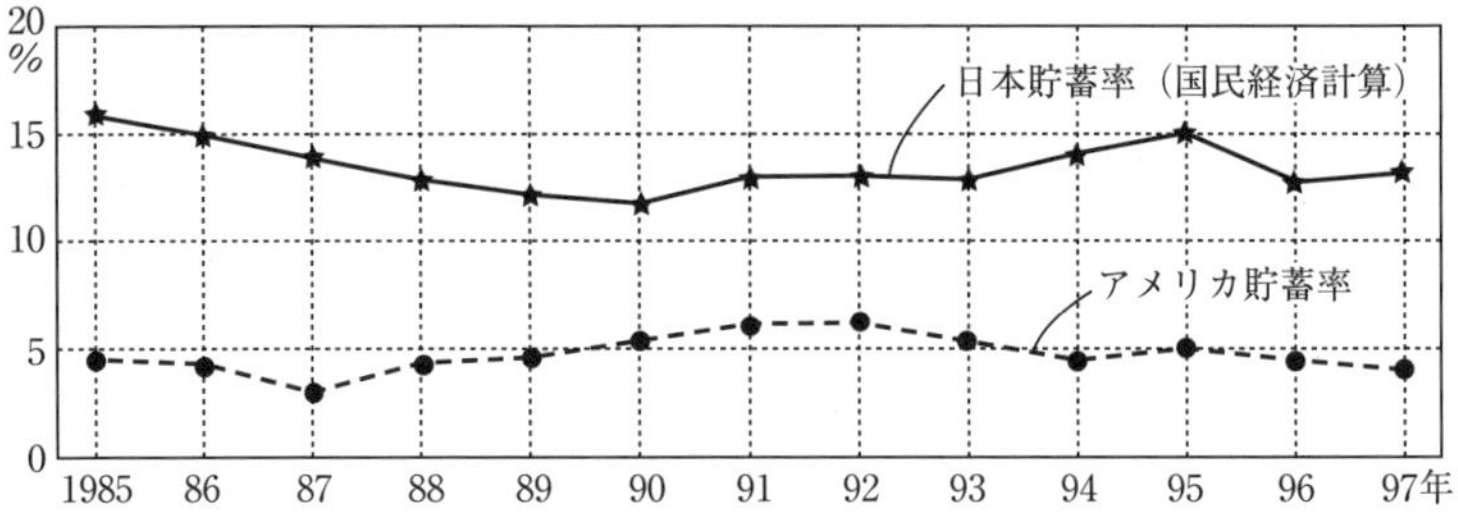

（出典）　国際比較統計（日銀）、現代アメリカデータ総覧（合衆国商務省）

これているのか。よくいわれるように、大蔵省は何度も財政構造改善をいうときに「いずれ金利が上がるぞ。クラウディングアウト（国債の大量発行による国債の市中消化の困難化）が起きるんだぞ」ということをいい続けてきた。しかし実際には一度としてクラウディングアウトなんか起きてないじゃないか、たぶん多くの経済学者はそういわれます。それではどうしてそれが可能であったのかというのを、まったくの私見ですけれども図表６―８で見ていただきたいと思います。

これは１９８５年から１９９７年までの「日米貯蓄率推移表」です。これは貯蓄率です。上の実線で書いた方が日本、それに対してアメリカの貯蓄率は点線で書いてありますが、１９９７年においても日本はアメリカの貯蓄率の３倍高い貯蓄率をもっているわけです。[※2] １９９５年には15％も貯蓄してましたし、現在でも13％近い貯蓄率にあります。それに対してアメリカは、例えば95年は５％でしたし現在は４％くらいですから、だいたい日本の３分の１くらいの貯蓄率です。いい換えれば日本はせっせせっせと貯蓄しているわけです。よく日本は景気をよくするためにはもっと個人消費を伸ばさなければといわれます。個人消費が伸びるということは裏を返せば貯蓄率を落とすということですから、この貯蓄率を落とす必要がある

図表６－９　１人当たりNET金融資産残高

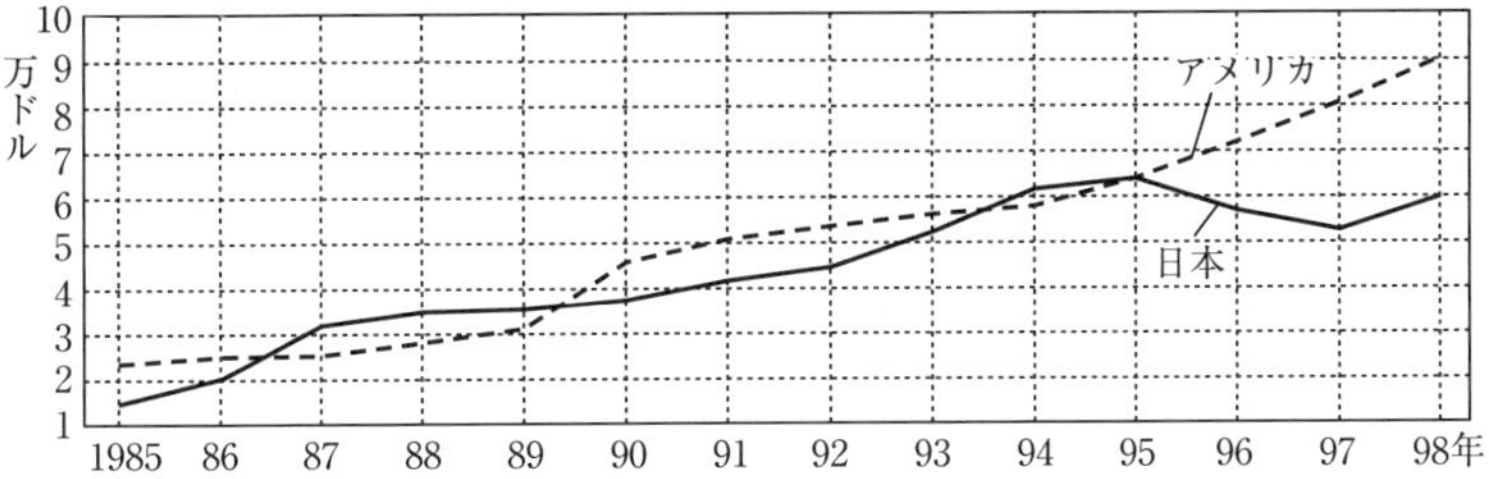

と景気対策上はいわれるんですが、しかし日本人は将来に備えて一生懸命貯蓄をしているわけです。

　ところが図表６―９を見てください。これは「１人当たりＮＥＴ金融資産残高」です。ＮＥＴとは金融の資産から金融の負債を引いた残をいいます。単位を万ドルで書いてあります。ドルベースですから為替レートが大きな影響を与えますので、われわれの実感とは若干違う動きもします。為替レートが円高方向に振れますと日本の貯蓄残高は増えますし、日本の為替レートが円安に振れるとアメリカの金融資産残高が増えるという意味で若干違いはあるんですが、現在のそれぞれの数字で見ていただくと、３倍も高い貯蓄率を続けながら１９９８年の日本はなおアメリカ（点線）より低いところにいるんですね。

　一時日本がバブルといわれた１９９４年ころ、日本の金融資産残高の方が超えた時期があります。しかし、このときは為替レートも非常に円高に振れてるようなころでした。その影響もあるんでしょう。しかしなんでこんなことが起きているのか。日本人は貯蓄率はアメリカの３倍。にもかかわらず現実の１人当たりＮＥＴ金融資産残高は日本よりアメリカが多い。もちろん根っこの金融

※２　これが急速に落ち込み、２００４年度には２・７％になるとは、当時は予測していませんでした。

図表６－10　日本（個人金融資産残高）

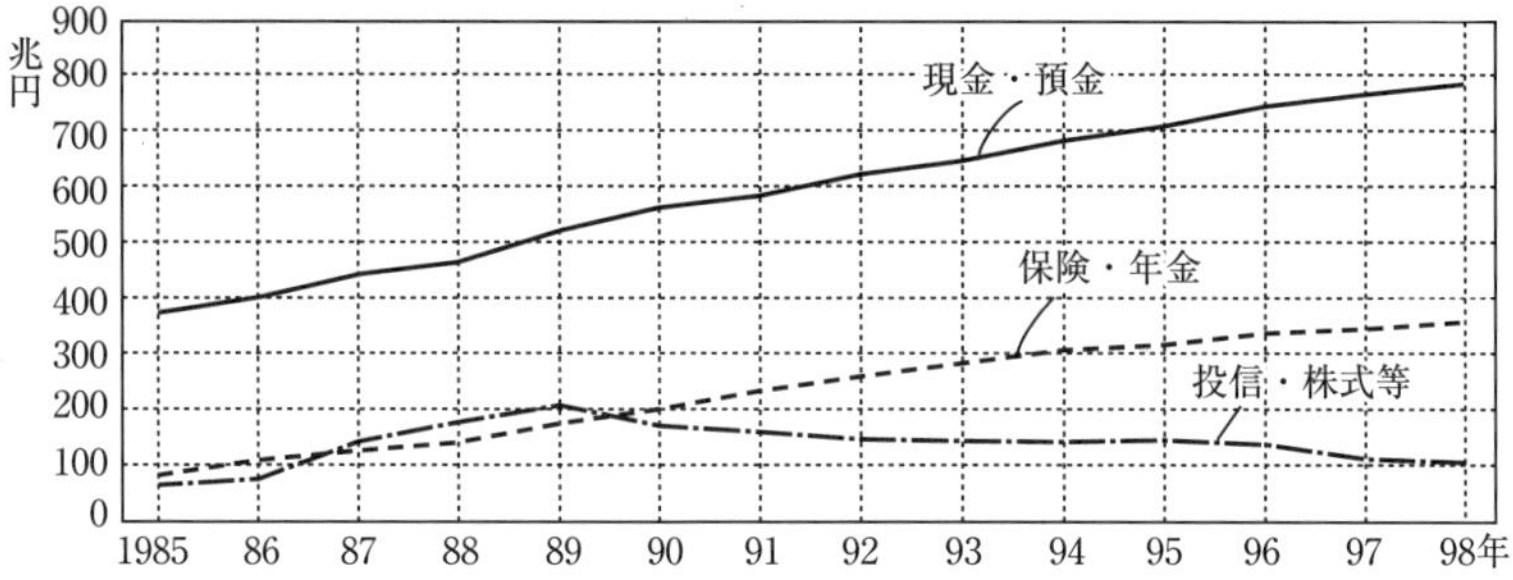

資産残高を見ていただくと、１９８５年もアメリカは2倍以上あったわけですから、もともとのストックとしてのボリュームに違いがあって、日本が低かった。これも非常に意味があります。しかし、どうして現状でもこうであるのか。

そこで、ぜひ見ていただきたいのはその内訳なんです（図表6―10）。日本の個人金融資産残高を「現・預金」と「保険・年金」「投信・株式等」で分けてみました。実線で書いてあるのが現金・預金です。保険・年金は点線です。一点破線で書いてあるのが投信・株式等です。日本の個人金融資産残高は約１２００兆円から１３００兆円といわれていますが、そのうち実線の部分の現・預金が約８００兆円、点線で書いてある保険・年金が約３５０兆円、一点破線の部分の投信・株式等が１００兆円くらいでして、見ていただくとおわかりになるとおり、約7割が現・預金という姿でもっているということです。

個人資産を株式で運用するアメリカ

ところが、次のアメリカを見てください（図表6―11）。アメリカは兆ドルで書いてありますけど、まったく違う姿になっています。現・預金は一

図表６－11　アメリカ（個人金融資産）

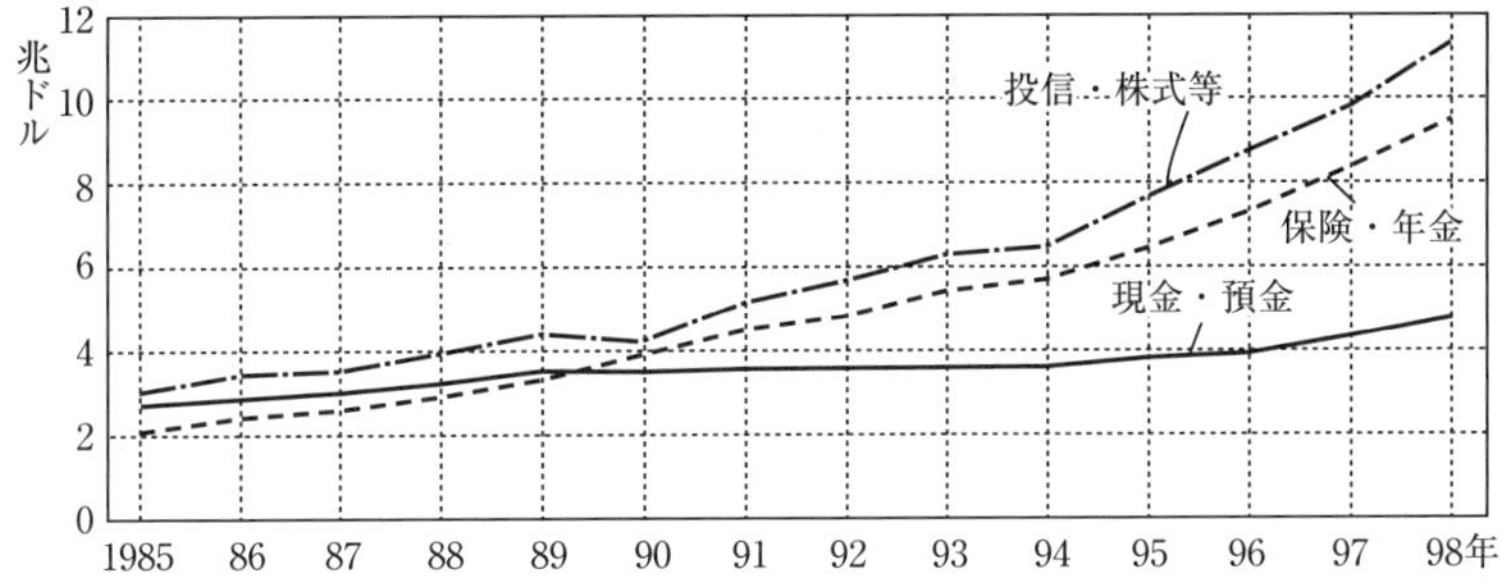

番下にあって、保険・年金が真ん中、投信・株式等が非常に大きくなっているというのがおわかりいただけると思います。これはいい面と悪い面がありますから、これをもってどうこうというわけじゃないんですが、アメリカでは株高がストレートに個人の金融資産残高を増やしてきたということなんです。

アメリカの株を買っているのは決して年寄りじゃなくて、われわれの世代なり学生とかで、若い時代から株指向が非常に高いんです。アメリカの場合にはそう頻繁に売買してるわけじゃなくて、いったん買うと持ち続けているということのようです。特に今日では、ストック・オプション等という形で従業員に株を持たせるというインセンティブのつけ方が盛んになってることもこれに影響してるわけですが、株高がどんどん進みますと、自動的に個人金融資産残高が増えるという姿があるわけです。

ですから見ていただくと、確かに現・預金も増えていますけれど、基本的には投信・株式等が多くなっています。そして、さらにアメリカの場合には保険・年金も４０１ｋという形で株で運用しているわけです。日本の年金というのは公的年金を典型として国債とかそういうもので運用していますから、実質的には現金・預金に近い形の運用が保険・年金でもなされてる。それに対してアメリカの場合は株でされているわけですから、より株の方へシフトしているわけです。そのシフトが進めば進むほど株価が上がる。最近は上がりすぎだというのでバブルだという意見がアメリカでも増えているわけですけれど、まさにその姿がここに現れているわけです。

このことは今の時点では、アメリカは貯蓄率が低いのに個人の金融資産残高は高くなって好ましいということになります。確かにそういう好循環を起こしてることは事実ですが、しかしもし、株価が下がると、アメリカの場合には個人金融資産残高の激減という事態をも起こすことになります。日本の場合には株価が下がっても、金融機関とか生命保険会社は大変でしょうけど、個人はあまり株で持っていないもんですから、それほど大きな影響をもってこなかったんだと思います。

よくいわれるように、３万円近い株価をつけたのが１万２０００円～１万３０００円まで下がって、企業が大変だというのはあったとしても、個人から大きな悲鳴が聞こえないのは、この個人金融資産残高にあるんだと思います。いい意味でいえばそういう影響は少ないんですが、逆に株が高く上がっていく状況、後でお話するアメリカの情報通信産業における一人勝ちを背景として、アメリカの発展の中ではこの個人金融資産残高がアメリカ経済をより良くしてきたのではないか。裏を返すと日本の場合は、国債をこれだけ大量に発行しても、国民が不安になればなるほど、特にペイ・オフだ、云々だという議論になればなるほど、国債を消化していただけているという姿が現実にはあるんです。そのことが、今日これだけ大量の国債を発行しながら金利が低くとどまっている理由だろうと思います。

図表6－12　高齢者の貯蓄率の日米比較

（1）アメリカ（2人以上・全世帯平均）

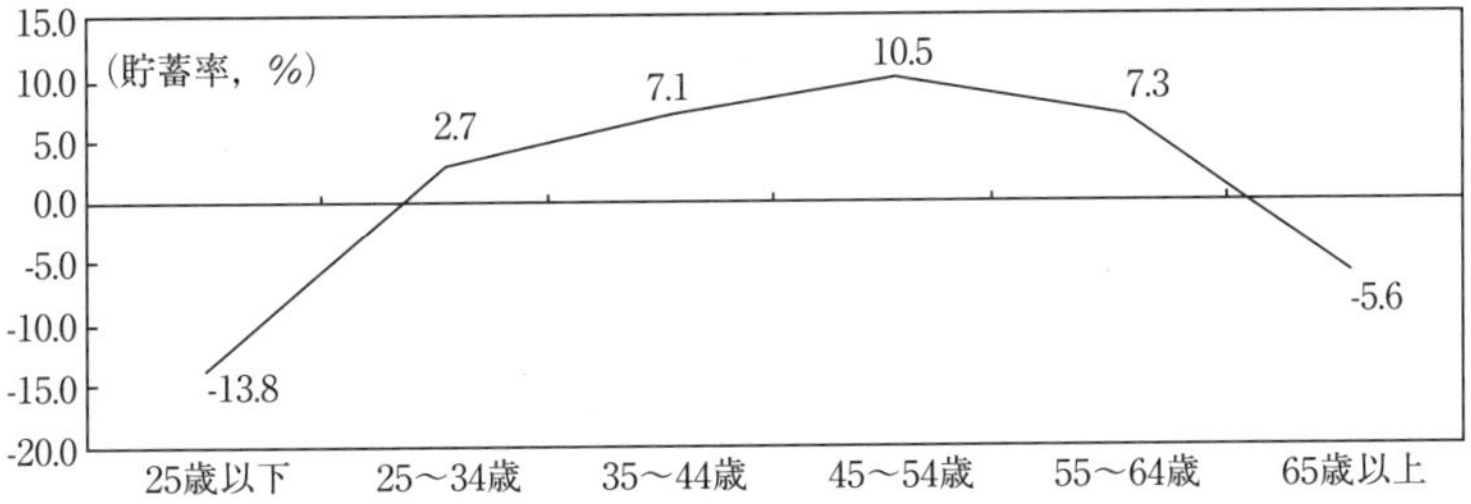

（2）日本（2人以上・全世帯平均）

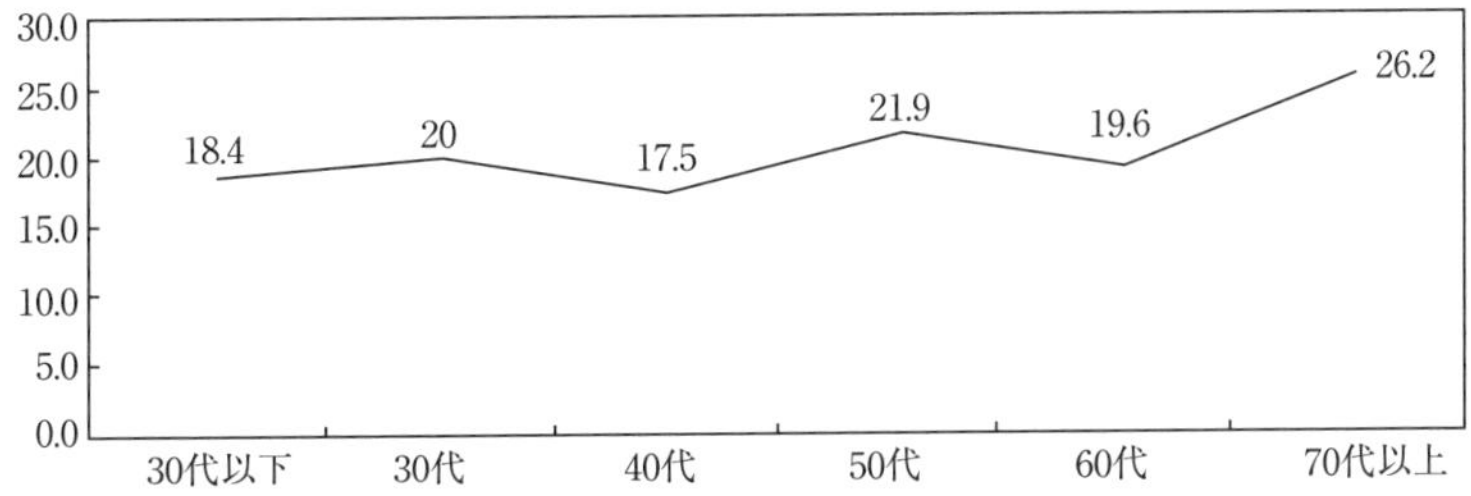

（備考）1　総務庁「全国消費実態調査報告」（1994年）、アメリカ労働省“Consumer Expenditure Survey, 95により作成。

2　数値はアメリカ95年、日本94年の値。

3　アメリカの貯蓄率は、((可処分所得－実質家計支出）／可処分所得）の式により求めた。

4　日本の貯蓄率は、黒字率（100－平均消費性向）の値。

（出典）「国民生活白書（平成10年度）」（経済企画庁）

高齢者の貯蓄率が高い日本

次に図表6―12の「高齢者の貯蓄率の日米比較」を見ると泣けてしまうんですね。年齢の刻みとか統計によって違うんですけれど、2人以上の全世帯平均で、アメリカでは25歳以下というのは親に扶養してもらっていますから貯蓄率はマイナスです。45～54歳というところがピークで10・5％。65歳以上になると、やはり過去の貯蓄を取り崩してマイナス5・6％という形になっています。

ところが日本はすべてプラスです。日本人2人以上全世帯平均、30歳以下ですら18・4%、30歳代20%、ピークはというと70歳以上26・2%です。お年寄りになればなるほど貯蓄率が高いんです。世の中の経済学では高齢化が進めば貯蓄率は自動的に落ちる。したがって、否が応でも消費社会になるといわれてきたんですが、実[※3]は違うんです。これはなぜか。笑い話の部分も含めて2つの理由がいわれています。

ひとつは、お年寄りが仕事以外に遊びを知らないから、要するに働くことしか関心がないからという笑い話もあって、ほとんどお金を使わない。使っても楽しいものがなくて、夫婦で旅行するくらいしか楽しいことはない。それ以外欲しいものがないんだという言葉が聞こえます。これは後でお話しますけれど、今は体の弱い高齢者に対するサービスというのは社会福祉を含めて相当進んできたと思うんですが、元気なお年寄りに対するサービスというものに商品開発が欠けてるんじゃないかと私は思います。

第2の理由は、やはりお年寄りは将来への不安があって、自分がいつ死ぬかわかりませんから、将来に備えて貯蓄をせざるを得ないという現実もあると思います。今の70歳以上の方というのはたぶん、ご自身はご両親と一緒に若かりしころを過ごし、いい換えれば家父長制度のもとで大家族で生活された方が大半です。ですから、自分の老後も子どもたちに看取られて死ぬ、孫に看取られて死ぬという姿を前提においていたにもかかわらず、残念ながら現実はそういう姿になり得ない。特に日本は家が狭いですから、お年寄りを保養できるほどの場所がなくて、そういう事態になったときに結局病院で死ぬんだったらある程度の蓄積をせざるを得ないということもあって、この貯蓄率になってきてる。家族形態の変化ということが大きいと思います。

アメリカではもともと老後を子どもたちと過ごそうなんて思っていないですから、始めから自分たち夫婦で自分の老後設計はこうしようということをやっているわけです。もともと子どもと一緒に暮らすというようにはなっていませんから、そういう考え方の結果としてアメリカのような貯蓄率の形態が生まれるんだと思います。ところが日本はそうじゃありませんから、防御的な意味でもこういう姿になっているのかなと思います。ちなみに40歳代で貯蓄率が落ちてるのはひとえに教育費だと思います。それは子育てにお金がかかっているからということで貯蓄ができないんだろうと思います。これが現実であるということです。

以上、私が申し上げたいことは、税・財政の現状というのは大変きつい。しかしこれは今までのアジアの不景気とか日本の不景気を救うためにやむを得ぬ選択であったとしても、その禍根というのはたぶんこれから10年以上続いていく。その重荷は覚悟していただかなければいけない。その意味で景気対策といっても、重荷を背負うことになるという事実を認識した上で考えていかざるを得ないということは知っておいていただきたいと思います。

しかし、なぜこれが可能であったかというと、貯蓄率に支えられていたからです。非常に皮肉なのは、景気がよくなってみんなが消費をしだして貯蓄率を落とした時に、本当に今発行している国債を金利を

※3　しかし、バブル崩壊、家族の役割の変化等社会状況の変化により、２００４年には無業の60歳以上の世帯では家計貯蓄率が△30％となってしまいました。そして、やはり日本でも高齢化により貯蓄率が落ちるということが明らかになってきました。

上げないでカバーできるのかということになると、私は非常に心配をしています。ただこれはあくまでも大阪大学で講師をさせていただいているという立場からの私的な意見です。そのうえに日本の経済に対する見通しをある程度楽観的にもつとすれば、株の方へシフトすることもあり得ます。そうなると結果的には現・預金の貯蓄というのはいっそう減ってきて、新規の国債というのは消化がしにくくなっていくということを暗示しているように思えます。

その意味ではよくいわれるとおり、今まではクラウディングアウトを起こさないでこれたんですけれど、将来に起こさないというのはそろそろ限界にきてるんじゃないかなと私は思うわけです。やはり将来のことを考えたら、これからは行財政改革をいっそう断行するとともに、税であるか保険料であるか、あるいはその他の収入であるかわかりませんけど、どこかで少し負担をしていくということを覚悟していかざるを得ないということを認識しておいていただきたいと思います。

3　米国の戦勝景気と情報通信革命

冷戦の勝利がアメリカの株高をもたらした

次のテーマは米国の戦勝景気と情報通信革命ということですが、これは4でとりあげる「21世紀への展望」につながってきます。昨年は米ソ冷戦の終焉とグローバル・スタンダードに対する戸惑いというお話をさせていただきましたが、それを補完する形で資料をつくってみました。初めて聞かれる方もいらっしゃると思いますので簡単に補足しますが、私の歴史観を申し上げますと、日本が今日までの発展を遂げられたのは、米ソ冷戦の中に存在していたことが一番大きい理由だと私は思っています。なぜならば、米ソ冷戦ということを考えたときに明らかに日本というのは特殊な位置にいました。世界銀行の地図を見るとよくわかるんですが、日本での地図と違ってグリニッジ天文台が真ん中にきています。よくいう２０００年問題というのもこの地図でできています。1月1日の基準とか、世界時計というのは全部この地図でできているんです。多くの半導体のチップに入ってるのはこれです。ですから、日本では２０００年1月1日の9時（イギリスのグリニッジ天文台では0時）に本当の危機が来るんじゃないかとかいう説が流れたのもこの地図によります。

日本の位置というのは一番右端のユーラシア大陸、当時でいえばソ連の真横に、まさに中曾根元総理がいわれた防共列島のごとく位置しています。この位置は左端となるアメリカ大陸のキューバに非常に似た位置です。キューバはアメリカ大陸に受け皿のごとくおかれ、日本はロシア、シベリアに対して受け皿のごとく位置しているわけです。まさに日本は米ソ冷戦の中では軍事的に非常に重い位置をもっていて、そのことが日本という国を特殊な位置づけにしたのだと思います。

また１９５０年の朝鮮動乱の頃、アメリカは沖縄に1ドル＝１２０円という為替レート、本土にはわざわざ３６０円という為替レートを置いて、沖縄は基地を営みやすいように輸入しやすい為替レートにし、本土は輸出しやすい為替レートを置いて経済成長を促進してきたという側面があったと思います。

ところが、１９９１年（平成3年）8月に米ソ冷戦が終わり、アメリカが勝ちました。その結果、ココム（ＣＯＣＯＭ）規制も１９９４年３月に撤廃します。今まで共産圏には輸出してはいけないという重要な軍事機密の技術もまた自由になったわけです。このことが今日のアメリカの経済を支えてきているのだと思います。

そこで、ニューヨークの株価の推移をみると、平成4年ごろから急角度で上がっています。平成4年までは徐々にですけれど上がったり下がったりするんですが、平成4年ごろから、もちろんブラックマンデーというのはありましたけれど、ぐんと上がっています。これは何かというと、戦勝景気です。平成4年、アメリカはソ連に勝ったわけです。そのことが株高という要因に非常に大きく寄与しています。もちろん、規制緩和とかいろんなことがあります。特にアメリカは日本の工場の運営方式を学んだりしました。先ほどのストック・オプションというのも従業員に対するやる気を賦与するための政策としてあったことも事実です。しかし一番大きいのはたぶん、米ソ冷戦に勝って情報通信分野という超軍事機密の産業を民間に自由に使わせたということだと私は思うのです。それと裏腹に日本は、ちょうど米ソ冷戦が終わりだしたころに株暴落を起こして、今日の事態を起こしているのではないのかなと思うわけです。

そのことを奇しくも正確に書いていているものがあります。ＩＭＤというスイスに本部をおく民間非営利団体（ＮＰＯ）で、いわゆる公的でも正式な企業でも何でもないんですけれど、世界の国に非常に信頼されてる分析を発表しています。日本でいいますと「電通総研」といったような組織がこの一員となって参画をしています。アンケート調査など、統計指標で世界の国々の競争力を比較したものを発表しています。その資料で１９９９年の「世界の競争力」を見ますと、1位がアメリカで、日本は16位になっています。今から5、6年前までは日本はずっと1位を続けてきました。ところが今や日本は16位になっています。そのコメントとしてどういうことが書かれているかを読んでみます。

「アメリカ（1位）……記録破りの強さ。本年も他を寄せつけない強さ、98年度の成長率は３・９%。１９８２年11月より、１９９１年の９カ月の停滞を除き、成長を持続している。１９６１年から１９６９年までに記録した１０６カ月の連続成長の記録を破る勢いである。現在のアメリカの強さは新技術を利用した新規事業の成長による。規制緩和、国内市場の競争政策、経済の国際化等でインフレを抑制している。ダウ平均も1万ドルを超えている。」

「日本（16位）……苦悩。１９９８年は最悪の年、２・８%のマイナス成長。日本の伝統的な強みが次々と失われていく。金融産業、自動車産業、電気機器産業と問題が次々と吹き出す。80年代のリーダーはかつてない経済社会環境に直面し、大改革を要する。ただし、社会の根底部分の変革を要するため、改革には時間が必要。」

と書かれているわけです。改革には時間を要するという側面があるということだろうと思います。

インターネットもカーナビも軍事技術

日本はこのように書かれている実情にあるわけです。では、アメリカはどうかといえば、アメリカの場合には軍事産業の圧倒的強さがあります。ぜひ知っておいていただきたいのは、まずバーチャルリアリティというのをご存じだと思います。昨年の全日空航空機の乗っ取り事件で、バーチャルリアリティで飛行機運転に熱中していたので現実にそれを1回やってみたかったという犯人のコメントがありましたが、あのバーチャルリアリティです。これ自体はもともとは１９８９年にＮＡＳＡにおいて開発された軍事技術で、イラク戦争のときのイラクに対するロケットミサイルの攻撃に最大の威力を発揮したといわれています。すなわちシミュレーターによって自分で打つ位置をバーチャルにやってみて、そして打ち込んでいくということです。この間のヨーロッパにおけるいろんなロケット砲にもたぶん適用されていたと思います。この技術が今どういうことに利用されてるかというと、みなさんはディズニーランドに行かれたらおわかりだと思います。バーチャルリアリティによって遊ぶゲームができています。アメリカはこうしたものをどんどん民需に転換してるわけです。これを可能にしたのも軍事技術をどんどん開放してるからです。

　次に、みなさんもよくご存じのインターネットです。日本も含めてインターネット革命が起きていますが、これも１９８９年ペンタゴンによる技術です。ペンタゴンが開発確立した軍事技術が今や世界に開放されてどんどん利用されてるということなんです。次に、カーナビゲーションがあります。いろんないい方があるんですけれどインテリジェンス・トランスミッション・システムともいわれます。現在、宇宙に全部で24個の衛星が飛んでいて、これはもともとは軍事衛星でした。そして、地球上の位置確認をするという通信衛星でした。たとえば先ほどいったバーチャルリアリティの世界でロケットミサイルを撃ち込む実験をするとき、どこに何があるかというのを間違えずに伝えるための軍事衛星としてあったわけです。この24個の衛星のうち16個を民間に開放しました。今でも8個は開放してません。この8個まで開放すると、地球上の標的が30センチから50センチのずれで全部的中するそうです。しかしこの16個を開放したことによって、今日カーナビゲーションが成り立っています。その16個の通信衛星の位置を自分で電波をとって、自分の位置を地図に置いているのがカーナビゲーションになるわけです。NTTにお聞きいただければわかると思いますけれども、今後はこういうものを利用して、あるいは他の情報技術を利用して自分の位置確認をするということにもたぶん使われていきます。徘徊老人の位置確認とか、ペットが行方不明になったときの探索とか、いろんなものにアイデアが出てくるでしょう。この技術なんかは典型的に軍事技術を民間に意図的に出したことによって、アメリカが強くなっているわけです。

次の分野として何があるかというと、電子商取引です。電子商取引というのは今や各国国税庁の最大の課題にもなっているんです。アメリカ、オーストラリア、カナダ、日本という太平洋の先進国が集まって国税庁長官会議のようなものを開催すると、その最大のテーマは電子商取引なんです。電子商取引というのは誰が誰に注文を出してるかわからないんです。ものが動くのならいいのですが、サービスのようにものが動かない場合、典型的な例ではコンピュータのソフトとか税理士さんのコンサルタント業務というのもそうです。たぶん多くのアメリカの監査法人では、後でも資料が出てきますけれど、ほとんど1か所に集中的にデータを送ってそれで判断をして、今増資すべきかとか、あるいは合併すべきかという判断を全部やっているわけです。

こういうサービスはものが動かないが故に誰が出してどう扱ってるか、どこで消費してるかわからないわけです。消費税だってどこでかけていいのかわからない。これを決めるのは何かというと暗号なんです。電子商取引の一番重要なポイントは「売った」「買った」という商売をしているAさんとBさんが、お互い本人であるということを確認できればよいのですが、そのためには暗号がなければなりません。それが電子商取引の胴元になるわけです。

そのためにアメリカは１９９６年から最大の軍事機密、暗号の自由化を始めたわけです。すべてを開放しているわけではありません。すべて開放するほど彼らは信用していませんから、もちろん暗号の中の優れた部分は軍事機密としてもってるわけですが、簡単な暗号はどんどん自由化しています。できるだけこれを使ってくださいということもいっているわけです。これを一体誰がつかむかというのが最大のポイントですから、もちろんアメリカだけじゃありません。ヨーロッパとアメリカの間、あるいはOECDで電子商取引に対する課税問題を含めた管理について丁々発止とやりあってるわけです。そういう意味でアメリカの戦勝景気、ナスダックが急激に上がったといった話を聞きますが、特に情報通信分野ばかり株価が上がっているというのは何にあるかといえば、これは軍事機密を民需に転換したことではないかと私は考えるわけです。

これは2つの意味をもっていました。前もお話したかも知れませんけれども、確かに意図的にアメリカが、軍民転換政策、コンバージョン・ポリシーを意図的に行ったことは事実ですが、同時に軍事費をカットしたために軍人の優秀な技術者が解雇されて、どんどん民間の先端分野に移っていったということです。そのことが、より民間の創意工夫を引き起こした。シリコンバレーに移ってどんどん事業を拡大していった。こういう面も非常にあると思います。この分野は軍事技術ですから他の国が勝てるはずがありません。アメリカの一人勝ちという現象を起こしたということです。

グローバル・スタンダードもアメリカの戦略

同時にアメリカは何をやったかというと、情報を活用したスタンダード戦略をとりました。つまり、意図的にアメリカ型のグローバル・スタンダードを世界に広めるということをやりだしました。昔から英語がグローバル・スタンダードになって、今や日本でも第2公用語にしようというようなことが提案されだしてるようですけれど、いずれにせよ、グローバル・スタンダードを誰がつくるかということは大変大きな意味を持っているわけです。

一例をいえば「税」もそうなんです。以前にもお話したかも知れませんが、去年4月から有価証券取引税をやめました。マスコミの方々は流通税、取引税などというのは開発途上国が設けるもので流通を阻害し、よくない税である。こんなものはグローバル・スタンダードに反しているといわれましたが、私はそうだとは思っていません。アメリカでは確かにグローバル・スタンダードですけれど、ヨーロッパの国はなおかつ有価証券譲渡益課税よりも取引税だと思ってる国が多数あります。小さな国ですけれど、スイスは今でも譲渡益課税はありません。取引税だけです。

これは消費税にも非常に近い発想なんですが、いちいち人の懐に手を入れて、いくらで買っていくらで売ったかということを追いかけるよりは、プライバシーを尊重して取引のつど、いくら払うという方がよっぽどいい。だからもともとヨーロッパの国というのは、所得税より付加価値税に近いものを採用しています。今でもヨーロッパには、取引税で１回ごとにそのつど払った方がいいという国があります。

しかし確かにこういうことを含めて、アメリカ型がどんどん広がっていることも事実です。税金のプロの方ならご存じだと思いますが、最近、企業会計等も税効果会計を取り入れるようになりました。理由は簡単なんです。日本では確定決算主義といって企業決算をそのまま税務会計にもってくる。原則として企業会計＝税務会計。しかし、アメリカでは全然別なんです。企業会計というのは株主や債権者に対して、その企業の実態を知らせるためにつくるものです。

一方、税務会計というのは実態というよりは公平中立に税負担をしていくための会計だから、もともと別物としてとらえます。日本はヨーロッパ大陸型ですから、企業会計を根っこにして違う部分は租税特別措置として税務会計をつくっている。そこの間を税効果会計で結ぶということになっているわけです。最近は日本も次第にアメリカ型になってきていますし、ヨーロッパですらその議論が起きていますから、確かにアメリカのグローバル戦略というのはどんどん功を奏しています。

しかし、本当のところはグローバル・スタンダードはまだまだ一つではありません。そこでアメリカは、情報を使ったスタンダード戦略を始めたんです。たとえばＣＮＮニュースです。１９８２年に試験放送を始め、１９８４年から実放送を始めました。今や若い世代の方々もＣＮＮニュースを見られる方は多いと思います。日本が後からどんな解説記事を書こうが、ＣＮＮニュースで最初に報道されたものが世界の最初の常識になってしまうんです。昔はＦＥＮというアメリカ軍向けの極東の通信ラジオを聞いてたんですが、今やＣＮＮになりました。

先ほどのインターネットもアメリカの軍事技術ですから、基本的には全部英語です。そのことが日本人のインターネットの発達を遅らせたわけです。ですからインターネットによってやろうと思えば、今の時代では英語をある程度知らざるを得ないという問題もあります。さらに先ほどの電子商取引も暗号を自由化してまで電子商取引の胴元、スタンダードをアメリカがとろうとしているわけです。企業格付け会社とか公認会計士事務所というのもそうです。

そこで、わが国のインターネットの普及状況をみると、平成7年度にはインターネットを導入している企業はわずか11・7％でした。それが10年度には80％を超えています。今や全企業の8割に普及し、11年度ではおそらく9割になっているだろうといわれています。わずか4年～5年の間にこれだけ普及したわけです。テレビの普及度合いとは比べものにならない勢いです。このインターネットを使うということは、どんどんアメリカ型のスタンダードを受け入れているともいえるわけです。

また、日本での情報通信産業の実質国内生産額をみると、平成９年の実績で１１１兆円という数字になっています。これをもっと新しい数字で見ていくと、郵政省の統計しかないのですが、もっと増えていってるということです。

世界の企業情報はアメリカに

さらに、通産省の統計ですが、昨年3月に出された「日米電子商取引規模結果概要」の「1　日米電子商取引規模比較」の「B—B」（B—Bはどちらもビジネスという意味で企業取引です）をみると、日本は１９９８年には8兆６０００億円ですが、通産省の予測では２００３年には68兆４０００億円で、全取引の1割を超える数字となっています。アメリカは１９９８年時点で19兆５０００億円で、全取引の2・5%です。２００３年には全取引の約2割近い１６５兆３０００億円という見込みになっています。わずか3、4年くらいでこのように伸びるということで、これに乗り遅れるか乗り遅れないかというのは圧倒的な影響を持ちます。だからこそ情報通信産業の今を無視して、株価が高い、先高を読んでるということなんだと思います。しかし、[※4]これが本当にそうなるのかというのはまだわかりません。わからないけれど、これをみんなが見込んで経済取引をしているということです。

次に、国際会計事務所ビッグ5のアメリカの現状をみると、アーサーアンダーセンワールドワイド（現在は解散）は全世界で収入が１１３億ドル、そこで働いている公認会計士は7万９３１３人になっています。一昨年（１９９８年）にクーパーズ&ライブランドとプライスウォーターハウスが合併しまして、プライスウォーターハウス・クーパーズになりました。そうなると売上高が１３０億ドルくらいになって、プロフェッショナルスタッフは10万人を超えているわけです。これらを含めた5つの企業が世界のほとんどの企業の監査をやっています。日本でいえば朝日監査法人（現あずさ監査法人）など全部系列化し、提携しています。ですからクーパーズ&ライブランドとプライスウォーターハウズが合併しますと、中央監査法人と青山監査法人は合併せざるを得ないという事態になるわけです（２０００年4月に合併、中央青山監査法人となる）。

なぜこういうことをお話したかというと、このことは裏を返せば世界の企業会計なり企業情報をアメリカがもってしまうということになるわけです。もちろんアメリカの国そのものではありませんけれども、アメリカの監査法人が世界の企業情報をほとんどもってしまうという暗示をここでしているのです。事実、ＩＭＦによってインドネシアの危機がいわれたとき、インドネシアの有力企業のほとんどがアメリカのこのファームによって見られていましたから、アメリカに情報が全部集まったともいわれています。日本では税理士という職業があるがゆえに、実際の企業の実態が彼らに届いていません。したがって、上場企業、特にアメリカのニューヨーク市場に上場している企業はほとんどこうしたファームに内容を知られているけれども、多くの日本企業の実態はアメリカにはわかっていません。

次にアメリカがなぜそれだけ電子商取引に熱心かというと、日本では１９９６年時点で国内総生産のうち62・１%をサービスが占めています。圧倒的にサービスだということです。アメリカにいたっては73%がサービスの付加価値で成り立っています。今から30年前、あの石油ショックのときに石油価格が暴騰して大騒ぎをしましたが、今日また石油価格が暴騰しだしました。１バーレル当たり10ドルとかいっていたのが今や28～29ドルまで上がってきました。にもかかわらず、新聞では小さく隅っこにしか

※4　ここにＩＴバブルという現象があったことが、その後わかってきます。

書いてありません。もちろん、ある業界においては大変なんだろうとは思いますが、しかしそれぐらいの影響になった。

もちろん、みなさんができるだけ石油からの依存を省く、エネルギー消費を小さくするという努力を続けてきたからという面もあるんですが、今や付加価値の大半はサービスに移ったからです。このサービスというのは、ものが動きませんから税関で押さえることができないんです。すなわち、この中のかなりの部分は電子商取引のようなもので完結する可能性を秘めています。もちろん医療技術とかは現実に無理ですが、それすらたとえば高密度の撮影を見て、手術自体を指示するということだってあり得るわけです。そういう意味でのサービスというのが大きいがゆえに電子商取引に熱心であるということなんです。

ぜひ知っておいていただきたいのは図表6―13の「日本と世界の対内直接投資／対外直接投資の比較」です。各国の左側が対外直接投資残高、右側が対内直接投資残高です。たとえばアメリカを見ていただくと、通貨単位は億ドルですが、アメリカ自体が海外へ投資している部分が１兆７９３７億ドル、それに対して外国がアメリカに投資している部分が１兆６２０５億ドル。両方とも大きい数字です。アメリカ企業も出ていっているかわりに外国企業も入ってきているわけです。

日本を見てください。出ていく方が２７００億ドル、来ている方はわずか２６１億ドル。これが日本の実態です。オーストラリアは逆で、出ていっているのが５１４億ドル、入ってきているのが１００８億ドルで、外国から入ってきている方が多いということです。日本と若干似ているのがドイツです。出

図表６－13　対内直接投資／対外直接投資（ストックベース）の主要国比較

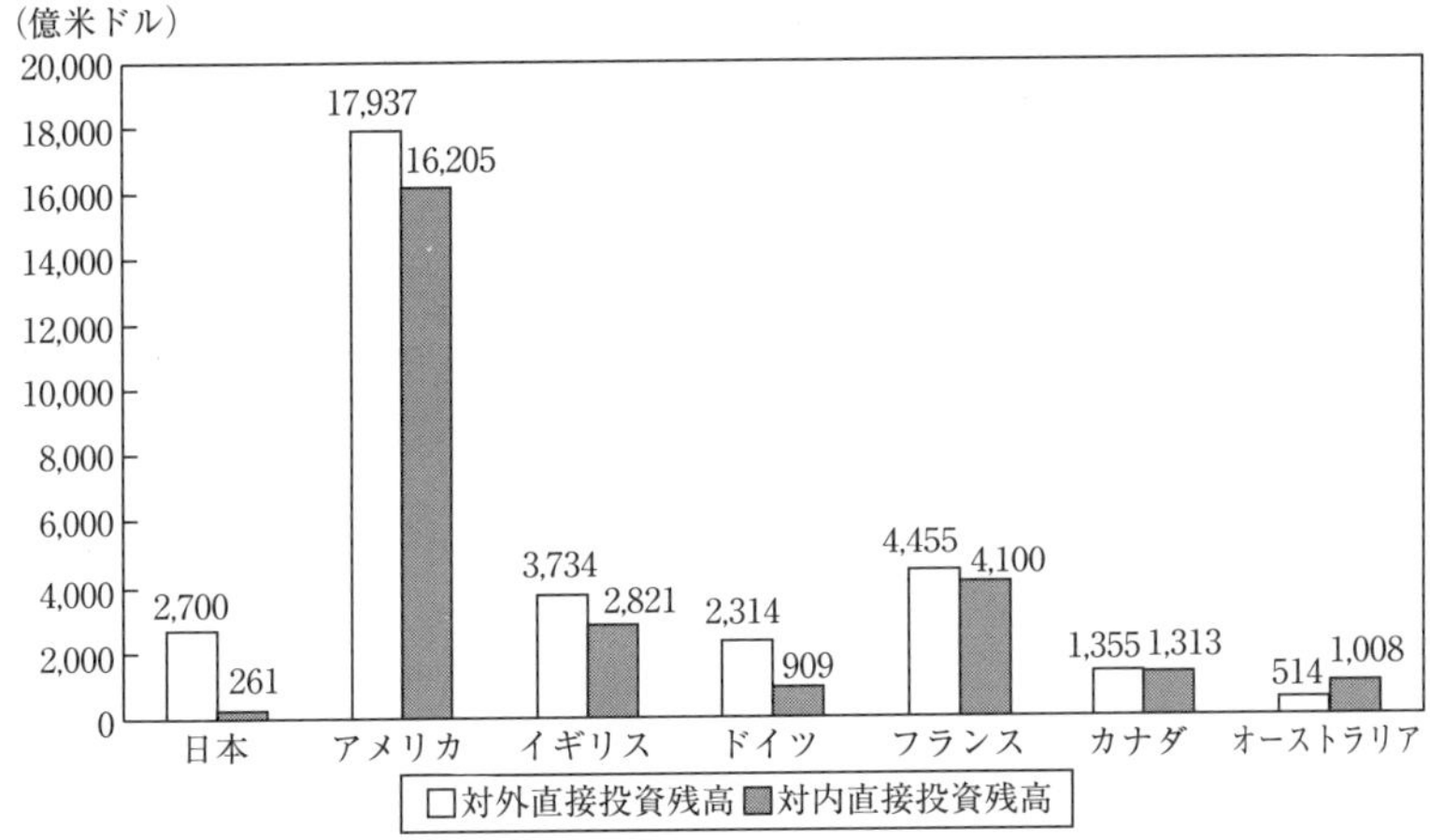

（注）日本については、98年末為替レート（115.60￥／＄）にて通産省が米ドルに換算したもの。
期末為替レートはInternational Finance Statistics (IMF) より入手。

（備考）日本：国際収支統計（98CY）、他国：International Finance Statistics (IMF)。

ドイツは95CY、フランスは96CY、他国は97CY。

（資料）外資系企業動向調査（通産省）により作成。


ていっているのが２３１４億ドル、入ってきているのが９０９億ドルです。この事態が何を意味するかということを知っておいていただかなければならない。去年もお話したかも知れませんけれど、実はこのことが大変問題になっているんです。

規制緩和で外国企業からの投資を

今から足かけ3年前ですが、なぜ韓国が経済危機に陥ったのか、いろんなことがいわれましたが、一言でいえば黒字倒産をしかかったのです。韓国というのはそれぞれの企業は儲かっていました。しかし、金融危機になって一斉に韓国に投資していたお金が吸い上げられてしまったのです。最近は変わってきているんですけれど、従来、韓国はお金は外国から借りるけれど実際には投資されない。すなわち韓国財閥が自ら投資をする、韓国財閥が外国から資金をひいてくるという形をとったんです。ですから対内直接投資の非常に小さな国でした。その分外国からお金を借りているだけです。借りているお金というのは、一斉にひかれるとあっという間になくなるわけです。長期で投資しておきながら短期で借りてるわけですから、短期資金を引き上げられたらパンクしてしまうわけです。そうなりかかったんです。

日本も非常に危ないと思われるのは、例がいいかどうかわかりませんが、外国の企業に来てもらわないと2つの意味でまずいと思っています。ひとつは何よりも今いった意味で、これから日本は国際化していくとすれば、否が応でも自分の得手と不得手がでてきます。得手の部分は自分でこれからもやるべきです。不得手は外国の企業に来てもらわない限り、失業者が溢れるということになります。あるいはその人たちが海外に出ていって働かざるを得なくなります。日本の中で企業が雇用をきちんと確保してやろうとすれば、外国の企業に来てもらわざるを得ないんです。

いい悪いは別にして、たとえば山一証券がつぶれたら外国の企業がそれを買うというようになっていますね。ビッグバンというのは国際的な企業、国際取引を行う外国の企業に取って代わられること、いい言葉であるかどうかわかりませんけども、イギリスではウィンブルドン現象というんですが、外国の企業が取って代わることがひとつの目的なんだろうと思います。われわれ日本人にとっては何となく嫌だなと思われるかもしれませんが、外国人自らに投資させないと、得手の部分は得手の人にやらせないと雇用の場が確保できなくなります。これが一番大きい理由です。

もうひとつは、韓国と同じように外国に一斉に引き上げられるのを防ぐ必要があるということなんです。貸しているだけなら、何かことがあると金はパッと逃げてしまいます。しかし、いったん自分が投資してしまうと、そう簡単には逃げ出せないわけです。言葉はよくありませんけど、例えば外国から日本がロケットミサイルで狙われるような事態になったとき、外国人は日本に投資していなければちっとも怖くない。日本だけの問題なんです。しかし、アメリカ人やヨーロッパ人やユダヤ人が日本にたくさん投資していたら、そこにロケットが落ちたら自分たちも被害を受けるわけです。これからの安全保障というのは経済安全保障ということになってきています。相互依存ということが求められてる所以のひとつなんだと思います。そのためには外国人企業に来てもらわなければならない。そこにビッグバンの最大の目的があるんだと思います。

しかし、このことは辛いんです。なぜ辛いのかというと、外国人にとって日本には日本固有の規制があるからです。世界中、どの国も規制はあります。当たり前です。ただアメリカの規制というのは、市場を公平にするための規制が中心なんです。もちろん宗教的規制もあります。しかし、アメリカの基本は市場を公平にして、みんなに見えるようにして情報公開を義務づける規制なんです。日本のはどちらかというとつくる側、売る側が自分たちを守るための規制をやってきたんです。これを取っ払わない限り外国企業は来てくれない。

そこで規制緩和をする。とどういうことが起きるか。すなわち優勝劣敗がはっきりしてくるわけです。※5強いところはますます強くなる。弱いところはだめになっていく。個人のベースであれ、企業のベースであれリストラが起きるわけです。これからの景気回復というのはみんながそろってよくなることはないんです。平均値は上がったとしてもいい企業がすごくよくなって、悪い企業は少しずつ落ちこぼれて平均値が上がるだけですから、景気がよくなることイコール自分の企業がよくなることではないんです。昔は景気がよくなることはみんながよくなることだったんです。なぜなら同業者団体で守られていますから、みんなが底上げされる。しかし、これからは誰もそれを救わない。少しも景気の回復の実感がわかないという企業があるのは当たり前なんです。これからは平均値ではなくて、強いところがより強くなるというのが景気がよくなるという意味で、その意味では勝ち組に入らない限り、景気のよくなる実感はわかないということです。

　税制改革もそうです。はっきりいえば、特に所得税がそうですけれど、従来あった最高税率の50%を37%まで下げました。しかし、50%まで所得税率のかかる人というのは本当は一握りしかいないわけです。なのにそこまで下げざるを得なかったのは、外国人に来てもらわなければならないからです。たぶん大きなインセンティブとなります。結果としては、おそらく外国人が一番得をするんじゃないでしょうか。なぜなら彼らにすればハイリスクなんですから、高い報酬をもらわない限り、決してそんな投資はしません。アメリカ人が日本の市場を面白いと考えるのは、実際得た利益のかなりの部分を自分が手にするときだけです。そういう意味では、税制もまたある程度世界と調和せざるを得ないということが、今の税制改正なのです。

　ですから、これからも単純に増税というのは非常に難しいので、世界と調和をしながらみなさんの理解を得てやっていく。こういうことしかないんだろうと思います。そういう意味でも、このビッグバンで起きる規制緩和や税制改革というのは、国際取引のグローバル・スタンダード化を意識している業界において、その外国企業、外国人の進出を促すという大きな目的のもとに動いているということを知っておいていただきたいのです。

4　21世紀への展望

ではこれからどうしたらいいんだ、21世紀の展望はないのかというと、最後は自分のもっている資産、能力をいかに使うかということに行き着くと思っています。たとえば、私自身は情報通信の分野においては、技術的にアメリカに追いつくのは簡単じゃないと思います。端末の分野、伝達の分野、情報産業の分野、いろんな分野がありますが、残念ながら日本は全部遅れたと思います。しかし日本も捨てたもんじゃないのがひとつだけある。それは内容、コンテンツです。この分野が将来、最後は伸びます。よくいわれるように、いくら英語ができても中身のない人間は評価されないというのとよく似ています。コンテンツが最後は勝負を決めます。

そのコンテンツ、一例でいえば「アニメ」という分野は圧倒的に日本は強いんです。今アメリカの友人が来ると「子どもに持って帰りたいからポケモンないか」って探されるんですね。日本人が思ってる

※5　今日の「格差社会」といわれる状況は、規制緩和によって必然的に生まれてきたものと思われます。

より圧倒的にアメリカの家庭にはポケモンは広がったわけです。そういう意味でコンテンツというのは大変意味をもっている。あとは京都のお膝元、ゲームソフトというのも世界の中で大変強い位置を占めていますし、あるいはみなさんご存じのカラオケをもとにアジアにおける日本の音楽、芸能人、歌手というのは大変な人気なんですね。ベトナムですら日本人の有名歌手をみな知っているわけです。

一例をお話しましたが、自分のコンテンツをこれからどうつくるか。いい換えれば、もう一度自分の資産、自分の能力、のれんをどうやって活かすかということが一番重要だと私は思っています。それと同時に、これは日本人に非常に辛いところですけれど、自己責任の確立、賭の精神が重要です。これからは官主導の景気対策とか、官が何かするということをみなさんは期待しておられないんだろうと思いますけれど、そもそも財政的に無理な時代になってきています。そうなったときはやはり、自己責任でやっていくという覚悟がいるということです。ですから、みんなが右に行くというときに一人左に行くということが尊ばれる社会になります。ヨーロッパというのは始めからそうなんです。狩猟民族ですから。

日本だって、もともと魚群探知機のない時代は、漁場は息子にも教えないといわれていました。人の漁場と違う漁場に行って、いかに魚を捕ってくるか。これに非常に近い社会が今のアメリカなんだと思います。日本人は弥生文化でみんなで稲作をしましたから、人と違うことをやるのはよくなかったわけです。みんなで渡れば怖くないというのは、一人が造反するよりはみんなで渡ることの方が大切な社会であったわけです。しかし、これから求められているのはそうではありません。その意味では一人ひとりにとって大変辛い時代です。逆にいえば、やる気のある人にとっては非常に面白い社会でもあります。両面があります。

私が申し上げているのは極論かもしれません。全部そんなふうになるわけじゃありませんから。国際取引をやる分野にはビッグバンは起きますけれど、国内の地域経済にまでは外国企業は入ってこないと私は思っています。外国企業は地域を対象にした分野までそれほど関心がない。なぜなら、一人ひとりのニーズが外国人と同じようなニーズを持っているかどうかはわかりませんから、やはり最後は現場に戻って現場のニーズをつかんで、現場を知りつくしていること、その点が重要になってくるだろうと私は思います。

日本人の未だに高い貯蓄率と勤勉性というものをもってすれば、まだまだ日本は捨てたものではないと私は思っています。特にいい悪いは別にして、今日は資料として数字をつけていませんけれど、日本が高いのは貯蓄率だけじゃないんです。日本人が世界の中で一番違うのは、年をとっても働いているということなんです。

一例でいいますと、日本、アメリカ、ドイツを比較して、70歳～74歳の時点で働いてる人がどれだけいるかといいますと、日本は約40％弱の方が何らかの形で働いています。アメリカは20％、ドイツは0です。ドイツでは70歳以上になると全部リタイアです。そして80歳以上ではドイツもアメリカも0です。ところが日本では、15％の方が働いておられます。年をとっても勤勉なんです。これも理由は2つあって、遊び方を知らないからというのもあるんですけれど、しかし元気だということもいえます。ある著名な医者の方がいわれるには、今の日本人の年齢は昔の人の大体8掛けなんだそうです。よくいわれる古希の祝いというのは70歳ですけれど、今は90歳なんです。90歳×80％＝72歳で、ちょうど90歳で古希です。

最近みなさんのお嬢さんがそうだと思いますけれど、昔はクリスマスイブといって24歳までに多くは結婚されたんですね。ところが今は30歳頃までに結婚をする。「大晦日」といわれるんですね。30歳×80％＝24歳です。すなわち日本人はみんな若いんです。私が教えている大学の3、4年生は素直でみんな真面目です。みなさんが思っているより子どもです。昔の高校生みたいですね。逆にいえば高齢化したからってそれは怖くないのです。

しかし先にもいいましたように、日本もこれだけの負債を抱えてしまったんですから、今までどおりの経済運営ができないよという覚悟だけはしていただいたうえで、元気に経済活動に取り組んでいただきたいと思います。私どもとしましても、いずれ税制を改めて、歴史的な流れの中で再構築していかざるを得ないと思います。また、いろんな形でお願いにうかがうこともあると思いますが、よろしくお願いしたいと思います。

21世紀初頭の税・財政と21世紀の展望

20世紀初頭をふりかえりつつ

［平成13年（2001年）1月20日］

国税庁次長

平成13年

日本の出来事

【国内経済】

- ●マイカル、民事再生法適用申請、個人投資家保有社債初デフォルト
- ●国内初のＢＳＥ

【国内金融・中小企業】

- ●日銀、初の量的緩和策

【社会・生活・文化・科学・流行・世相など】

- ●宇和島水産高校実習船「えひめ丸」、ハワイ沖で米潜に衝突され沈没
- ●新宿歌舞伎町雑居ビル火災

2001年

世界の出来事

- ●米国で同時多発テロ
- ●米軍、アフガニスタン地上戦開始
- ●中国、ＷＴＯ加盟
- ●米国エンロン、破産

1　21世紀初頭の税・財政――ぜひ、知っておいていただきたいこと

わが国の税・財政はどうしようもない状況

それでは、まず、今の財政状況について、少しお話をさせていただきます。

図表７―１「平成13年度予算フレーム」をご覧ください。13年度、まだ国会に提出していない予算ですが、税収が50兆７０００億円、その他収入が３兆６０００億円、これは日銀納付金とかそういうものです。公債金が28兆３０００億円発行するということになっていまして、歳入としては全部で82兆６０００億円となっています。

一方、歳出の方は、国債費17兆１０００億円、地方交付税等16兆８０００億円、一般歳出が48兆６０００億円となっております。備考欄に書いておりますが、公債依存度は34・3％。12年度当初予算の38・4％より改善はしていますし、11年度の補正後は42・1％ですから、これに比べればかなり改善をしています。しかし、そうはいいましても、歳出のうちの3分の1以上を借金で賄っているという姿は変わらない。それを続けているということは変わらないわけです。

もう一つ注意して見ていただきたいのは、今年の場合には国債費が４兆８０００億円も減っているということです。ご存じのとおり、平成12年度には預金者保護のため、金融機関に対する交付国債の償還財源を入れていましたが、今年はそういう措置がありませんので、その分４兆５０００億円が減り、国

図表７－１　平成13年度予算フレーム

（単位：億円）

	12年度予算（当初）	13年度予算	12'→13'	備　考
（歳　入）				
税　　　収	486,590 ［補正後：498,950］	507,270	20,680	
その他収入	37,181	36,074	△1,107	
公　債　金	326,100 ［補正後：345,980］	283,180	△42,920	公債依存度34.3％（12'当初38.4％、12'補正後38.5％）
計	849,871	826,524	△23,347	
（歳　出）				
国　債　費	219,653	171,705	△47,948	12'予算には預金者保護のための交付国債償還財源繰入4.5兆円を含む。
地方交付税等	149,304	168,230	18,926	地方財政制度の改正（特例地方債の導入等）に伴う増1.4兆円を含む。
一　般　歳　出	480,914	486,589	5,675	1.2％増（12'当初2.6増）
計	849,871	826,524	△23,347	△2.7％減（12'当初3.8増）

債費が17兆円で済んだ形になっています。もし金融が再び混乱いたしますと、ここはどうなるかわからない部分です。

税収50兆７０００億円とその他収入３兆６０００億円を足しますと、概ね54兆円あります。それに対して、国債費あるいは地方交付税という義務的な、払わざるを得ないものを足すと34兆円です。したがって、税収・その他収入という本来の歳入である54兆円から払わなければならないものを引くと、20兆円しか残らないということになります。にもかかわらず、一般歳出は48兆６０００億円あるわけですから、歳出の方が28兆６０００億円オーバーしているわけで、これを削減できるのですかという話になります。公共事業を切るとかそのような程度の話ではありません。抜本的に、いわば国家が何をすべきかということに帰らざるを得ない事態になっているのです。

また、「それは行き過ぎだよ、せめて国債費はすべて公債金で賄っていいんだ、借金は借金の分で払い続けるんだ」ということを考えるとします。国債費が17兆１０００億円ですから、その国債費分だけは公債を発行し続けるということで、歳出の地方交付税16兆８０００億円と、一般歳出48兆６０００億円を足したら65兆円、その65兆円から税収・その他収入を引くと11兆円ですから、国債費を公債金で賄うということにしたとしても11兆円はカットしなければならない。そしてこの11兆円というのは、世の中でよく批判される公共事業よりはるかに規模は大きいのです。

　そういう意味でいえば、２つしか選択肢はない。ひとつは国家が今やっていることをやめる。例えば、非常に極端ないい方をすれば、社会保障をやめる。こういうことをしない限り、なかなかつじつまが合いません。もうひとつは税収をどうするか、社会保障の年金負担金をどうするか。こういうところに戻ってくるという事態まできているということだけは、はっきりしています。

　そこで次に、公債依存度の推移をみると、平成11年度は42・１％、それが12年度は38・５％、今回の当初予算は34・３％です。若干、改善はしてまいりましたが、それでも公債依存度は、あの第２次石油ショックを乗り切るために公債を発行した34・７％の54年度決算とほぼ同じ当初予算になっているのです。この公債依存度がいかに異常であるかということは、知っておいていただかなければなりません。

　その結果、平成13年度末の見込みで、国だけでも３８９兆円という公債残高があります。これは１年間の税収50兆７０００億円からすると、７年半分の国債残高を抱えているということになり、これは全世界の開発途上国の累積債務残高２３０兆円の１・５倍くらいになっているということです。

さらに図表７―２「一般会計歳出中に占める国債費等の割合の推移」をご覧いただきますと、一般会計に占める国債費の割合は、歳入における公債金、借金が累増したものですから、自動的に払わなければならない国債費が膨らんで、自動的に一般歳出の規模が落ちてきます。この一般歳出というのがいわゆる国の政策として使える経費なのですが、このウェイトがどんどん落ちるわけです。もし金利が１％上がるという事態になると、自動的に国債費はもっと跳ね上がっていきます。そういう意味では、国にとっては非常に辛い事態が生じるという面が、一方であるというわけです。

次に、サミット参加国の国・地方の財政収支の２００１年の見通しをみると、このサミット参加国の中で、日本だけがＧＤＰ比マイナス８・１％という赤字を抱えています。他の先進国、イギリス、アメリカ、カナダは黒字ですし、ドイツ、フランス、イタリアもマイナス１％～２％の間です。特に、あの財政が悪いといわれたイタリアですら、このような数字になっている。イタリアは今から10年前、１９９２年にはマイナス９・５％という大赤字の国で、その前はこれが2ケタでした。ところがＥＵに加盟するためにはこのＧＤＰ比の赤字を２・５％以下に抑えなければならない。そのために遮二無二財政健全化に取り組んだのです。日本はこれとはまったく逆さまに財政の悪化を続けた。しかし、これは、以前にもお話しましたが、ブレトンウッズ体制という世界のドル本位制を守るために、アジアの通貨危機を守るために、日本経済はこのような事態に立ち至ったというところが、かなり大きくあると思います。

それでは、日本も、イタリアと同じようにこれから財政健全化に取り組めば元どおり直るのではないかと思われるかもしれませんが、実はそうはいかない。イタリアの国及び地方の債務残高（２００１年

図表７－２　一般会計歳出中に占める国債費等の割合の推移

（平成13年度大蔵原案）

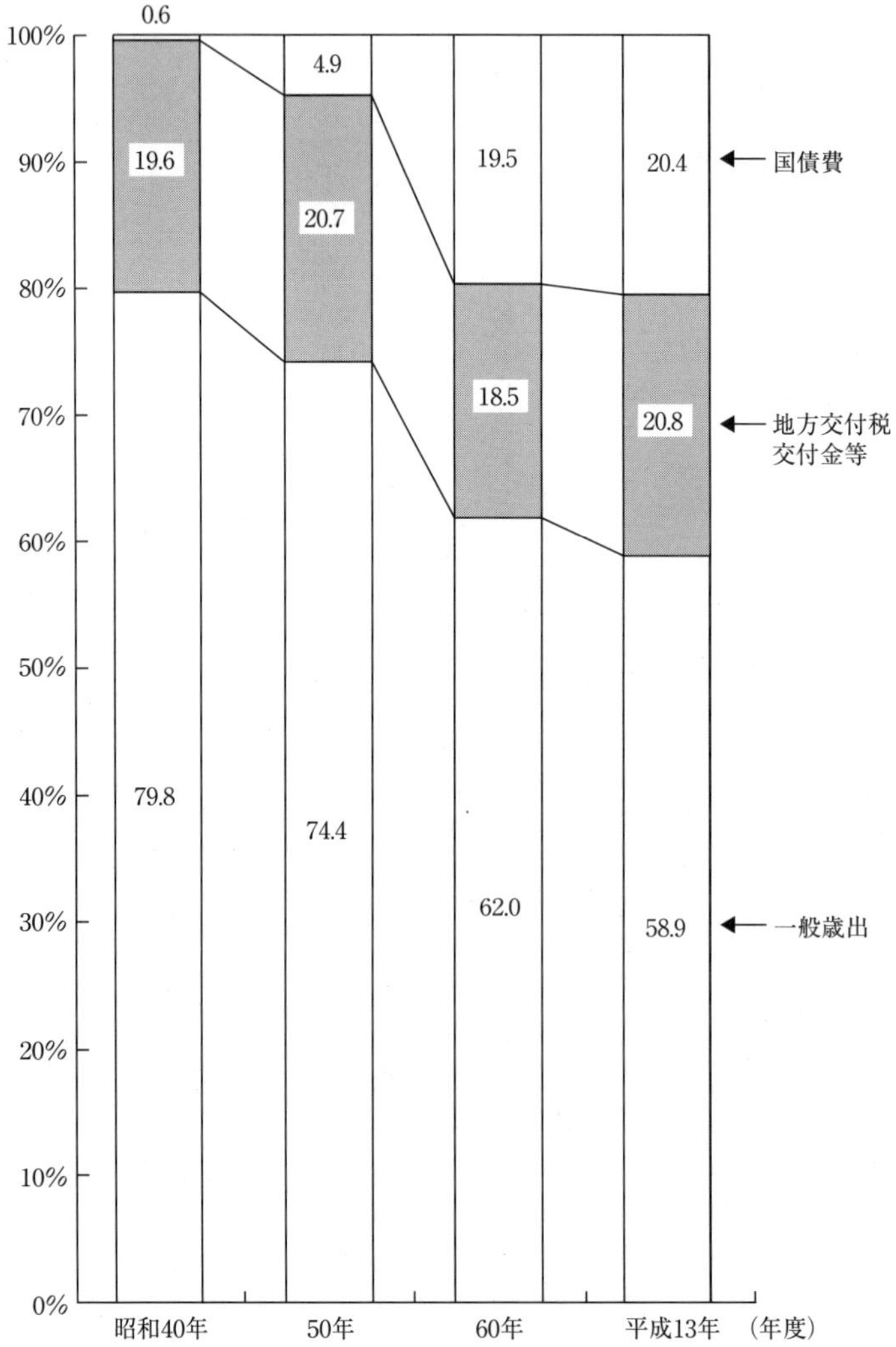

（注）１．当初予算ベース。平成13年度については、大蔵原案ベース。
　　　２．平成13年度の地方交付税交付金は、地方特例交付金を含む。

予測値）を見ますと、あれだけ財政健全化したのにもかかわらず、なおＧＤＰ比は１０８・９％です。日本よりは改善するものの、相変わらず１００％を超える財政赤字を抱えているということです。そして日本はついにそれを上回って１１９・４％（２００1年予測値）という数字ですから、イタリアより悪い。イタリアはちょうど10年前、日本と同じような財政状況を続けていて、10年間経ってフローベースでは少し改善しましたが、やはりストックでは極めて悪い状況を続けている。これは裏を返せば、これから日本が財政健全化に真剣に取り組んだとしても、10年後にもなおこの姿は続き得るという姿が出ているのだろうと思います。

個人金融資産の運用に見る日米経済の図式

ここで、ひとつ補足をします。「日本は国や地方自治体がこんなに借金をしながら、一方で、個人がお金をたくさん貯蓄するから、ちっとも金利は上がっていないじゃないか、むしろ低金利でゼロ金利なんていっているじゃないか、だから国債をどんどん発行したって何ら問題ないよ」というご意見があります。ここで知っておかなければならないのは、なぜ、それが可能であったかということです。

要は、日本はアメリカの3倍の貯蓄率があるということです。アメリカは平均5％の貯蓄率。[※1]日本は15％の貯蓄率です。例えば、日本では１００万円所得をもらったら、15％を貯蓄に回して85％を使う。

※1　まさかこの時すでに貯蓄率が15％という高い水準にはなく、4年後には2・7％にまで低下するとは自分も思っていませんでした。

アメリカは貯蓄が５％で95％使う。だからよくアメリカから、日本ももっとお金を使いなさいといわれるわけです。

しかし、現在、１人当たりの金融資産残高を見ると、アメリカは日本の約１・５倍も持っているのです。なぜか。日本は１２５０兆円、１３００兆円ともいわれる個人金融資産残高のうち８００兆円が預貯金です。株に回る分は１００兆円です。年金や保険に回している分が大体３５０兆円くらいです。ところがアメリカは、ドルで申し上げますが、個人金融資産残高のうち株などに回るのが11兆ドル、年金などに約10兆ドル、そして現金・預金はわずか5兆ドル弱です。

日本はもっぱら現金・預金で持ち、アメリカはもっぱら株で持っている。それがいいとか悪いとかの話ではありません。ただ、アメリカは個人が株を持ち、そしてその株が急激に上がっていったものですから、結果、みんな資産が増えてしまったわけです。そのことがアメリカの個人消費をより促進し、今日の経済を支えているという図式です。

もちろんＩＴ革命という、ロシアと戦うために蓄積した情報技術を民間にどんどん開放したことによってアメリカ経済が発展してきたことは事実ですが、同時にそれを支える資金は個人が株を買うということで成り立ったということなのです。しかもそれは決して偶然ではありません。ストックオプションというものがありますが、よくいわれるようにベンチャーを育てるためにストックオプションを活用したというのは誤りです。

例えば、ＧＥのジャック・ウェルチ会長は意図的でした。日本の経営を見ると、日本の従業員は一生懸命会社のために働く。なのにアメリカの従業員はちっとも会社のために働かない。自分のことしか考えない。これをなんとか会社のために働かせようと考えたのが、入社した時に自社株を持たせることだったのです。辞めた時にその株を売って儲ければあなたのものだよ、というわけです。これがストックオプションです。すなわち、日本は終身雇用でその会社にずっと勤めるから忠誠心があるわけですが、アメリカの場合は決して終身雇用なんてしません。優秀であればあるほど転職していく。しかしストックオプションで持ったその会社の株が勤めてる間にどれだけ上がるかで、自分の所得が変わるわけです。だから必死になって会社の儲けのためにやる。この政策が一番寄与したということだと思います。

　それと同時に、よくいわれる４０１(k)。アメリカは４０１(k)だけに日本の年金と同じような税制上の優遇を与えたわけです。他の年金には税制上の優遇を一切与えない。日本は何にでも全部与えてしまっているから誘導効果がないのです。そして、その４０１(k)はもっぱら株に投資をした。こういう図式なのだと思います。

　ところが、一見これがいいように見えますが、これこそがこれからアメリカが最も関心を払わなければならない点なのです。これは今日の本題ではありませんが、まずアメリカの経済は鈍化すると思います。それは意図的な面もあると同時に、ＩＴの発展が一応の踊り場に立っているということがあるからです。ＩＴ革命は決してこれで止まりません。情報革命というのはまだまだ進化します。

　しかし、一時的に半導体の需給が緩和していますので、少しダウンするでしょう。その時に株価がどうなるか。万が一、株価が大幅に下がったとするとアメリカは大変なことになります。なぜか。個人の生活が決定的にダメージを受けるからです。アメリカにおいてはほとんどの資産を株で持っているものですから、株がもし下がったとしたら企業が困るのみならず、個人生活まで決定的ダメージを受けるのです。だからおそらく、アメリカは現在の経済を鈍化させつつ、かつ、株価をいかに下げないかというところに最大の関心をもって金融政策を行っているのだろうと思います。

逆に日本はというと、実は株価が下がったってたいしたことないのです。なぜなら、企業にとっては大変なことですが、個人は株をたいして持ってませんから。株が少々下がったってそうたいしたことはない。もっぱら預貯金、郵便貯金や銀行預金にお金が回り、それが回り回って国債を買ってくれたわけです。それこそ金融危機で銀行が危ないというと、株なんか持っていたら危ないものですから、安全な国の債券である国債をますます買う。

年金資金にしてもそうです。こういうことが結果として国債を大量に消化してきました。もちろん押しつけというところもあったという人もいます。しかし、安全性から選択して国債を買ってきた。だから国債が売れてきたわけなのです。しかし、これからそれが続くかどうかというのは、はっきりしません。フローの貯蓄が、徐々に毎年発行する国債の消化額と近づいてきますから、いよいよ国債が必ずしも今の金利で消化できるかどうかという問題が出てくると思います。

ただ、幸か不幸か、世界の財政が健全化し、他の先進国の国債発行額が減ってきた結果、外国も日本の国債を買っているというきらいがあります。ここに、ブレトンウッズ体制、ドル本位制における世界の通貨制度が内包したひとつの矛盾点が現れているのだろうと思います。世界の資金の動向から見て、果してわが国の金利がどういうふうになるかということはまだまだわからない。ただ長期的に見れば、このまま国債を発行し続けるなら、世界の中で日本の金利は上がらざるを得ない。むしろ、低金利政策というより長期の金利は上がっていかざるを得ない事態になっていきます。そのとき、当然、国債費負担がますます増えるということは覚悟しておかなければならないと思います。

しかし、これも幸か不幸か、日本はあまりにも景気がパッとしないために資金需要がありませんから、結果として、再び国債市場にお金が回るということで、何とか今日の状況になっているということです。今、日本は本当にどうしようもないくらいに国債費負担が大きくなっているという事実だけは知っておいてください。

諸外国と比較してわかる、わが国の国民負担率の低さ

次に、国民負担率を見てみます。国民負担率というのは、国民所得に対する社会保障負担、すなわち保険料と、租税負担を足したものの比率です。日本は２０００年度、他の国は１９９７年前後の数値ですが、これが日本では36・９%、アメリカ37・６%、イギリス48・９%、ドイツ55・９%、フランスにいたっては64・６%です。フランスでは、もし所得が１０００万円あったとしても、６４６万円は税金や保険料でもっていかれて、手元に残るのは３５４万円しかないということです。それに対して日本は３６９万円を税金などで払って、６３１万円は手元に残るということを示しており、現状の世界の水準から見れば決して負担が重い国ではない。また、ヨーロッパは社会保障負担が大変重いのです。日本は

これが14・4%ですが、ドイツは26・7%、フランスは28・3%。

租税負担も、日本は22・5%、アメリカ27・5%、イギリス38・7%、ドイツ29・2%、フランス36・3%です。ここでも、日本は諸外国の中で決して重くはないのです。さらに、消費課税。日本は6・9%、アメリカ6・1%、イギリス16・4%、ドイツ13・8%、フランス17・1%です。アメリカ以外の国より、はるかに軽い。イギリス、ドイツ、フランスの半分以下です。

もっと知っておいていただかないといけないのは、個人所得課税です。日本は所得税が重いというご意見がよくあります。だけど、諸外国はもっと重いということを知っておいていただかなければならない。マクロの数字で見れば、日本は7・5%、アメリカ14・1%、イギリス12・2%、ドイツ11・9%です。あの消費税中心の国、社会保険料中心の国であるフランスだって8・6%で、日本より重くなっているということだけは知っておいていただきたい。

ところが、財政赤字を見ますと、日本の場合にはマイナス12・3%となっています。これに36・9%を足しますと49・2%になります。すなわち負担していただいてるほうは36・9%ですが、49・2%も使っているということです。このマイナス部分の12・3%は借金で賄って、後世代の人たちの支払に任せているということなのです。ぜひ、この36・9%という数字を頭に覚えておいてください。2000年度における日本の国民負担率です。

次に図表7―3「行政改革の主要課題と改革の基本的方向」をご覧ください。これは平成2年4月18日に、中曾根内閣以来ずっと続いてきて海部内閣の時に最終答申としてまとめられたものです。いろん

図表７－３　行政改革の主要課題と改革の基本的方向

（臨時行政改革推進審議会最終答申：抜粋（平成２年４月18日））

第二　行政改革の主要課題と改革の基本的方向

1　国民負担の増大抑制と財政の運営方針

(1)　国民負担の水準の目標

ア　21世紀初頭、我が国が本格的な高齢化社会になっても、活力ある社会であり続けるためには、行政を極力スリムにし、民間の活力が十分に発揮できる仕組みにしなければならない。

スリムな（簡素で効率的な）政府にするためには、国・地方を通じ、①国民の公的負担を適度な水準にとどめ（財政規模が大きくなく）、かつ、②民間の活動に対する行政の介入（公的規制）をできるだけ少なくしなければならない。

イ　国民の公的負担について、租税と社会保険料を合わせた国民所得に対する比率（国民負担率）は、社会保障関係経費がかさむ高齢化のピーク時（2020年頃）においても50％を下回ることを目標とする。

国民負担率は、昭和50年代以降逐年上昇を遂げ、現在既に40％に達している状況から推して、今後、制度の改革がなされなければピーク時には50％をかなり上回ることも懸念される。これを50％未満にとどめるためには、社会保障制度を始めとした制度・施策の改革はもとより、行財政全般にわたり思い切った改革を進めていく必要がある。

この改革努力の下に、高齢化のピーク時に至る途上の21世紀初頭の時点においては、国民負担率は40％台半ばをめどにその上昇を抑制すべきである。

また、このような努力を前提として、将来的には、減税が期待できる。

な努力をしても、行財政全般にわたる「改革努力の下に、高齢化のピーク時に至る途上の21世紀初頭の時点においては、国民負担率は40％台半ばをめどにその上昇を抑制すべき」だと、答申されています。これは平成2年、今から11年前に書かれた文章です。これが今、36・9％なのです。

すなわち税負担、国民負担という意味では、ここにいわれるとおり抑制されてきている。しかし、この36・9％というのは、12・3％という赤字を前提にやっている。だから歳出ベースで見た国民負担率は49・2％にまでなっている。すなわち40％台半ばという数字は歳出という面では達成していないわけで、その意味で行政改革をしなければならないということは事実です。ただし一方で、負担という問題もどこかで考えなければならなくなっています。国が何をすべきか。地方自治体が何をすべきか。そろそろ本格的にみんなで考えないとダメなのです。一律切るとかそんなことではなくなっている。21世紀における国家とはなんぞや、ということろまでを、ぜひ、考えていただきたいという気がします。

さらに、今日の日本は主要先進国の中で一番高齢化の進んだ国になりました。しかも、これからもっと速いスピードで高齢化が進んでいくわけです。社会保障というのは、個人が保障するのではなくて社会でみんなの負担をしよう、年金、医療、介護、みんなでお年寄りを支えようという政策である以上、お年寄りの数が増えれば、その負担は増えざるを得ないわけです。

重要なのは次です。図表7―4「所得税・個人住民税の実効税率の国際比較（夫婦子2人の給与所得者）」をご覧ください。よく日本は所得税・個人住民税は重いというふうにいわれます。給与収入0円から5000万円まで並べました。5000万円も給与収入がある方はそうたくさんいらっしゃらない

図表７－４　所得税・個人住民税の実効税率の国際比較（夫婦子２人の給与所得者）

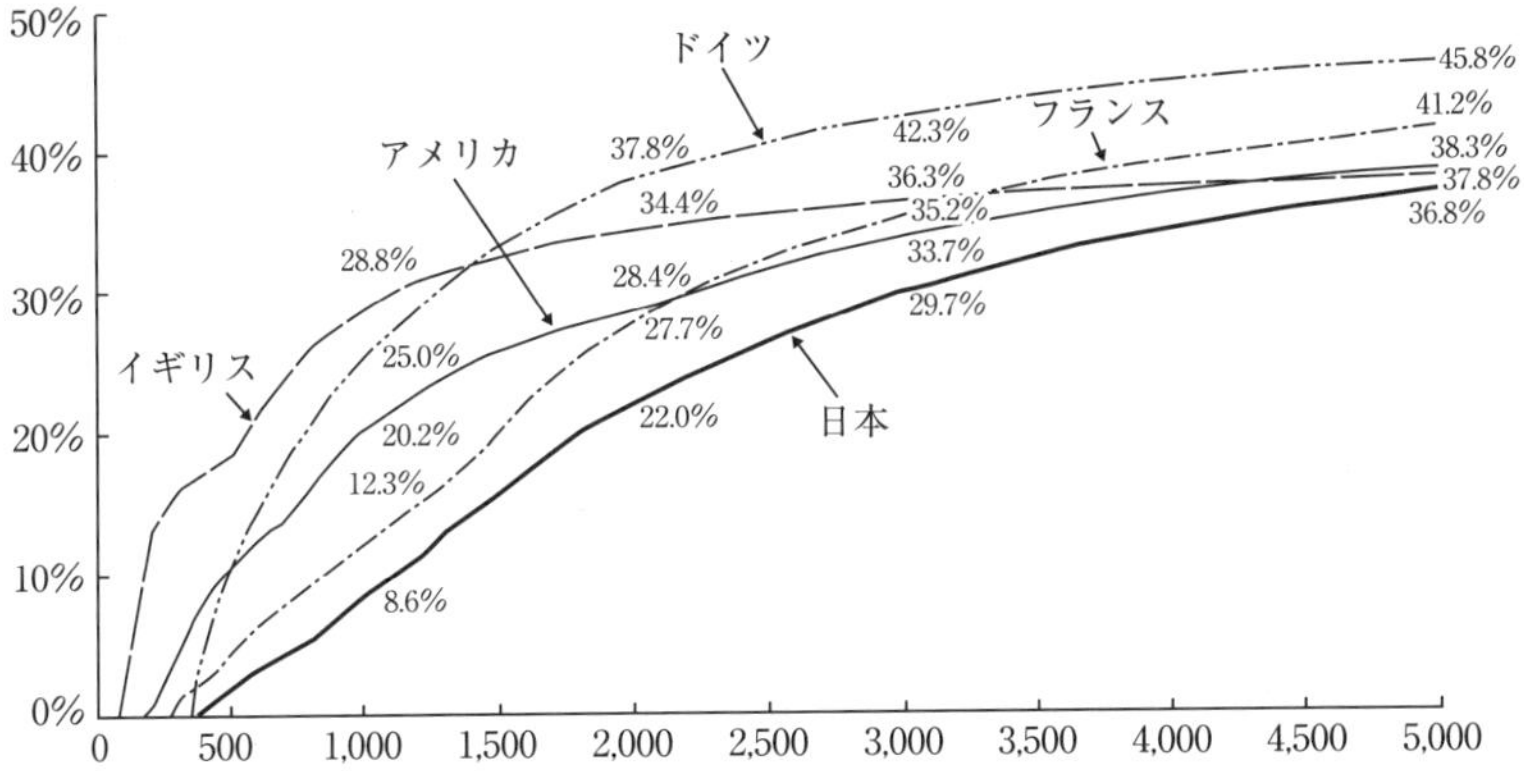

（注）１．日本は子のうち１人は特定扶養親族に該当し、アメリカは子のうち１人を17歳未満、ドイツは子のうち１人を16歳未満として計算している。

２．換算レートは、１ドル＝108円、１ポンド＝159円、１マルク＝49円、１フラン＝15円。

（基準外国為替相場及び裁定外国為替相場：平成12年６月から平成12年11月までの実勢相場の平均値）

３．表中の数値は、給与収入1,000万円、2,000万円、3,000万円及び5,000万円の場合の各国の実効税率である。

と思うのですが、日本はアメリカ、ドイツ、フランス、イギリスより軽いのです。そこはぜひ知っておいてください。１５００万円とか１０００万円とか、５００万円は典型ですが、圧倒的に負担の低い国だということは知っておいていただきたい。

　それでは、単身の場合ではどうか。図表７—５「給与収入階級別の所得税・個人住民税負担額の国際比較」をご覧ください。１０００万円、７００万円、５００万円というところで比べました。左上が夫婦子２人で、右下が独身です。独身でも日本は給与収入５００万円だと34万５０００円、７００万だと64万６０００円、１０００万だと１２８万６０００円です。アメリカ、イギリス、ドイツ、フランスと比べて、どの階層でも日本は軽いということです。さらに、例えば夫婦のみ、お

図表７－５　給与収入階級別の所得税・個人住民税負担額の国際比較

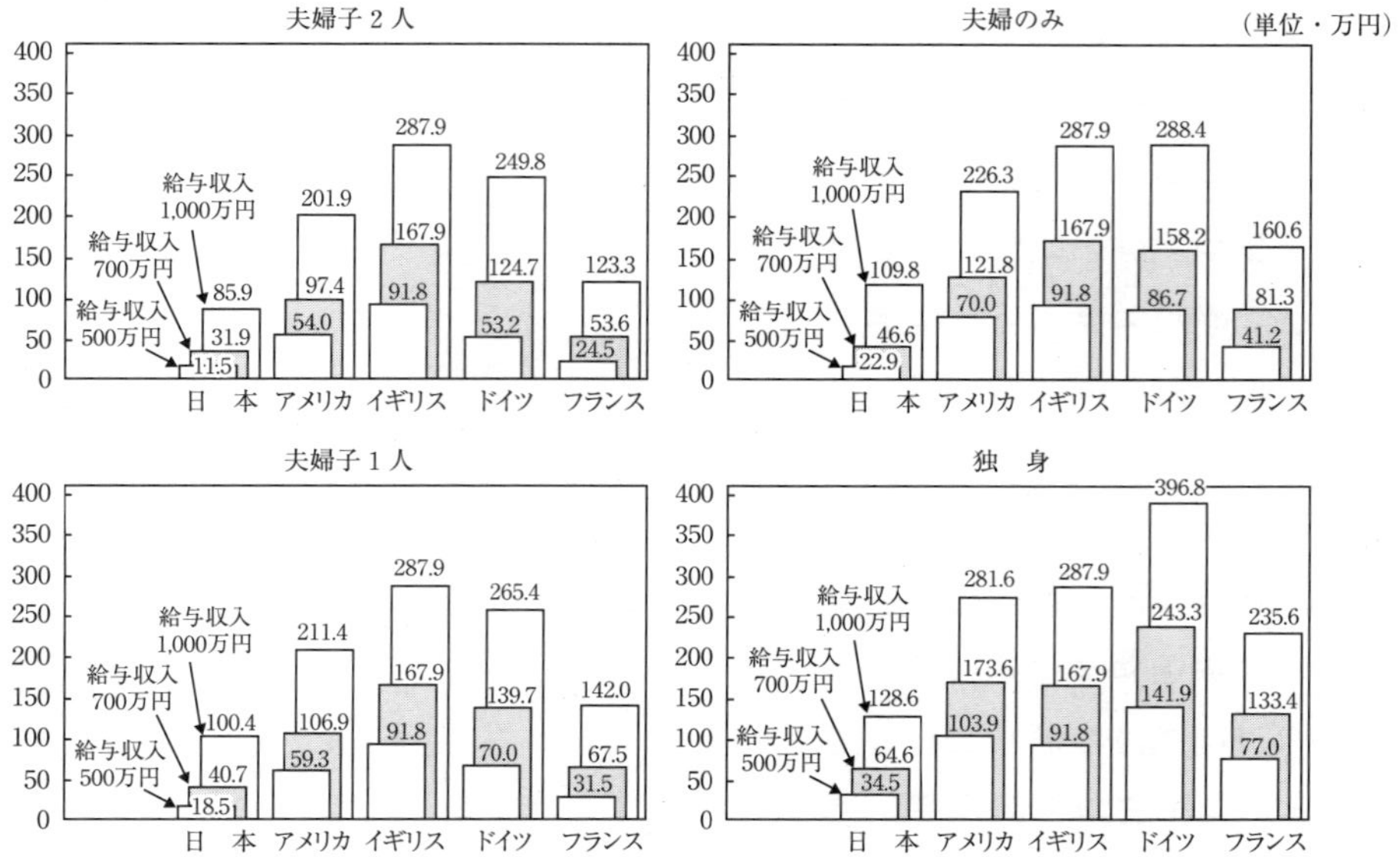

(注)　1．日本は夫婦子２人の場合は、子のうち１人が特定扶養親族に該当するものとしている。
2．アメリカは夫婦子１人の場合は、その子を、夫婦子２人の場合は子のうち１人を17歳未満としている。
3．ドイツは夫婦子１人の場合は、その子を、夫婦子２人の場合は子のうち１人を16歳未満としている。
4．日本の個人住民税は所得割のみである。アメリカの住民税はニューヨーク州の所得税を例にしている。
5．邦貨換算レートは次のレートによる。１ドル＝108円、１ポンド＝159円、１マルク＝49円、１フラン＝15円（基準外国為替相場及び裁定外国為替相場：平成12年６月から平成12年11月までの実勢相場の平均値）

図表７－６　所得税・個人住民税所得割の推移（イメージ図）

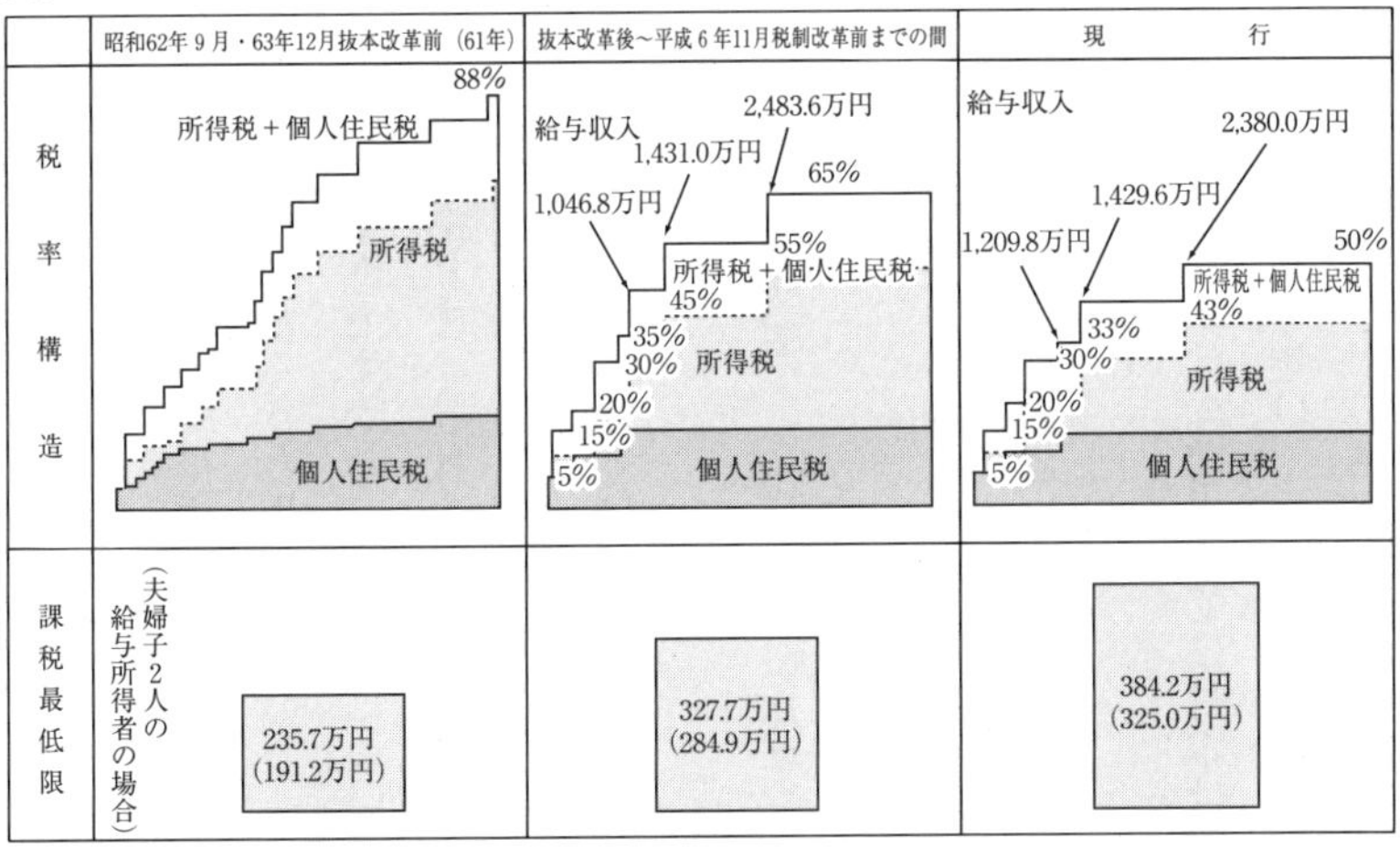

（注）課税最低限の欄の（　）は個人住民税である。

子さんがいないという家庭においても、日本が一番軽いということも知っておいていただきたいと思います。

図表７―６「所得税・個人住民税所得割の推移」をご覧ください。確かに過去は重たい国でした。特に消費税導入前の時期というのは、所得税と個人住民税を足した最高税率は88%もありました。昭和の末期まで、これが続きます。この印象が非常に強く残っているのだと思います。ところが抜本改革によって65%まで下がりました。所得税50%、住民税15%、足して65%。それが適用になるのは２４８３万円からということになりました。そして現在はご存じのとおり、先般の景気対策と消費税が５%になる時に、所得税・住民税を足して50%にしたわけです。

したがって、現行においては決して世界の中でも高い国ではない。しかも課税最低限はというと、３８４万２０００円までになりました。これは、地方都市や僻地の方に行きますと、半農半漁などというところにあっては自給自足でやれる部分があるので、かなり低い所得で生活できてしまうわけです。ですからよくいわれるとおり、ほとんど所得税は払わないという地域が出てきてしまいます。ちなみに、こういう場合は所得税減税といっても所得税を払ってない人には減税がありませんから、景気対策は地域振興券になったということなのだろうと思います。

こういう事態ですから、所得税についても考えていかなければならない。社会保険料とともに考えていく必要があります。社会保険料というのは一種の所得税ですから。働く人から払っていただく税であるということでは、社会保険料と所得税、法人税を一緒にして考える。それと消費税のウェイトをどう考えるのかというあたりは、重要になってくると思います。

2　21世紀の展望――20世紀を振り返って

以上、大変厳しいお話をしたわけですが、しかし、21世紀の展望はどうかという意味で、昔との対比で少し考えてみようと思います。２０００年度版“The World Competitiveness Yearbook”（IMD）を見てみます。

実に１９９０年代の前半までは日本はずっと1位を続けました。「日はまた昇る」ではありませんが、日本は高度成長を遂げ、そして平成の初期においてまで、あのバブル期の中にあって世界の1位を続けてきたのです。そしてバブル崩壊とともに日本は地位を下げたのです。去年が16位でした。今年は17位と書かれています。

「アメリカ、１位、記録更新。戦後最長の経済拡大期を持続している。２０００年４月現在で１１０か月連続となった。80、90年代の経済を牽引したのは自由化と規制緩和であったが、現在は『ニュー・エコノミー（新しい経済）』であり、２００３年にはアメリカの国内総生産の10％が情報技術関連産業からもたらされると予測されている。したがって、『ニュー・エコノミー』に対する規制が主要な課題となってくる」

と、書かれています。いずれにせよ、アメリカは快調ですよということが書かれています。

それに対して日本です。

「混迷。アメリカとは反対に依然として低迷している。日本政府が打ち出したさまざまな経済回復策にもかかわらず、日本経済は回復を達成できず、１９９９年の経済成長率も０・６％程度と期待を裏切った。１９９７年から98年にかけてのアジアの経済危機も助けとはならなかった。また、情報通信部門では急速に改革が進んでいるが、自動車、銀行など伝統的、基幹的な産業分野での『ニュー・エコノミー』対応が遅れている」

と、書かれています。私はアジアの経済危機は、日本の経済をより深刻化させたというふうに思いますが、いずれにしても、こういうふうに書かれています。この現状と日本は17位だということをまず前提として、では日本の将来は大変に暗いのか否かということを、ぜひ１９００年頃に戻って、その当時と比較して思い直してみてください。

１９００年～１９０１年（１００年前）の状況

まず、１９００年、明治33年の主な出来事についてお話します。１月29日、アメリカでプロ野球アメリカンリーグが結成されています。そのあと２月13日に足尾銅山川俣事件。足尾銅山の公害問題というのは当時の大きなテーマになっていました。ちょうど日本でも産業革命が少しずつ始まっていく中にあって、いよいよそういう産業革命の負の部分が現れだしたということだと思います。２月16日には北拓、この間つぶれました北海道拓殖銀行が設立されています。この時代はフランス・パリの時代です。4月14日はパリ万博開催。11月12日までパリ万博が開かれています。ここで日本の陶磁器が展示されまして、京都の焼き物もこの中で大変な評価を受けます。当時、京都の焼き物というのは、明治初期から世界に向けて大量の輸出を続けておりました。有田焼もしかりです。日本の外貨獲得にたいへん貢献していました。そういう時代背景があります。

そして4月には与謝野鉄幹の「明星」が創刊。５月10日、大正天皇御成婚。６月６日、義和団事件が天津で起きています。これが、その翌年の金融恐慌などいろんなことにつながります。７月２日、ツェッペリンの飛行船が20分間空を飛びました。ちなみに、ライト兄弟の公認飛行というのは１９０２年。この時点ではまだ飛行機はないということです。今やジェット機に乗り宇宙ロケットまであるのに、１００年前には飛行機もなかったということですね。そのことを考えると、今から１００年後の世界において何があるかなんて予測がつくはずがありません。そういう意味では、今我々が享受している各種の技術は当たり前のように思っていますが、まさに１００年前はこうであったということを思い返しておいていただきたいのです。

7月10日にパリ地下鉄1号。世界でも冠たる地下鉄がここに生まれるわけです。同時に第2回オリンピックが7月14日、フランス革命を記念してパリで開かれる。8月8日にはアメリカでテニスのデビスカップの第1回大会が開かれた。アメリカンリーグだとかオリンピックだとか、スポーツがいよいよここで花開き出す、そういう時代です。

その年の9月8日、夏目漱石が文部省留学生として英国へ留学します。どうも彼は喜んで行ったわけではなさそうなのですが。行く途中で彼はパリ万博に何度となく通ったようで、日本文化を非常に評価するとともに、欧米における思想との違いを痛感いたします。特に自己責任ということを彼は学び、ある種の鬱病になりました。それまでしてきたいろんな出会いというのを一時断ち切ったりしています。帰ってくると、彼の作風はがらっと変わりまして、「それから」とか「三四郎」とか「こころ」とか「道草」とか、ご存じのように彼は最後までストレイシープ（「迷える羊」）で終わってしまうわけですね。

要するに欧米の自己責任スタイルに対して、日本という国はやはり「右見て左見て」なのです。農業の世界で隣百姓という言葉があります。すなわち、その地域の豪農、老農の方のいうとおりやっていればよい。それ以外のことをやって失敗したら村八分にあう。例えば自分が畑仕事をなまけていると、そこに害虫が発生して、他人の田んぼにまで迷惑をかけてしまう。みんなと一緒にやるということが重要だった。そういう日本的な文化の中で育った夏目漱石にとっては大変な衝撃でした。その後いろんな場で彼は講演をしているのですが、「グローバル・スタンダードというものに近づこうとして真剣に考えなければいけないけど、あまり考えすぎるとノイローゼになってしまうよ」、ということをいっているわけですね。ちょうど今の日本と似たような状態の中に彼はいたわけです。その後の文化人というのは同じような悩みを持ちながら今日まできたというのが現実ではないでしょうか。

９月14日に津田梅子さんが津田塾という女子英語学校を初めて設立しています。11月３日、ニューヨークのマジソンスクエアで初の自動車ショーが開かれました。いよいよ大量生産、大量消費の始まりです。当時はアメリカでさえ自動車は８０００台しかなかった。そこへ、いよいよ自動車組立工場が設立され、デトロイトのオールズ社というところが年間４００台を製造します。いわゆる注文ではない大量生産、カタログ販売というものを始める。そこからスタートするわけです。パリでミシュランが星２つとか星３つとかのレストランの案内書を出し始めたのもこの年。

それから、アメリカといえばハンバーガーですが、そのハンバーガーが米国のコネティカット州のレストランで初めてつくられたのもこの年です。アメリカはハンバーガーの国といわれますが、たかだか１００年だということもここでわかるわけです。そして、今でこそ皆さん持っている携帯電話。その電話のスタート、磁石式公衆電話が上野新橋に設置されたのもこの年です。明治末でも全国に４６３台にすぎません。１９００年の状態と今とを比べたら、どれだけ変わってしまったかということが、はっきりしています。

次に１９０１年、ちょうど今から１００年前です。１月１日にオーストラリア連邦が発足しています。去年オーストラリアでオリンピックが開かれたのも、ちょうど建国１００年を前にして開いたということなのだと思います。

１月11日には東京、横浜地方の銀行に取付け頻発。愛国銀行支払停止。そして１月23日、桑名百二十二銀行支払停止、名古屋銀行界混乱。４月16日、第七十九銀行、難波銀行支払停止、大阪に銀行恐慌。５月13日、北浜銀行支払停止、大阪に２度目の銀行恐慌が起こっています。

日本は明治27年に日清戦争に勝ちまして、その復興景気、戦勝景気で一時銀行設立ブームが起きます。雨後の筍のごとく銀行が生まれます。当時の銀行というのは今の銀行と違い、製造業なり大きな会社が自社の資金調達のために銀行をつくりました。ですから、本業がこけると一緒に銀行もこけるということになります。

そして、１９００年、北辰事変が起きるわけです。対シナ貿易がこの北辰事変によって阻害されまして、輸出業者に大変な打撃を与えます。そのことによって、１９０１年には各地で金融恐慌が起きたのです。すでに１９００年12月には九州で一斉に取付けが起こっています。１９０１年１月に関東地方、３月から４月には大阪がスタートで全国へ波及。５月に日銀が金融恐慌の救済資金を出すことによって一応鎮静化しています。ちなみに、銀行が一番多かった時期は１９０１年、明治34年です。当時、銀行の数が実に１８６７行あったそうです。これがピークです。このような恐慌を契機として銀行の規制が非常に強まっていくわけです。そして、ご存じのとおり、日本における銀行法へとつながっていきます。

昭和2年にできた法律だと思いますが、金融に対する強固な規制ができるのです。

5月9日、ニューヨーク・ウォール街金融パニック。今でも有名ないくつかの企業が、当時は買収合戦をやっていました。ノーザン鉄道という鉄道の株の買収をめぐって、仕手戦が行われました。それがパンクしまして、ドーンと株が下がったのが5月9日です。この頃、アメリカではいよいよ投機が盛んになっていくわけです。その最後、行き着いた先が１９３０年代のいわゆる世界金融恐慌になっていくわけです。

2月5日には官営八幡製鉄所が火入れをしています。今日の新日鉄がここに始まります。11月18日から作業開始。いよいよ日本の重厚長大産業がスタート。産業革命が本格化したのが、この１９０１年です。そして、昭和天皇が4月29日御生誕になられます。

ウォール街の金融パニック等を経て、かなりアメリカ経済というのは乱高下します。そんな中でアメリカ大統領マッキンリーが狙撃されて死去します。10月23日、田中正造が衆議院議員を辞職し、12月10日、天皇陛下に足尾鉱毒事件の直訴をするということが起きています。産業革命が日本でも徐々に進むという中にあって、一方でこういう黒い闇の部分も出てきます。また、12月12日には第1回ノーベル賞。レントゲンがX線の開発で第1回物理学賞を得たというのもこの年です。

その他、台湾でペストが大流行しています。当時の日本では、ペストになるから車屋さんは裸足で走ってはいけない、とか、そんな規制がされた時代です。そして、インスタントコーヒーがシカゴの日系アメリカ人、加藤悟によって初めてつくられる。日本人ってやっぱりインスタントが得意なんですね。

インスタントラーメンもそうです。インスタントというのは、当時から日本人の特技としているところのようです。日本はそういう使い勝手の便利なものの開発は素晴らしい。確かにＩＴについては日本は出遅れましたが、パソコンではない、手軽なiモードに代表されるような、こういうものはこれからも絶対的に広がるのですが、こういうものは日本で始まって、日本で最も進んでる状態になってきているわけです。日本はその部分ではまだまだ捨てたものではないという気がいたします。

最初の実用的電気掃除機が、英国人ブースによって発明されたのもこの年。やっと電気掃除機というものができる。ここから家庭というものの意味が変わっていくのですね。今までは、家事というものは労力でやったものですが、機械に取って代わられる。子どもにとってのお母さんの背中の意味がだんだん失われていく。21世紀は、ロボットがほとんどの家事をするようになる可能性があります。家庭とか生活という意味で便利ではあるけど、それがどういう意味を持つか。さすがに子育てロボットというのはなかなか出てこないのではないかなと思うのですが、果してどういうことになっていくかということを考えることは、非常に重要な意味があるのだろうと思います。

参考までに、１００年前の世界の都市人口を見ます。ロンドン６６０万人、ニューヨーク３４４万人、パリ２７０万人、ベルリン１９０万人、シカゴ１７０万人、ウィーン１７０万人、武漢１５０万人、東京１４５万人。ちなみに当時の京都は35万人、大阪は87万人です。今はどうか。ロンドン７０７万人、ニューヨーク７３８万人、パリ２１５万人、ベルリン３４６万人、シカゴ２７２万人、ウィーン１５６万人、武漢４０４万人、東京８０１万人、京都１４６万人、大阪２６０万人です。当時の１位、ロンドンは６６０万人からわずか7％しか増えていません。もちろんこれは市の広さ、面積が違いますからストレートな比較はしにくいのですが、いずれにせよ趨勢値はわかると思います。今や東京は８０１万人です。この序列の中では一番多い都市になっています。そして京都は４１７％増えており、35万人が１４６万人になっています。パリは１９００年、万博があり、オリンピックがあった一番花の時代に２７０万人、現在２１５万人ということで盛衰が出ているわけです。

ただ、その頃の世界人口で見ますと、実は１９００年頃の世界の人口は18億人から19億人で、現在は50億人ですから、そもそもが3倍近く伸びているわけです。そういうところも見なければなりません。大阪87万人が２６０万人というのは、世界の人口増とほぼ同じくらい増えているという姿になっているということです。

20世紀、日米の比較

次に見ていただきたいのが図表7―7「20世紀日米対比表」です。人口を見ていただくと、当時、日本は全体で４３８４万７０００人でした。現在が1億２６４３万４０００人です。２・88倍です。それに対してアメリカは当時７５９９万５０００人、今は2億７４９４万３０００人、３・62倍です。アメリカの人口が増えている理由のかなりの部分は移民です。通常の人口増ではありません。したがって、今日アメリカが若い国だというのは、ベトナムや南米から若い人を入れているからです。

１人当たりＧＮＰを見ていただくと、かっこ書きがドルですが、日本は3万４８１１ドル、アメリカ

図表７－７　20世紀日米対比表

	日本		アメリカ	
	1900年	2000年	1900年	2000年
GNP	百万円 2,414	億円 5,057,138 (44,013億ドル)	億ドル 187	億ドル 87,500
人口	千人 43,847	千人 126,434	千人 75,995	千人 274,943
１人当たりGNP	円 55	円 3,999,824 (34,811ドル)	ドル 246	ドル 31,825
租税負担額	百万円 243	億円 861,458 (7,497億ドル)	百万ドル 588	億ドル 18,911
１人当たり租税負担額	円 6	円 681,350 (5,930ドル)	ドル 8	ドル 6,878
国民負担額	百万円 243	億円 1,414,872 (12,314億ドル)	百万ドル 588	億ドル 24,790
１人当たり国民負担額	円 6	円 1,119,060 (9,739ドル)	ドル 8	ドル 9,016
平均寿命(男性)	歳 44.0	歳 77.1	歳 46.3	歳 73.6
(女性)	歳 44.9	歳 84.0	歳 48.3	歳 79.4
65歳以上比率	% 5.2	% 17.0	% 4.1	% 12.6

注１）2000年の日米のＧＮＰは1998年、2000年の日本の租税負担額及び国民負担額は2000年度見通し額、米の租税負担額及び国民負担額は1901、1998年度（1901年は連邦政府のみ）、2000年の日本の平均寿命は1999年、米の平均寿命は1997年、日本の65歳以上の比率は1903年の数値による。

注２）資料：「国民経済計算年報平成12年版」（経済企画庁）、国税庁統計年報書（国税庁）、「現代アメリカデータ総覧　1999」「アメリカ歴史統計」（合衆国商務省）、「日本長期統計総覧」（総務庁統計局）、「長期経済統計」（大川一司ほか）、「OECD 歳入統計2000年版」

注３）2000年日本の（　）書数値は2000年12月29日、東京市場の中心相場（114.90円）にて換算

は3万１８２５ドル。１人当たりＧＮＰでは日本の方が上回っているという状態になっています。１人当たり租税負担の方は、日本は５９３０ドル、アメリカは６８７８ドルですから、こちらは日本はアメリカより低い。１人当たりＧＮＰは日本の方が多いのに、租税負担は軽い。ちなみに社会保険料では、アメリカはご存じのとおり日本のような完全な公的医療保険制度というのはありませんから、その違いもあるのですが、１人当たり国民負担額では、日本は９７３９ドル、アメリカは９０１６ドルになっています。これは１人当たりＧＮＰでカウントすると、ほぼ変わらないということです。

非常に重要なのは、平均寿命を見てください。１９００年当時における日本は、男も女も44歳台。今や日本は男77・１歳、女の方にいたっては84歳。アメリカも当時は男46・３歳、女48・３歳だったのが、それぞれ73・６歳、79・４歳となっています。いかに日本という国が高齢化、長寿社会を実現できたかということなのです。決して高齢化というのは悪いことではありません。世界の歴史の中でも、不老長寿といって長寿ほど素晴らしいことはないのです。それを１００年の間にこれだけ実現してきたのです。そのことが65歳以上人口でみると、少子化ということもあって日本は17％、アメリカでは12・６％となっているのです。

20世紀初頭の税・財政

次に、当時の税制を少し知っておいてください。明治20年、所得税が導入されます。この時代は、税収の大半は地租でした。地租というのは今でいう固定資産税のようなものです。明治20年に初めて所得税が創設されましたが、それはなぜかといえば、地租に依存していると圧倒的に農民ばかりに負担がいってしまいますので、商工業者とかそういう方々との税負担の不均衡が生じるということがひとつ。そして、明治27年の日清戦争へ向けて国防費が増えてきたということがあります。そういうことがあって、ここに所得税というものが生まれるわけです。

ただ、この所得税は免税点が極めて高く設定されていました。ご存じのとおり、当時は納税額によって参政権が得られた時代ですから、名誉税的な意味もあったのでしょう。しかし、所得税というものが明治20年にできたということにおいては、１８８７年ですから、世界の中でイギリスに次ぐくらい歴史があるということなのです。当時はアメリカにすらありませんでした。南北戦争の戦費調達のために臨時税でつくられたことはありますが、アメリカで所得税が生まれるのは日本が大正期になってからです。日本はその意味で非常に早い時代から所得税を入れたのです。

さらに明治27年、日清戦争が終わりますと、不完全ですが日本は関税自主権を回復しまして、少し関税をいただけるようになってきます。同時に、ロシアとの権益が問題になり、明治30年頃にはロシアとの緊張関係がいよいよ高まってきます。そして明治37年には日露戦争へと突入していく。そういう中にあってさらに税収を確保しなければならなくなってくる。それと同時に、官営八幡製鉄所をつくるとか鉄道を敷設するとか、そういう財政支出が膨らんでいったものですから、やはり税収を上げなければならない。

ところが法人税を導入しようとしても、当時は今日でいう商法がまだ不完全でしたので、いわゆる法人税というのはなかなかできなかったわけです。そこで、外形課税である営業税を明治30年から実施することにいたしました。今、世の中で議論されている法人事業税は地方税として議論されているのですが、実に皮肉なというか不思議なことに、当時の営業税、いわゆる今日でいう法人事業税にあたるものは、国の財源確保のために明治29年3月に制定されて、30年1月から実施するということになったわけです。

ところが営業税を導入しようとすると、全国公平にしなければならないし、そのために調査も必要になってきます。全国一律でする必要があります。そこで明治29年11月1日、１９００年の4年前に税務管理局が設置され、その下部組織として全国に５２０の税務署がつくられたのです。そうして明治30年1月から営業税が導入されます。しかし、これ自体は大変問題がありました。営業税は課税対象となる業種を24業種に限定いたしました。売上金額、資本金額、従業員数などの外形から見てわかる標準に基づいて課税され、税率は業種によって異なっていたわけです。ここで質問検査権というのも生まれてくるわけなのですが、しかし、これ自体は実施面においてギクシャクしたようです。

明治32年、１８９９年、商法の大改正が行われます。この商法の整備を受けて法人所得税というものが生まれてきます。これが所得税の全面改正です。なお、平成13年度の税制改正でも、商法改正を受けて企業分割税制がこの4月1日から始まります。商法改正を前提に法人税制ができてくるわけです。明治32年に第1種所得税として法人所得税ができる。そして、第2種というのは利子税、第3種は今日でいう個人の所得税です。

営業税の導入に伴って、税務調査というものが初めて行われます。これは商工業者にとって初体験であったばかりか、税務職員にとってみても本格的な税務調査はしたことがありませんでした。税法の規定も大まかであったため、導入当初は解釈問題など様々な問題が生じたようです。例えば、24業種の区分の判定、資本金額の計算方法、卸売りと小売りの区分など、相当の混乱が生じたというふうにいわれております。この状況がずっと続きまして、この営業税というのは結局法人所得税の付加税的な所得課税になってしまうわけです。一部分だけこの営業税の残滓を残したのが、今日の電力会社と保険会社に対する外形標準課税部分です。今日の法人事業税になるということです。

さらに重要なのは、間接税です。明治32年、酒税が国税収入の中で地租にかわって初めてトップになります。32年から36年、42年から大正6年の各年度とも、国税収入で間接税収入、酒税がトップになるのです。実に明治35年には租税収入のうち42・2％、4割強が酒税で占められました。それは、当時の人が今よりお酒を飲んだことも事実ですし、当時の税率も若干高かったのですが、主たる原因は当時は国の財政規模が小さかったからなのです。

ここで、国の機能という意味で考えてみますと、当時の国防費というのは全部兵役で人件費はタダです。今日の国防費の大半は防衛職員の人件費です。当時は社会保障というものもほとんどなかった。大正デモクラシーを経て社会保障が少しずつ芽生えましたが、それでも最初は生活保護だけであったわけです。それが、戦後になってから国民皆年金、皆保険、そして今日では介護まで、高齢者は社会で扶養しようという姿になっているわけです。

あるいはもっというなら、今日でいえば「雪下ろし」。今日はたまたま雪がものすごく降っていますが、雪下ろしというのは今やほとんど自治体がしているはずです。すなわち税金でしている。当時は、みんなで雪下ろしをしたわけです。要するに個人や仲間や地域でする部分を、税という形にかえてきたのが、この20世紀の状態なのだと思います。

そこで、ぜひ皆さんに考えていただきたいのは、いったい税でどこまで社会的サービスを賄うのかということです。本当に財政のことを考えるのなら、税金を軽くしたいのなら、そこを考えていただかなければ結論は出ないでしょう。これは、知っておいていただかなければならない。それがいいかどうかわかりません。特に世界の中で日本だけがダメということはありませんから。フランスなんて日本より、ものすごく大きい政府ですね。そういう国が当たり前だとすると、日本だけ小さな国というわけにもいかない。しかし、21世紀の国家は、国民のために何をするのかということから考えなければならないと思います。

やる気と好奇心、そして失われたハングリーさを取り戻すこと

（情報化）

最後になりますが、21世紀の展望ということで、少し勝手なことをいわせていただきます。先ほどより申してきたように、21世紀というのは何が起きるかわからないということなのですが、一番はっきりしていることは、１９００年におけるわが国の産業革命と今日のＩＴ革命は極めて似ているということ。

現在のＩＴ革命も夜明け前の状態だということです。このＩＴというのは、まだまだ未熟な段階であるということです。

個人と個人が情報でつながるようになる。平均値は意味をなさないし、企業経営も大量生産をする必要がなくなり、注文生産を可能にした。一人ひとりのニーズをつかめるようにしたのが、このＩＴ革命です。

今の情報技術の発達というのは、脳の発達に似ているといわれています。ロボットにしてもコンピュータにしても、今はまだ誰かがインプットしない限り自分で考えることはできないはずです。しかし、ＩＴの開発をしている方の多くは、たぶんこの１００年の間にはロボットが自分で処理できるように、自分で考えるようになる、そこまでＩＴ自体が進化するだろう、といっておられます。

また、産業革命の時に日本がいかにすごかったかということは、知っておかなければなりません。何がすごかったのか。識字率です。やはり日本における当時の識字率の高さは、現在でも同じだということです。ＩＴによって文字を覚えなくなっていくというのは非常に恐ろしいことなのですが、読み書きができるということと、帳簿をつけられるということは極めて重要なのです。

去年の納税協会の新年会で会長がいわれた話なのですが、一体納税協会は何のためにあるのか。私もいろいろ考えてきましたが、納税協会の最大の役割は、いくつかある中で非常に重要な部分はここにある。要するに帳簿です。企業経営について、特に企業会計がグローバル化する中で、経営者の方に新しい財務、税務というものの研修をしていただいて、経営者自らが企業経営の診断をし、企業経営のあり方を考えられるようにお手伝いをすることなのではないか、と。納税協会は、私が申すまでもございませんが、ご存じのとおり、昭和15年の源泉所得税が生まれた時に源泉報国会として生まれました。すなわち税は国家であって、その国家というものがどうあるべきか、[※2]我々が払う税がどう使われていくかというものを考える団体だということであるのだろうと思います。そのなかで、簿記をつけるということが重要であり、今こそ一層重要であると思うのです。

　私は税務の現場で、開発途上国はもとより、アメリカその他の先進国の国税当局の方と話をしているときに、日本のことを羨ましがられることがあります。それは、国民一人ひとりが簿記ができるということです。帳簿を一応つくれるということです。このことは、世界の国ではほとんどありません。日本のような税理士という仕組みは、諸外国にはドイツと韓国にしかありません。その他の国にはそういう業者が別にいるわけですが、そういう方にポンと伝票を渡して帳簿をつくってもらうだけなのです。自分では書けない、判断できない。だからこそ早くから特殊な商売として、国際金融会社に勤めるような専門家が生まれてくるわけです。逆にそういう専門家がいるということは、全体のレベルは低いということなのです。日本はその部分での底辺が非常に高い。ということは、むしろこれから、まだまだ現場の視点からいろんなことを思いついていく可能性を秘めていると思うのです。その意味では、まるっきり楽観というわけではありませんが、何か残っていきそうだなという予感を、私は持っています。

　同時に、情報も最後はコンテンツです。アニメ、カラオケ、ゲームソフト、全部日本のコンテンツとして今や世界を制覇しています。先ほどのインスタントの発想もそうです。そういう意味で日本はいろんなアイデアを持ってきた国でして、そういうコンテンツはまだまだ捨ててはいけない。特に伝統や文化というものは絶対に捨ててはいけないと思います。

今日、私はこちらに来る前に、たまたまご紹介があって山本合金製作所という和鏡や魔鏡をつくっている会社を見学させていただきました。その和鏡の技術で、無形文化財をとっておられるのです。鏡をつくるのにメッキすればいいものを、磨く、研磨してつくる。江戸中期から始まった技術です。

また、魔鏡というのは、本来鏡を映したら自分の顔しか映らないのに、光をあてて反射させたら、そこに絵が浮かび上がるという技術なのです。この技術はその原理がわからなかったのですが、アメリカやヨーロッパの学者が研究してわかったのです。有名なモースという、ご存じのとおり大森貝塚を発見したあの方々が研究して気づいていくのですが、その技術の科学的原理がきちっと確立するのは昭和になってからです。それが現在、何に活きているか。最先端部門の半導体などの研磨をするとき、歪みがないかどうかをチェックするのですが、そこでこの技術が使われているのです。こんな技術は世界中どこにもなかったのです。今やこの魔鏡の技術を応用して松下電器が歪みの検索システムというのを使っておられて、原子炉の壁面の歪みを計るときにも使われているそうです。

まだまだ足元を見ていけば、日本はいろんな技術を持っている。そこを、やる気と知識欲と好奇心とでチャレンジするかどうかです。

※2　私が国税庁長官になった時「税を知る週間」を「税を考える週間」にしました。

（環境問題）

次に環境問題。これはもう避けて通れません。さっき申しましたように、１９００年において19億人であった人間が50億人に増えた。これから10年で10億人ずつ増えていきます。２１００年には間違いなく[※3]１００億人は突破している状態になるわけです。そういう時代の中にあって、日本はどんどん少子・高齢化で人数が減って、地球の人口だけは増える。先ほど申しましたように、日本はこの１００年間は概ね世界の人口爆発とほぼ同じ人口増を遂げました。これからは世界は爆発するけども、日本は伸びない時代に入ります。

また、人口がどんどん増えることに伴って、地球温暖化とかフロンの問題が出てきます。そのことによって陸地が減少するとかいろんな問題が起きるでしょうし、食糧問題も当然出てくるでしょう。このような環境問題は否が応でも〝地球は一つ〟ということを人類に認識させると思います。この地球環境はかけがえのない最大の公共財だということです。そして、この公共財への歳出というのは避けられなくなっていく。その意味で、税金は払わなければいけない。それはみんなで負担しなければならない。例えば、治安のために一部の人間がお金を出してガードマンを雇うよりは、いい警察官に働いてもらう方がいいというのと同じです。たぶんそういうことが、この１００年で間違いなく起きてくる。新しい財政需要が起きるわけです。新しい公共財である環境問題のための支出をどう賄うのか、そのためには負担をどうするのか、ということを考えることが、たぶん必要になるのだと思います。

ただし一方、この環境問題ほど商売の種になるものはないのではないか、とも思います。ただ、これこそ日進月歩ですから、ついこの間、勝った技法は次は負けるかも知れません。しかし、そこは重要なアイテムだと思います。

（長寿社会（?・））

次が長寿社会ですが、「長寿社会（?・）」と書いたのはなぜか。長寿とは元気とは限らない。重要なことは元気で長生きするということです。これからの医療の発達により、死なない社会ではなくて、死ねない社会というのが近づいてくるのだと思います。ご存じのとおり、医療が発達すればするほど心臓死を防いで、脳死になる。医療は最善を尽くしますから。ただ、この死ねない社会の問題というのは、一方で同時にＤＮＡの組換えによって、たぶんこの１００年の間に人類が進化するかどうかという問題までも踏み込むことでしょう。ある特異な部分だけを残すこともできるし、死んだ夫の精子を残すことで夫を再生できるかも知れない。このことは人間の価値観をものすごく変えていくと思います。元気で長生きということと、死ぬということは何だということを、もう一度我々は突きつけられるということだろうと思います。

（人口移動）

次に、人口移動。日本の人口は少なくなり、世界の人口は増えるとすれば、水が高きから低きに流れ

※3　この頃は、世界の主要国が出生率のダウンにより、いずれ人口減少に向かうことになるとは思っていませんでした。

るように、世界から日本に大量に人が流れてくることになります。それは、間違いなく避けられないことだと思います。食糧問題がありますが、経済活動のあるところに人は集まるのです。だから、日本でも都市に人口が集まったのです。したがって、一国の経済というのは成り立たなくなっていく。先ほどの環境問題もしかりです。閉鎖的な国家関係の終焉です。

ここで、あえて非常に嫌なお話をします。年金というのは、私は今の仕組みではもつとは思えない。なぜなら、年金というのは掛けた年数と払った額に応じてもらうことになっています。生まれた時から日本の国にずっといるという前提で、年金制度はできています。すると、途中から移民してきた人をどうするのでしょうか。実は、この問題は沖縄復帰の時に突きつけられました。沖縄の人は昭和46年以前は、日本の国籍を持っていませんでした。年金に入れなかったのです。そのために沖縄の人には払えなかったという時代があったわけです。この時にも非常に苦慮したのですが、これから日本にも国際的な人口移動が起きてくるとすれば、同じようなことが起きてくる。閉鎖的なシステムで考えていたことが全部崩れていくということです。ですから、そういう意味でも国家というものの意識、特にアイデンティティというものをどう保つかということは、より難しくなるのではないでしょうか。

結局、情報化、環境、長寿社会、人口移動、どれをとっても何が起きるかわからない。裏を返せば、いろんな商売の種も残ってるし、やる気と好奇心とをもってすれば、そう捨てたものではないのです。ただひとつ考えていただきたいのは、今までのように国とか自治体とか誰かに頼るということはダメになる。自分で生きるということを確認していかざるを得ない時代になってきます。特に人口が１００億人にもなった時には、たぶん自分で自分のことを守る以外に方法はない。そういう時代が待っているのだということです。

非常に悲しいようですが、これを考えれば考えるほど、１９００年における夏目漱石みたいに鬱病になってしまうのです。しかし、奇しくも夏目漱石がいったように、一生懸命考えなければいけないけれど、それだけを考えすぎてもいけない、ということが結論なのではないでしょうか。

こういう厳しい状況、辛い状況の中にありますが、１９００年の頃に比べれば日本はまだいいほうです。当時は17位どころじゃないですから。世界の国の中で、日本なんていう国は知られていなかったのですから。あとは、日本がこういう激変の中でやれる基礎体力と、今持っている財産、文化的な財産、資質的な財産を総点検して、それをいかに活用し、やりたいことをどうやっていくかということしかないのではないでしょうか。そのように私は確信する次第です。

日本再生の道

税・財政を考える

［平成14年（2002年）1月26日］

主税局長

平成14年

日本の出来事

【国内経済】

●雪印食品、会社解散

●日本経済団体連合会誕生

【国内金融・中小企業】

●ペイオフ解禁（除く、流動預金）

【社会・生活・文化・科学・流行・世相など】

●地球温暖化防止の京都議定書批准承認

●『千と千尋の神隠し』

●住民基本台帳ネットワーク稼動

●「地上の星」

●サッカーW杯、日韓大会

2002年

世界の出来事

●ユーロ流通開始

●中国でＳＡＲＳ患者発生

米ソ冷戦の終焉がもたらした日本の危機

本日来る時に思い出したのは、平成8年の1月18日に呼んでいただいたとき、私がひとつ申し上げたことです。それは、平成7年3月に、ベアリングズ社がつぶれたとき、たぶん第2、第3のベアリングズ社が登場するのではないか、というお話でした。また、そのとき読んでいた新聞にあった、「日本人の大半が、今後日本は世界の原則に合わせていくべきだ、と考えている」というアンケート記事を読み、私は、世界の原則に合わせるのは大変難しいことですよ、とも申し上げました。

たぶん皆さん方は、今日その意味を非常におわかりになられていることでしょう。今日のことを、バブル崩壊後の10年、空白の10年、というような言い方をされていますが、私はこれはひとつの必然だと思っています。それは、平成3年の12月に、ソ連が敗戦・瓦解したためです。そのときまで、いわばフリーズされていた日本の敗戦が、現実になったということです。

以前にもお話しましたが、日本列島はユーラシア大陸にお碗型に位置しており、米ソ冷戦の最中にあって、もっとも重要な地域でした。それが米ソ冷戦の終焉とともに、その軍事的意味は大幅に失われることになりました。それまではココム規制というものがあって、中国への輸出も含め、共産圏への輸出はままならなかった。相手国へ武器を輸出するということは、当然のことながらできなかったわけです。それが、平成6年3月に撤廃されることになる。そして今日、人件費の安い中国へは、大量の投資が行われています。多くの企業が中国へ中国へと流れていくというのも、ここに端を発するわけであります。

敗戦を迎えたときの日本人が持っていた危機感を、平成3年の時点では多くの方が持っていない。現在もまた、悪戦苦闘の中にいるという認識がないように思います。これは、すべてが米ソ冷戦の終焉から始まるというわけではありませんが、その時点において日本が世界のルールにあわせる道を選ばざるを得なくなった。そして日本人は、それをよしとした。そこから、世の中でいわれる日本型システムというものを変えなければならない現実に直面した、ということであります。

日本人は農耕民族で、皆が一緒のことをやっていました。川の上流・下流というのは、それぞれ一体の文化圏をなしており、上で公害が起きれば、下流の方々が迷惑を受ける。それぞれの地域で、同じ問題を抱えながらやってきた。それに反した場合は、村八分ということになるわけですね。ですから皆で同じことをやるのが正しかった。

それに対して、今の日本に求められている社会は、人が右に行くというから、自分も右へ行けばいいというわけではない。方向を自分で選択し、自分でその責任をとらなければならない、そんな社会であります。

たぶん日本人は、なかなかそこへ行き着かないのが現実ではないでしょうか。以前にお話ししましたが、夏目漱石は、１９００年にイギリス・ロンドンに留学して、ノイローゼになって帰国しました。私が今申し上げた文化的な違いを、英語教師であった夏目漱石は、国際化の中で体験したのです。この社会の中に日本が入るのは、非常に大変なことだと実感したのです。彼の小説は、結局、ストレイシープ（迷える羊）で終わります。『こころ』、『それから』、『道草』、すべてそうです。最近になって夏目漱石論がいわれましたが、彼の経験を、ちょうど１００年後のわれわれ日本人全員が体験しているというのが、今の実情なのかな、という気がいたします。

私は、では日本に再生の芽はないのかというと、必ずしも悲観的な面ばかりではないのだ、ということを申し上げたいと思います。

まずはじめに、皆さんに知っていただきたいことがあります。私は最近よくベンチャーの若手経営者、店頭公開して間もない経営者の方々とお会いします。２００１年に、１年間で店頭公開された企業はだいたい１７０社。１９９８年頃から比べればどんどん伸びていて、店頭公開ということで見ると、決して一方的に悪い話ばかりではありません。店頭公開には大変な事務作業がいるものですから、現実的に作業量を考えると、最大でも1年間に２００社くらいしか、店頭公開に持っていけないようです。

平均的に、店頭公開企業の約3分の1が設立後10年未満でして、経営者も50歳未満が約4割というような方々です。彼らは会社をつくってから、一度として世の中に景気がいい時代を知らないのです。そういう方々はバブル崩壊後の世界しか経験していないのです。今日の状態しか知らないで経営している、ということです。

昨年か一昨年に下京納税協会の道端会長が、「絶対景気は良くならない、ということを噛みしめなさい」とおっしゃいました。確かに今の景気というのは、循環的なものではなくて、長期的なものであるわけです。ただ、それは定義の問題だと思っています。今までの「景気が良くなる」という言葉は、全体的に良くなることを意味していたわけですが、たぶんこれからは、全体的に良くなることはありません。景気が良くなるとは、勝ち組が良くなるということであって、負け組まで全員が良くなることはほとんどない。負け組が体質を変えてスタートすればともかく、今のままでは、全体的に良くなるというのは、かなり難しいのではないだろうか、という気がいたします。

本日は、最初に、税・財政の現状をご説明して、次に日本の再生というお話をさせていただきたいと思います。

１　税・財政の現状と問題——わが国の税・財政が抱えるさまざまな構造的問題点

国民負担は軽いが、多額の債務にあえいでいる

まず、図表８—１をご覧ください。平成元年から書いている折れ線グラフが一般会計税収、平成２年から書いてある点線が名目ＧＤＰです。名目ＧＤＰは、おおむね４５０兆円から、ピーク時には５百数十兆円までいき、現在は５００兆円くらいとなっています。歳入は、平成２年の60兆１０００億円がピークでした。

折れ線グラフに平成11年から書いてある点線をご覧ください。小渕総理時代に、景気対策として、国・地方合わせて、６兆６０００億円の恒久的減税がなされました。これが現在も続いているのですが、この６兆６０００億円を減税した後、たまたま10年満期の定額郵貯の満期がまいりました。ご記憶にあ

図表８－１　一般会計税収、名目 GDP の推移と主な税制の動き

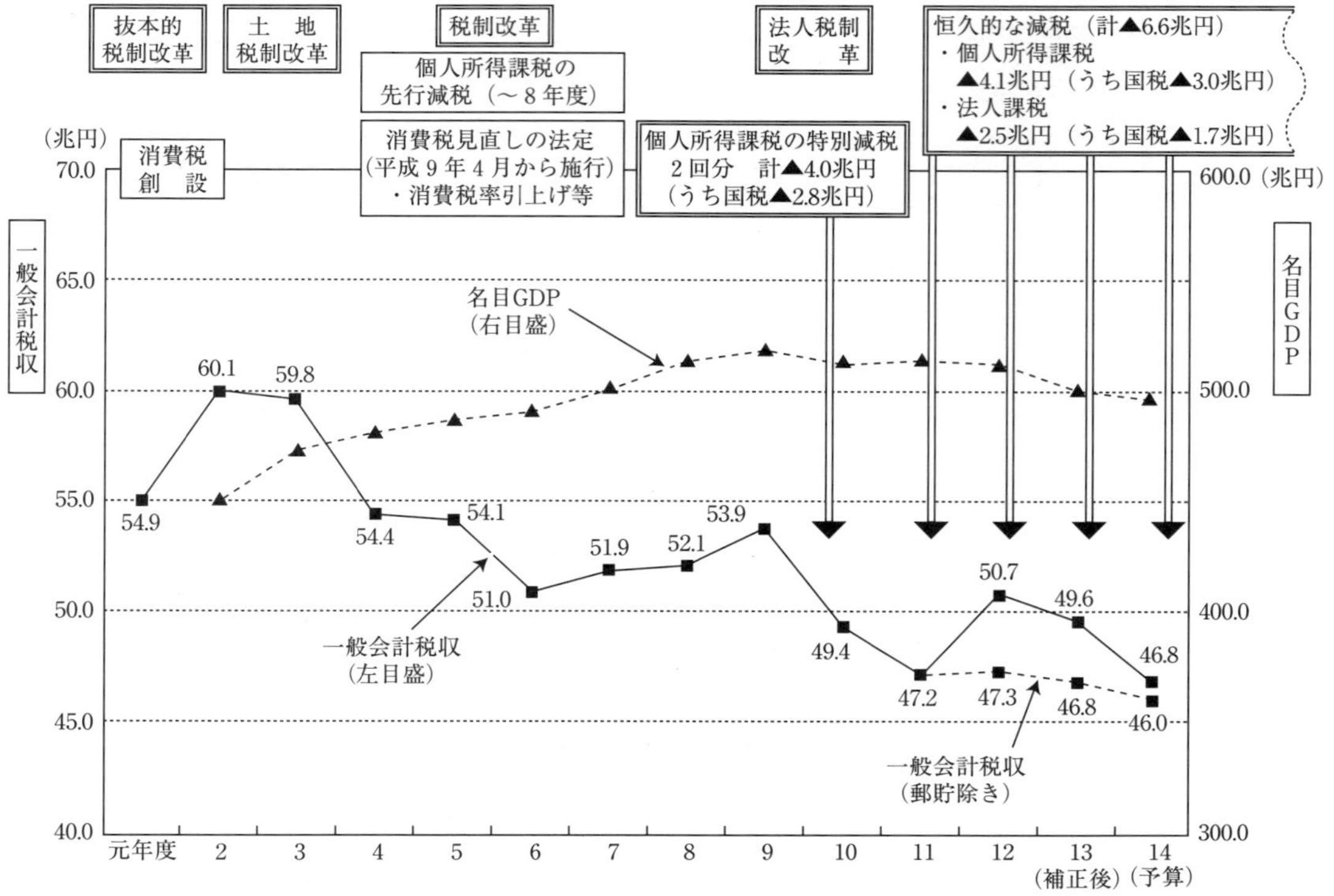

りますか、平成元年頃は非常に高金利の時代でした。その高金利の定額郵貯が10年経ち、満期をむかえて利子収入となり、それが利子税として跳ね返ってきているわけです。その結果、平成12年には、3兆円を上回る特別な源泉所得税が入ってきて、歳入が50兆７０００億円という数字になったわけです。しかし、この大量郵貯満期も、14年度でほぼ終わります。平成14年度は、これが８０００億円くらいあります。今の日本の税収は、46兆円くらいがおおむね常態になっています。

歳出カットをするなら、ここくらいまでしなければなりません。しかしそれが無理ならば、どのような財政運営をするか、ということになります。もちろん、景気をよくすることにより自然増収させる、という考えもあります。しかしあまりにもギャップが大きい。これは、各企業が抱えている経理状況の悪化問題と似ていると思います。

図表8—2をご覧ください。アメリカ、日本、イギリス、ドイツ、フランスの国民負担率の内訳を並べてあります。棒グラフの上に掲げてある数字は、借金でやっている、歳出のほうの潜在的な国民負担率です。すなわち、日本の場合ですと、8・4%というのは財政赤字でして、この赤字分を実質的な国民負担の36・9%にのせると45・3%というのが実情であります。しかしイギリス、ドイツ、フランスは、日本よりもっと高くなっており、特にフランスは70・0%となっています。

唯一日本より低いのはアメリカで、歳出を合わせても36・9%、国民負担率は35・8%で済んでいます。ただ、ひとつ見ていただかなければならないのは、下に書いてある「老年人口比率」です。日本に比べてアメリカは若い国です。日本は17・8%、これは65歳以上人口が17・8%ということで、イギリ

図表８－２　国民負担率の内訳の国際比較

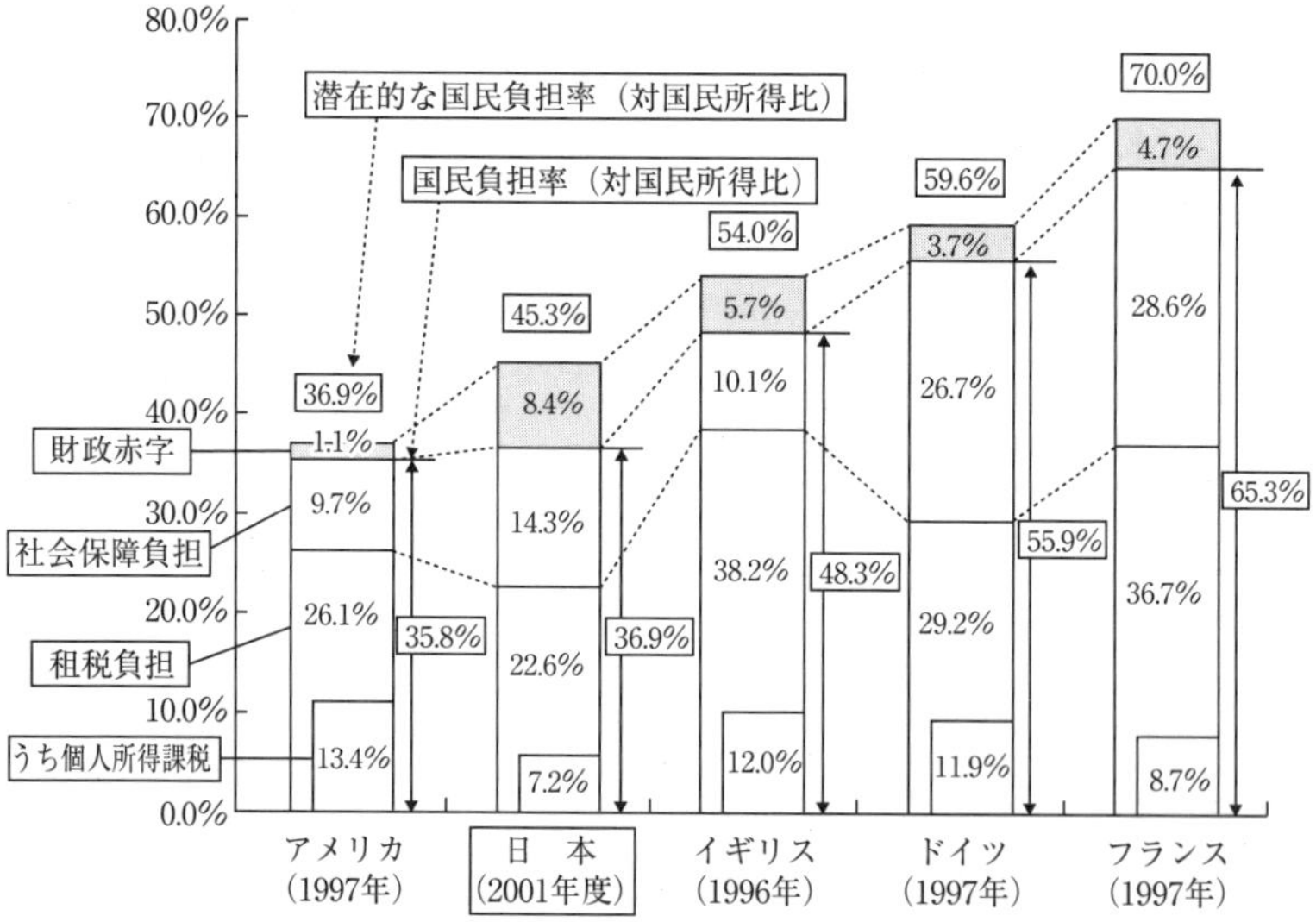

［老年人口比率］	12.6	17.8	15.8	15.2	15.2

ス、ドイツ、フランスよりも、老齢化が非常に進んだ国だということです。

老齢化率が高いことは、何も悪いことではありません。人間、長生きするためにそれぞれが努力してきました。不老長寿の薬を求めて、それぞれ先人は研究してきたわけですから、極めてありがたいことです。しかしこのことにより、社会保障負担が増えて、ある程度国の規模が大きくならざるを得なくなったものですから、アメリカと比べて日本がある程度高い支出になるのは、否めないのかもしれません。

図表８—３をご覧ください。日本の他に、韓国、ベルギー、イタリア、カナダという、普段登場しない国が書いてあります。右側の３か国は、先進国の中で最も財政が悪い国です。見ていただくとわかるように、債務残高が対ＧＤＰ比１００％を超えている国を並べました。ベルギーが１１０・

図表８－３　租税負担率の内訳の国際比較（国税十地方税）

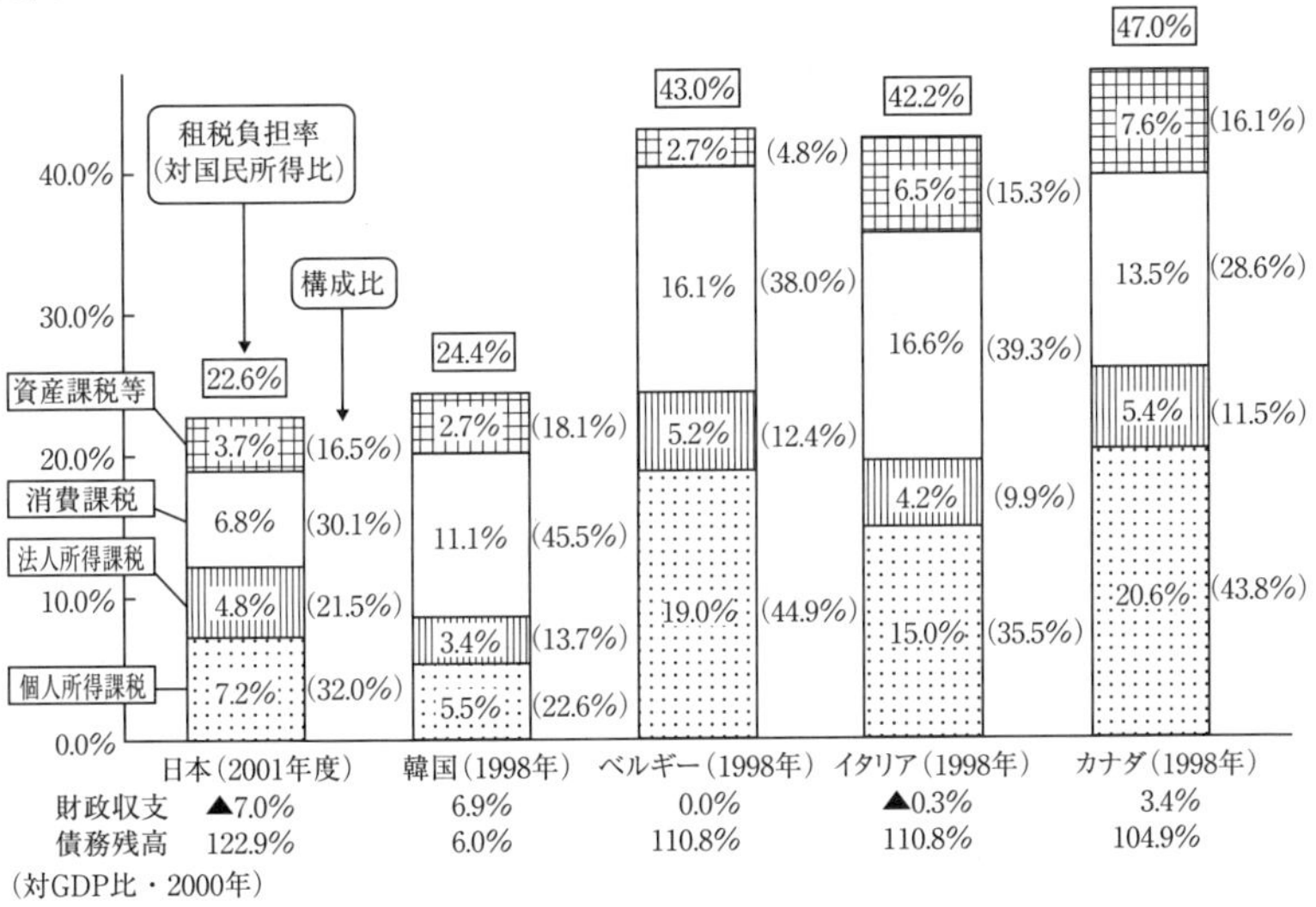

（注）１．租税負担率については、日本は平成13年度当初予算ベース、日本以外は「Revenue Statistics 1965-1999（OECD）」による。
また、財政収支及び債務残高については，「OECD Economic Outlook 69」による。
２．所得課税には資産性所得を含む。
３．日本の法人所得課税の租税負担率（4.8％）の内訳は国税3.0％、地方税1.8％。

８％、イタリアも１１０・８％、カナダ１０４・９％、いずれも債務残高がＧＤＰを上回っています。1年間の国の生産額を上回る残高の借金がある国です。

しかし、この3か国は、いずれも財政収支はなんとか健全化させています。特にカナダは黒字となっていますが、その分、租税負担率は高くせざるを得なくなっています。それに対して日本は、財政がさらに悪化していますから、経済を建て直すために、必死に借金でやりくりして国を営んでいるということが、お読み取りいただけるかと思います。

お隣の韓国ですが、確か2年前には、インドネシアに始まった金融危機が韓国に飛び火して、今にもデフォルトを起こすかという状態に陥っていましたが、あっという間に改善しました。債務残高はＧＤＰ比６％しかありませんし、財政収支は黒字です。非常に財政状況のいい国になっています。ちょうど今から十数年前の日本が、イタリアやカナダに対して、「ああ、あんな財政の悪い国になりたくないね」といっていたその時代の日本と同じような意味で、韓国は極めていい財政状況にいるということです。

次にＯＥＣＤ諸国と比べた日本の租税負担率をＧＤＰ比で見ても、メキシコを除き、ＯＥＣＤ諸国の中で、日本は一番租税負担率の軽い国となっています。メキシコは産油国なので、油である程度まかなえますから、実質は日本は一番租税負担を軽くしている国だ、ということです。もちろん、負担は軽ければ軽いほうがいいわけです。しかし、他方では債務残高を抱えながら、必死にあえいでいる。会社でいえば、借金をしながらも、なんとか会社を建て直そうと、ジタバタしているのが、今の日本の状況だと思います。

所得税減税の効果と課税最低限の関係

次に、税の現状ということで知っておいていただきたいのが、図表８—４です。日本の総人口は、１億２６６４万人。そのうち、働いている方が６４６２万人です。しかし、働いて所得を得ながら、所得税を払わずに済んでいる方が、１５１１万人。働いている方の４分の１にあたっています。「税負担の空洞化」といいますか、働いている人のうち、４分の３しか所得税の負担がない状態に至っています。これは、景気対策という観点もあり、所得税の減税をしてきた、特に、課税最低限を上げてきたことに

図表８－４　所得税の納税者数（平成11年分）

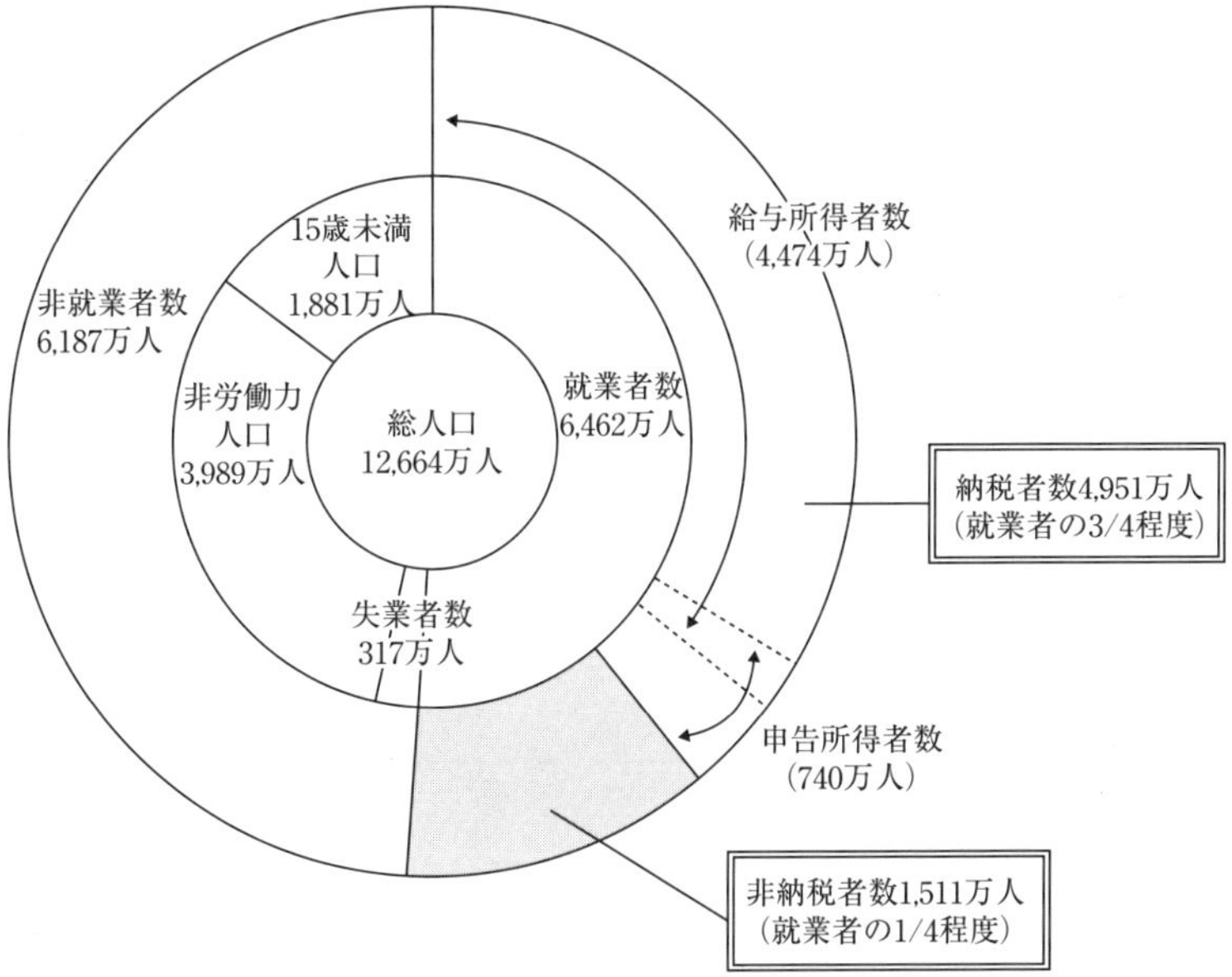

（備考）１．人口、就業者数等は、「平成12年　労働力調査年報」（総務庁）による。
２．納税者数は、給与所得者（納税者）と申請所得者（納税者）の合計から、重複分として、申告納税者のうち給与所得に対する源泉徴収をされた者を控除して計算した。
３．給与所得者（納税者）は、「平成11年分　民間給与の実態」（国税庁）及び源泉所得税の課税実績から推計した。
４．申告所得者（納税者）は、「平成11年分　申告所得税の実態」（国税庁）による。

も原因があるのです。

以前、景気対策として地域振興券というものを発行したことがありました。あれは、景気対策をしようとしても、税金を払っていない方に対して減税はできませんから、ああいう形でせざるを得なかったわけです。これが、今の所得税の現状です。

図表８―５をご覧ください。民間給与実態調査の１人当たりの源泉所得税額で見ますと、おおむね１８００万人の方、４５・３％の１人当たり源泉所得税額の平均は、７万５０００円。だいたい年10万円以下

図表８－５　給与収入階級別の納税者数と１人当たりの源泉所得税額（平成12年分）

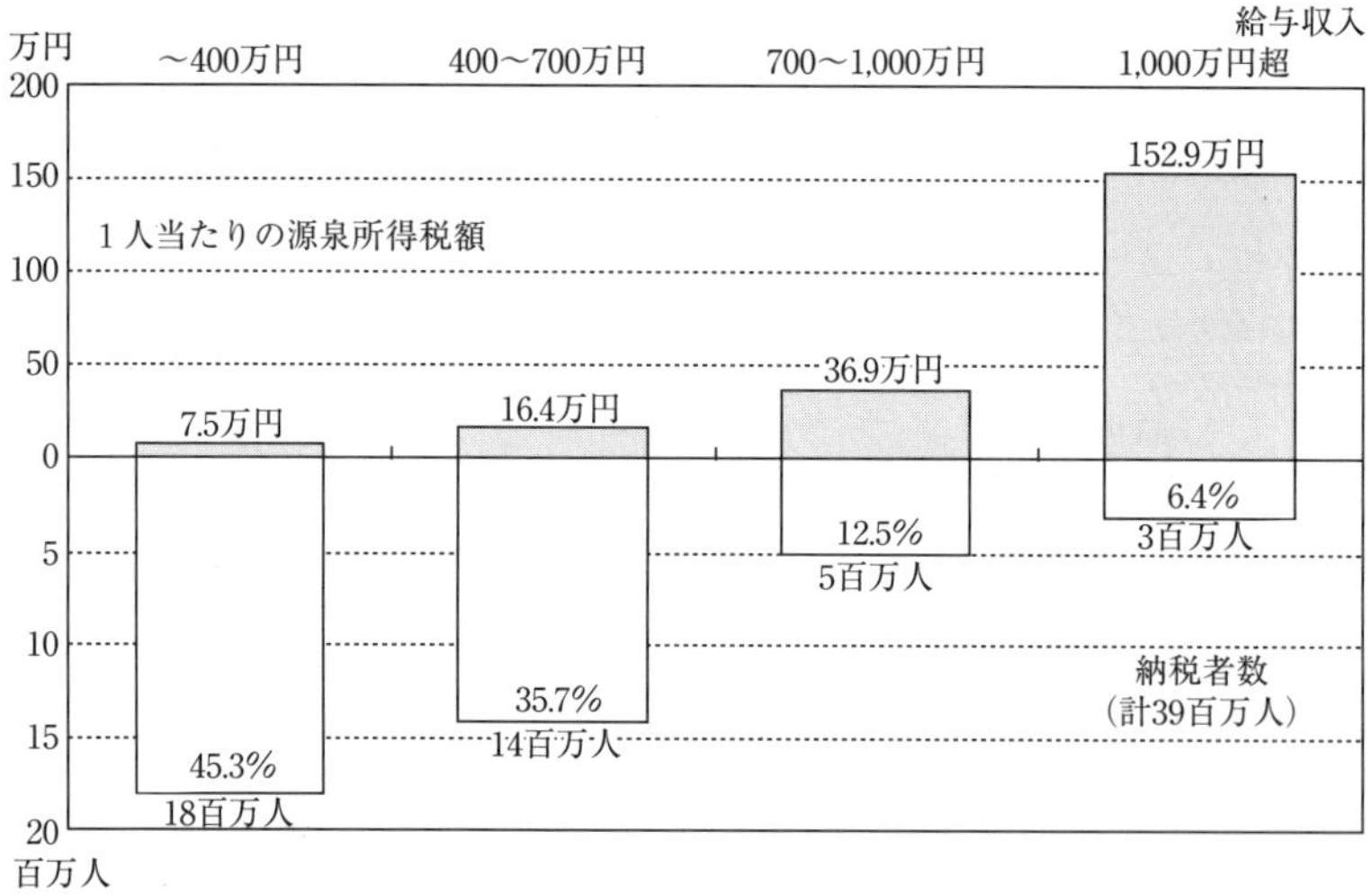

（備考）国税庁「平成12年分　民間給与の実態」より作成。

（注）１年を通じて勤務した給与所得者（年末調整を行わなかった者を含む）のうちの納税者である。

です。35・7%、１４００万人の方は、平均16万４０００円で、だいたい年20万円以下です。この45・３%と35・７%を足すと、８割を超えています。約８割の方は、年の源泉所得税額が20万円以下だということです。

皆さんご存じのとおり、住宅取得促進税制というものがあります。家を建てた場合、年間最高50万円まで税額控除ができる。その年に払う所得税を、50万円差し引ける。ところが、８割の方の所得税が20万円以下ですので、住宅取得促進税制の50万円はあまり効果がないのが実情です。

この状態が起きている理由は、図表８—６を見ていただければおわかりかと思います。これは、給与収入７００万円の方で、夫婦子２人、うち１人は高校生あるいは大学生であるご家庭の場合を例示したものです。

図表８－６　所得税の課税ベース（給与収入700万円の場合）

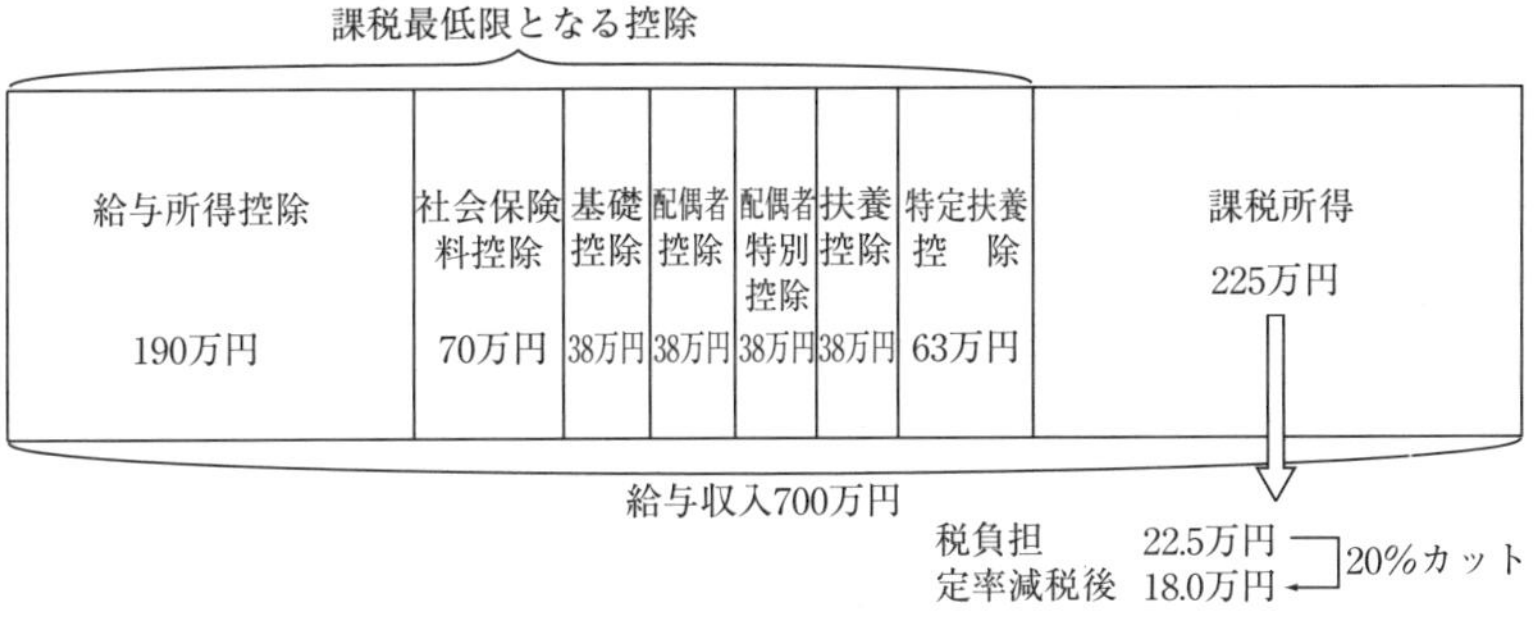

課税最低限というのは、各種控除で収入から経費を差し引いて生まれます。すなわち、収入から収入に係った経費を差し引いた残りが所得です。サラリーマンにとっての経費とは、この給与所得控除にあたるわけですが、給与収入７００万円の方ですと、給与所得控除は１９０万円です。事業者の方が、収入を得るために係る経費を積み上げるのと同じような意味で、一般的なサラリーマンの方が、給与所得に係る経費を積み上げて１９０万円というのは、かなりの高水準でしょう。今でも特定支出控除制度があるのですが、特定の支出を足していって、給与所得控除額を上回ることは、なかなかありません。特定支出控除を適用されている方というのは、例えば、東京あるいは大阪でいえば、週に何回か福岡へ通勤しているといった、何か特定の支出がある方のみです。一般的にはかなり高いレベルの給与所得控除になっている、というのが実態です。

他にも、社会保険料控除や基礎控除、配偶者控除、配偶者特別控除、扶養控除、特定扶養控除があります。特に奥様の場合、外で働いておられない、あるいは外で働いていてもパートの範囲内であれば、いわゆる基礎控除の38万円と給与所得控除の最低限65万円を足した１０３万円の範囲内ですと、ご主人の所得額にもよりますが、配偶者控除に加えて配偶者特別控除の対象にもなります。それらを適用しますと、資料のとおりになるわけです。その結果、収入に対する課税所得は２２５万円です。これに、所得税率１割をかけると22万５０００円。そして、小渕総理時代に行われた恒久的減税によって、税額が20%カットされまして、18万円になるということであります。

収入金額によって控除の多寡は違いますが、こういうことが課税ベースを狭くしているという議論がよく出てまいります。こういう控除を全部取り払って一律にすれば、非常にわかりやすい税になるというお話がありますが、給与所得控除をやめてしまうことは難しいでしょう。なぜなら、給与所得控除をやめてしまったら、所得税ではなくなり、収入税になってしまうからです。

本来所得というのは、収入から、収入を得るために係ったいろんな経費を差し引いた残りの金額です。しかし、その経費を差し引かないで、税金をかけてしまっては所得税にはなりません。給与所得を得るために係った経費という意味で控除がある。それに、人的控除なり社会保険料控除をどうするか。同じ税収を稼ごうとすれば、課税ベースをかなり拡げるなら、税率は下げられます。しかし他方で、これは先ほど申し上げた、働きながらも税金を払っていない4分の１の方のところへ課税するということになります。これはこれで大変難しい問題であろうと思います。

課税最低限を念頭においた所得税率の国際比較

図表８—７をご覧いただきたいと思います。驚かれると思いますが、日本とアメリカの一番上の欄を

図表８－７　個人所得課税の国際比較

区分＼国名	日本（昭和61年度）	日本（平成13年度）	アメリカ	イギリス	ドイツ	フランス
国税収入に占める所得税収入の割合	39.3%	35.2%	〔11年〕 74.5%	〔10年〕 35.7%	〔11年〕 35.9%	〔11年〕 18.3%
国民所得に占める所得税負担割合（地方税を含めた場合）	6.2% (8.9%)	4.7% (7.2%)	〔10年〕 11.7% (14.2%)	〔10年〕 13.3%	〔10年〕 10.0% (12.5%)	〔10年〕 10.7%
課税最低限 [地方税の課税最低限]	235.7万円 [191.2万円]	384.2万円 [325.0万円]	299.8万円	137.0万円	368.0万円	279.5万円
税率　最低税率	10.5%	10%	10%	10%	19.9%	8.25%
税率　最高税率 [地方税を含めた場合]	70% [78%]	37% [50%]	38.6% [49.1%]	40%	48.5%	53.25%
税率の刻み数 [地方税の税率の刻み数]	15 [14]	4 [3]	6 [5]	3	—	6

（備考）１．課税最低限は、夫婦子２人（日本は子のうち１人が特定扶養親族に該当するものとし、アメリカは子のうち１人を17歳未満としている。）の給与所得者の場合である。
２．税率は、日本については平成11年以降20%の定率減税（所得税25万円、個人住民税４万円限度）が実施されており、ドイツについては別途、連帯付加税（算出税額の5.5%）が課されている。
３．アメリカの最高税率については、ニューヨーク市の場合である。
４．日本の13年度は当初予算ベースであり、61年度の地方税を含めた最高税率は賦課制限適用後の税率である。
５．諸外国は2001年７月適用の税法に基づく。
６．邦貨換算は次のレートによった。
（１ドル＝119円、１ポンド＝173円、１マルク＝55円、１フラン＝16円）

ご覧いただくと、「国税収入に占める所得税収入の割合」が、平成13年度で日本が35・２％であるのに対して、アメリカは74・５％、日本の倍以上、所得税収入がウェイトを占めているのです。資料にはありませんが、額でいうとアメリカの所得税は日本の6倍になります。アメリカの人口はおよそ日本の倍ですから、１人当たりにすると3倍の所得税が払われているというわけです。

レーガン税制により、アメリカは最高税率が低いというお話がありますが、現在のアメリカはそんなに低いわけではありません。日本は確かに昭和61年度、抜本改正前までは、地方税を含めると78％という極めて高い累進税率でした。しかし現在は、国税が37％、地方税が13％、足して50％が上限です。

アメリカの国税は38・６％です。地方税額は、州あるいは市によって違いますが、例えばニューヨーク市の場合では、国税に地方税を足して49・１％です。おおむね日本と変わりません。それにも関わらず、日本の所得税の3倍も払われているということは、アメリカは課税最低限がかなり低いということですし、何よりアメリカは完全総合課税ですから、証券の譲渡益から各種の譲渡益まで、すべて総合課税されている点も関係していると思います。

イギリスは住民税がないので、国税だけで40％、ドイツも地方税がありませんので48・５％、フランスが53・２５％となっています。税率構造の面で見ても、日本の最高税率自体はそれほど高くありません。もちろん現実問題として、その適用の幅をどう見るか、という問題はあるかと思います。

また、昨年もお話しましたが、給与収入階級別に、５００万円、７００万円、１０００万円という給与収入の方の税負担額を見ても、夫婦子２人の場合で、日本、アメリカ、イギリス、ドイツ、フランスを比較すると、給与収入５００万円はもとより、１０００万円のところで見ても、日本が圧倒的に低いことはおわかりいただけると思います（２７０ページの図表７―５を参照）。これは何も夫婦子２人の場合だけではなくて、単身の方、あるいは夫婦のみ、夫婦子１人の場合でも同様に低い。もちろん、生活費の問題などがありますから、一律にはいえませんが、税体系で見れば、こういう状態です。

ちなみに、給与収入３０００万円、４０００万円、５０００万円の人の所得税・個人住民税負担額を見てみると、収入３０００万円の人は、夫婦子２人であれ、夫婦のみであれ、夫婦子１人であれ、単身であれ、日本の負担額が一番低い。４０００万円、５０００万円ですと、だいたいアメリカ、イギリス並になります。

ここで少しお話したいのは、よくいわれる直間比率の見直しのことです。確かに日本は、消費税を導入するまでは所得税一辺倒で、所得税の負担が重く、付加価値税を含めた消費税や、その他の間接税が少ないといわれてきました。しかし、今や日本はかなり所得税の軽い国になっています。直間比率で見ると、日本は消費税も低いですから、決してバランス的にいびつなわけではありません。今後、いったいこれをどう考えるかが問題です。もし所得税を見直すときに、税率構造をどうするのか、あるいは課税最低限をどうするのか、という問題にぶちあたっているわけです。

同じような税率構造であるにせよ、あるいはフラット化するにせよ、累進構造をさらに高めるという議論はあまりないと思います。しかし、課税最低限を下げるということは、等しく皆がその分の負担をすることですから、当然、所得の高い方にもその分の負担がかかることになります。これは、国民の合

図表８－８　法人数の内訳と実効税率

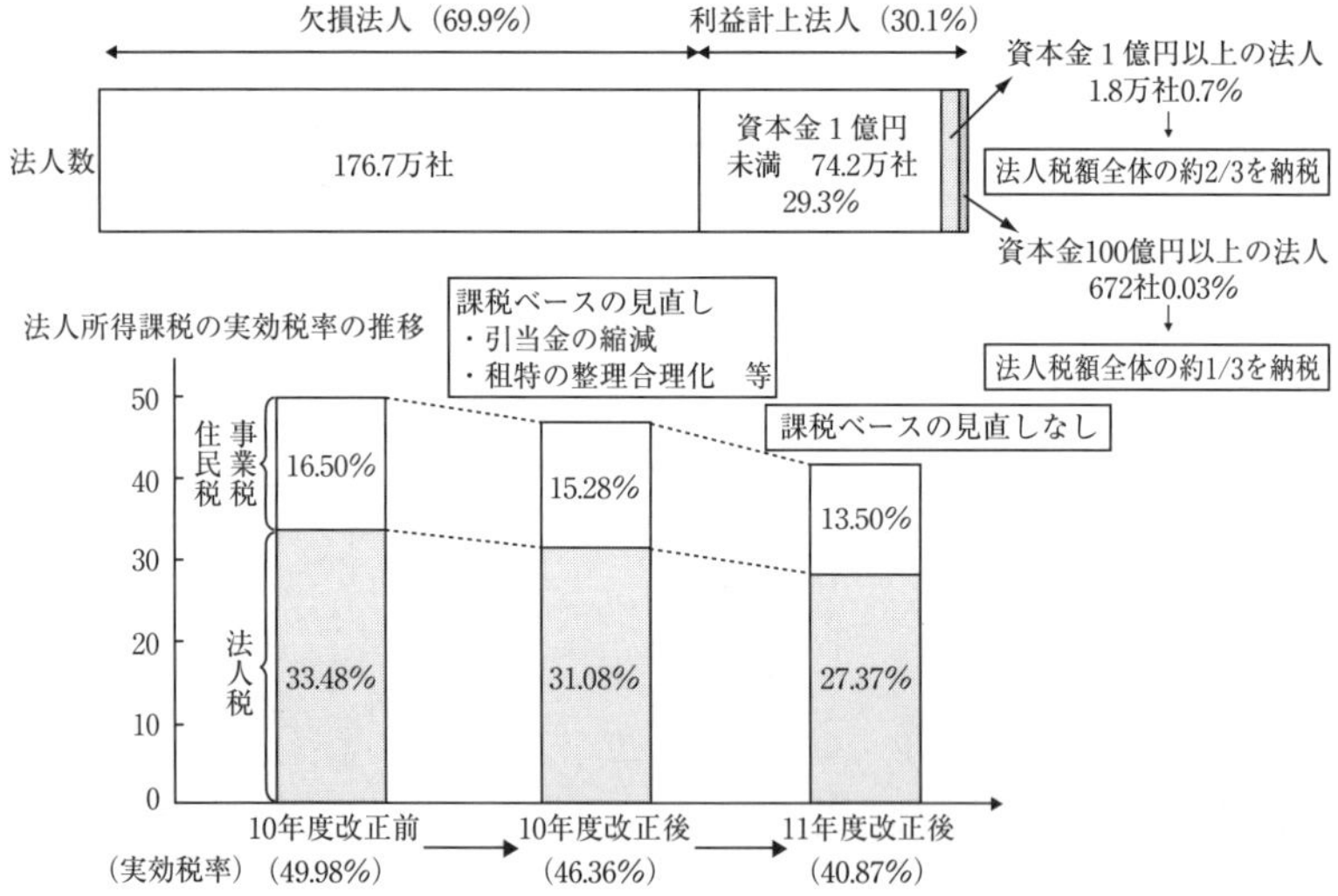

（注）法人数は、「税務統計から見た法人企業の実態（平成11年分）」（国税庁）による。実効税率は、法人事業税が損金算入されることを調整した上で、「法人税」「法人住民税」「法人事業税」の税率を合計したものである。

意という点で、大変難しい。歳出の問題、福祉政策の問題、消費税の問題などを含めて、この辺りの取扱いは、これから非常に議論されるという気がいたします。

勝ち組と負け組が徐々にはっきりしてきた企業の実態

次に図表８—８をご説明させていただきます。以前、法人の実効税率はだいたい５割でしたが、平成10年度、11年度の改正によりまして、現在の実効税率は、法人税27・37％、法人住民税・法人事業税13・50％を合わせて、40・87％という水準です。一方で現在は景気悪化の問題もあって、欠損法人が約69・9％、７割にもなっています。利益計上法人は３割です。これは、以前からいわれてきた中小法人だけでなく、今や大法人におい

図表8－9　法人の所得金額と欠損金額の推移

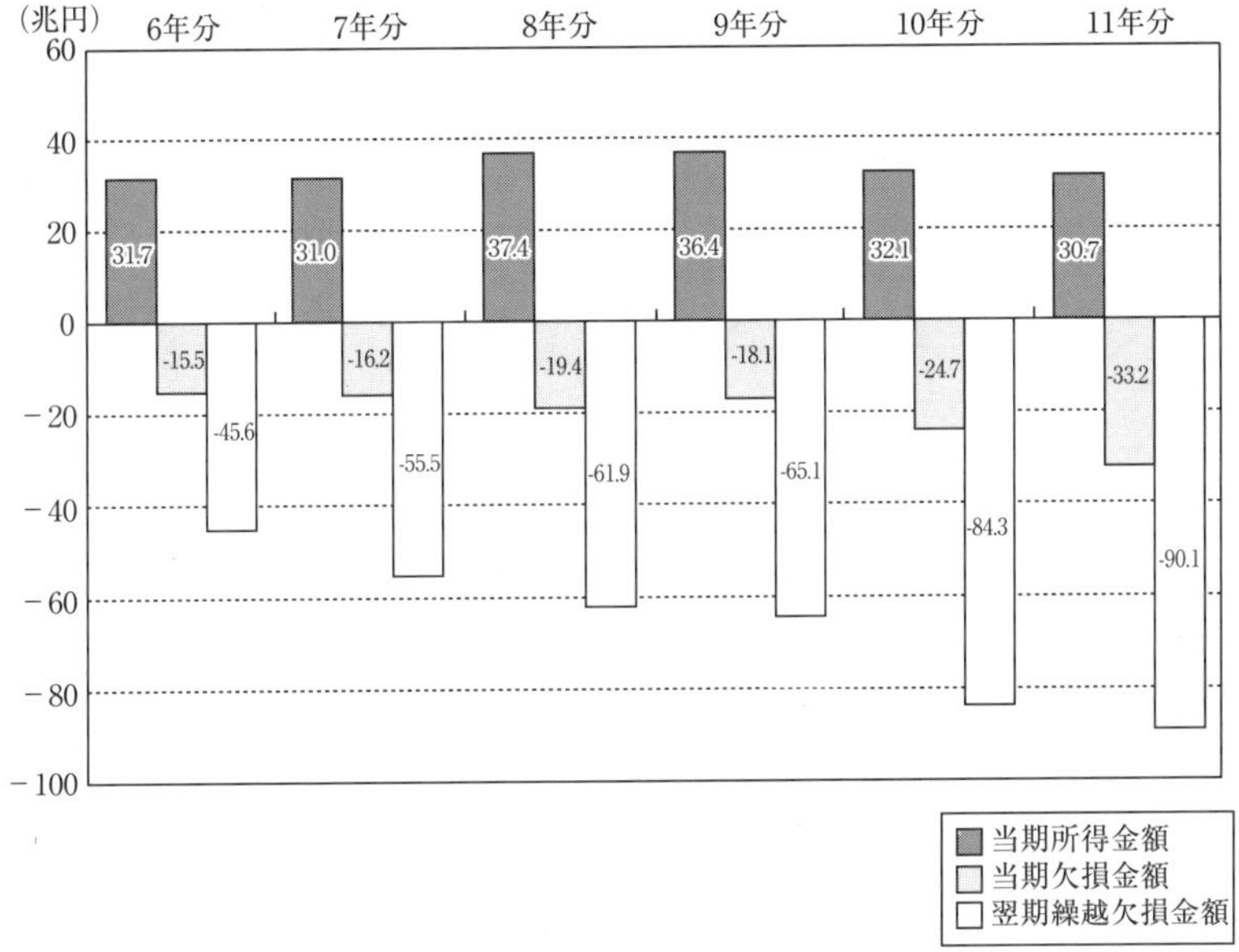

（注）１．「当期所得」は、繰越欠損金額の控除後の金額である。
２．各年２月１日から翌年１月31日までの間に終了した事業年度についての計数であり、「税務統計から見た法人企業の実態」（国税庁）による。

ても、このような姿になりつつあるといえるでしょう。しかし、法人税は利益計上法人にしか納税義務がありませんので、全法人の0・7％にあたる資本金1億円以上の法人1万8000社が、法人税額全体の3分の2を納税しているのです。いい換えれば、資本金1億円未満の法人74万2000社で、法人税額全体の3分の1しか納税していないことになります。

ここで図表8―9をご覧ください。平成6年から11年まで、法人の所得金額はほとんど30兆円台でした。今より景気の良かった平成11年においてすら、30兆7000億円です。それに対し、欠損金額はどんどん増えまして、33兆2000億円。平成11年から、所得金額と欠損金額を差引すると、欠損金額のほうが大きいという事態になっているのです。その結果、累積欠損も増え続け、国税庁の法人企業統計では、平成11年で90兆円の累積欠損になっています。もちろんこの中に、不良債権も入り込んでいます。

意外に思われると思うのですが、最近は法人税の滞納が減ってきています。普通、景気が悪ければ法人税の滞納は増えます。ところが増えないのです。減ってきております。もちろん、徴収職員の努力、あるいは納税協力団体、各企業・銀行等のご理解とご協力に依る面もありますが、実は勝ち組と負け組がはっきりしてきている、ということなのです。

黒字法人が赤字になって資金繰りに困り、以前黒字だったときの法人税を払えない、ということから滞納が出るのですが、ずっと黒字のところは資金繰りに困らないので、納税意識さえきちんとしていらっしゃれば、払っていただけるわけです。以前のように、景気がよくなったら黒字、悪くなったら赤字というよりは、[※1]景気とあまり関係なく黒字は黒字、赤字は赤字といった姿が、徐々に現れだしている気がするわけです。

滞納というと、もっぱら消費税の滞納になるわけですが、これは消費税が、ある種の預かり金的性格を有しているので、黒字・赤字に関係なく負担しなければならないからです。同じ理由で、市町村によって違うとはいいながら、固定資産税の滞納もかなり増えている、というふうにも聞き及んでいます。

図表8―10をご覧いただきたいと思います。これは、資本金が1億円未満の企業と、資本金1億円以上の企業とに分けまして、その付加価値を表したものです。平成11年度、資本金1億円以上の法人企業

図表８－10　法人企業の付加価値の内訳

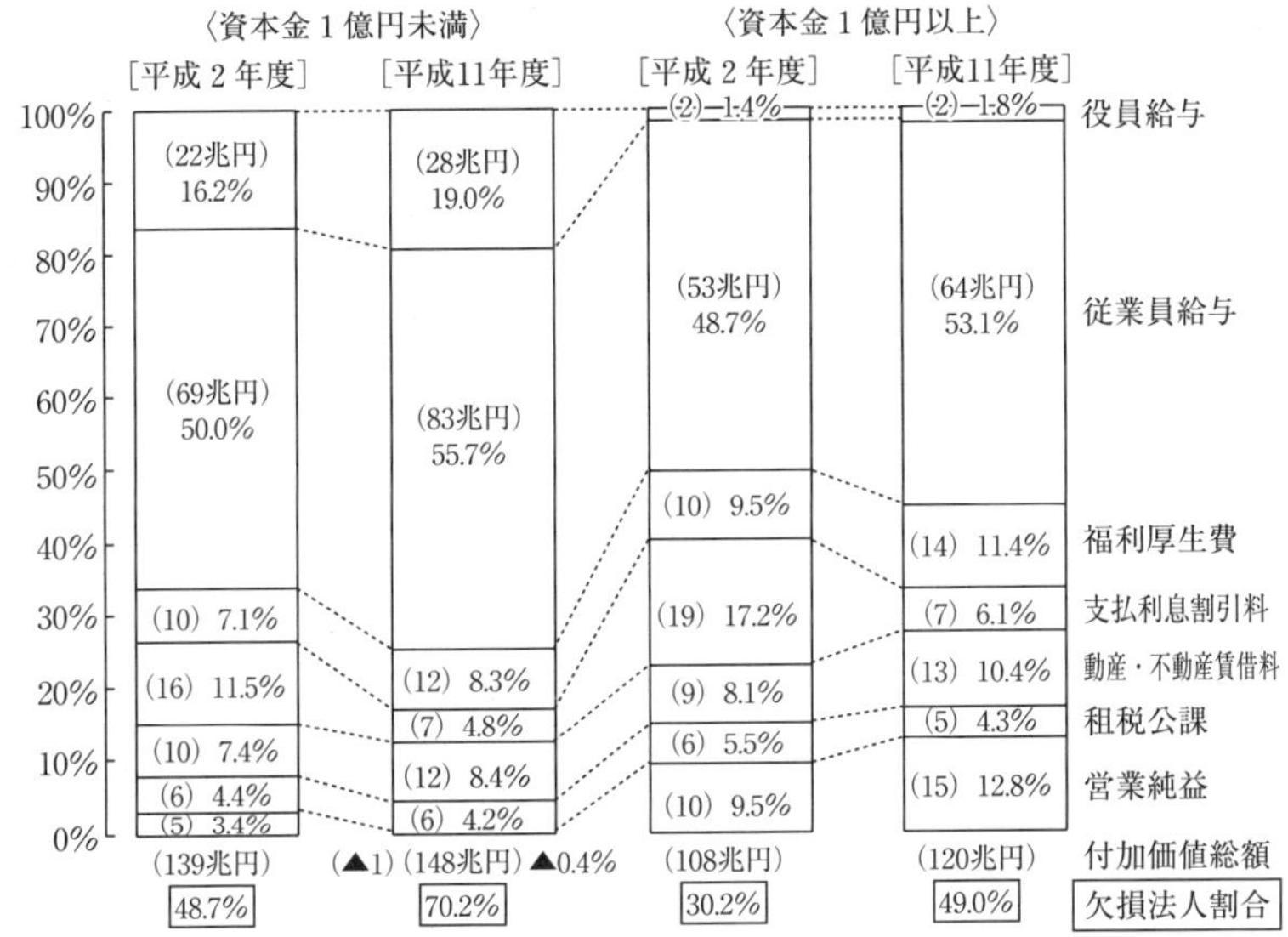

（注）付加価値の内訳は、「法人企業統計年報」（財務省財務総合政策研究所）による。

が生み出した付加価値は、全体で１２０兆円、資本金１億円未満の法人企業の場合は１４８兆円です。資本金１億円以上の大法人よりも、中小企業のほうが、付加価値としては大きいのです。資本金１億円以上の企業の営業純益は15兆円で、これは全体の12・8％です。しかし、資本金１億円未満の企業の営業純益はマイナス１兆円、営業純損なのです。

では、どこに付加価値があるかというと、中小企業の場合は、役員給与で28兆円、従業員給与で83兆円、そして福利厚生費で12兆円と、人件費関連で付加価値が生まれています。ですから、失業問題になったときは、中小企業の役割が極めて大きいのです。それに対し、資本金１

※１　この傾向は中小企業に多く見られ、景気が回復してきた今日でも企業倒産が減らない、むしろ増加傾向にある理由かと思われます。

億円以上の企業は、役員給与が2兆円、従業員給与が64兆円、福利厚生費14兆円となっています。

これが平成11年度の姿ですが、注目していただきたい点が2つあります。1つ目は、平成2年と平成11年とを比べると、人件費が増えている点です。物価の上昇、賃金アップのためですが、景気が悪い、リストラだといわれながら、役員給与も従業員給与も増えています。

2つ目は、資本金1億円以上の企業では、営業純益が10兆円から15兆円に増えていることです。平成2年のバブル期よりも、平成11年のほうが営業純益が大きい。逆に中小企業は、営業純益が5兆円からマイナス1兆円へと転じています。

他方で見ていただかなければならないのは、欠損法人割合です。資本金1億円以上の企業の営業純益は増加しているのに、欠損法人割合が、30・2%から49%に増えている。いい換えれば、赤字法人は3割から5割に増えながら、営業純益は10兆円から15兆円に増えているのですから、黒字のところはより多く儲かった、ということです。この辺りからも、勝ち組と負け組が徐々にはっきりしてきている、ということが浮かび上がってきていると思います。

次に、図表8—11をご覧ください。日本が、法人税率を少しずつ下げてきたこと、中小法人の軽減税率が22%まで下がっていることがおわかりいただけるかと思います。

相続税と贈与税、相続税法と民法、それぞれの関係における問題点

それから図表8—12をご覧ください。相続税の税率構造は14段階から9段階になりましたが、この最

図表８－11　法人税率の推移

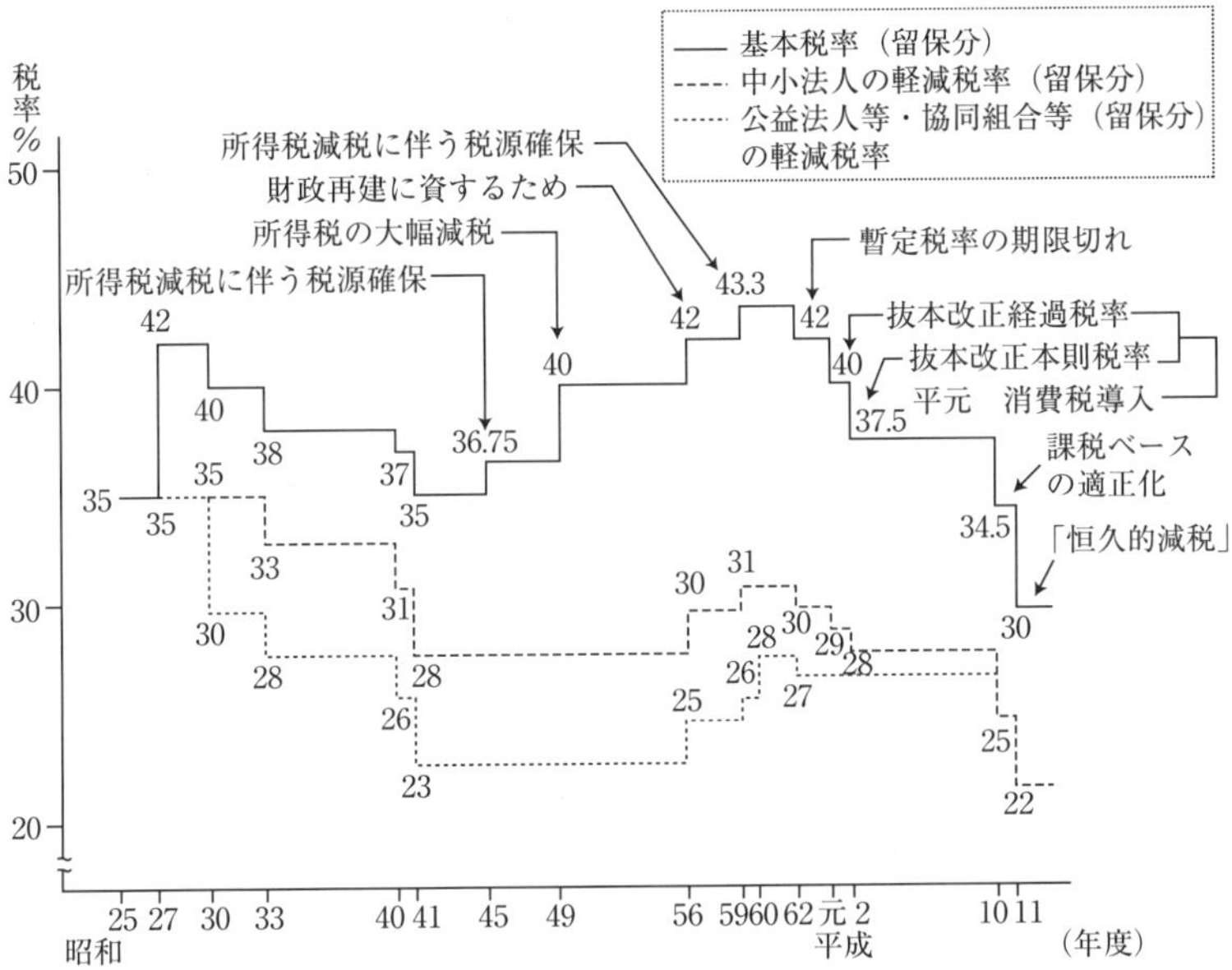

高税率70％は、幅を拡げながらも、依然高いといえるかと思います。

政府税制調査会の答申等では、相続税率を引き下げて、所得税並みにしたらどうだ、という意見がかなり強くあります。過去の中期答申では、そのような方向が示されています。他方で、基礎控除は相当上げてまいりました。２０００万円の定額控除を５０００万円にしたり、１人当たり４００万円というのを１０００万円に増やしたり、あるいは小規模宅地の減額を、特定事業用や居住用では８割減らしたりして、負担感の減少に努めてきたわけです。

その結果、図表８―13をご覧いただきますと、死亡者数に対する相続税の課税件数の割合は、バブル直前の抜本改正前の昭和62年で７・９％、平成３年では６・８％であったのが、平成11年では５・２％になっています。今はさらに下がって、

図表８－12　最近における相続税の主な改正

		抜本改正前	抜本改正（昭和63年12月） （昭和63年１月１日以降適用）	平成４年度改正 （平成４年１月１日以降適用）	平成６年度改正（現行） （平成６年１月１日以降適用）
税率構造	イメージ図	5億円超 （最高税率75%） 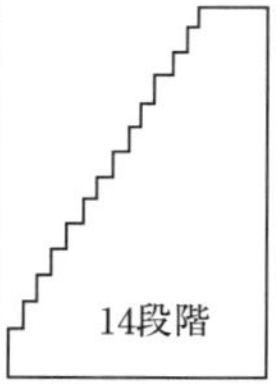	5億円超 （最高税率70%） 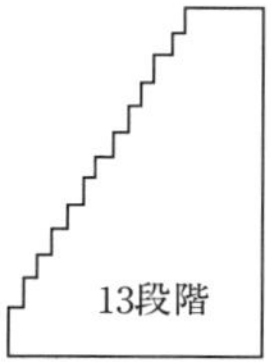	10億円超 （最高税率70%） 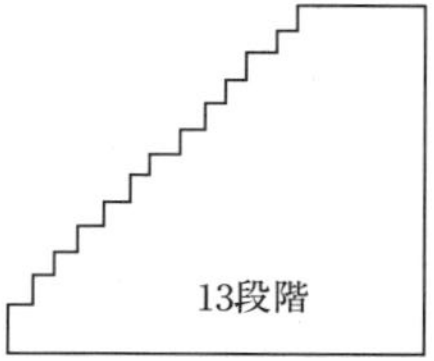	5億円超 （最高税率75%） 20億円超 （最高税率70%） 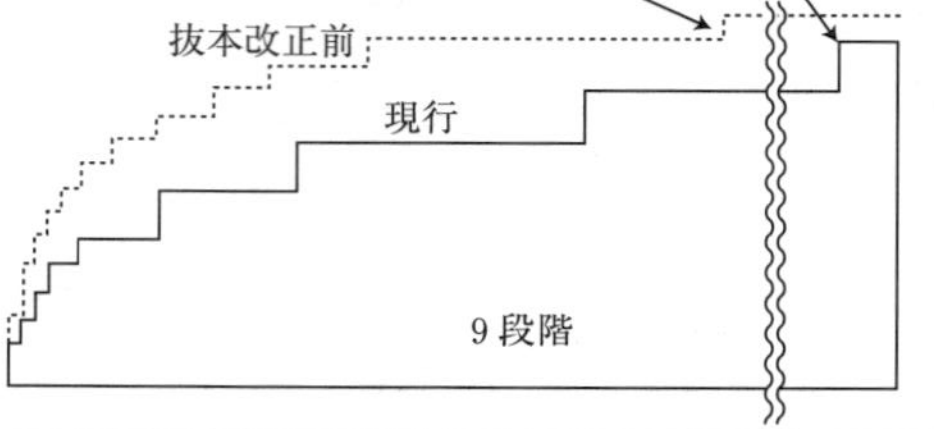
基礎控除		2,000万円 ＋ 400万円×法定相続人数 （3,600万円）	4,000万円 ＋ 800万円×法定相続人数 （7,200万円）	4,800万円 ＋ 950万円×法定相続人数 （8,600万円）	5,000万円 ＋ 1,000万円×法定相続人数 （9,000万円）
小規模宅地の課税の特例	適用対象面積	200m²	200m²	200m²	200m² ―平成11・12年― 特定事業用等　330m² 上記以外　200m² ―平成13年～― 特定事業用等　400m² 特定居住用　240m² 上記以外　200m²
	減額割合	事業用　40% 居住用　30%	事業用　60% 居住用　50%	事業用　70% 居住用　60%	特定事業用等｝80% 特定居住用｝ 上記以外　50%

（注）１．基礎控除の（　）内は、法定相続人が４人（例：配偶者＋子３人）の場合の額である。

　　　２．特定事業用等又は特定居住用とは、事業又は居住を継続して行う場合をいう。

図表８－13　相続税の課税状況の推移

区分／年分	死亡者数・課税件数等				合計課税価格		相続税額		
	死亡者数 (a)	課税件数 (b)	(b)／(a)	被相続人1人当たり法定相続人数	合計額 (c)	被相続人1人当たり金額	納付税額 (d)	被相続人1人当たり金額	(d)／(c)
	人	件	%	人	億円	万円	億円	万円	%
昭和62	751,172	59,008	7.9	3.93	82,509	13,982.6	14,343	2,430.7	17.4
63	793,014	36,468	4.6	3.68	96,380	26,428.6	15,629	4,285.5	16.2
平成元	788,594	41,655	5.3	3.90	117,686	28,252.5	23,930	5,744.9	20.3
2	820,305	48,287	5.9	3.86	141,058	29,212.4	29,527	6,114.8	20.9
3	829,797	56,554	6.8	3.81	178,417	31,548.0	39,651	7,011.2	22.2
4	856,643	54,449	6.4	3.85	188,201	34,564.7	34,099	6,262.5	18.1
5	878,532	52,877	6.0	3.81	167,545	31,685.9	27,768	5,251.5	16.6
6	875,933	45,335	5.2	3.79	145,454	32,084.4	21,058	4,644.9	14.5
7	922,139	50,729	5.5	3.72	152,998	30,159.9	21,730	4,283.5	14.2
8	896,211	48,476	5.4	3.71	140,774	29,039.9	19,376	3,997.0	13.8
9	913,402	48,605	5.3	3.68	138,635	28,522.8	19,339	3,978.8	13.9
10	936,484	49,526	5.3	3.61	132,468	26,747.1	16,826	3,397.4	12.7
11	982,031	50,731	5.2	3.59	132,699	26,157.4	16,890	3,329.3	12.7

（備考）１．“死亡者数(a)”は「人口動態統計」（厚生労働省）により、その他の計数は「国税庁統計年報書」による。
２．“被相続人１人当たりの法定相続人数”は、当初申告ベースの計数である（修正申告を含まない）。ただし、昭和63年分には、更正の請求により納付税額がゼロとなった者の計数が含まれている。
３．“課税件数(b)”は、相続税の課税があった被相続人の数である。
４．“納付税額(d)”には納税猶予額を含まない。

5%くらいだと思います。相続税額も1人当たり12・7%、というのが実態です。

現在、景気対策という議論の中で、相続税、あるいは贈与税を軽減すべきだという意見は強くあります。いろんな資産統計を見ますと、65歳以上のお年寄りがかなりの資産を持っておられます。そのお金を若い人に譲る、贈与することで活性化できないか、という意見が政治家の方々やいろいろな学者から出ています。

贈与税は、相続税の補完税として、相続税法の中に位置づけられていますが、その贈与税というのは、本人から子ども・孫という遺産相続の方に対する贈与と、赤の他人に対する贈与と一緒に規定されています。この贈与というものをどう位置づけるか、すなわち、お子さん等へ贈与する場合と、まったくの第三者へ贈与する場合とを、どう考えるかは大きな問題です。

かなり多くの方が「えっ、そうなの」と驚かれますが、直系血族に対する贈与は、民法上効果がありません。民法の基本理念として、均分相続というものがあるのです。例えば、父親が同居していた子どもにすべて贈与する、という遺言を残したとします。あるいは実際に、既に父親が生前贈与を行ってしまっていたとします。そうした場合、父親が亡くなった時点で、一銭ももらえなかったお子さんが遺留分減殺請求を出しますと、均分相続要件が適用されて、財産の分与の調整が行われます。その際、同居要件で加味してくれるのは2割くらいしかありません。

この問題は、農地の相続税納税猶予という制度でも多く見られます。特に埼玉県は、地価が非常に上がって都市化が進んだので、この問題が非常に多いところです。

相続税納税猶予の一例を挙げますと、3人の子を持つ父親が、自分と一緒に農業していた長男に、土地全部を生前贈与し、農業者年金をもらって引退した。長男に農業を継いでもらった、ああヤレヤレ、と思ってお亡くなりになった。相続税納税猶予があることだし、土地はつながったと安心されたわけです。ところが、税金上はそうであっても、民法上は違います。次男や長女が、「兄だけがもらうとは不公平だ」といい出すと、3人兄弟なら、各々に3分の1ずつ分与されるのが基本です。もっとも、遺言の効果が半分ありますから、次男と長女へは、それぞれ3分の1の2分の1、すなわち6分の1が分与されます。長男へは、全財産から次男と長女への相続分である3分の1が引かれ、3分の2が分与されることになります。

相続税の問題が難しいのは、この点にあるのです。同居している子どもや、奥さんに贈与したいという例が結構あるので、この辺りが民法上かなり難しく、[※2]今後、大いに議論されるテーマになると思います。

消費税における免税事業者の扱い

次に、図表8―14をご覧ください。付加価値税率が5％なのは日本と台湾だけ、それより低い国はシンガポールの3％です。日本は、付加価値税率が低いとよくいわれますが、先ほど申し上げたように、何も消費税だけではなく、所得税も似たような状況にあると思います。

※2　この課題に応えたのが相続・贈与の一体化、すなわち精算課税制度の導入（15年度税制改正）です。

図表８－14　付加価値税率（標準税率）の国際比較

（2001年1月現在）

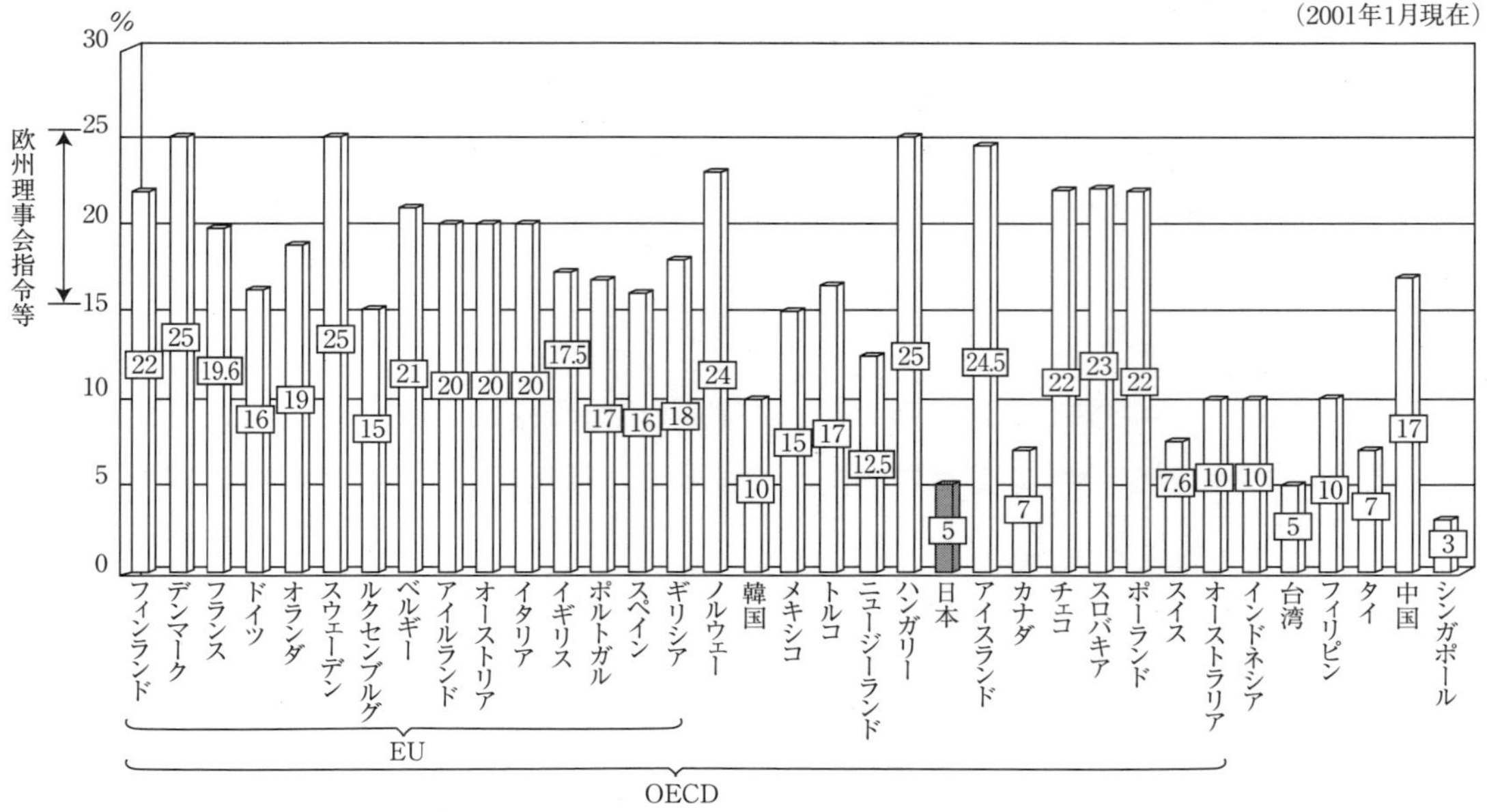

（備考）１．日本の消費税率５％のうち１％は地方消費税（地方税）である。

２．カナダにおいては、連邦の財貨・サービス税（付加価値税）の他に、州によって小売売上税等を課しているところがある。（例：オンタリオ州８％）

３．アメリカは、州、郡、市により小売売上税が課されている。（例：ニューヨーク市8.25%）

４．欧州理事会指令では、標準税率を15%以上とするよう定めているが、25%以下とするよう努めることについての合意が別途なされている。

図表８－15　事業者数及び課税売上高の推移（試算）

［消費税］　　　　（単位：万者、兆円、［％］）

	平成元年	３年	８年	10年	12年
Ａ事業者数	595	608	611	609	593
Ｂ課税事業者数	193	225	233	234	226
Ｃ免税事業者数 ［Ｃ／Ａ］	402 ［67.6］	383 ［63.0］	378 ［61.8］	375 ［61.6］	368 ［62.0］
Ｄ課税売上高	1,169	1,446	1,480	1,342	1,343
Ｅ課税事業者	1,130	1,408	1,445	1,311	1,311
Ｆ免税事業者 ［Ｆ／Ｄ］	38 ［3.3］	38 ［2.6］	35 ［2.4］	32 ［2.3］	32 ［2.4］

（注）計数については、原則としてそれぞれ四捨五入によっているので、端数において合計とは合致しないものがある。

消費税については、図表８―15をご覧ください。現在、消費税を支払っている事業者数は、全体で５９３万者です。そのうち課税事業者は２２６万者で、実に免税事業者が３６８万者いる。全事業者の62％が免税事業者です。その方々の課税売上高は、売上高全体から見ると２・４％。金額的には、それほど大きい税金漏れではありません。

しかし、消費者の方からはよくクレームがあります。もちろん免税事業者の方は、仕入れには消費税がかかっているわけですから、逆に転嫁できず苦労していることもわかります。しかしこの免税事業者の方々について、どう考えていくのかもひとつの問題であります。

以上、述べてまいりましたのが、税・財政の現状と各税目の現状です。現在の日本の姿を、少しでもおわかりいただけたかと思います。

2　日本の再生――生活産業大国の芽生え

行き詰まりの原因と再生の鍵

いよいよ、「日本再生の道」をお話したいと思います。先ほど資料でご覧いただいたとおり、国家は景気低迷の中で大変もがいています。税金というのは、ただ単に集めればいいというものではありません。もちろん国家の歳入のために税の確保は重要です。ところが税は、経済活動があるところからしか払っていただけません。ですから、経済活動が立ち上がることが大変重要です。

日本の行き詰まりの原因は２つあります。ひとつは米ソ冷戦が終焉を遂げたこと。もうひとつは、人口移動の終焉を迎え急速な超高齢社会へ進展していること。このことが基本だと思います。

冒頭にお話しましたとおり、日本は、米ソ冷戦の終焉とともに世界のルールを迫られることになり、従来の日本的経済運営を、この10年間で１８０度変える必要性に迫られ続けてきました。

図表８―16をご覧ください。昭和24年にシャウプ勧告が出され、翌年の昭和25年に税制改革がされたわけですが、その時代は朝鮮動乱の年でした。昭和24年当時、就業者総数は３５７２万人で、第１次産業の方が50・７%、第３次産業が26・６%。この第１次産業というのは、農林水産業と鉱業で、第３次産業はサービス業です。現在、第１次産業は５・１%で、その分、第３次産業がウェイトをアップさせています。このことが、今日までの50年間、日本経済を裏で支えてきました。田舎や地方で、農林水産

図表８－16　経済社会の構造変化

項目	シャウプ勧告（昭和24年）当時	昭和40年	昭和63年	平成２年	現　　在
（経済の成長） GDP（名目）	（昭和25年） ３兆9,467億円〔１〕	（昭和40年） 32兆8,660億円〔8.3〕	（昭和63年） 373兆9,732億円〔94.8〕	（平成２年） 441兆9,152億円〔112.0〕	（平成12年） 513兆5,340億円〔130.1〕
（経済構造の変化） GDPの産業別構成比	（昭和25年） 第１次産業　26.0% 第２次産業　31.8% 第３次産業　42.2%	（昭和40年） 第１次産業　9.5% 第２次産業　40.1% 第３次産業　50.3%	（昭和63年） 第１次産業　2.6% 第２次産業　36.1% 第３次産業　61.3%	（平成２年） 第１次産業　2.4% 第２次産業　35.6% 第３次産業　62.0%	（平成11年） 第１次産業　1.4% 第２次産業　28.1% 第３次産業　70.5%
（就業構造の変化） 就業者数〔総人口に対する割合〕 及びその産業別構成比	（昭和25年） 就業者総数　3,572万人〔42.9%〕 第１次産業　50.7% 第２次産業　22.2% 第３次産業　26.6%	（昭和40年） 就業者総数　4,730万人〔48.1%〕 第１次産業　23.5% 第２次産業　31.9% 第３次産業　44.6%	（昭和63年） 就業者総数　6,011万人〔49.0%〕 第１次産業　7.9% 第２次産業　33.6% 第３次産業　58.0%	（平成２年） 就業者総数　6,249万人〔50.6%〕 第１次産業　7.2% 第２次座業　33.6% 第３次産業　58.7%	（平成12年） 就業者総数　6,446万人〔50.8%〕 第１次産業　5.1% 第２次産業　30.7% 第３次産業　63.7%
（人口の高齢化） 総人口の年齢構成	（昭和25年） ０～14歳　35.4% 15～64歳　59.6% 65歳～　4.9% （22年～24年ベビーブーム）	（昭和40年） ０～14歳　25.7% 15～64歳　68.0% 65歳～　6.3%	（昭和63年） ０～14歳　19.5% 15～64歳　69.2% 65歳～　11.2%	（平成２年） ０～14歳　18.2% 15～64歳　69.7% 65歳～　12.1%	（平成12年） ０～14歳　14.6% 15～64歳　68.2% 65歳～　17.3%
（経済の国際化） 貿易額（通関実績額）	（昭和25年） 輸出　2,980億円〔１〕 輸入　3,482億円〔１〕	（昭和40年） 輸出　３兆426億円〔10.2〕 輸入　２兆9,408億円〔8.4〕	（昭和63年） 輸出33兆9,392億円〔113.9〕 輸入24兆0,063億円〔68.9〕	（平成２年） 輸出41兆4,569億円〔139.1〕 輸入33兆8,552億円〔97.2〕	（平成12年） 輸出51兆6,542億円〔173.3〕 輸入40兆9,384億円〔117.6〕
（情報化） パソコン普及率 携帯電話普及率	— —	— —	（昭和63年３月） パソコン　9.7% 携帯電話　—%	（平成２年３月） パソコン　10.6% 携帯電話　2.6%	パソコン　50.1%（平成13年３月） 携帯電話　64.2%（平成12年３月）
（経済のストック化） 金融資産／名目GDP 土　　地／名目GDP	— —	（昭和40年） 3.7 1.8	（昭和63年） 8.6 4.9	（平成２年） 10.1 5.6	（平成11年） 11.0 3.1
（ライフスタイル多様化） 雇用者総数に占める 女性の割合 パートタイム労働者比率 （事業所規模５人以上）	— —	（昭和40年） 31.8% —	（昭和63年） 36.8% —	（平成２年） 37.9% 13.0%	40.7%（平成13年10月） 20.2%（平成12年）

（注）１．〔　　〕内の数字は、シヤウブ勧告当時を１とした場合の倍率である。
　　２．GDP、金融資産及び土地は、昭和63年以前は68SNAにより、平成２年以降は93SNAによる。

業をしていた人が、働く場を求めて都市、すなわち第3次産業へと移動しました。しかし、都会に移動したところで、都会には家がない。家をつくるとなれば、家具や調度、電化製品が必要になります。このことが、モノをつくれば売れる、という時代を演出してきたのです。

その人口移動は、平成に移る頃に終わりました。資料にあるとおり、昭和40年から昭和63年にかけて、第1次産業が23・5％から7・9％へと減っています。昭和63年から平成2年の2年間に、第1次産業は0・7％移動した。しかし、平成2年から平成12年の10年間は2・1％の減少。1年に換算すると0・2％くらいしか移動していないのです。

そして、今や少子化が進みましたから、お子さんが2人くらいしかいない。その2人が結婚しますと、どちらか1人は、ご両親が亡くなればその家に住めばいい、自分で家を建てる必要はなくなりつつあるわけです。もちろん、マッチ箱のような小さな家ですから、同居はなかなか難しいですし、ご本人が嫌がるケースもかなりあるでしょう。しかしいずれにせよ、次の住居はあるという事態になっています。

先般、東急不動産・日本不動産鑑定協会の会長でいらっしゃる安藝さんのお話を伺いましたところ、今、家を買っている方は2つのパターンしかないそうです。ひとつは、30代そこそこで、バブルを経験したことのない方。バブル崩壊で傷ついていないという面もありますが、まだ親御さんも元気で、同居する必要がありませんから、小さい家を買う。もうひとつは、バブル時代に高額な家を買い、ヒイヒイいっていた60代くらいの方です。もう子どもたちは独立し、同居してくれないので、大都市へ回帰して高額マンションを買う。あるいは地価が下がったから、都市部に戻ってくるということだそうです。そんな状況になっていますから、モノをつくれば売れる時代ではなくなった。日本の内需拡大が極めて難しくなった、ということになるわけです。

そういう意味で、皆さん方、この50年間の日本経済を振り返ってみてください。日本はアメリカに敗戦し、貿易立国として経済繁栄をするために、常に貿易収支の赤字に悩み、貿易収支の壁にぶつかりながらストップ&ゴー政策によって成長を遂げてきました。その中で、輸出産業を育てることが、日本近代化の旗印であったわけです。したがって、日本の代表的な企業は、アメリカの市場に依存しています。日本経済は、アメリカへ売ることによって成り立ってきました。

以前は、日本の労働コストが低く、かつ米ソ冷戦の中で、日本の特殊的な位置は守られていました。敗戦後、ＧＨＱは日本に対し、輸出しやすい1ドル３６０円の為替レート、沖縄へは米軍基地を営むために輸入しやすい１２０円の為替レートをつけました。後に、沖縄はドル経済に入りますが、いずれにせよ、この為替レートの設定は、日本経済を製造業、なかんずく輸出向製造業の基地として位置づけてきたのです。

その後も、農村工業導入や地域のテクノポリス化など、製造業を都市から地方へ展開していきました。米ソ冷戦の最中では、中国への投資はできませんから、正しい選択であったのでしょう。ところが、冷戦が終わった途端に、ソ連や中国への投資が日本のみならず世界で始まった。そのことで日本は空洞化したため、今一番苦しんでいるのは、地方に展開した製造業なのです。

そこで、今後の日本の鍵ですが、もう一度製造業を日本に戻すのか、というと違うと思います。従来型の製造業では、賃金等の面で中国に勝てるはずがありません。もう一度何らかの紛争、世界混乱が起こればわかりませんが、そうでもない限りまず戻らない。

では、何が戻るのか。東京には戻ってきているのですね。外資系企業がたくさん来ているわけです。日本の金融機関や保険会社は、アメリカにいくつも買われています。今、東京国税局の調査部所管法人の4分の1程度は、外資系ないしは外国法人というのが実態です。

私は、何とか日本から最先端の頭脳にあたる部分を放さないようにすることが、極めて重要だと思います。製造部門をすべて日本で行うのは、この高い地価と人件費を考えると難しいでしょう。むしろ、これからは豊かな生活をつくるための産業をいかに育むかが、本当の内需拡大なのではないでしょうか。そして、その生活大国産業は、生まれてきていると私は思うのです。明らかに、新しい豊かな生活を求めている消費者がいるのですから、付加価値のあるいろんな企業が、いろんな形で起こり得るのではないでしょうか。この辺りを育てる努力が、日本には欠けていたかと思います。

図表8―16の下方に、パソコンの普及率が書いてあります。昭和63年にやっと登場し、それが平成13年で50・1%の普及率です。昭和63年にはなかった携帯電話、これは平成2年に2・6%、今や64・2%の普及率です。

今、ＩＴは過剰在庫でかなり苦しんでいます。循環的な不況は、ＩＴが打ち出しているのではないかともいわれています。アメリカは、ブロードバンドに踊りすぎて、店頭公開した企業の株式に投資しすぎた面があります。日本では、ブロードバンドの株式が上場され、それにバッと飛びついて破産、という事態はないので、ネットバブルといっても日本とアメリカではかなり状態が違っています。

しかしながら、ＩＴ分野というのはまだ成長途上にあると思います。以前もお話しましたが、１９０６年に、フォード１世がかの有名なフォード自動車をつくってから、わずか１００年しか経っておりません。その間、カタログ販売で大量生産という形式が可能になりましたが、今度のＩＴでは、注文生産に戻る。逆転革命の最中、カタログではなくて、一人ひとりに対して直接ニーズを聞いてつくることができる時代になってきている。そのつくり方は、まだまだ初歩段階だと思います。これは生物系の発達でいえば、一種の神経系統にあたるわけですから、頭脳という部分では未成熟。これからまだまだ発展の余地がある代物だと思います。

それから次に見ていただかなければならないのは、経済のストック化です。不良債権の問題はあるにせよ、名目ＧＤＰに対する金融資産のウェイトは、昭和40年に３・７倍であったものが、今や11倍。この影響を無視して経済はなり得ません。

経済学の世界では要素価格均等化原理というものがあります。中国に出ていって、そこの工場でつくるということは、土地を輸入しているのと同じことです。ですから、地価が下がるという事態を起こしました。これは私の個人的意見なのですが、米ソ冷戦の最中は、日本の国土でモノをつくるという考えをしてきた。それが平成３年８月に米ソ冷戦が終わり、一挙に爆発しているのではないか、という気がするわけです。

たぶん日本には、２つの選択肢があったと思います。バブルのときに、外国人の安い労働者をどんどん入れるか、それは困るから日本から出ていくか。このとき日本は、誰でもかれでも外国人を入れるのは嫌だ、という選択をしたので、企業は外国へ出ていくということになったと思います。

私が先輩から聞いた話によると、アメリカは、この10年くらいの間に、中南米から約７００万の人口を受け入れていて、それがアメリカの活性化を相当支援した、ということだそうです。人口移動というのは、経済にとって極めて重要な要素を持っているのではないか、と私は思っています。

それから、ライフスタイルも多様化してまいりました。雇用者総数に占める女性の割合がどんどん増えてきている。この図表8―16の下欄の女性比率、パート比率以上に多くの女性が働いていると思います。考えてみると、女性の就労は極めて当たり前なことかもしれません。江戸時代においても、男性だけが働いて、女性は家庭にいるというのは、貴族階級や武士階級のごく一握りだけでした。いえ、武士だって、奥さんは内職をしていたのです。それが戦後、お父さんだけ働いて、お母さんは家事をするという図式ができた。それだけ高い賃金をご主人が得たから、それだけ高い付加価値をとり得たからであったのです。

これから日本が世界企業と戦っていこうとするならば、男性も女性も働いて、１世帯分の給料、という時代へ向かっていくのではないか、という気がします。家事労働も堂々たる労働ではありますが、家庭のことしかしないで済むというのは、なかなか難しくなるのではないでしょうか。

では、これから子育ては誰がするのかという問題があります。サザエさんの家族を例に挙げますと、サザエさんが働きに出た場合、子どもさんはおじいちゃん、おばあちゃんが育てる、ということになる

図表8－17　65歳以上人口の対総人口比

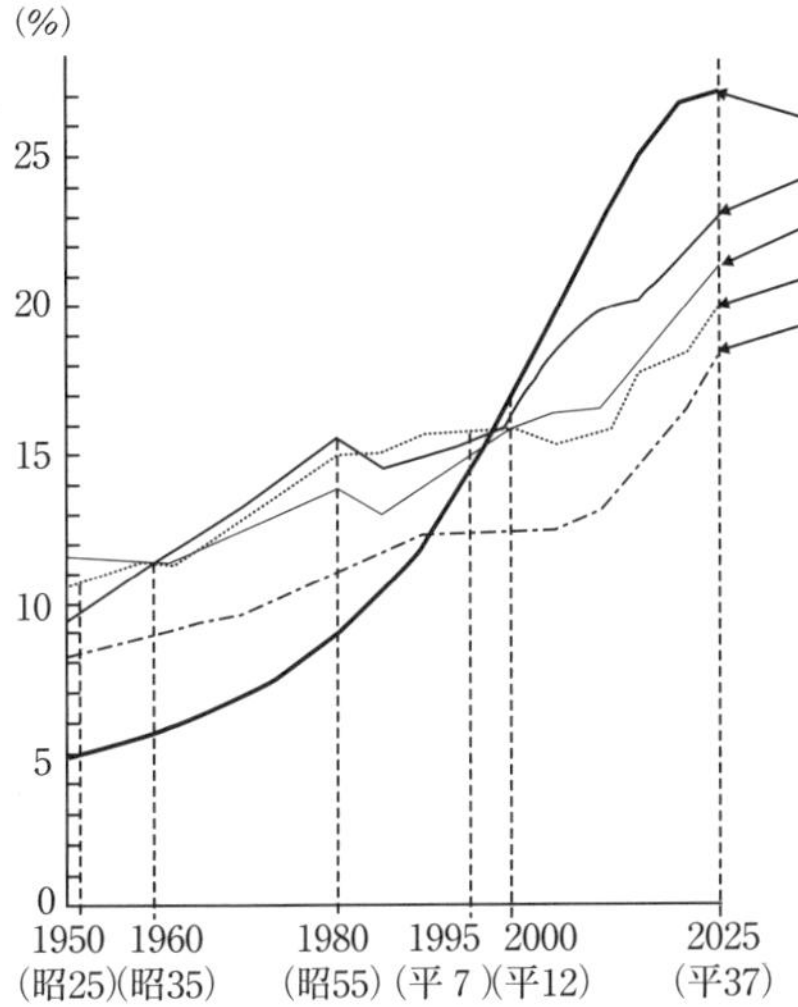

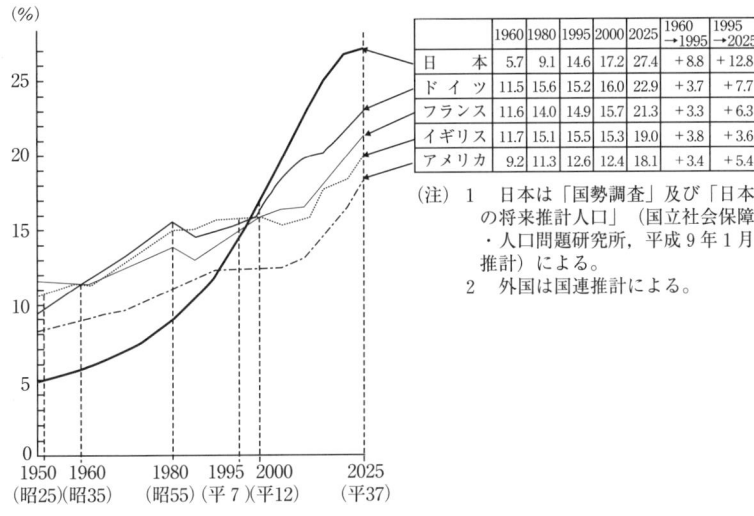

	1960	1980	1995	2000	2025	1960→1995	1995→2025
日　本	5.7	9.1	14.6	17.2	27.4	＋8.8	＋12.8
ドイツ	11.5	15.6	15.2	16.0	22.9	＋3.7	＋7.7
フランス	11.6	14.0	14.9	15.7	21.3	＋3.3	＋6.3
イギリス	11.7	15.1	15.5	15.3	19.0	＋3.8	＋3.6
アメリカ	9.2	11.3	12.6	12.4	18.1	＋3.4	＋5.4

（注）1　日本は「国勢調査」及び「日本の将来推計人口」（国立社会保障・人口問題研究所，平成9年1月推計）による。
2　外国は国連推計による。

かもしれません。家族というものを、もう一度考え直さなければならない時代になってきていると思います。

さて、図表8―17をご覧ください。少子化は進み、65歳以上人口がどんどん増え続けている。人口問題研究所の推計は、5年に1回行われるのですが、その度ごとに、少子化がより加速しています。

従来の人口問題研究所の見通しでは、女性は一生のうちに1度は結婚する。結婚したら2・2人の子どもを産む、という前提でした。要は晩婚化なのだから、いずれ出生率は戻るとしていました。しかし、今回発表された見通しは、晩婚化ではなく非婚化です。しかも日本の場合には、スウェーデンと違って未婚のまま子どもを産むことは非常に少ないですから、ますますそれが増える。したがって、少子化はさらに進む、という方向に推計を改めたのかもしれません。そうなると、日本はますます少子超高齢社会へ進んでいく、ということになります。

不老長寿は、人間が長年求めてきたものであり、素晴らしいことです。後は、「元気で」長生きする。その「元気で」という部分をどうするかが最大のポイントです。今の社会は、残念ながら、元気なお年寄りの使い方がなっていません。元気でないお年寄りに対するサービスは、福祉政策でかなりいわれてきました。しかし、元気なお年寄りをどう使うかということが、社会的にまだうまくいっていないのではないかと思います。このことが、今後重要な日本再生の鍵になるのではないでしょうか。

米ソ冷戦の終焉がもたらしたものと、その次にくるもの

産業の話に戻しますと、アメリカは平成3年8月、米ソ冷戦が終わるやいなや、軍事機密であったＩＴを公開しました。バーチャルリアリティはＮＡＳＡの技術、インターネットはペンタゴンの技術、カーナビゲーションも軍事技術です。宇宙に飛んでいる人工衛星24個のうち16個を解放することによってできあがったものです。そして、たぶんこれから大きな商取引になる電子商取引もまた、１９９６年の暗号の自由化が発端でした。いずれもアメリカが、米ソ冷戦の間は絶対に公開しなかった軍事技術、ＩＴ技術を公開したところから、今日の革命は始まった。アメリカの戦勝景気が始まったわけです。

日本は戦争をしていませんでしたから、軍事技術という面ではかなり劣っていたことは事実です。しかし日本も捨てたものではないんですね。例えば、日本は電子レンジのための反射板を開発しましたが、それがレーダーから宇宙船の姿を全部消してしまう技術であることに、アメリカは気づくわけです。今日アフガニスタンに飛んでいる偵察衛星は、その技術を日本から買ったのです。日本の民間技術が、軍

事技術とは別の意味で、電子技術をつくってしまった。まだまだ日本は捨てたものでないと、アメリカは非常に驚くわけです。この辺りから、日本に対するアメリカの驚異がより高まったのかもしれません。

アメリカの戦勝景気によって、アメリカ型グローバル・スタンダードは、世界を席巻しました。冒頭にお話したアンケート調査結果で、世界の原則に従って行動することが好ましい、と判断した日本人は、皆それへ向かっていきました。その典型は会計です。時価会計、それに今回の連結納税も含めた企業分割税制、全部アメリカ型へとなびいてきたわけです。ＢＩＳ規制についても、皆この原則に従うということで、日本は流れてきました。アメリカが意図的にそれを進めたこともあります。

ＣＮＮは、米ソ冷戦の終焉を意識してか、１９８２年頃につくられました。ムーディーズという格付会社にしても、今や日本の国債すら、彼らの手中にあるとさえ思えます。インターネットは、現在世界を席巻しています。また、世界各国の経済の失敗を救済するか否かを判断しているＩＭＦは、アメリカの大学を出た方々が、アメリカのものさしで世界を判断しているのです。現在、アルゼンチンにおいては、その下で国家再建を進めています。ですから、日本型経済・日本型企業経営というのは、大変苦しい事態になったわけです。

次の問題は、中国製品の流入です。米ソ冷戦が終わった結果、ココム規制が撤廃され、ついに中国がＷＴＯに加入する。そして、世界のルールの下で大国・中国が、いよいよ立ち上がろうとしているわけです。中国では、日本より2ケタ以上低い賃金で、素晴らしいものをつくれるのですから、これはバブルとは別の意味での問題が起こっています。フローのデフレです。

日本でつくるのと、中国でつくるのとで、人件費差が10分の1もあれば、とてもかないません。しかも若くて熱心で、ハングリーな人たちが、必死になってものをつくるのです。そりゃもう、日本の製造業ではかなわない。精密金型ですら、ＩＴ技術によってコンピュータ設計が可能になりましたし、中国の金型技術はかなり上がっています。それらを考えると、日本は同じことをしていても駄目です。米ソ冷戦中、中国からの輸入がなかった時代に、日本は製造業で一人勝ちしていました。もはやそういうことは起き得ないでしょう。違う道を選ばなければならないでしょう。

日本は、米国とともに発展を遂げた国ですから、米国のルールに従う道を選びました。一方で、世界各地には、米ソ冷戦の終焉を迎えたときに米ソ冷戦の渦中にいなかった、あるいはいたけれどフリーズされていた民族の中から、冷戦が終わるとともに新しいグローバル化に対する抵抗が生まれました。これが民族・宗教の台頭であります。昨年の9月に起こったテロ事件、あれもそういった位置づけがあるのだろうと思います。もちろんそれ以外にも、パレスチナ問題という、極めて大きな世界的問題があるわけです。そうしたアメリカ型のグローバル化に対する反[※3]グローバル化の動きというのが、これからひとつの大きな問題となってくるという気がします。

同時に、今度は環境問題、人口爆発です。図表8—18をご覧ください。人口はこれから、10年に約10億人ずつ増えていくでしょう。アフリカの人口は、決して増加状態ではないかもしれませんが、少なくともアジアにおいては増加しています。特にインドは、宗教上の問題もあって増加しています。

※3　9・11のテロ事件に始まり、イラク戦争、そしてイスラム教過激派との抗争はまさにここに始まっていると思われます。

図表8−18　世界人口の推移と技術革新

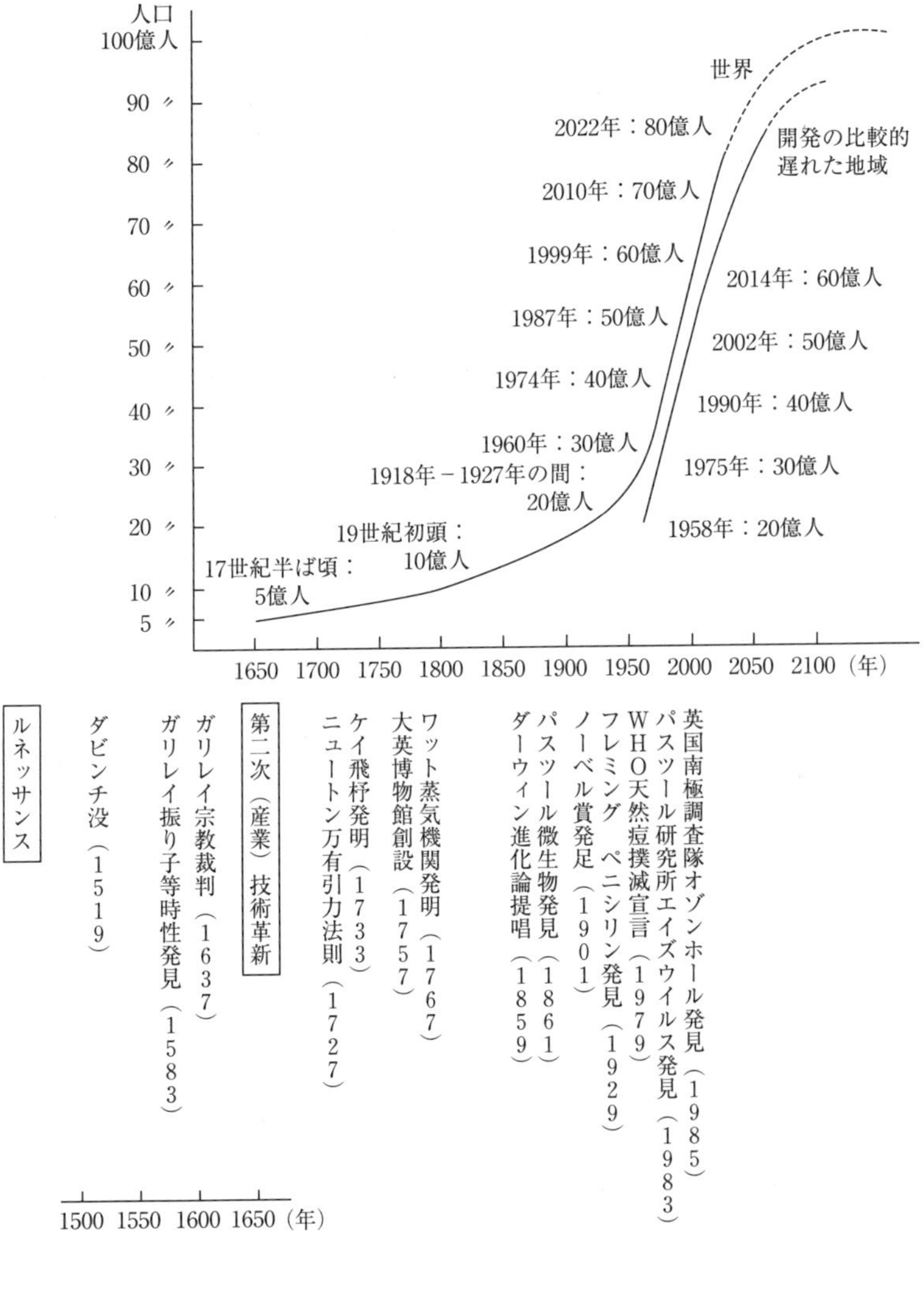
人口
100億人
90
80
70
60
50
40
30
20
10
5
1650
1700
1750
1800
1850
1900
1950
2000
2050
2100（年）
世界
開発の比較的遅れた地域
2022年：80億人
2010年：70億人
1999年：60億人
1987年：50億人
1974年：40億人
1960年：30億人
1918年−1927年の間：20億人
19世紀初頭：10億人
17世紀半ば頃：5億人
2014年：60億人
2002年：50億人
1990年：40億人
1975年：30億人
1958年：20億人
英国南極調査隊オゾンホール発見（１９８５）
パスツール研究所エイズウイルス発見（１９８３）
ＷＨＯ天然痘撲滅宣言（１９７９）
フレミング　ペニシリン発見（１９２９）
ノーベル賞発足（１９０１）
パスツール微生物発見（１８６１）
ダーウィン進化論提唱（１８５９）
ワット蒸気機関発明（１７６７）
大英博物館創設（１７５７）
ケイ飛杼発明（１７３３）
ニュートン万有引力法則（１７２７）
第二次（産業）技術革新
ガリレイ宗教裁判（１６３７）
ガリレイ振り子等時性発見（１５８３）
ダビンチ没（１５１９）
ルネッサンス
1500
1550
1600
1650（年）

１００億の民がこの地球で生きようとするならば、従来の、資源はいくらでもあるから、その中で合理的にものをつくればいい、という考えは許されなくなっていきます。限られた資源の中で、いかにそれを利用し、有効につくるか。このことは昔、産業革命までは当然の原理であったのですが、再び現れてきました。ＩＴ技術をうまく使いこなせば、より有効につくることができるかもしれません。

ハンディ・キャップこそ再生のチャンス

こういう状況を前提に、ではこれからの日本をどのように考えていくのか。私は前から申し上げていますが、やはりハンディ・キャップこそ再生のチャンスだとお考えいただきたいのです。人間、満足しているときが一番危ない。あのバブル期に、自分の所有する資産価値が上がることにより、安心して経営されていた方ほど、今一番苦労されているのではないかと思います。現在はハンディ・キャップがあり、辛いからこそチャンスの芽があるのだと、私は確信しています。

超高齢社会への挑戦、環境問題、ＩＴ革命、実は全部、商売の種でもあるのです。特に超高齢社会というのは、内需拡大のチャンスだと思います。一番お金を持っているといわれるお年寄りに、どのようにしてお金を使ってもらうか。快適な社会をどうやってつくるか。元気なお年寄りに対して、元気で楽しく過ごしていただくことを提示できていないのは、最大の問題のような気がしてなりません。

便利さを追求すれば、今まで考えていなかった、いろんな商売があり得るのではないでしょうか。例えば、会社を辞められたお年寄りの方で、もし二種免許の資格をお持ちの方なら、ある特定の方々と、決まった時間だけ契約することもできるはずです。このことにより、契約した方々は共用とはいえ、運転手を雇ったのと同じことになる。

超高齢社会、環境問題、ＩＴ、いずれにしても、先ほど申し上げた生活大国という生活の産業というものを、見損なってはならないと思うのです。それらは、景気がよくなっても、輸出を増やすことで対米摩擦を起こすようなものではありません。本当の内需拡大なのです。この辺りに着目して、お金を持った元気なお年寄りが、快適に生活できるいろんなアイデアがある、という気が大変いたします。

日本再生のために必要とされる3つの視点

日本再生のための視点としては、3つの事柄を考えています。ひとつ目は、現場に戻るということだと思います。トヨタ自動車が世界を席巻したのはなぜか。日本人が乗っていたからです。日本人ほど神経質で、何がいい何が悪いというのに反応してくれる国民はいないのです。日本人が快適だと思えば、世界で通用するのです。その目でもう一度現場に戻っていただきたいと思うわけです。

最近、百貨店がまた盛り返しています。お惣菜類が、百貨店の食品売場でどんどん拡がっているためです。男も女も働きに出るようになって、食事をつくれない。大津・京都でいう〝おばんざい〟みたいなものをつくるノウハウを持たなくなっている。では、それを拡げようという戦略を、百貨店はとりだしてきたのです。現在は、安かろう悪かろうというものは駄目で、両極になっています。安いものと、すごく高いもの。例えていうならファストフードとスローフード。中間がないのです。

先般、ホテル業界の方のお話を伺いました。多くのホテル業界が、バブル期に失敗した理由は何か。今までのホテルは、黙っていてもお客さんがいっぱい入ってきました。需要のほうが多かったので、ある程度の経営はできました。ところが、外国のホテル業界が殴り込むようになりました。また、地価が安くなって新築のホテルができてしまうと、対抗上古いホテルは設備投資をする。その減価償却費がかさむ。では、その分料金を値上げできるかというと、コストは逆に下げろという。これでパンクしたのです。その中で生き残ったのは、逆に値上げしたところなのだそうです。徹底的にサービスをよくする。お客さんの要望にはすべて応える。そのかわり、料金は高い。こういうのが効果的だったという話を聞きました。一方で、料金の非常に安いところも残りました。

サービスの質をうんと高くして、その代わり高い値段で快適さを求めるものと、徹底的に安価なところと、両方が必要である。業種によって皆それぞれ違いますから、たぶんプロが必死になってお考えになり、その精神で現場に戻っていただければ、日本再生の種はあると思います。

２つ目の視点は、資産を活かす、個性を磨くということです。今までの、弱点を補って平均点をよくすることは、均一的なサラリーマンをつくることにしかならないと思います。これからは、特技をより伸ばす時代です。自分にしかできないものをどう持つか。そしてそれをどう活かすかです。

京都は資産をたくさんお持ちですね。京都の街を再生させる。より良く、住みやすいところにする。それは大変素晴らしいことではないでしょうか。京都にしかない伝統は、他がいかに頑張っても無理です。それぞれの企業や個人が、自分にしかできないものを持って生き残る時代だと思います。ですから、お子さんを育てるときも、平均点をよくするよりも、その子の得意な部分を伸ばしてやればいい。すべてをよくしようとしたら、ノイローゼになっちゃう。そういう時代に、徐々に移ってきている気がするのです。自分の持っているものは何か、を見つけることが大事だと思います。

先般、ある先生にご紹介いただいて、京都の宇佐美松鶴堂の仕事を見学させていただきました。こちらの重要文化財の修復技術は、世界のどんなところよりも素晴らしい。中国の美術品や、ロンドンにある美術品まで、あそこで直している。絹に原子力研究所で放射線を浴びせて、1000年前の布に戻し、それをはりつけるという技術をやっている。そういう、何かに特化することは、どんな時代でも生き残るという気がするのです。

そして最後に一番重要なのは、3つ目の視点、考えるということです。たぶん日本人というのは、先輩がやっていることを真似てきたのだと思います。真似ることは日本人の特技なのですが、真似るのではなくて別のことを考えることは、得意ではなかった。これからは、先輩がやっていることの逆をやることが大切です。野放図にやるわけではありません。必死に考えてやって、それで失敗したら自己責任です。現場に戻って自分の個性はなんだ、どれが資産なんだ、社会にうまく合うものはなんだ、ということを、自ら判断する時代なのだと思います。

私は石川県で商工労働部長・総務部長をやらせていただきまして、京都出身の中西知事に、大変お世話になり、可愛がっていただきました。そのときのことですが、中西知事はテクノポリス化に手を挙げなかったのです。皆が手を挙げるものをやったって駄目だぞ、むしろ、石川県らしさを活かす方向をやったほうがいいぞ、とおっしゃっていました。ところが往々にして、補助金がつくとなると、それをやらない手はないじゃないか、ということになるのです。

日本の政策というのは「追いつけ、追い越せ」でした。ある目標を定めて、皆それに向かっていこうとしてきました。それは戦後、アメリカという模範に対し、なんとか日本経済を発展させようとしていく際にはひとつのやり方であったと思います。しかし、おそらく今後の日本に求められていることは、やり方は国が整備するが、考えて、行動を起こすのは各個人ということでしょう。いよいよ市場に任せる時代が始まっていると思うのです。

チャンスはいくらでも残っている

最初のお話に戻りますが、ベンチャーで店頭公開した方々には、非常に面白い特色があります。技術畑にいる方が、30代くらいのときに、専属している部門を企業側に閉鎖されて首を切られた。その後仲間と会社を起こし、成功するというパターンが結構多いのです。皆さん方はそれぞれの部門で、それぞれの持ち味、技術をお持ちなのです。その技術というのは、誰かと相談したりしながら、必死に考えていけば、活きていくものだと思います。

最近、農業の自由化で、よくミカンやオレンジ、サクランボが入ってきます。これは日本で大騒ぎになりました。特にミカンの自由化、これは大変なことになりました。しかし、日本の温州ミカンは、世界で通用するんですよね。有田ミカンというのは世界の輸出産業になっています。サクランボだってそうです。日本の持っている、本当にいいものというのは、絶対負けないと思うのです。その辺りを活かせば、日本が進んで行く道は、まだいくらでも残っていると思います。今までのように、既存のものだけで見ていたら、見誤ります。底辺には、生活大国への芽が芽生えだしていると、私は確信しています。

こうした分野を特に金融機関の方々には、拾っていっていただきたいと強く思いますし、また、ベンチャーキャピタルなんかも、リスクはあるけれどやってほしいと、つくづく思っています。ただこれは、自己責任ですから、全部が成功するわけではないでしょう。しかし、皆が温かい目で見て、地域で集まって、知恵を出していけば、間違いなく再生の道につながると思っています。日本は同じ土俵で勝負しても中国に勝てっこないとは思いますが、まだ資産を持った国民、お年寄りがいます。その方たちのアメニティを満足させられる産業というのは、探してみたらいくらでも、どこにでもある。環境にしてもそうです。いずれ環境部門は、世界で大騒ぎになるはずです。公害防止がそうであったように、世界で一番優れた国は日本だということになるなら、これは間違いなく生き残れると思うのです。中国はまだ、環境問題を遠い先の話として議論してらっしゃいますから、今こそわれわれのチャンスです。

税・財政も同じことです。小泉首相のおっしゃるように、予見なく予断なく税制改革に向けて議論をしていくことで、これから日本再生の道は開けていくと思います。日本にはエネルギーがまだたくさんあるので、ぜひ皆さん方に一層のご奮闘をお願いしたいと思う次第です。

あるべき税制の構築に向けて

［平成15年（2003年）2月8日］

主税局長

平成15年

日本の出来事

【国内経済】

- ハウステンボス会社更生法適用申請
- 日本郵政公社発足
- 改正産業再生法施行

【国内金融・中小企業】

- 産業再生機構発足
- りそな銀行に公的資金2兆円注入決定
- 足利銀行経営破綻

【社会・生活・文化・科学・流行・世相など】

- 東京電力全原発停止

2003年

世界の出来事

- 米・英軍、イラク攻撃
- 米国でＢＳＥの疑いの牛発見、米国牛肉の輸入停止
- 中国の2003年の貿易額が世界第4位に
- 日朝首脳会談

税制改正の背景と経緯

本日は、今回の税制改正の中身と、その裏にある日本の実状を、私見でお話させていただこうと思います。

最初に、今回の税制改正の背景と経緯を簡単にお話いたします。皆さんご存じのとおりですが、65歳以上の総人口比がどんどん増えてまいりまして、２０００年度で、１０００人中１７４人が65歳以上となっています。超高齢化は急速に進んでいますので、22年後の２０２５年には、１０００人中２８７人が65歳以上という姿になる見通しです。日本の人口がピーク・アウト（頭打ち）を迎え、地方から都市へという人口移動も止まって、いわゆるフロー（所得）だけに頼れなくなった。そして、男も女も働かなければならない時代に向かうという、大きな経済社会の構造変化が日本につきつけられるようになりました。

また、かねてからお話しているように、米ソ冷戦の終結後、世界地図の極東にある日本という国が、その地政学的位置を失って、新体制、新秩序が生まれてきました。

国際化のスタートは、１９８５年にゴルバチョフ大統領が政権を握ってプラザ合意が行われた時だという方もいれば、私のように１９９１年12月、ソ連がロシアになった年を本当のスタートと見る者、いろいろあるかと思います。いずれにせよ、その辺りから、アメリカの仮想敵国であったソ連の瓦解、いわば冷戦が終わり、ソ連のすぐ臨海部にいる日本の地政学的位置が、その歴史的役割を終え、中国を含めた共産圏との貿易も自由化されていきました。そして、アメリカが世界全体を巻きこんで、アメリカ型のグローバル・スタンダードを追求する時代に入っていきました。

このような変化に富んだ10年を通ってきたということを踏まえて、日本はこれからのあるべき税制というものを考えていく必要があるのではないか。こういうことが今回の税制改正のきっかけだと思っています。

政府税制調査会は、昨年の10月18日の小泉総理による〝税制については、持続的な経済社会の活性化を実現するための「あるべき税制」の構築に向けて、抜本的な改革に取り組みます。現下の経済情勢を踏まえ、1兆円を超える、出来る限りの規模を目指した減税を先行させます。公正かつ簡素でわかりやすい税制を目指し、多年度税収中立の枠組みの下で、全体を一括の法律案として次期通常国会に提出すべく検討を進めます〟という所信表明演説を受けて、11月に答申を出しました。その答申が下敷きになって、後に与党3党の税制改正大綱がつくられ、そして後でご説明する税制改正につながります。

今回の改正の特徴は、総理の公約、所信表明のとおりのストーリーで進んだだけではありません。実は政府税制調査会の答申が11月に行われたのは、政府税制調査会の長い歴史上初めてのことなのです。従来、政府税制調査会では、与党の税制改正大綱と同時に決定してきました。今回は新聞その他では諮問会議と政府税制調査会のいろいろな対立が書かれていましたが、あるべき税制の構築に向けてお互いに議論したものを11月にまとめ、それを与党の場でご議論いただいてまとめるというスタイルで与党の決定より1か月前に方針を決めるということになっています。したがって、プロセスの点でも画期的なことだと考えています。

諮問会議と意見が違っていたところは、法人税率を下げるのか、あるいは研究開発投資や設備投資を主体に、特に研究開発投資を中心に減税するのかというところだけで、それ以外はほとんど違いがなかったと思います。特に簡素でわかりやすい税制をめざす、というようなところは同じでして、世間でいわれているほど、諮問会議[※1]との間で議論が違っていたとは私は思っていません。

それではまず、改正の内容に入る前に、日本は今どういう状況なのかということを、私見でお話させていただきます。

1　日本の現状における問題とその対策――わが国を取り巻く多岐にわたった問題点

今日のデフレを招いた5つの要因

まず、今日のデフレは一体どこからきているか。私は5つくらいの要因があると考えます。これは、世間でいわれているほどマネタリーな面だけが原因ではないと思っています。日本が構造転換を迫られていく中で、日本独自に起きているデフレと世界経済全体が受けているデフレ、いろんなものが複合していると思っています。

①　ストック調整

ひとつ目はストック調整です。これは長年ここの場でもお話させていただいた、土地バブルを典型としたバブル期の清算の問題です。特に地価下落というのは、単に金融上の担保割れ、不良債権という形で現れただけではないと思っています。図表9―1をご覧ください。平成3年は約64兆円の設備投資がなされ、その前後の平成2年、4年には、約58兆円の設備投資をしています。それ以前の設備投資から比べると、大変な投資額です。それが今や、30兆円台の設備投資になっていまして、減価償却費のほうが設備投資額より大きいという事態になっている。これが何を意味するのか。すなわち、バブル期に土地を担保にした金融機関からの貸付けを前提に、過剰な設備投資をしてしまったということです。もちろん、この平成2年、3年から今や10年経ったわけですから、もう当時の設備投資は相当陳腐化しています。[※2] ＩＴ投資というような形で、設備投資をもう1回考えてほしい、というお願いを今回の税制改革でさせていただく理由は、そこにあります。

次に、図表9―2をご覧ください。これは１９９５年を１００として、どれだけ製造工業の設備が稼働しているかを表したものです。あくまでも１９９５年が１００だという前提で見ると、１９９０年は

※1　この点は大田弘子教授の「財政諮問会議」（東洋経済）では、相違点が全面に出すぎているようにも思います。諮問会議の方々は、ディテールを決める作業に参画されていなかったので、そのように思われるのかもしれません。

※2　この点は、企業の方々のニーズにぴったりと合ったようで、この減税がテコとなって、特に中小企業のＩＴ投資が加速されていくことになり、今日の景気回復のひとつの引き金にもなったと思います。

図表９－１　設備投資額及び減価償却費の推移

（単位：兆円）

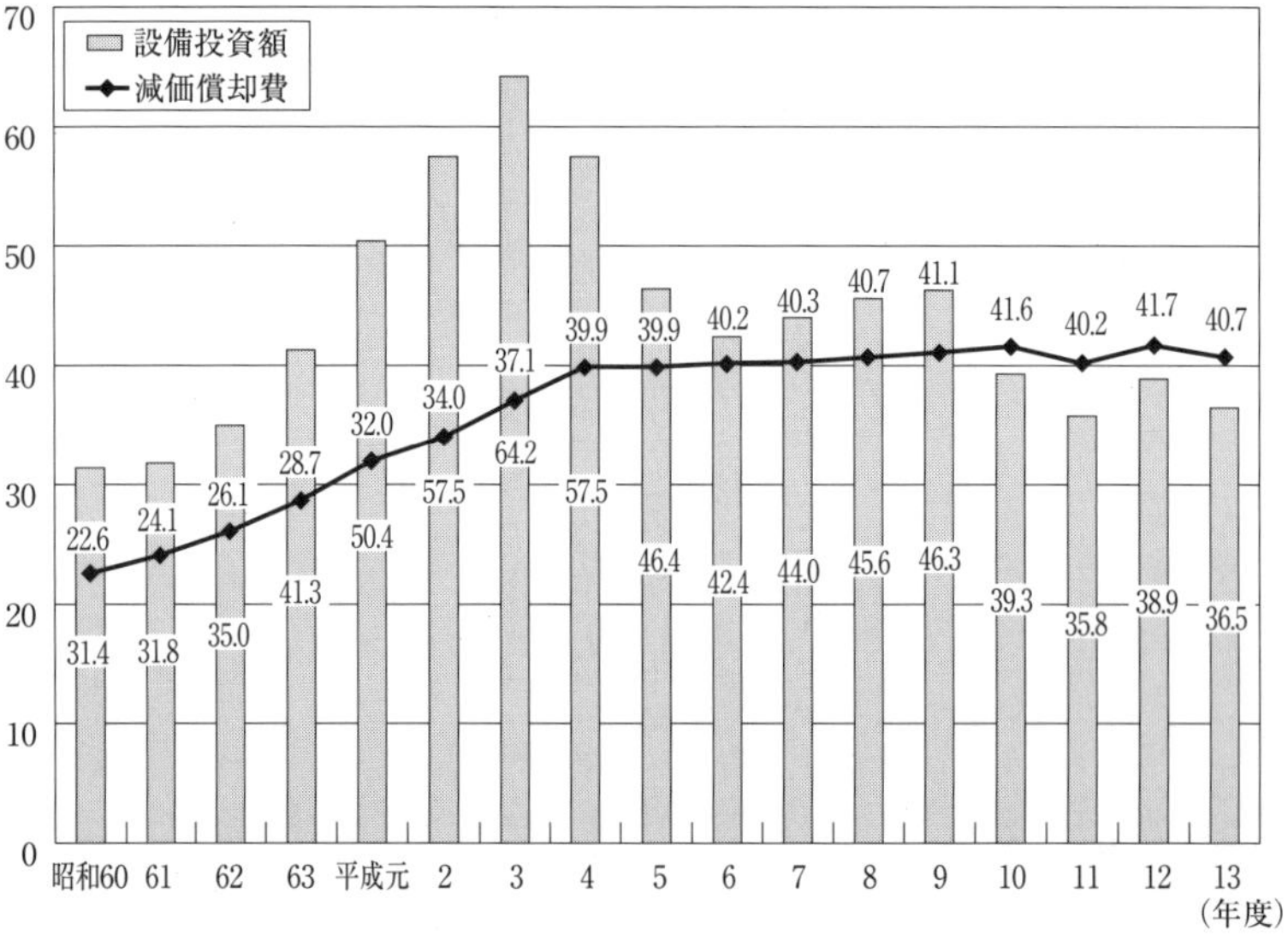

（注）「法人企業統計年報」（財務省財務総合政策研究所）による。

１１４・７％、今は92・５％です。いかにバブル期は稼働率が非常に高く、今は下がっているかがわかります。

ですが、この資料は国内でのものでして、一皮めくれば違います。図表９―３をご覧いただきますと、製造業の海外生産比率は右肩上がりで伸びつづけています。これは、中国やアジアへの投資がどんどん増えて、海外生産比率が上がっていることを示しています。

② 米ソ冷戦の終焉

２番目は、これもかねてからこの場で私がお話しているとおり、米ソ冷戦の終焉の影響です。その影響のひとつは、先ほどもお話ししましたが、米ソ冷戦が終わった後、１９９４年３月にココム規制が撤廃されて、中国と自由に貿易できるようになっていったこと。共

図表９－２　製造工業設備稼働率

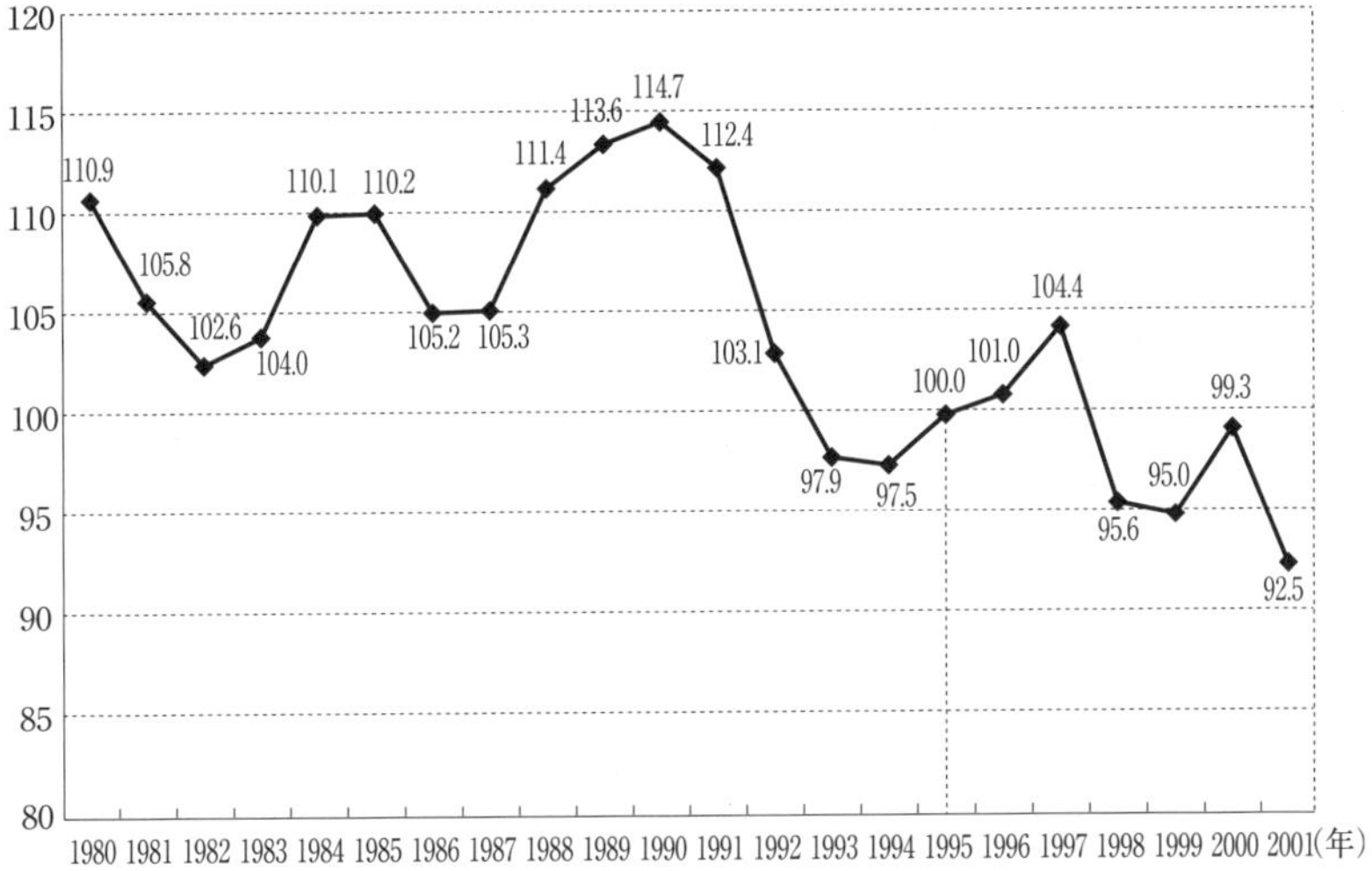

（出典）経済産業省「鉱工業生産・出荷・在庫指数」
（注）1995年を100とする。

図表９－３　海外生産比率（製造業）

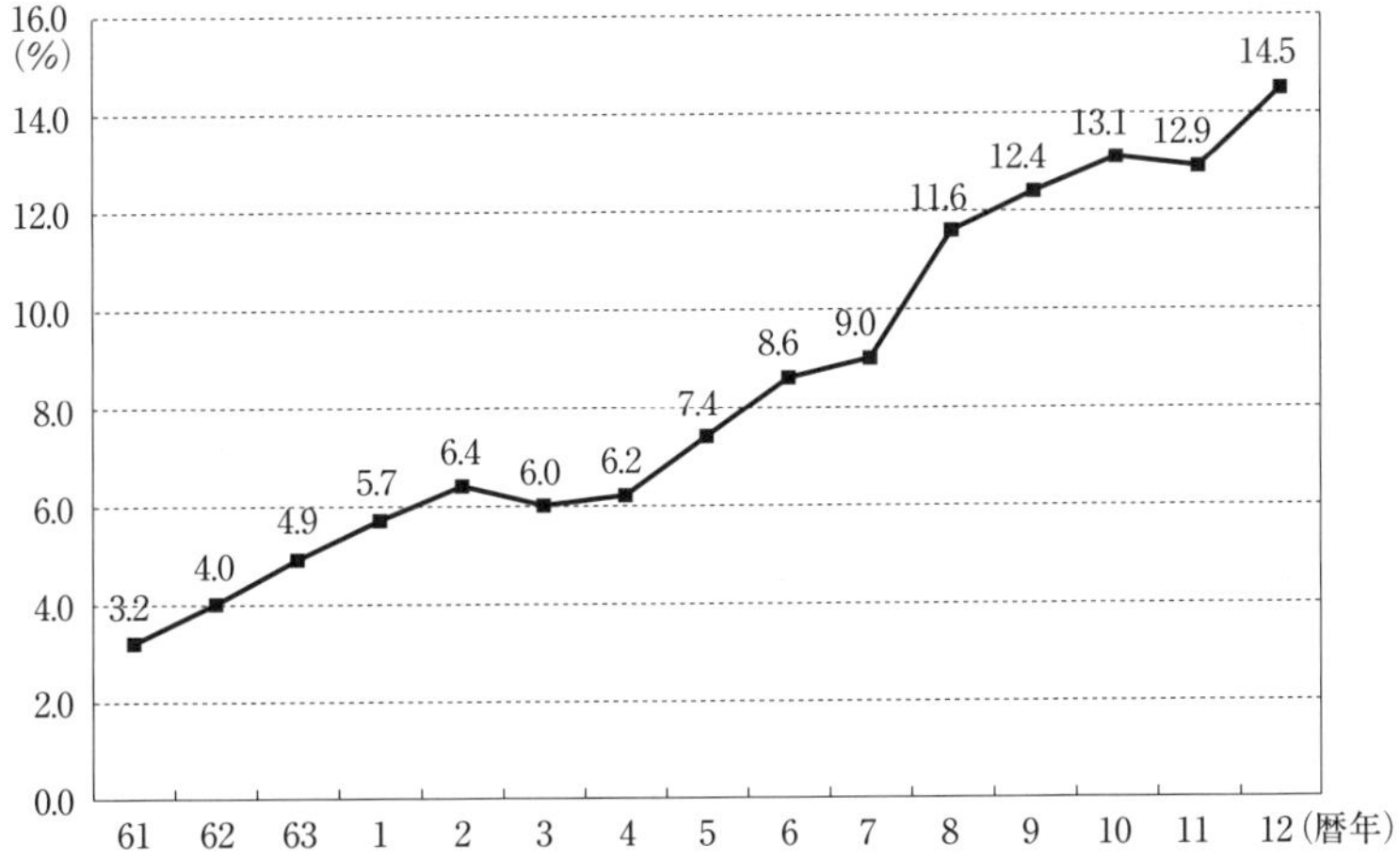

（出典）「海外事業活動基本調査」（経済産業省）
（注）海外生産比率＝現地法人売上高／国内法人売上高×100

産圏の市場が、日本や世界に流れ込んできたことです。

そこで起こったのは、中国への過剰な設備投資です。図表９―４を見ていただきたいと思います。日本の横浜と比べますと、例えばヤンゴンなど賃金が２桁は安いですし、北京、上海、大連を横浜と比べてみた場合でも、だいたい２桁ないし１桁は確実に違います。香港みたいに徐々に日本に賃金が近づいているところもありますが、基本的には違います。地価も同様に大幅な格差があります。ですから中国へ進出していくという状況が生じるわけです。そこで何が起きるかといえば、中国は生産してもそれを自国では消費できないものですから、輸出専門の工場の乱立を起こすわけです。すなわち世界市場において、もっぱらつくることしかせず、消費はしない地域ができあがるわけですから、世界的に生産過剰という問題を起こすことになるのです。

その裏返しとして起きたのは、日本、特に地方の企業の空洞化です。山形とか福島などは悲惨な状態です。以前の東京でいえば、当初、大森管内、大田区などから相模原、そしてさらには山形というようなところへ工場が移転していきました。移転した最大の理由は、労働者にありました。当時は外国の労働者を簡単に入れることはできませんでしたから、労働者の移動に伴って工場も移動していったのです。特に男性は意外と親孝行でして、お父さんが高齢になってくると、相模原に働きに出てきた方が、例えば地元山形へ帰りたい、ということをいい出しました。地元へ帰られては労働者不足でやっていけないということで、結局工場自体を山形へもっていくことになりました。

しかし、米ソ冷戦が終わって共産圏の市場が開放されると、日本は外国人労働者の入国には極めて厳

図表９－４　アジア主要都市の投資関連コストの比較

（単位：米ドル）

	シンガポール	バンコク	クアラルンプール	ジャカルタ	マニラ	ホーチミン	ヤンゴン	ニューデリー	コロンボ	横浜
賃金(月額)										
・ワーカー(一般工職)	442～594	147	341	30～214	114～244	76～114	23～40	124～174	42～67	3,288
・エンジニア(中堅技術者)	1051～1944	325	649	33～322	237～383	158～274	72～137	223～298	81～149	4234～5001
地価・事務所賃料等（㎡当たり）										
・工業団地購入価格	634	45.85	49～99	50～75	85	n.a	n.a	12.83	8	1,539
・工業団地借料(月額)	6.90	0.50	5.7～8.5	4.3～4.8	85	2.25/年	1.88/年	n.a	0.02	n.a
・事務所賃料(月額)	49.91	10.09	17	19～20	27.58	14～16	16	23.02	13.53	30.7～36.4
通信費										
・電話架設料	28.79	149.08	164.0	48.26	70.04	124.12	1,550	81.27	163.80	646.82
・電話基本料金月額	4.78	2.29	9.21	4.19	13.41	1.86	7.50	4.06	4.37	15.55
公共料金										
・業務用電気料金（KWh当たり）	0.07	0.04	0.05	0.0245～0.0298	0.037～0.040	0.07、0.11	0.08	0.06	0.06	0.14
・業務用水道料金（㎡当たり）	1.05	0.22～0.36	0.32	0.1780～0.3914	0.18	0.28、0.45	0.88	0.04	0.34	0.36
法人所得税(%)	基本25.5 (注)2002年度より24.5	基本　30	基本　28	～5千万ルピア10 15 ～1億ルピア超30	32	基本　25 優遇10～20	35～40	基本38.5（課徴金10%含む）	0～35%	基本　30

	ソウル	北京	上海	大連	瀋陽	重慶	深圳	香港	台北	横浜
賃金(月額)										
・ワーカー(一般工職)	536～1,159	177	126～272	54～195	126～132	100～132	70～135	778～1,560	665～786	3,288
・エンジニア(中堅技術者)	1002～1509	309	181～544	72～278	182～222	107～222	219～458	853～1,924	1088～1451	4234～5001
地価・事務所賃料等（㎡当たり）										
・工業団地購入価格	127	60	25	46	26	36～45	31.03	243.70	453～484	1,539
・工業団地借料(月額)	0.09	3.6～5.4	0.50	2.42	n.a	2.2	1.19～1.66	n.a	2.40	n.a
・事務所賃料(月額)	35	30～42	24.00	42.66	25	13	14.27	34.48～66.20	26.00	30.7～36.4
通信費										
・電話架設料	204.00	147.4	152.23	36.24	60.41	48	118.91	60.92	30.00	646.82
・電話基本料金月額	2.00	4.0	5.80	2.36	3.38	2.9	4.52	11.54	11.00	15.55
公共料金										
・業務用電気料金（KWh当たり）	0.04	0.07	0.07	0.07	0.05～0.09	0.044	0.09～0.12	0.12	0.1、0.08	0.14
・業務用水道料金（㎡当たり）	0.57	0.3	0.15	0.27	0.08	0.18	0.23、0.29	0.41～1.41	0.21、0.35	0.36
法人所得税(%)	16～28 (注)2002年度より15～27	33	33	33	33	33	15	16	最高　25	基本　30

（資料）日本貿易振興会「アジア主要都市・地域の投資関連コスト比較」（2000年12月調査より抜粋）

しい姿勢を取りつづけていますから、企業のほうが海外へと流れていきました。そうすると、山形の工場団地はひとつ減り、2つ減って、中国へ、あるいはアジアへと出ていきました。その結果、空洞化が起こって高卒の方々の求人が今や極めて少ない状態になっているのです。

企業の空洞化という問題の背景には、田中角栄さんの列島改造論以降の出来事が関与していると思います。日本の列島改造は、製造業、なかんずく輸出製造業の列島拡大であったわけです。最初は農村工業導入から始まって、輸出型産業を地方へ分散させるという形で始まりました。ところがそれは、地方でとどまらず結局海外へ行ってしまったわけです。海外へ出て行った後、地方は一体何をしたらいいのでしょうか。リゾート法などというので、一部リゾートを呼んだところもありますけど、このリゾートだって、本物でない限り長続きしません。なぜなら、物理的距離は近くとも、コスト距離と時間距離は飛行機を使えば、アジアのほうがはるかに近いからです。ですから、本物の文化なり伝統を持ったところのみが生き残るということになります。九州の黒川温泉などは大ヒットしていますね。東京ディズニーランドも、カリフォルニアのものとぜんぜん変わらない本物だからこそ、ヒットしています。本物のところはちゃんと栄えているわけです。

米ソ冷戦の終焉の影響の2つ目は、金融面に大きく現れていることですが、米国型グローバル・スタンダードの席巻です。このグローバル・スタンダードに対する日本人の不適合が起きています。その初代は夏目漱石だというお話は、何度かこの場でさせていただきました。欧米型の自己責任というものについていけない、自我の確立ができない日本人。皆が右に行くといったとき、自分だけ左に行くといえないのがベビーブーム世代、団塊の世代でして、リスクを犯してまで自分は嫌だよ、となかなかいえないのです。

しかし、今私が大学で講師をしていて思うのは、最近の若者は私たちと違うな、ということです。皆が右へ行くといったとき、知らん顔して左に行く人が結構増えています。ですので私は、日本人も捨てたものではなくなってきていると思いますが、今中心的に働いているリーダー層というのは、まだまだグローバル・スタンダードに適合できず、あえいでいるという気がします。

そこへもってきて、以前にもお話したとおり、日本は時価のない国なのです。一番いい例が骨董品ですよね。骨董の世界は、日本の値決めの典型的な例だと思います。相対の世界で値決めをしていて、一般的なプライスが決まっていないのです。買いたい人がいれば高くなり、売りたい人がいると安くなる。土地もそうですよね。日本では地価は必ずしも一物一価になっていない。実は人件費だってそうなのです。

私たち団塊の世代の多くは、終身雇用のイメージの下にいました。転職なんてことはなかなか考えませんでした。公務員は典型ですが、特に勤務先が大企業であればあるほど、転職なんて考えませんでした。職業安定所や職業訓練校があっても、本当の意味での自由マーケットではないのですね。皆何がしかのコネやら何やらがある。アメリカのような労働市場や、ヘッドハンティングというのは最近でこそ少しずつ始まりましたけど、それまではほとんど見られませんでした。

カネの世界もそうです。市場というのは、売る人が買う人になり、買う人が売る人になって、初めて適正な値段ができるわけです。しかし、日本の不良債権市場は、最近でこそ少しずつ銀行も買うようになってきましたけども、多くはもっぱら売る側。買う人は禿鷹ファンド。これでは買いたたかれるだけなのです。すべて人、モノ、金。日本は時価がない、市場がないということが、アメリカ型グローバル・スタンダードを受け入れる上で今の日本が一番苦しんでいることなのではないかと思います。

それらはなぜ起きたのか。日本は、明治時代から間接金融でスタートしました。顔見知り社会で生活していて、その地域における名望家の方が金融を始めれば、皆安心してそこに預金をした。これは、右見て左見て皆で渡れば怖くないという農業社会の常なのです。ところが、アメリカという国は移民の国家です。顔見知りがいなくて、もともと人なんて信じられないわけです。それで、相手がどういう人物かということを全部さらけ出すための情報公開があります。そのため、公認会計士という仕事も生まれている。さらにその情報すらチェックする格付け機関もある。その前提で第三者の知りもしない人や企業へ投資するという、リスクのある直接金融が育つわけです。

日本、そしてドイツもそうなのですけど、顔見知り社会のところは、今金融面で大変苦しんでいます。ドイツも日本と同じように間接金融の国だから、今経済が同じように低迷しています。失業率は10%という状態にあるわけです。

もしかすると、地場の金融機関が地場の企業にだけ融資していれば、不良債権は起きなかったかもしれません。しかし、バブルの時期にまったく見ず知らずの人や企業へ貸出しを行ってしまった。北海道拓殖銀行などは典型的だと思いますが、大阪というぜんぜん知らないところへ進出したのですから、担保なり何なり取らざるを得ません。その担保が土地の下落とともに崩壊していく、ということになったのです。

現在、間接金融に起きていることは、市中への通貨供給のコントロールが極めて難しくなっているということです。これは経済学でいう「マーシャルのＫ」が強烈に上がっているのです。マーシャルのＫが概ね一定であるというのは、マネーサプライを増やせば、必ず通貨供給は増えＧＤＰも上昇するという前提だったのです。それなのに、いくら増やしてもマーシャルのＫがどんどん上がってしまって、現実には市中に流れていかない、という事態が起きています。これには金利の低下で「流動性のわな」という現象が起きていること、企業が金融不安の中で現金選好を高めていることなど、いろんな要因があります。

いずれにしても、このような状況にあるため、間接金融を立て直す一方で、直接金融も育て、金が流れていくようにしていかなければなりません。これが、今回、株式配当及び譲渡益課税を軽減させるとともに、従来、証券投資をしていない人に証券投資をしてほしい、という目的で簡便な税制に抜本的に見直しした理由なのです。

それから、経営者の自信喪失というのが非常に大きい。アメリカ人の友人からは「あなたたちの世代が引退したらなおるよ」といわれました。私たちの世代は、右見て左見て、の人だから、私たちよりも10歳か20歳若い人が経営者になったら、たぶん問題ないよと。そういわれて、非常にがっかりしましたが、今は従来型の経営で成功した人が必ずしも成功しない、一人ひとりが過去の経験にとらわれず考えて行動しなければいけない時代になっている、ということなのだろうと思います。

③　人口のピーク・アウト

３番目は、人口のピーク・アウトです。[※3] ２００６年には人口がピーク・アウトするのですが、１９９５年以後生産年齢人口の減少は始まっています。お年寄りの数が増え、若い世代、青年層の数が減って、トータルの人口が減少していく。このことにより、あらゆる消費量がダウンします。食べ物もそうですが、ちょうど恋愛する年頃なら、好きな人ができればおしゃれのために洋服などいろいろ買うわけですが、いい年になってくると大したものも買わなくなる、消費しなくなるわけです。すなわち、年寄りが増えるということは、絶対的消費量が減るということであり、日本はすでにそういう傾向にあるということです。何も２００６年を待つまでもなく、絶対的消費量は減りだしているのです。だから、商品の値下げをした外食産業が思ったほど客を伸ばせず赤字となり、決して成功しなかったわけです。いくら安くしても、絶対的消費量は増えないのです。

私の時代は、兄弟と少しでも大きく切り分けられたケーキを取り合ったものですが、最近の子どもは、ちっちゃいケーキのほうが太らなくていいという時代なのですね。絶対的消費量が減っているのだから、今までのような消費の形態を想定してはダメなのです。ですから、食事の例でいえば、スローフードみたいなもので付加価値をどうやって高めるかを考えなければいけません。その点で、京都はそれに常にチャレンジされていますので、他の地域に比べて極めて元気だと思います。後でもお話しますが、これからは伝統文化を活用したものや、生活のいやしになるもの、そういう少し変わった消費を狙わないかぎり、消費量は増えないと私は思っています。

④　家族のあり方の変化と財政悪化

第4点目は、2つの要因が複合していると思うのですが、そのひとつは家族のあり方が変わってきたことだと思います。圧倒的にお年寄りだけの高齢世帯、老人夫婦だけ、ないしは老人の片親だけの世帯が増えてきています。従来であれば、お年寄りになったら子どもが同居していましたし、もっと前なら、お年寄りになる前から3世代同居であったり、場合によっては沖縄のように4世代同居、ということがありました。

しかし今は、特に地方都市においては、片親しか残っていないケースが結構多くて、そのおじいさん、おばあさんを、誰がどうやって面倒をみるかという問題があります。例えばおじいさん、おばあさんを東京に呼んできたにせよ、その途端に惚けちゃう、という実態もあります。お年寄りには環境の変化が一番良くないのでして、地元を離れがたいのです。ですから、決して子どもが意地悪なわけではなくて、親のほうから子どものところへ行きたくないといわれることが非常に多いのではないでしょうか。

そのことが引き起こしているのは、老後に対する不安です。あのきんさん、ぎんさんが「こんなに稼いでどうするの」と聞かれて「老後が心配だ」と答えたのは有名な話ですけど、人間いつまで生きるか

※3　実際はこの講演の次の年、2004年にピークアウトするとまでは思っていませんでした。

わかりませんから、将来を考えたら、少しでも貯蓄しなければいけない。老後の不安というのが非常に大きい。そこへさらに、財政の悪化が重なっているのです。

日本の国民租税負担率をみると、２００２年は22・９％になっていますけども、２００３年は減税したこともあって、租税負担率は20・９％です。

次に、国民負担率の内訳をみると、日本の租税負担率は22・９％、社会保障負担率は15・５％、足して国民負担率は38・４％ですが、２００３年は、租税負担率が20・９％、社会保障負担率は15・２％で、国民負担率は36・１％になります。歳出のほうは46・９％ですが、２００３年は47・１％です。財政赤字は８・６％から急激に増えて、２００３年には11％となります。

現在は、歳出の半分しか税金で賄われていないわけです。個人の生活で考えてみれば、40万円しか稼げない人が80万円使っていれば、生活が成り立たないことはおわかりのとおりで、そういう実態を皆わかってきています。したがって、一層老後に対する自己防衛が強まっています。大学生ですらそうでして、最近の学生はすでに貯金を始めているわけです。その理由を聞くと、「老後が不安だ」と。おいおい、まだ20歳だろう、と思うのですが、これが実態です。

さらにひとつ変わったことを申し上げます。あくまでも平均値でいわれていることなのですが、退職時点での財産は、平均２５００万円だそうです。それが、死亡時点で平均３５００万円。１０００万円増えているのですね。どうも日本では年金の３割くらいを貯金しているのではないかともいわれています。年金資金というのはかなり預貸率が高い、貯金として据え置かれているのではないでしょうか。世界中ではこんなことはなく、年金資金はほとんどぜんぶ使われていますが、日本は年金資金まで貯金しているわけです。これはまさしく、老後の不安に対する自己防衛だと思います。

こういった状況から、小泉総理が今年の1月17日に政府税調を開かれて、「次は高齢者と税制というテーマを中心に検討してください」とおっしゃいました。同時に、「自分の代では消費税率は上げません、自分の仕事は高齢者の給付を含めて、歳出を見直すことである」とも申されました。税制面の問題の一例を申し上げれば、公的年金等控除と給与所得控除は、ダブルで適用できる。だから、年金をもらいながら働いている人は、年金だけの人、あるいは給与所得だけの人より有利なのです。要するに、年金は年金で別計算で公的年金等控除がきき、給与は給与だけで給与所得控除がききますから、2つ控除がとれてしまうという問題があります。

失業給付もそうです。働いていた時の失業保険が高かった、たくさん払っていたから、当然といえば当然でしょうけど、失業給付というのは非課税なので、一般の人の給与よりはるかに高い失業給付まで非課税になっているわけです。この辺りもどういうふうに考えるかなど、いろいろ問題があると思います。

そういった全体を見直さなければダメだという議論がなされていますが、しかし、いずれにしても、高齢社会に応じた、適正な負担と適正な給付をして、自分の老後に対して安心してもらえるようにしなければなりません。

今の大学生は、ほとんど国民年金を払っていませんが、では加入している人はどういう人かというと、サークル活動等でスポーツをしているような人です。例えばサッカーをしていて、首の骨を折った。そういう場合に国民年金に入っていれば、障害年金としてずっともらえるわけです。スポーツをしている学生は、先生に、「入っておかないと大変だぞ」と教えられて入っている人が多いと思いますけども、その場合でも納付特例制度を活用して保険料は払っていない。これではダメなのですね。給付と負担をきちっとして、制度として安心、安全なものを提示し、どう国民に納得してもらうか。今までもそういう制度でやってきたつもりだったのですが、しかし若者の数が減っていけば、とても賄いきれないというのは事実で、この辺りをどう見直すかを決めていく必要があると思います。

⑤　流通革命

それから5番目は、流通革命が起きているということです。ご商売をやっておられる方であればおわかりのとおり、直接輸入によって海外から安い商品を買ってきたり、問屋を飛ばして購入すれば、確かに安くできるわけです。価格革命、言い換えれば価格破壊ということが起きているわけです。

以上述べたようないろんな要因が、今の経済状況の中にあると私は思います。

景気を回復させるためにとるべき手段

そんな状況で、それではどうしたらいいのだ、ということで挙げるのが、次の5項目です。

① 国内新規投資の助長

ひとつは、もうバブル期から10年経って、あの時代の過剰投資もそろそろ陳腐化してきているわけですから、この際、ＩＴ、ナノテク、バイオ、環境というようなものを積極的に助成するべきだと思います。特にＩＴは、どんな設備投資もこれからＩＴを組み込んだものでなければ、とてもついていけないわけですから。それからもうひとつは、これは税の上でなかなか工夫の仕様が見つからないのですけど、消費者ニーズに対応した新分野を、特に内需型の新分野を育成するということです。

新分野は主に3つあると思っていまして、1点目は生活いやし型です。アニメ映画の「千と千尋の神隠し」があれだけ売れた、その結果、映画会社が大変収益を上げたということは典型でしょう。ディズニーランドがあれだけ人気がある、ということもそうです。それ以外にも、生活いやし型の一番いい例はペット、特に犬です。ペットブームというのは、今ものすごい産業として育っています。20歳代の女性の一番のいやしは犬であるようです。従来犬というのは、子どもを育てる中で、子どものために飼ったものでしたが、今や大人のためのものになってきている、ということです。ペットの次に狙うのは、たぶんロボットでありましょう。

2点目は、今までに何度も申し上げている、元気な老人向けのものを生み出すことですが、これがなかなか生まれていないわけです。今、国あるいは皆さん方の仕事の上で、老人に提供しているのは、元気でない老人向けの産業です。病院や福祉産業、これらは非常に伸びていますし、これからもまだまだ伸びるでしょう。しかし、元気な年寄りをいかにして元気にするためのものができるかということが、非常に鍵になると思います。これから、団塊の世代がいよいよお年寄りになっていきます。今のお年寄りと違って団塊世代のお年寄りは、浪費癖がある。したがって、この層に向けた仕事をどうやってつくるかということが重要です。だから、予防医学や健康産業のような、元気な年寄り向けのものが受けるのです。

3点目は、伝統文化の活用です。戦後50年間、日本は一生懸命西欧化してきたと思います。今日、たまたま京都のある有名な漆芸をされた方のお宅に行きました。欧米人が非常によく来られたということもあるのでしょう、和室を洋室風にアレンジしている、明治以来洋室をつくって歓迎したようです。元総理の細川さんが育った目白の家も洋館です。すべてを西洋化することが、日本の近代化でもあったのでしょう。今でも、諸外国のお客様をお招きするとき、大きな宮中晩餐会は洋食であることが多いわけですが、伝統文化を振り払うことで、日本の近代化が行われてきたのではないかと思います。

しかしこれからは、世界の国々にとっての日本の魅力は、日本の伝統文化でしょう。今、沖縄の音楽や沖縄の芸術があれだけ世界を席巻しているのは、世界的に見たら日本が明治以来つくってきた音楽よりも、沖縄の特色ある音楽のほうがはるかに評価が高いからだと思います。ＧＨＱの政策で最初に日本がやった教育は、オルガンを入れ、五線譜を教え、西洋音楽を教えることでした。邦楽をやるのは何となく花柳界の世界ではないかと思われていました。しかし、これから日本の魅力を世界に発信していこうとすれば、日本の持っている伝統文化を、まさに京都の皆さんがやっているように活かしていくしかないと思います。

よくこの場でお話することですが、宇佐美松鶴堂さんを見学させていただいて、つくづく思いました。伝統的な絹を使った修復技術は、世界一の技術です。それに、先ほど聞いたことですが、あのエルメスのデザインは、実は日本人の明治時代のデザインというか、琳派の方の作品をかなり使っているそうです。柿右衛門だって、柿右衛門写しがいかに世界の陶器を席巻したことでしょうか。自分たちが見失ってきた伝統文化をもう一度考えることが、非常に重要だと思います。

例えば日本料理、あるいは皆さん方であれば京料理、これについて公式のシステムをつくるべきであると私は思います。世界中に、日本中に京料理はたくさんありますが、たぶん皆さん京都の方が食べられたら、「これのどこがおばんざいだ、どこが京料理だ」と思われるはずです。私たちだって、インドネシアの日本料理店へ行くと、「これが日本料理か、中国料理じゃないか」と思うようなものがあるわけです。フランスは、ポンピドー大統領の時に「本当のフランス料理」というものをちゃんと確立しています。日本では、茂木さんが確立した醤油、ソイソースは世界商品になりました。だけど、そういうふうに確立されていない味噌は売れていないわけです。しかし味噌というのは大変な文化だし、日本酒だってそうです。たぶん、防腐剤を入れているワインよりは、防腐剤も入れないで長く持つ日本酒のほうがはるかに醸造技術上はレベルが上です。また、和服だってそうです。

どういうものが日本料理であり、日本の生活であるかを見せることが、世界の人にとっては一番魅力的です。偽物をやったってダメです。本物をこれからどう売るかということが求められている、と私は思います。日本人は非常に優しい性格ですから、相手と折衷すること、和洋折衷は得意なのですけども、これからは妥協しないで自分らしさを守りつづけることが、非常に大切ではないでしょうか。

例えば関東でいいますと、青葉城や小田原城、皇居、江戸城の修復をやっておられます小林石材さん。彼らの石工の技術は大変なものです。古くは三内丸山遺跡から出雲大社の礎石の技術、そして江戸時代の末期においては砲台をつくったお台場の技術、さらには日本の段々畑をつくっている石組みの技術、すべて石の技術です。こういうものは、昭和30年代から失われてきています。機械という魔法の道具が入ってきて、技術を持った人がいなくなっている、今ぎりぎりの状態です。70歳代くらいの方々が体験した技術をどうやって残すのか。この技術を持った方々をいかに活用するか。これは、日本が考えるべき重要な問題だと思います。

京都は技術を守るために、それぞれでひとつの組織をつくってこられました。お茶の世界もそうでしょう、若林仏壇さんの仏壇の世界もそうでしょう。皆そうだと思うのですけど、これをこれからもどうやって守っていくかという工夫がさらに要りそうだ、重要になってきそうだと私は思います。安さだけで見るなら中国のものにかなうはずがないので、そこの違いをどうやって浮きださせるかについて考えなければならないと思うのです。ヨーロッパやアメリカにはいろいろな分野に格付け機関や市場がありますが、例えば西欧では昔から東インド会社から輸入してきたものとそうでないものとの差をどうつけるか等を念頭において、市場等がつくられたのだと思います。新しい新規投資の芽は日本にまだまだあるはずですから、ぜひ考えていく必要があると私は確信しています。

② 直接金融の育成と中小向け間接金融の再構築

次に、直接金融の育成と中小向け間接金融の再構築です。「会社四季報未上場会社版（２００２年下期版）」に載っていますが、こちら京都にあるワタキューセイモア、竹中工務店、サントリー、出光興産、ＹＫＫ、永大産業、矢崎総業、ポーラ、西武等、実は大企業であるにもかかわらず上場していません。上場していない企業がこんなにあるのは、アメリカではまったく考えられません。なぜ日本はこういう状態なのでしょうか。それは先ほどお話したことでもありますが、これらの企業は、直接金融ではなくて、銀行から借りて成り立ってきたからです。市場から資金調達せずに仲間うちだけで出資して、あとは金融機関から借りてここまで大きくなったということです。

以上の点からすると、私は２つのことが重要だと思います。次の図表９―５をご覧ください。黒い実線が現金・預金ですが、資産合計１４００兆円のうち８００兆円弱が現金・預金です。投資信託・株式が２００兆円ちょっとしかなく、圧倒的に現金・預金が多いわけですが、この現金・預金の間接金融が滞っている以上、もう少し投資信託、あるいは株式市場へ一般個人に入ってきてほしいのですが、そうはいっても国民の行動がすぐ変わるわけではありません。だから、現金・預金をいかにして流通させ、生産性の高い企業部門にまわすかということがポイントです。

グローバル・スタンダードの間接金融機関と、中小向けの間接金融機関はおのずから役割が違います。中小金融機関というのは明らかに日本においては重要なファクターであって、この部分を無視して日本の金融はあり得ません。ですから、大きな流れでは直接金融を育て、同時に中小向け間接金融機関を再

図表９－５　日本の家計金融資産残高の推移

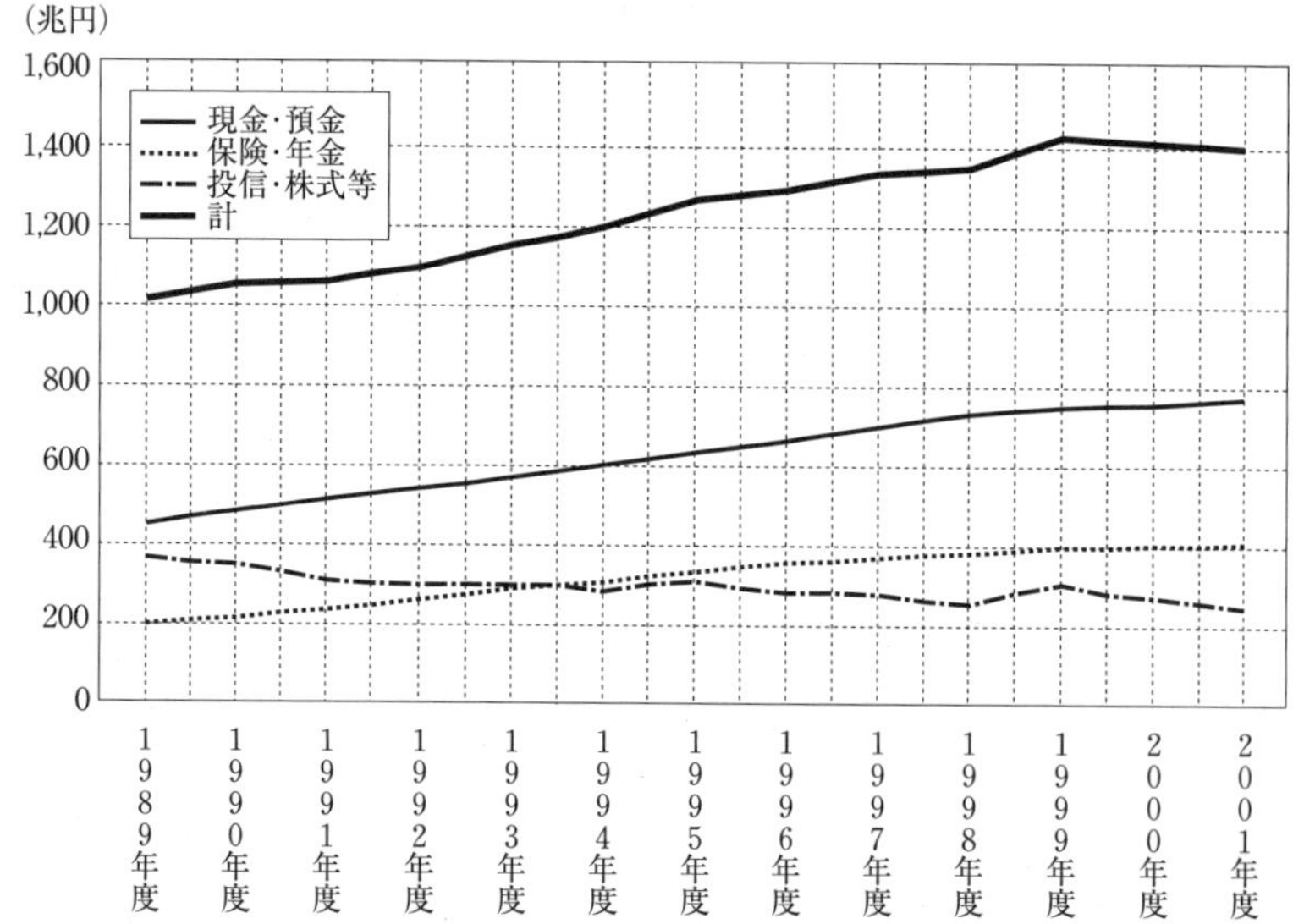

（注）93SNA ベースの家計部門の値である。
（出典）「資金循環統計」（日本銀行）

構築していく、ということが求められていると思います。

③　資産（ハード、ソフト両面）の活用

３番目に、資産のハード、ソフト両面の活用が極めて重要です。例えば、土地も寝かせていただけではダメで、遊休地をいかにペイするように活用するか。役に立たないようであれば冷徹に売り払うことが必要である、ということは、もう皆さん方、固定資産税負担との比較の上でお気づきになっているはずです。ですが、何もハード面だけじゃないので、ソフト面ももう一度点検し、のれん、技術力をはじめソフトの資産活用をしない限り、日本の再建はないと考えております。

日本は所得倍増計画を掲げて、所得、所得でやってきました。しかしＧＤＰの１・５倍もの借金を負った国が、果してフローだけで立ち直れるでしょうか。やはりストックを十分活用するしかない、国もそうなら個人もそうだ、というふうに私は思います。

④　日本型システムの再構築（人、モノ、金のあり方）

4番目が、日本型システムの再構築です。これはすでにお話した、人、モノ、金のあり方でして、やはり市場をつくることが大切だと思います。きっと皆さんの周りに、これは市場をつくったら面白そうだという商売はゴロゴロしているはずです。この頃は日本でもオークション市場が始まりましたし、ガリバーという中古車市場などもできてきました。こういった市場をつくる新しい商売があるはずです。従来のように人、モノ、金が固定されているのではなくて、市場をつくり、うまく適者を適正な場に移すということを、重要視しなければなりません。

今までは、教育なんかもそうだったと思うんですが、皆画一的です。画一であることは、基礎として重要なことですが、それだけではダメで、適性を伸ばしてやることを考えなければなりません。今までは、同じような形態の人間ばかりを育ててきたような気がします。これからは、それぞれの特性を活かすということが必要でしょう。人、モノ、金をいかにして適正に配置するかという意味においても、日本型システムの中に、市場をつくることが必要と思われます。

ただ、ひとつ重要なのは、市場をつくったからといって、人間はいつでも賃金のいいところへ移っていく、というわけではありませんし、それでは企業は成り立たないということです。例えば、ジャック・ウェルチが日本に来て一番感動したのは、東芝の土光さんの経営であったとよくいわれます。感動した理由は、労働者が一生懸命その会社に対して忠誠心を持って働いていたからです。なぜ忠誠心をもっているのか。それは、終身雇用で、この会社が潰れたら自身もつぶれると思っていたからです。アメリカの労働者は賃金の高いところへすぐ流動化していきますから、忠誠心がないわけです。産業別労働組合ですから、トラックの運転手はどの会社へ行こうがトラック運転手として勤められるので、特定の会社に対して忠誠心がわかないわけです。そこで考えたのが、ストック・オプションだったのです。すなわち自分が働いて、株をもらって、その株価が上がればそれだけ自分の利益になるという方式を考えた。それが忠誠心をもたせるひとつの手法であったのです。

この辺りを、日本型システムの再構築を目指す際にぜひ模索する必要があると思います。また、私はこれからはＮＰＯが非常に重要だと思っています。後で申し上げますが、今回の改正で、ＮＰＯ法人の認定要件がかなり緩和されました。しかし、現在のＮＰＯは玉石混淆です。暴力団がＮＰＯに仮装して、総会屋まがいのことをしたりもしています。しかし、人口移動が止まってきましたから、地域間での助け合いも始まっています。社会的扶養ということでお年寄りを病院へ預けるよりも、地域の問題は極力地域で片づけ助け合っていくようになる。その原点は、地域の街づくりなりＮＰＯなり、そういうところから始まってくると思います。

そうしたＮＰＯに関しまして、ぜひこの場にもいらっしゃいます税理士さん方にお願いしたいことがあります。今回の税制改正が終わった後、すぐ日税連の総会に行ってお願いしたことでもあるのですが、

ＮＰＯの手助けを、ぜひ税理士さんにしていただきたいのです。小さなＮＰＯはお金がありません。しかし今回の改正事項を利用して、経理面をしっかりしていただけば、小さなＮＰＯでも認定ＮＰＯ法人として活動していけるわけです。税理士さんがきちっと経理報告をするとともに情報公開の手伝いをしてくだされば、先ほど申し上げたような、暴力団が紛れ込んだりすることなどありません。アメリカでは、ＮＰＯの手助けを弁護士がやっています。アメリカは弁護士の数がやたら多いものですから、ＮＰＯ設立の弁護士グループがあります。しかし日本には、そんなに弁護士さんがいらっしゃらないので、ぜひ税理士の方々のボランティア活動として考えていただければ、と思います。個々の税理士さんでなくても、税理士会としてやっていただくのでも結構です。ぜひ、新しい芽を育てる手助けをしていただきたいと思っております。

⑤　財政健全化

5番目は、財政健全化です。これは私どもに託された話ですけども、やはり収入が40万円の人が、80万円出費するような生活を長続きさせることなどできません。実際、格付け機関なんかも、日本の格付けをどんどん下げています。ですから、われわれだって非常に厳しい道を選び、進んでいかざるを得ません。そのために今回、多年度税収中立という形で酒税やたばこ税、配偶者特別控除などを改めさせていただきました。配偶者特別控除というのは、働いていない奥様に対し、内助の功ということで、配偶者控除に上乗せしていたものです。家事だってもちろん大切な労働です。しかし、これからは市場に出て働くことを抑え込むような税制は見直さざるを得ません。
以上、こういうような思いの中で、今回の税制改正に取り組ませていただきました。

２　平成15年度税制改正――その詳細とねらいについて

研究開発、設備投資の重要性の見直し

さて、本題である今回の税制改正について、お話をさせていただきます。今回の税制改正の増減税規模についてですが、初年度である平成15年度は、２兆円減税し、２０００億円増税して、ネットで１兆８０００億円の減税です。これを平年度ベースでしますと、２兆４０００億円減税して、１兆６０００億円増税する、という姿になっています。一応、トータルして６、７年で財政収支はトントンになる形になっていますけど、何も６、７年、今後税制改正をしないということではありませんから、一応財政規律を確保しつつ、増税も減税もある、そういう多年度中立を目指した税制になっています。

図表９―６をご覧ください。諮問会議と政府税制調査会の間で最も意見が対立していたのは、法人税率を下げるのか、研究開発減税や設備投資減税をするのかという違いだと申し上げましたが、では、私どもが法人税率を下げるということより、なぜ研究開発減税や設備投資減税をしたいと思ったかについてお話いたします。

ここに載っておりますように、43・３％という法人税率は、累次の引下げが行われた後、平成11年の

図表９－６　法人税率と課税ベースの適正化

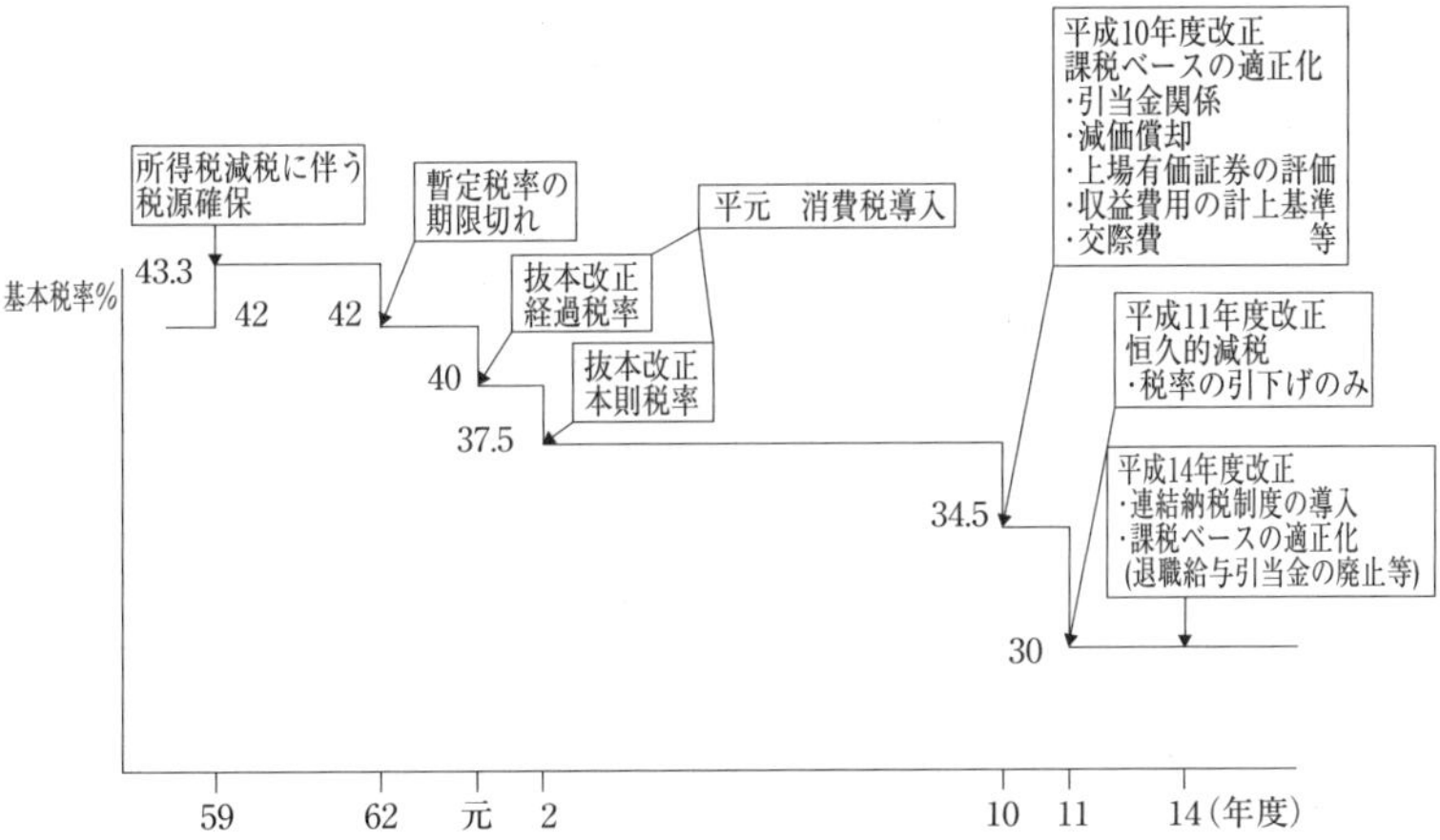

小渕内閣時の恒久的減税法によりまして、30％に下げました。それを踏まえて見ていただきたいのが、ＧＤＰ（国内総生産）に対するそれぞれの部門の赤字比率を描いた図表９―７です。家計部門というのはわれわれ個人の部門で、非金融法人部門というのは民間企業です。海外部門は、海外投資とお考えいただいて結構です。一般政府部門は国や地方自治体です。

例えば１９９０年の箇所をご覧いただきますと、もっぱら個人が貯金をして、それを非金融法人部門が借りて、設備投資をして、お金を生産性の高い部門が活用するというのが、従来の日本の姿です。個人が貯金をし、そのお金は金融機関を通して企業が借りて、設備投資するなりして回ってきました。ところが今はどうなっているかというと、家計部門の資金余剰は減ってまいりました。１４００兆円は数年間あまり増えていません。その一方で、非金融法人部門、すなわち民間企業は、どんどん資金余剰の部分に入ってきました。よくいう「トヨタ銀行」というのはトヨタに始まった話ではなく

図表９－７　部門別資金過不足の推移（対名目GDP比）

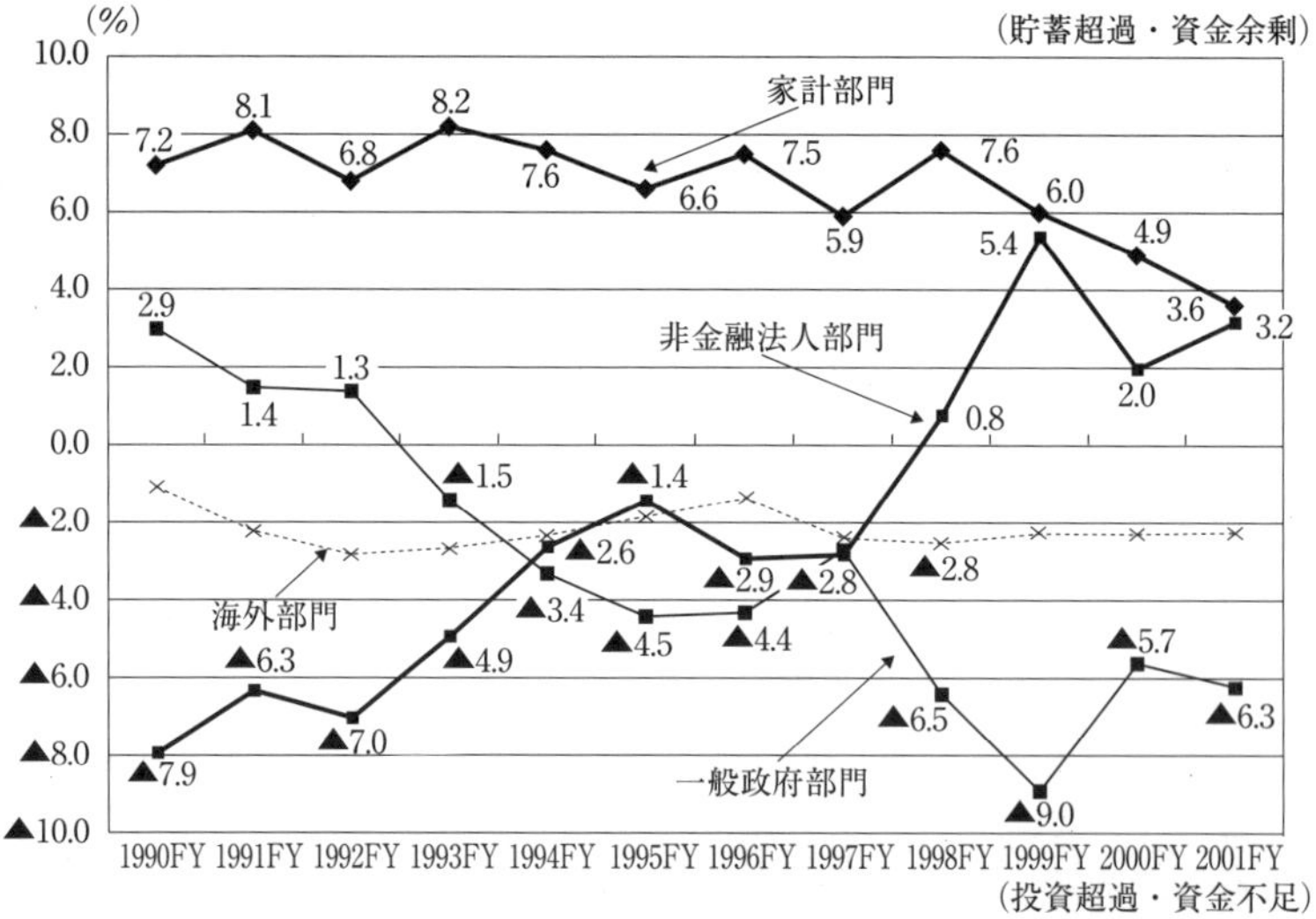

（注１）1998年度の非金融法人部門・一般政府部門の値は、国鉄及び国有林野事業の債務の一般会計による承継分（23.6兆円）を一般政府部門分から控除し、非金融法人部門に加えたもの。

（注２）2000年度は速報値。

（資料）日本銀行「資金循環統計」、内閣府「国民経済計算」

て、民間企業全体が貸手側になりました。では、借りているのは誰かといえば、もっぱら一般政府部門です。京都府も、国もそうですけど、もっぱら借金をする団体になったということです。

これについて、よく考えてみてください。個人が貯金して、生産性の高い企業に貸したら、それにより経済が成長するのはおわかりのとおりだと思いますが、個人が貯金して、生産性が相対的に高くない国とか地方自治体にお金を回したら、長期的に見て経済が成長するはずがないですよね。それが今の姿だということです。

このような実態があって、われわれが考えたことは何か。せっかくなら、非金融法人部門に返済ではなくて少しでも投

図表９－８　国内法人の設備投資額等の推移

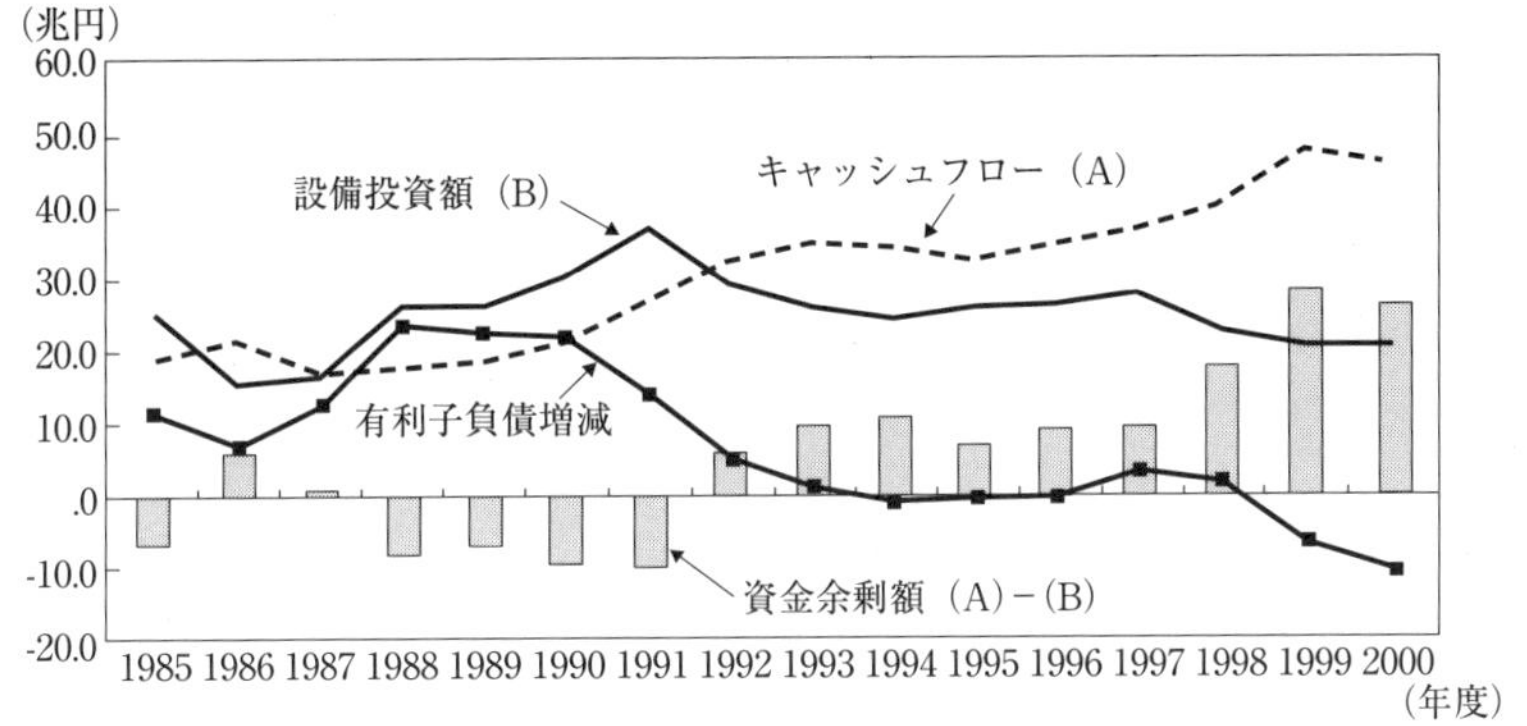

データ：財務省「法人企業統計年報」、資本金10億円以上の全産業が対象。

設備投資額は、有形固定資産のうち土地を除く部分の前年比増減額。有利子負債は短期・長期借入金＋社債。

（平成14年３月13日開催「経済活性化のための企業税制に関する研究会」提出資料（経済産業省作成））

資をしてほしいと思ったのです。最初に、図表９—１のところで設備投資額が減っている、今や減価償却費以下の投資しかされていないことを申しましたが、図表９—８を見ると、もっと現状がストレートに出ています。黒い棒グラフの部分ですが、資本金10億円以上の超大企業が、１９９２年から資金余剰になっています。１９９１年までは資金不足だったのが、１９９２年から資金が余りだしました。それにもかかわらず、設備投資額は、この表にある（Ｂ）のように、あまり増えておらず、むしろ下がっています。点線で描かれてあるキャッシュフローの増加分は、もっぱら有利子負債の減に向けられました。すなわち、上がった利益は、もっぱら銀行からの借入金の返済に向けたということです。

この資料にあるのは、資本金10億円以上の超大企業ですから、たぶん都市銀行や大都市銀行の取引先です。優良企業はせっせとお金を返しています。でも銀行側

図表9－9　新研究開発税制（案）の概要

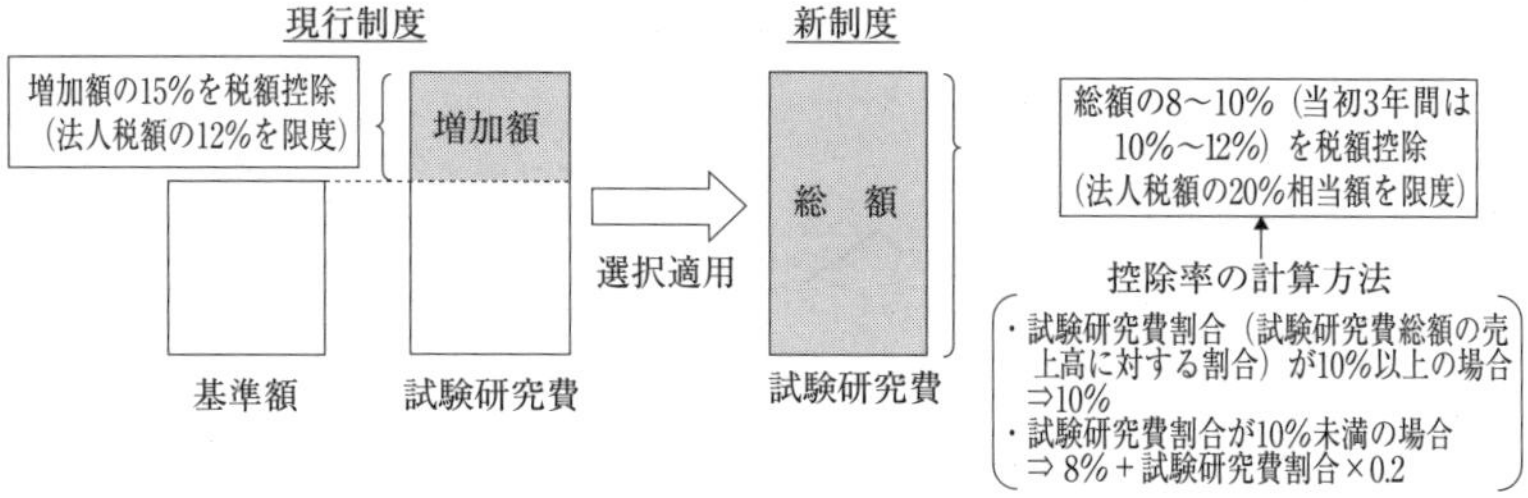

新制度の仕組み

試験研究費総額の一定割合を税額控除する仕組みを増加試験研究費の税額控除制度との選択制で導入

(1)　税額控除率

①　期限を区切らない措置…全法人に8%の控除率が適用されるようにした上で、試験研究費総額の売上高に占める割合が高い法人ほど控除率も高くなるよう、これに0%～2%を上乗せ（8%～10%）。

②　3年間の時限措置…①に加えて3年間の時限措置として、一律2%を上乗せ（当初3年間は10%～12%）。

(2)　中小企業については、一律で12%の税額控除率を適用。これに加えて、3年間の時限措置として、一律3%を上乗せ（当初3年間は一律15%）。

(3)　産学官連携の共同・委託研究については、一律で12%の税額控除率を適用。これに加えて、3年間の時限措置として、一律3%を上乗せ（当初3年間は一律15%）。

(4)　税額控除額（(3)については、(1)との合計額）については、法人税額の20%相当額を限度。控除限度超過額については、その事業年度の試験研究費の総額が前事業年度の試験研究費の総額を上回る場合に限り、1年間の繰越し控除が可能。

は、その戻ってきたお金の貸出先がありません。そこで銀行は、見ず知らずの大企業や中小企業へ、土地担保をとってお金を貸してしまったわけです。それが、今の不良債権の根っこになっていますが、ここで重要なのは何なのか。企業に生産性の高い投資をしてもらいたいのですから、投資需要を起こさざるを得ません。そこで、研究開発とか設備投資の減税をしようとしたのです。

図表9―9をご覧ください。まず研究開発につきましては、大企業の場合には原則研究開発に対する投資の減税は、投資の総額の8%～10%を税額控除します。さらに3年間の時限措置として、2%上乗せして10%～12%を税

額控除します。中小企業の場合には一律12%、３年間は３%上乗せして15%税額控除します。

なお、税額控除の限度は法人税額の20%を限度としているので、大企業なら通常30%の法人税率が24%（30%×０・８）にまで下がるということです。

今までは、試験研究費が増えた分の15%の税額を減らしたのですが、最近は試験研究費がもう増えていません。昭和61年から平成３年頃のバブル期には、試験研究費も右肩上がりで伸びたのですけど、最近は増えないものですから、この増加試験研究費方式ではあまり有効ではありません。しかし増えなくても、研究開発というのは、その企業にとってのみプラスなのではありません。

あのノーベル賞を受賞された田中耕一さんではありませんけども、ああいった研究は、経済学でいう外部経済効果があります。他の企業へもプラスになるのです。しかも、研究には年月を要するので、時限にしたのでは効果がない。そこで、恒久的税制として、このような制度を設けさせていただいております。

ここで、非常に悲しいお話をしておきますと、日本の研究開発費は今、悲惨な事態になっています。設備投資がどんどん中国へ、アジアへ行ってしまっていますが、実は研究開発もそうです。今や委託研究費の３分の２は海外支出なのです。

塩川大臣が、日本経団連の会合で「日本の委託費の３分の２は海外支出されていますが、これはどういうことでしょうか」と聞いたところ、ある某大手化学メーカーの会長さんから「日本の大学に対する委託研究費は交際費みたいなもので、何の役にも立ちません。本当に研究開発をしたければ、アメリカ

図表9－10　新設備投資税制（案）の概要

取得価額の10％の税額控除

又は

通常の減価償却に取得価額の50％を上乗せ（特別償却）

一定のＩＴ関連設備等の取得等（国内の事業に限定）

一定の開発研究用設備の取得等（国内の事業に限定）

通常の減価償却に取得価額の50％を上乗せ（特別償却）

新制度の仕組み

［IT 投資促進税制］

⑴　10％税額控除と50％特別償却の選択制（平成15年１月１日から平成18年３月31日までの時限措置）

⑵　資本金３億円以下の法人については、リース費用（リース費用総額の60％相当額）も税額控除の対象。

⑶　対象設備：電子計算機、デジタル複写機、ファクシミリ、IC カード利用設備、デジタル放送受信設備、インターネット電話設備、ルーター・スイッチ、デジタル回線接続装置、ソフトウエア

⑷　税額控除額については、法人税額の20％相当額を限度。控除限度超過額については、１年間の繰越し控除が可能。

［研究開発用設備の特別償却］

試験研究費の総額の一定割合を税額控除する制度に加え、開発研究に専用される一定の機械装置及び器具備品に係る50％の特別償却（平成15年１月１日から平成18年３月31日までの時限措置）。

の大学と共同でやります」と、こういう答えが返ってきたというのです。大変由々しき事態です。例えば本田技研は、ほとんど研究開発をアメリカでやっておられます。最近はトヨタだって、研究開発の半分は完全に海外です。このように、研究開発ですら今や海外に移っています。

設備投資につきましては、図表９―10にありますように、通常の減価償却に、取得価額の50％を上乗せする特別償却制度を新たに設けました。ＩＴの関連施設等の取得は、国内事業に限定いたしましたけど、取得価額の10％の税額控除か、通常の減価償却に取得価額の50％を上乗せします。これは、税金を払わない赤字企業は税額控除をしても意味がありませんから、特別償却との選択制にしてあります。

いずれにしても、何とか設備投資もやってほしい、というお願いをしているわけです。設備投資はアジアへ、研究開発はアメリカへ、といったのでは、いったい日本に何が残るのでしょう。何も、アメリカに行くのはイチロー選手や松井選手のようなプロ野球の世界だけではなくて、超一流の研究者も海外に行ってしまう可能性があります。この問題をどうするかということが、非常に重要である気がいたしますので、実需がつながって、雇用の場の確保に役立つような減税を実施することにしたわけですし、研究開発減税は基本的に恒久減税にしたのです。

遅ればせながらではありますが、日本において研究開発をして、先ほどいったＩＴ、ナノテク、バイオ、そういうものも含めてどうするかということを考えたわけです。特に、研究開発用の設備だけは、研究開発費支出ということで、中小企業の場合であれば12％プラス３％で15％、普通の企業であれば10％プラス２％という税額控除を設けるだけではなくて、その機械設備に係る50％の特別償却というダブルの制度を設けました。だから、支出したら税額控除を受けられるだけではなく、その設備投資そのものを早く償却させるという制度をもつくったということです。こういう制度によって、ＩＴのみならずナノテク、環境、バイオ等を応援したい、ということです。

それからさらに、中小企業の方々に関しては、今申し上げた研究開発減税を大幅にやるだけではなくて、同族会社の留保金課税制度について、自己資本比率が50％以下の中小法人については、留保金課税を適用しないということにしました。

交際費の損金不算入制度についても、今まで資本金５０００万円以下の中小法人に認めていた４００

図表９－11　少額減価償却資産の取得価額の損金算入制度

［現行制度］

取得価額	償却方法
10万円未満	取得した事業年度で全額損金算入（即時償却）が可能
10万円以上20万円未満	事業年度ごとに一括して３年間で償却（残存価額なし）が可能
20万円以上30万円未満	耐用年数の区分に応じ、減価償却費を期間配分して計上

⇨

［改正案］
中小企業者等の特例制度の創設

取得価額	償却方法
30万円未満	取得した事業年度で全額損金算入（即時償却）が可能

万円の定額控除を、１億円以下の中小法人まで認めて、その分について9割を損金で落とせる、というふうにしました。これは、中小企業は大企業の下請けが多いですから、それを考慮してつくったものです。

図表9―11をご覧ください。取得価額が10万円未満の場合、即時償却が可能だったものを、中小企業者等については一律30万円未満の場合、全額損金算入を可能にいたしました。

この改正は、後でもお話する消費税の総額表示制度の導入等も考慮した改正です。総額表示制度とは、最終消費者に対して、消費税を含んだ支払総額をはっきりしてください、という制度にするだけです。ですから、よく１００円ショップが困る、なんていわれていますけど、１００円ショップは例えばこう書いていただけばいいわけです。１００円ショップ、ただし支払いは１０５円です、と。

次に図表9―12をご覧ください。従来から利益が出た段階で優遇する制度はありましたが、今回は、例えば譲渡益が６００万円あったような方は、その６００万円の範囲内なら、ベン

図表９－12　エンジェル税制の拡充

○　投資段階での優遇措置の創設…ベンチャー企業（特定中小会社）への投資額について、同一年分の株式譲渡益から控除できることとする

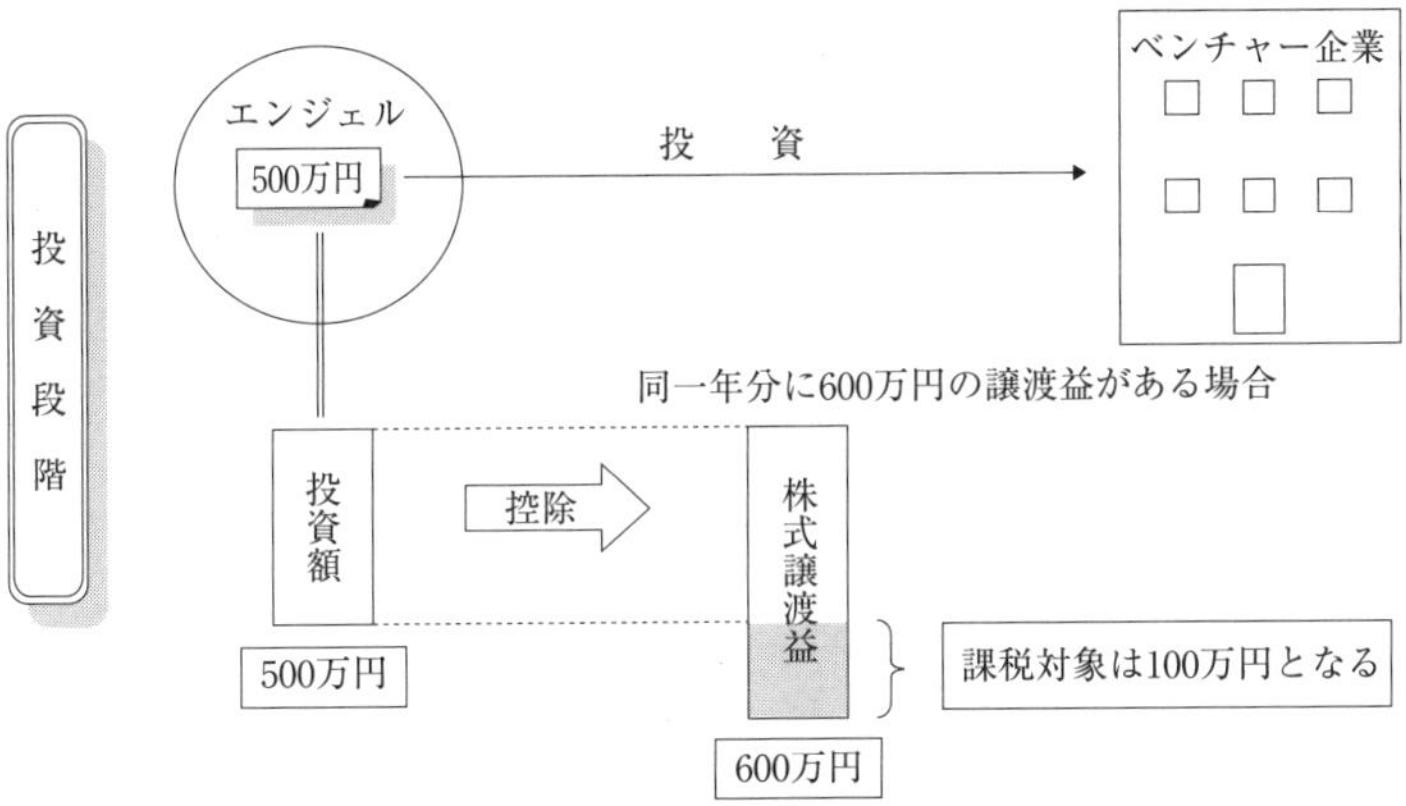

※　取得した特定中小会社の株式の取得価額は、上記控除額をその取得に要した額から差し引いた額とする

(注) 投資段階での優遇措置の創設のほか、外部資本要件の緩和（現行：３分の１以上→６分の１以上）、譲渡所得等の課税の特例要件の緩和（現行：上場等の日以後１年以内の譲渡→上場等の日以後３年以内の譲渡）を講ずることとする

チャー企業へ投資した分は、その年の株式譲渡益（６００万円）から控除できるという仕組みです。ですから、６００万円利益があって、５００万円をベンチャー企業に投資した場合、その年の譲渡益は１００万円で済みます。今回の改正で、譲渡益に対する税率を一律1割にしますから、10万円を払っていただければいい、というような制度をつくります。

相続税、贈与税の一体化措置によって財産の有効活用を

今回の改正で一番時間をかけてお話しなければいけないのは、相続税・贈与税の一体化措置です。実は、贈与税というのは皆さんが思われているものと違っていまして、親子間の贈与とそれ以外の贈与はぜんぜん違うものなのです。

今日、贈与税というと、あたかも親子間の贈

図表９−13　相続税・贈与税の一体化措置（相続時精算課税制度）

〔3,000万円の生前贈与を受けた場合〕　　　　　　　　　　　　　　　　（イメージ図）

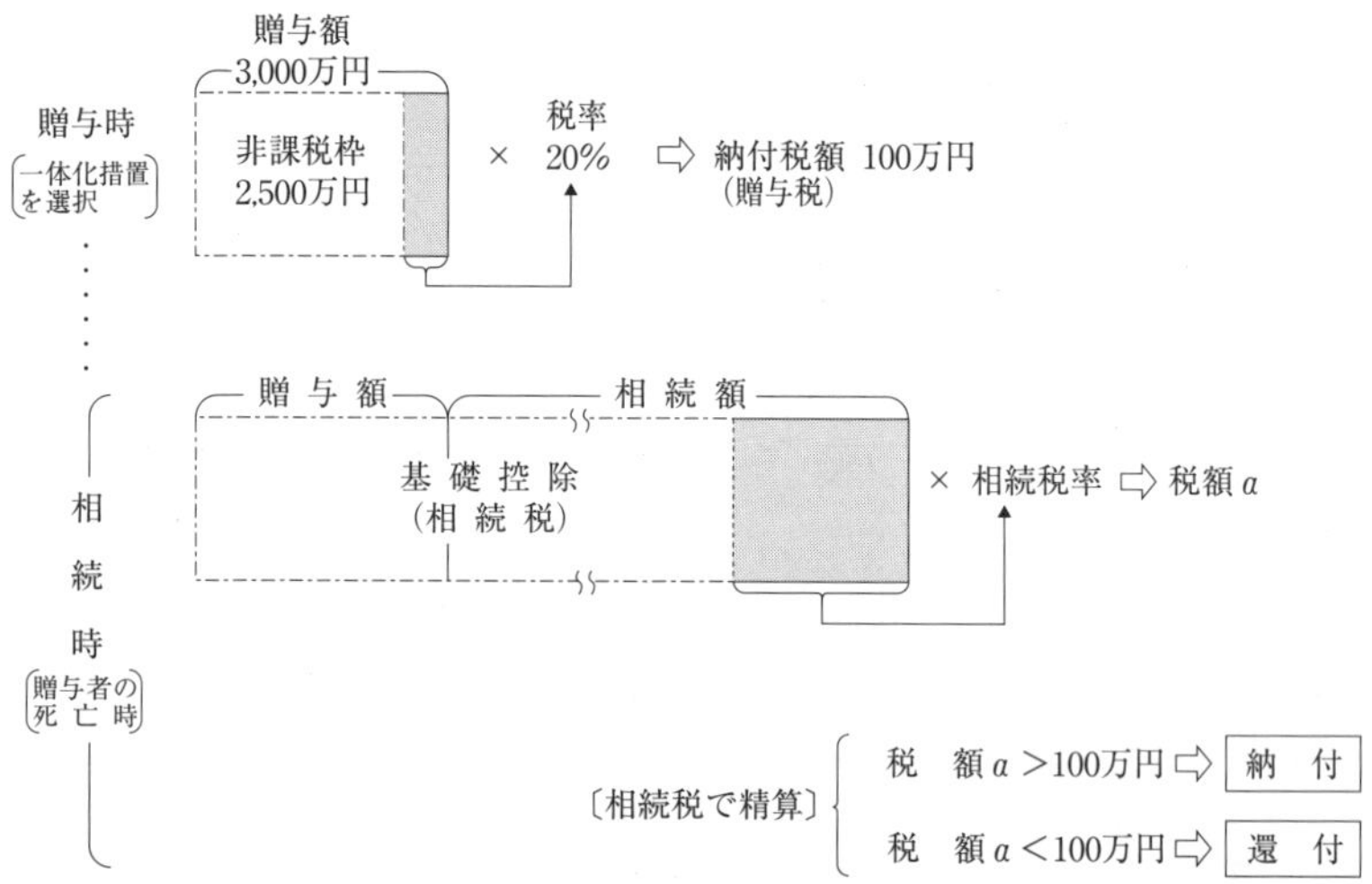

与を思われるのですが、第三者からの贈与にも贈与税が課せられることになっています。ところが贈与税は、相続税の補完税として位置づけられているものですから、相続税の課税逃れが行われないように、高い税率と、今は１１０万円の控除しかありません。しかしよくよく考えてみれば、親子間の贈与というのは、将来相続関係に入る間柄での贈与ですから、そんなに禁止的である必要はないのではないか。そこで、親子間の、法定相続人間の贈与については、相続段階で精算することを前提にして、極めて簡略な制度をつくりました。

　図表9―13をご覧いただきますと、この制度は、お父さん、あるいはお母さんが65歳以上の方が原則なのですが、20歳以上のお子さんに贈与する場合、累積で複数年にわたって使用できる非課税枠を２５００万円設けています。ですから、３０００万円贈与された場合、この２５００万円を差し引いた残り

の５００万円に、一律20%の税金、すなわち１００万円がかかります。事業承継税制で考えた場合も、事業承継により贈与を受けた金額から、２５００万円をひいた残りの2割の額を払っていただけばいいのです。

なぜこういう措置をつくったのかをご説明いたします。実際のところ、１００人お亡くなりになった場合95人の方のケースは、相続税がかからず相続税非課税です。今回導入する一体化措置によれば、このケースの方々は、２５００万円の非課税枠の限度内の贈与なら贈与税非課税ですし、相続時でも相続税非課税ですから、親の死亡を待たずに税負担ゼロで財産の承継ができます。昔は人生50年、ないし60年で、親が亡くなるとき子どもは20歳とか30歳でした。そのときに財産を相続したのですが、今日は親が亡くなるのが80歳、90歳でして、自分が財産を相続するときには60歳、70歳であったりします。これでは、人生が終わりかけているのに、財産をもらってどうするんだって議論にもなります。

従来は、相続税のかかる人を前提にして贈与税率が非常に高く、かつ基礎控除が小さかったものですから、相続税のかからない人まで贈与できなくなっていました。それが、この制度により相続税がかからないような人には、早く[※4]財産がうつせるようにしたわけです。

では逆に、相続税が課税される１００人に5人の方のケースを考えます。このケースの方々は、生前贈与での資産移転でも、相続での資産移転でも、トータルの税負担は同じとなりますが、突然くる相続と違って、生前贈与は計画的に実行が可能なのがポイントです。税負担は同じであっても、生前贈与は

※4　この効果は相当大きく、毎年1兆円を超す生前贈与が行われています。

タイミングを選べます。

例えば、事業承継税制で考えた場合、類似業種比準方式による株式の評価であれば、株価の水準の低いとき、特に自分の企業が若干調子の悪いときならば、その時価は下がりますから、そのときに計画的にお子さんに贈与できるということです。しかも贈与財産は、贈与時の時価で精算時に合算しますから、その後評価が変わりません。ですから、早い時期の移転が可能であるだけではなく、計画的に贈与ができて、しかもその贈与時点の時価でフィックスされるので、メリットが大きい。

非常に地価が高かった、あのバブル期に亡くなった方なんて、ご家族は相続税で大変な事態になりました。それが今回の改正によって、今みたいに地価が安い時に少しずつ計画的に贈与することもできます。立木に対する課税にもメリットがあります。本来１００年経たないと木は切れないのに、その間に親子2、3代に相続税がかかるのはおかしいという話がよくあるんですが、これも、若い木の段階で生前贈与をすれば、その後の成長分は税負担がかからないということになります。

なぜこういう制度にしたかといいますと、「前社長である親父が90歳で亡くなりましたが、自分はすでに実質社長業を20年近くやっており、会社を大きくしたのは親父ではなくて自分だと。だけど、株だけ親父が持っていたがゆえに、相続税がボンとかかってしまう。親父の財産を増やしたのは自分なのに、その自分に税金がかかってくるのはおかしいのではないか」、というお話を耳にしました。もし社長就任時に、今回の制度があり、それにのって贈与を受けておれば、問題がなかったはずです。そんなことも考慮して、計画的に事業承継できるように考えたのです。しかしこれは、親子間の仲が悪かったらで

図表9－14　住宅取得資金等に係る相続時精算課税制度の特例（案）

相続時精算課税制度について、本制度に係る贈与者（親）から贈与を受けた資金が、次の要件を満たす住宅の取得又は増改築に充てられた場合には、贈与者年齢要件を撤廃するとともに、非課税枠を拡大（1,000万円の上乗せ）する。

	一　般		住宅取得資金等
非課税枠の拡大	2,500万円	⇨	3,500万円
贈与者年齢要件	65歳以上	⇨	65歳未満でも可

○適用対象となる住宅の主な要件

区分	床面積	築後経過年数・工事費用
住宅の新築・取得、買換え・建替え	50㎡以上	既存住宅の場合のみ 耐火建築物：築後25年以内 非耐火建築物：築後20年以内
住宅の増築、改築、大規模修繕等	（増改築後）50㎡以上	工事費用　100万円以上

○非課税枠のイメージ

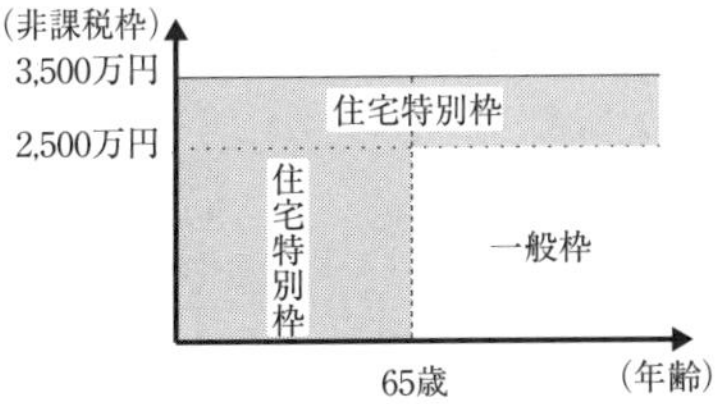

きません。親子間の仲が悪くない場合のみ、たぶんお父さんはこういった事業承継をなさるでしょう。

この制度がなぜ法定相続人間（親子間）に限られているかというと、今の民法に、遺留分減殺請求権という権利があるのですが、この権利は法定相続人が受ける贈与（特別受益）については、（期間の制限がなく）ほぼ無条件に認められています。皆さんの中に、お孫さんに財産を譲りたいという方もおありになるかと思うのですが、お子さんが生きている場合は、そのお子さんの子ども、すなわち祖父母にとっての孫は、法定相続人ではないわけです。そのため、遺留分減殺請求権が制約される孫に対する贈与は、結果的に法定相続人の遺留分に影響を与えることになってしまいます。こうした点なども勘案して、親子間の贈与についてだけこの制度をつくることにいたしました。

さらに、図表9―14にありますけども、住宅取得資金に関してだけは非課税枠を3500万円にして、かつ65歳という贈与者の年齢要件も取り払い、65歳未満の方も認めました。すなわち、80歳あるいは90歳のおじいさんが、55歳の子どもに贈与して、55歳の子どもが30歳の子どもに贈与する。それぞれは親子の関係にありますから、子どもへ、そして孫へと移して贈与することが住宅取得資金についてだけはできるようにしました。

なぜかというと、30歳くらいのお子さんやお孫さんが結婚された場合、ちょうど家を持ちたいとお考えになるのですね。ですのでその年代層に対して、親はお金がないけど、おじいちゃんはお金を持っている場合、贈与を可能にしたということです。ただしこれは、あくまでも直接おじいちゃんから孫に贈与したのではありません。おじいちゃんが子どもへ一般の贈与をし、子どもが自分の子へ住宅取得資金を贈与するという2段階形式です。

ここでひとつ、私どもが今回の改正で実現できなかったことがあります。それは、夫の両親と同居しているお嫁さん（息子の妻）への贈与です。老後の面倒を誰がみるかという話になると、男はだいたい奥さんと書きます。奥さんは、だんなと書く人は少なくて、ほとんどが「娘」と書きます。ところが、娘さんが老後をみているケースは5%しかないのです。おばあさんの老後は、たいていお嫁さんがみているのです。ですから本当は、老後お世話になったお嫁さんに贈与できる制度が求められたのですが、民法上お嫁さんは法定相続人ではありません。したがって、今回の制度にのった贈与ができないのです。

非常に可哀相なケースが結構あります。アルツハイマーのおじいちゃんの面倒をお嫁さんがみていた。このお嫁さんとだんなとの間には子どもがいなかった。だんなは交通事故で死んでしまった。このよう

図表９－15　金融・証券税制の改革イメージ

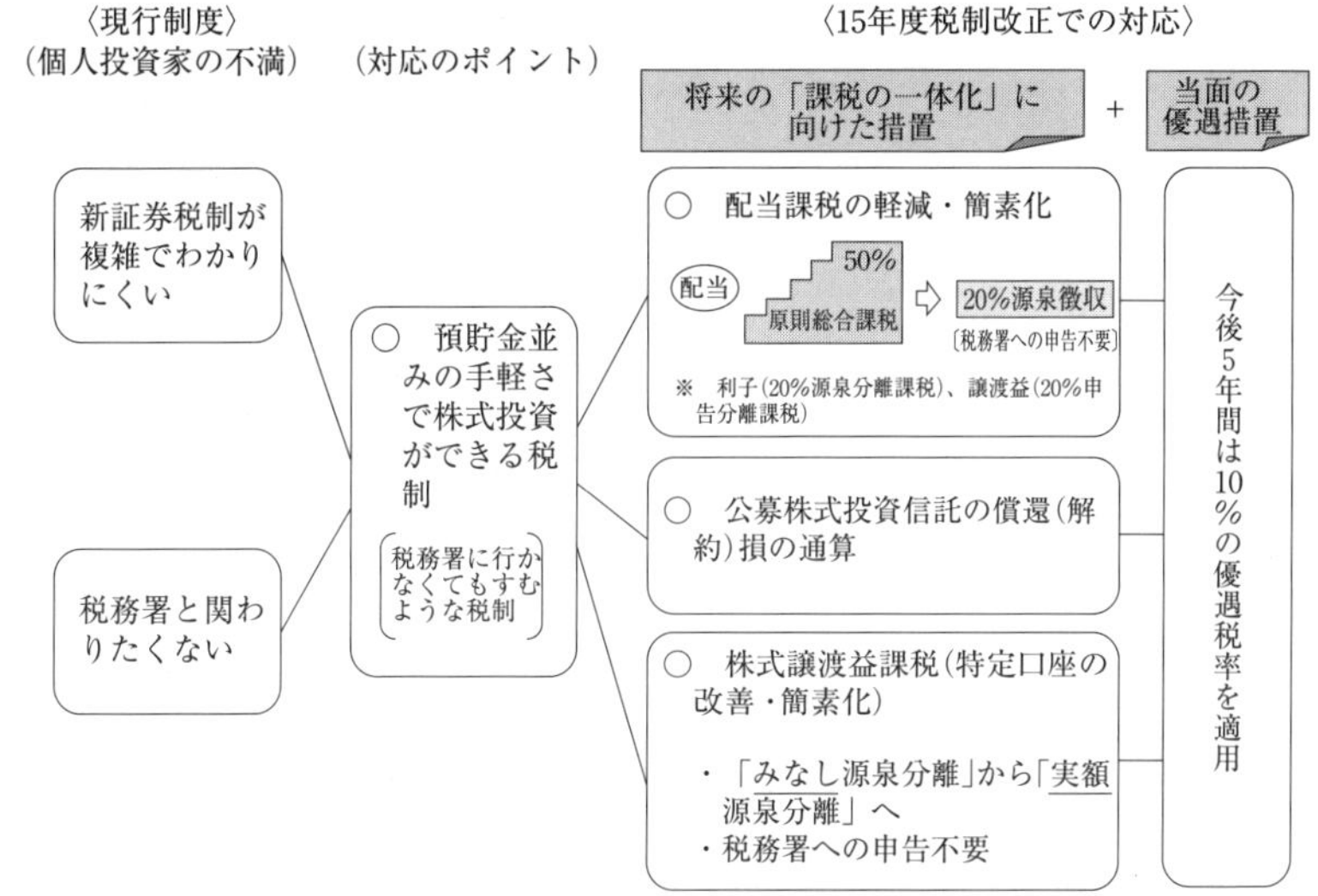

な場合、お嫁さんはおじいちゃんの法定相続人ではありませんから、おじいちゃんの死亡に際し、何の相続権もないのです。この点は民法、家族法の世界ですから、税制で何とかするわけにはいきません。税というのは、しょせん民法や商法や、そういう基本法を前提につくる制度ですから、できなかったわけです。だけどこの問題は、次なる課題として、民法自体を考えていただければと思う次第です。

証券税制の改革の目的——大衆投資家育成

金融・証券税制に関しては図表９—15にあるとおりです。今まで、証券税制は複雑でわかりにくいという話がありましたので、預貯金並みの手軽さで株式投資ができ、税務署に行かなくてもすむような税制を考えました。

次に見ていただきたいのは図表９—16です。見直し措置Ⅰのところですが、上場株式等の配当、公募株式

図表9－16　金融・証券税制の見直し案（概要）

見直し措置Ⅰ

・上場株式等の配当
・公募株式投資信託の収益分配金
・上場株式等の譲渡益
⇒　20％源泉徴収で納税が完了する仕組み（申告不要）を導入

（考え方）
・将来の「利子・配当・株式譲渡益の課税の一体化」に向けた措置
・投資家利便向上のため、源泉徴収のみで納税を完了できる仕組みの導入（申告不要）

措置内容（概要）

【配当】
・20％（国税15％、地方税5％）の源泉徴収による申告不要制度の導入
・配当割（5％）の創設（地方税）

【公募株式投資信託】
・償還（解約）損と株式譲渡益との通算

【株式譲渡益】
・特定口座の改善・簡素化（実額源泉分離課税の実現）
・株式譲渡益割の創設（地方税）

見直し措置Ⅱ

ただし、当面の優遇措置として
今後5年間は10％の優遇税率を適用

（考え方）
・「貯蓄から投資へ」の対応を一層明確化
・わかりやすく簡素な優遇措置の導入

措置内容（概要）

【配当】	H15.4～H20.3
【公募株式投資信託】	H16.1～H20.3
【株式譲渡益】	H15.1～H19.12

⇒税率10％（国税7％、地方税3％）

投資信託の収益分配金、上場株式等の譲渡益を、原則20％の源泉徴収で納税が完了する、申告不要の仕組みを導入します。さらに見直し措置Ⅱにありますとおり、当面の措置として、今後5年間は10％の優遇措置を適用します。利子は2割の税金がかかりますが、配当と譲渡益は1割しか税金がかかりません。市町村税も全部源泉徴収で終わってしまいます。したがいまして、図表9―17にあるように、申告不要になります。もちろん総合課税を選んで、配当控除を受けるということも可能です。

ただ、この制度は大口の株主は除いていまして、発行済株式総数の5％未満の株主が対象です。大口の方には、総合課税をお願いしています。この見直し案のねらいは、大口以外の大衆投資家育成ということですから、上

図表９－17　配当課税の見直し案

【現　行】

<table>
<tr><th rowspan="2" colspan="2">区　分</th><th colspan="2">概　　要</th></tr>
<tr><th>所得税</th><th>住民税</th></tr>
<tr><td colspan="2">利益の配当・剰余金の分配等</td><td>総合課税
（20％の源泉徴収）</td><td rowspan="2">総合課税</td></tr>
<tr><td></td><td>・１銘柄当たり1回25万円（年１回50万円）未満
かつ
・発行済株式総数の5％未満</td><td>源泉分離選択課税
（35％の源泉徴収）</td></tr>
<tr><td></td><td>・１銘柄当たり１回5万円（年１回10万円）以下</td><td>確定申告不要
（20％の源泉徴収）</td><td>非課税</td></tr>
</table>

（注）総合課税においては配当控除の適用あり

⇒

【見直し案】
（大口以外の上場株式等）

所得税・住民税
20％源泉徴収 （申告不要） ※　１．所得税15％、住民税５％ ２．総合課税（配当控除適用）の選択可

配当控除率	所得税	住民税
・課税所得金額が1,000万円以下の部分	10％	2.8％
・課税所得金額が1,000万円超の部分	５％	1.4％

今後5年間（H15.4～H20.3）
源泉徴収税率　20％→10％

場株式に限らせていただいている、ということです。

次に、譲渡益につきましても同じでして、源泉徴収口座を通して特定口座を利用しますと、実額源泉分離課税が実現します。図表９―18を見ていただきますと、投資家の方が、特定口座で源泉徴収口座を選びますと、例えば１年間で、２００万円の譲渡益があって、１００万円の譲渡損があった方は、差額である１００万円の譲渡益に対して10％の税金、すなわち10万円だけ税金がかかって、残り90万円は手元に残る、という仕組みになりまして、平成16年１月以降は、これをぜんぶ証券会社が売買のつどやってくれます。所得税も個人住民税も、それぞれ７％と３％という税率で源泉徴収されることになります。

タンス株の受入れにつきましては、取得価額は、実際の取得価額と平成13年10月１日の終値の８割の選択としていますが、もちろん高いほうを選べば譲渡益が少なく出ます。ですから高いほうを選択されるのでしょうけれども、実際の取得価額も、自分がこの年に買ったということがわかれ

図表９−18　特定口座制度の改善・簡素化

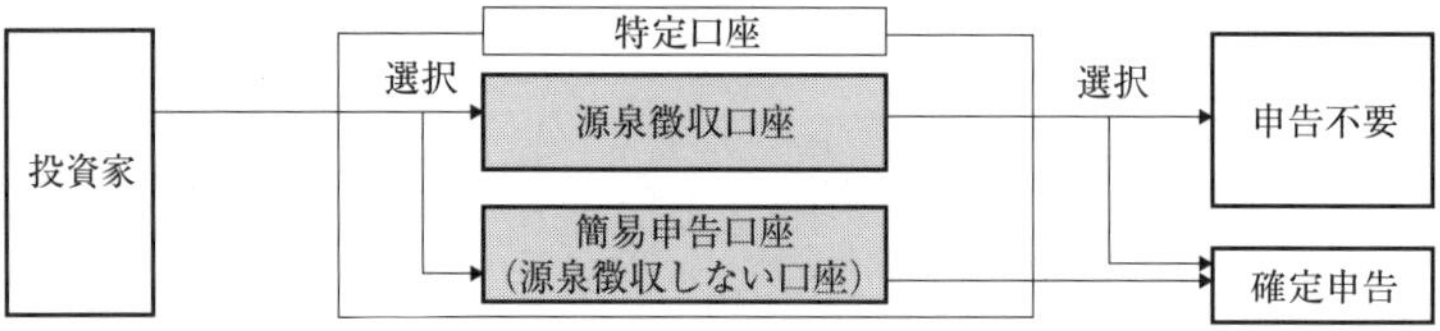

○　源泉徴収口座を利用すれば、税務署等への申告なしで納税が完了（申告不要の実現）
・源泉徴収方式の改善（年間分一括納付方式への変更）
・地方税でも源泉徴収（特別徴収）の仕組みを採用（平成16年１月～）

○「タンス株」（自己保管上場株式等）の受入れ（平成15年４月１日から平成16年12月31日まで）
・取得価額は、実際の取得価額と平成13年10月１日の終値の80%の選択
⇒　平成15年４月１日から平成16年12月31日までの間、事実上、特定口座にタンス株を含めた全ての上場株式等を、実際の取得価額又はみなし取得価額（平成13年10月１日の終値の80%）で入れられるようになる。

○「年間取引報告書」の省略
・源泉徴収口座に係る「年間取引報告書」について、税務署等への送付を取り止め

ば、その年の平均価額、あるいは何年の何月くらいに買ったということがわかれば、その月の平均価額で結構です。さらに、親から相続した株については、親が買った時の価額がわからない場合も、親の名義書換日がわかれば、その日の終値でみていただいても結構という仕組みにさせていただいています。極力自由なタンス株の受入れができるという視点から、受入れの期間について平成15年4月1日から平成16年12月31日まで経過措置をとらせていただいています。

それから、源泉徴収口座に係る年間取引報告書については、税務署等への送付は取り止めています。もちろん、明らかにおかしい、脱税をやっているようなケースだと銀行預金の資料調査と同じように、証券会社に調査が入ることはあるかもしれませんけども、自動的な送付は一切やりません。今回改正のねらいは、まったく証券投資をしたことのない方に、少しでも証券投資になじんでほしいというところにあります。

図表９－19　不動産登記に係る登録免許税の税率の改正（主なもの）

登記の種類・原因		現　行 （本　則）	改正案	
			本　則	特　例 (H15.4.1~18.3.31)
所有権の移転	売買等	5.0%	2.0%	1.0%
	遺贈、贈与等	2.5%	2.0%	1.0%
	相続、合併	0.6%	0.4%	0.2%
所有権の保存		0.6%	0.4%	0.2%
地上権等の設定		2.5%	1.0%	0.5%
所有権の信託の登記		0.6%	0.4%	0.2%
仮登記	所有権の移転(売買等)	0.6%	本登記の1/2	本登記の1/2
	その他	1,000円		

（注）１．不動産登記に係る不動産価額の特例（土地の課税標準の３分の２減額）は、適用期限の到来をもって廃止する。
２．「仮登記」は、本登記が「不動産価額」を課税標準とするものに限る。

土地税制につきましては、図表９―19にあるように、登録免許税については抜本的に税率を下げました。従来の、土地だけを３分の１減額にするという措置をやめまして、基本的には土地も建物も、売買による所有権移転登記の場合ですと、資料中にあるように本則を５％から２％、特例としてさらにその半分にするという減額をしています。登録免許税だけで約２１００億円の減税です。不動産取得税も、確か１２００億円くらいの減税になっているはずです。これによって、少しでも不動産の有効利用の促進をはかりたいのです。

所得税につきましては、皆さんご存知のことですが、配偶者控除に上乗せした配偶者特別控除という制度がありました。これを平成16年１月１日から廃止します。詳しくは図表９―20で整理させていただいています。

この改正の背景には、男女共同参画というような

図表９－20　配偶者特別控除制度の仕組み（配偶者が給与所得者の場合）

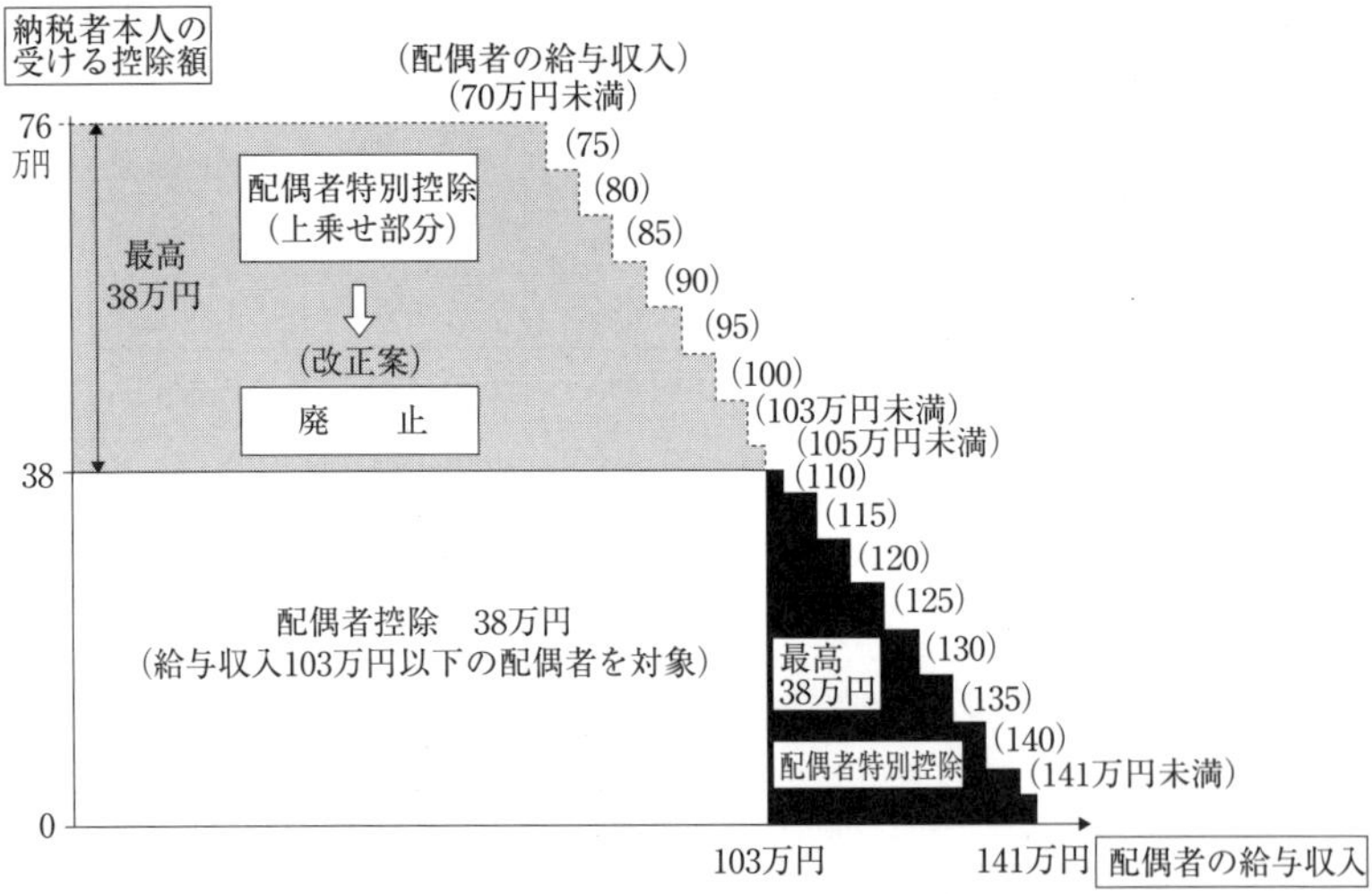

ことを持ち出すまでもなく、これからは家にだけいて外に出ない人のほうをわざわざ優遇するという時代でもないだろう、イコールフッティングにすべきだ、というようなご議論が根っこにあります。ちなみに、この財源の一部は児童手当等の拡充に向けるということになっています。これによりまして、今4分の1の方が働きながらも所得税を払っていないといわれる所得税の課税最低限を、アメリカ並みくらいには下げさせていただいた、ということです。そうはいいましても、図表9―21にありますように、給与収入階級別の所得税・個人住民税負担額の国際比較は、なお日本は相当低くて、例えば給与収入５００万円の方ですと、改正案のほうで見ていただいても、フランスとはどっこいどっこいですが、アメリカ、イギリス、ドイツと比べると低い。給与収入１０００万円の方でも、アメリカ、イギリス、ドイツよりはるかに低い。ちなみにフランスは、付加価値税が非常に高い国でして、こういう違いがあるのです。

図表９－21　給与収入階級別の所得税・個人住民税負担額の国際比較（夫婦子２人）

（単位：万円）

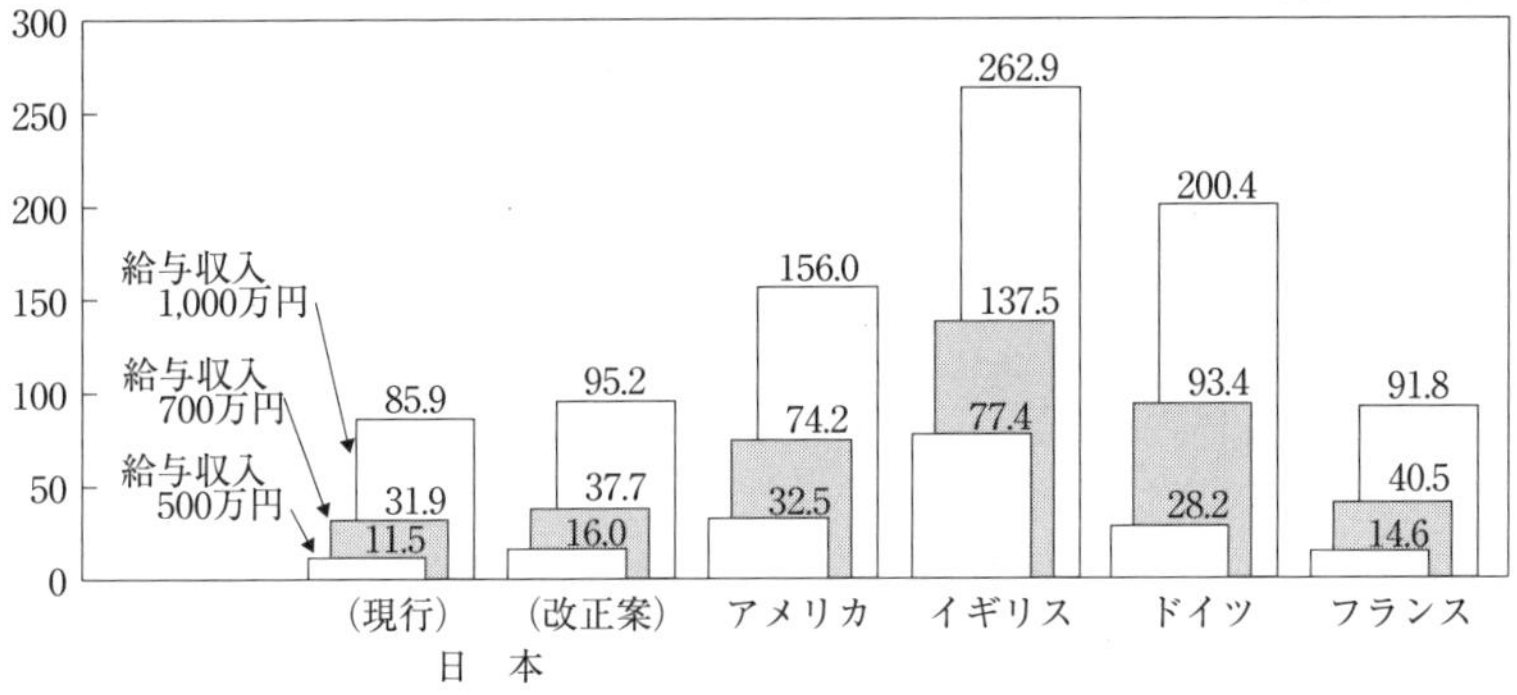

（注）１．日本の現行及び改正案とも定率減税を加味している。

２．夫婦子２人については、日本は子のうち１人が特定扶養親族とし、アメリカは子のうち１人を17歳未満としている。

３．日本の個人住民税は所得割のみである。アメリカの住民税はニューヨーク州の所得税を例にしている。

４．諸外国は2002年１月現在。

５．邦貨換算レートは次のレートによる。１ドル＝130円、１ポンド＝187円、１ユーロ＝115円（基準外国為替相場及び裁定外国為替相場：平成13年12月から平成14年５月までの実勢相場の平均値）

次に、消費税について少しご説明いたしますと、今回、事業者免税点３０００万円を１０００万円、簡易課税については２億円を５０００万円まで下げさせていただきます。これを平成16年4月1日から開始する課税期間に適用します。したがって、今６割の方が免税業者だったのですが、これによって免税業者の割合が４割弱に下がります。イギリスの免税点は、だいたい１０００万円弱ですから、だいたいイギリス並みまで下げさせていただいて、調整しようということです。ただ、その方々も、３０００万円から１０００万円の方などは、例えば簡易課税が採用できるわけですから、売上さえわかれば、その売上の一定割合で納税は済む、という制度は一応残させていただいてあります。

あと、申告納付回数については図表９―22にあるように、地方消費税込みで年消費税額が６

図表９－22　申告納付回数の見直しについて

【現　行】		【改正案】	
年４回（確定申告　１回／中間申告　３回）	(500) 400万円超	(6,000) 4,800万円超	年12回（確定申告　１回／中間申告　11回）
年４回（確定申告　１回／中間申告　３回）	(500) 400万円超	(6,000) 4,800万円以下 400万円超 (500)	年４回（確定申告　１回／中間申告　３回）
年２回（確定申告　１回／中間申告　１回）	(500) 400万円以下 48万円超 (60)	(500) 400万円以下 48万円超 (60)	年２回（確定申告　１回／中間申告　１回）
年１回（確定申告　１回）	(60) 48万円以下	(60) 48万円以下	年１回（確定申告　１回）

（注）（　）書きは、地方消費税（消費税率換算１％相当）を含む。

０００万円を超えるような企業については、年12回払いになります。これは社団法人下京納税協会の道端会長からも、かねてから毎月納付にすべきだとご提言いただいておりました。しかし、大企業でないとなかなか辛いというご意見を、中小企業庁から出されたものですから、６０００万円を超える消費税額を払うところについては源泉所得税のように毎月納付という形で払っていただき、月次資金繰りをやっているところはこれで結構、という形にさせていただきました。

消費税の価格表示のあり方につきましては、総額表示をお願いしています。例えば、９８００円の商品であれば、実際に払う1万２９０円という金額がわかるようにしてください、ということです。

具体的には、1万２９０円、1万２９０円（税込）、1万２９０円（本体価格９８００円）、1万２９０円（うち税４９０円）、1万２９０円（本体価格９８００円、税４９０円）、９８００円（税込1万２９０円）、どの書き方でも結構です。必ずしも１万２９０円という表示方式だけ、という内税化ではありませんので、本体価格がいくらで、総額がいくらという書き方でも結構ですし、税額がいくらだと書いていただいても結構です。要は消費者に対して、総額いくら払えばいいんだ、ということを明らかにする仕組みにしてもらうということです。

　お酒とたばこにつきましては、発泡酒を１缶10円、ワインも１瓶10円、それぞれ値上げさせていただきます。たばこについては概ね１本１円、１箱20円の値上げをさせていただいています。ただひとつ、皆さん方に申し上げておきますと、ビール大瓶は、１リットル当たり税金除きでおいくらか知っていますか。１リットル当たりにしたら、ビール大瓶は２８５円です。缶ビールは１リットル当たり４００円です。そして、缶発泡酒の税金除きの金額は、１リットル２８０円ですから、実はビール大瓶の中身と、缶発泡酒とは、ほとんど変わらないのです。

　缶ビールがやたら瓶ビールに比べて高い設定になっているのは、ビール瓶がリサイクル商品だからですね。昔私が小さいころは、酒屋さんに１本持っていったら確か10円くれましたが、そういう、中身だけ売るという発想なので、非常に安い価格設定なのです。今、ビール１瓶の希望小売価格は３２１円のはずですが、それに対して缶ビールは３５０ミリリットルで２１８円。これをリッター換算すると４００円もしています。だから、お酒の業界は缶ビールでかなり収益を上げていると思います。缶ビールと缶発泡酒の格差が非常に大きいものですから、４分の１だけ格差を縮めさせていただいたということです。

図表9－23　NPO税制の改正案

認定NPO法人の認定要件について、その緩和を図るとともに、認定NPO法人について、みなし寄附金制度を導入する。

1．認定要件の緩和

(1) パブリックサポートテスト要件を次のように緩和する。

① 平成15年4月1日から平成18年3月31日までの間、下記算式の割合（3分の1）を5分の1に引き下げる。

② 寄附金基準限度割合を寄附金等の合計額の2％から5％に引き上げる。

③ 寄附金最低金額を3,000円未満から1,000円未満に引き下げる。

④ 国・地方公共団体、我が国が加盟している国際機関からの委託事業費及び我が国が加盟している国際機関からの補助金を分母から除外する。

(2) 活動範囲等が複数の市区町村に及ぶこととする広域性要件を廃止する。

(3) 海外送金に関する届出について、200万円以下については事後届出とする。

（参考）パブリックサポートテスト（現行）

$$\frac{\text{寄附金、助成金、（寄附金の性質を有する）会費}}{\text{総収入金額（寄附金、助成金、会費、事業収入等）}} \geq \frac{1}{3}$$

注1．分子の寄附金総額には1者から受け入れた寄附金等のうち、寄附金等の合計額の2％（寄附金基準限度割合）を超える部分の金額は含めない。

2．分母分子の寄附金総額には、1者につき年間3,000円未満（寄附金最低金額）の寄附金は含めない。

3．分母の総収入金額及び分子の寄附金総額には、国等からの補助金は含めない。

4．国・地方公共団体及び国際機関からの委託事業費は分子に含めないが、分母に含める。

2．みなし寄附金制度の導入

認定NPO法人について、みなし寄附金制度を導入し、あわせて損金算入限度額を所得の金額の20％とする。

NPO法人の活動活性化が地域づくりの鍵

そして最後にNPOに関してです。これは図表9―23をご覧ください。今回、認定NPO法人の認定要件のうち、パブリックサポートテスト要件を相当緩和させていただきました。これはアメリカでとられているような、パブリックサポートテストという総収入に占める寄附金等が3分の1以上であるとしていた要件を、日本の場合にはNPO法人制度がまだ創設当初であるということで、5分の1に下げました。

さらに、特定のパトロンから寄附をもらう場合、一定以上のものはパブリックサポートテストの計算上、寄附金等の金額から外すこととされていますが、この基準限度割合を寄附金総額の２％から５％に引き上げます。それからごく細かい額の寄附金までをもパブリックサポートテストに算入するのは、ＮＰＯ法人、認定機関の国税庁の双方にとって大変だということで、３０００円未満は除いていましたが、１０００円以上のものは全部合算することにしました。

　こういったパブリックサポートテスト要件の緩和とともに、活動範囲が複数市町村でなければいけなかったのを、一市町村だけの活動範囲でもいいことにしました。さらに、海外送金は、事前に国税庁に届出することになっていたのですが、それは大変だということで、２００万円以下のものは事後届出でいいことにしました。あわせて、みなし寄附金制度を導入しました。例えば、認定ＮＰＯ法人が、身体障害者の方が描かれた絵はがきを売って、その収益部分から公益活動へもっていった場合、それを寄附金とみなして、課税される所得の計算上、他の寄附金とあわせ所得の金額の20％まで損金に算入できるようにしました。

　この改正によって、今後は少しでもＮＰＯが活動できるようになり、地域づくりのもとになれば、と思っています。しかし、そのＮＰＯは本当にきちんとした組織であるか、というチェックが必要です。そこで、先ほど来お話しているように、税理士さんのような方々に、少しでも助力していただければと思っております。

日本経済の動向と日本の進路

税制改革の視点から

〔平成16年（2004年）1月24日〕

主税局長

平成16年

日本の出来事

【国内経済】

●少子化社会対策大綱決定

●西武鉄道グループ、有価証券報告書の虚偽記載発覚

●年金改革法成立

●新潟県中越地震

●道路公団等民営化関係法成立

●産業再生機構、ダイエー支援

●ＮＹ原油先物価格、50ドル／バレル超

●労働経済白書、働く意欲のない若者（ニート）が52万人と推定

【国内金融・中小企業】

●三菱東京ＦＧがＵＦＪグループとの経営統合を発表

●新紙幣流通

●金融庁、シティバンク在日支店を処分

【社会・生活・文化・科学・流行・世相など】

●綿屋りさ、金原ひとみ、芥川賞受賞、最年少記録

●猛暑、各地で記録更新

●アテネ五輪

●ＮＨＫ『冬のソナタ』ヒット、韓流ブーム

●プロ野球選手会が初のスト

●温泉不当表示

●台風上陸10個、過去最多

2004年

世界の出来事

●陸上自衛隊、イラク派遣

●北朝鮮拉致被害者家族５人が帰国

●インド洋大津波

●米大リーグ、イチロー選手が年間262安打の新記録

●ＥＵに中・東欧など10ヶ国が加盟、25ヶ国体制に拡大

●鳥インフルエンザ発生の疑いを受け、タイ産鶏肉・加工品の輸入を禁止

1　戦後日本を取り巻く社会情勢の変遷

世界から見た日本の立場はどう変化したか

世界地図で日本を見ると、まさに「極東」といわれる通りで、世界から見ると本当に東の端にあります。若い頃サウジアラビアで地図を買ったら、日本が切れていて載っていなかったのです。ユーラシア大陸の終わりで切れていまして、唖然とした思い出があります。そのくらい、世界から見ると遠い国であるということです。

だからこそマルコ・ポーロの時代に、まさに「黄金の国」という伝説にまでなったのだろうと思いますが、実際にアメリカにとって一番関心があるのは実は南アメリカであり、ヨーロッパにとって一番関心があるのは実はアフリカあるいは中近東であるということです。そしてそういう意味では、アジア、ましてユーラシア大陸を越えた日本というのは、そもそもあまり関心のない地域であるということです。あまり新聞紙上で取り上げられませんが、アメリカが9・11のテロ以来、入国審査をものすごく厳しくしたら、対抗措置として、ブラジルがアメリカ人の入国を徹底的に厳しくチェックしているのです。これはどういう意味かといえば、両国とも移民国家で、実は張り合っているのです。日本人から見たら、「アメリカとブラジル？」って首を傾げるのですが、実は移民国家としての両大国なのですね。北のアメリカ、南のブラジル。面積的には非常に大きな国ですから、それだけのプライドを持っているということです。

まさにそういう風に、アメリカ大陸というタテの線で見た方が「世界のアメリカ」の視点はわかりやすい。過去にいろいろ混乱した時代というのはまず、この南アメリカの通貨危機がスタートであったわけです。これがアメリカにとって大ショックになって、その後インドネシアで、そして最後は韓国まで通貨危機が訪れるということになったわけです。

アルゼンチンであったりブラジルであったり、そういうところの経済現象は、日本ではほとんど報じられることがないのですが、アメリカにとっては極めてインパクトのある国々なのです。

同じ意味でヨーロッパにとっては、イラク、イランというのがまさに「お隣さん」なのです。日本でいえば東南アジアと同じような位置です。そこでまさに、イスラエルとパレスチナがドンパチやっていますし、さらにイラクとイランで戦争があり、そして今度またイラクがご存じのような状態になっている。他人事ではないわけです。こういう状態の中にあれば、日本というのははるか遠い国であって、ヨーロッパにとっては、ある意味では、どうでもいい遠い国であったのです。

特に太平洋戦争が終わって、日本が負けたその時期にあっては、日本というよりドイツの敗戦というのがまさにユダヤ人の虐殺、迫害、という観点から戦後処理が徹底的に行われたわけですが、日本の敗戦処理というのはあるところで止まってしまったのです。特にご高齢の方は記憶にあるかもしれませんが、戦後すぐ、戦争が終わった昭和20年8月から21年にかけての新聞記事をぜひ読み直してください。「日本の未来は牧畜国家」と報じていたのです。「日本中を牧畜で振興しよう」なんていう話がかなりまともに議論されていた時代だったのです。それにもかかわらず、あっという間に日本はそうではない道を歩むことになります。

ご存じの通り、昭和25年、１９５０年の朝鮮動乱がきっかけになりますが、この朝鮮動乱のきっかけは、ヤルタ会談であり、その以前から火種はあったわけですが、アメリカとイギリスとソ連という三国が会談をして、戦後の世界地図を描いたときに、イギリスは「ソ連は野心があるから気をつけろ」と警告するなかで、アメリカは「いやいや心配ない」と安心していたのです。ところが、一皮めくったらあっという間にソ連が南下してきた。それが、朝鮮半島分断、38度線という話になり、一時は日本の北海道もソ連の圏内になるかという事態となったわけです。

その１９５０年頃から、アメリカにとって日本の見方が変わるわけです。これは前もお話した通り、アメリカ大陸の少し下にある、キューバというところがちょうど日本と同じで、当時のソ連、スターリンがアメリカに突きつけた「ドス」であったわけです。逆に日本も、ソ連が南下政策をするときの、まさに中曾根元総理がいわれた通り、ソ連の拡大を抑える防共列島としてアメリカが突きつけた「ドス」であったわけで、お互いがそういう歴史的位置づけを持ってしまったわけです。ですから本来敗戦国であれば、もっと明らかな形で辛酸をなめた部分があるにもかかわらず、朝鮮特需というまったく別の恩恵も含め、日本は高下駄に乗せられることになったのです。

これはもう何度もお話したことなのですが、やはりそこから説きおろさないと、日本のこの15年間は語れないと思うのです。そして日本は、１ドル＝３６０円という当時でいえば圧倒的に有利な為替レートを付与してもらうわけです。一方で、沖縄だけは１２０円という為替レートを設定されます。３倍も為替レートが高いので、沖縄の輸出産業は壊滅したわけです。何も沖縄は焦土と化したからではなくて、沖縄にあった製造業という製造業が、この為替レートにより全部壊滅することになります。

ましてや、お米をつくるということも許されなくなって、水田はほとんど、サトウキビ畑に変わるわけです。今沖縄にあるサトウキビ畑というのは戦後のものなのです。戦前はあれほどサトウキビ畑だらけだったわけじゃなかったのです。そして沖縄は軍事基地として、そして日本の経済を下支えする役割として位置づけられ、そして日本列島そのものは、防共列島として非常に有利な為替レートを設定されて、重工長大産業を中心に世界の輸出基地として経済発展を遂げる道を進むことになるわけです。そしてそのことが、ある意味で日本の現在の産業構造を決定的に決めることになったと思います。

一時は焦土と化した日本も、平和国家として牧畜に行くのか、あるいは農耕牧畜という道で行くのかといっていたのが一変します。経済安定本部を中心にして、重工長大産業、鉄鋼業、造船業、電力を中心に、世界の輸出産業を形成し、最初は京浜工業地帯、阪神工業地帯という形で発展します。大阪でいえば住友金属、あるいは神戸製鋼、そして東京でも日本鋼管、新日鉄というような鉄鋼業が発展し、さらには田舎でも農村工業導入、さらにずっと後になりますが、テクノポリス、それからハイテク産業を誘致するという日本列島改造が進むことになります。その極めつけが昭和46年頃から始まった、田中角栄さんの「列島改造論」であったと思います。

昭和46年まで日本は１ドル＝３６０円という為替レートで、国際収支の黒字が定着していました。そして外貨準備もどんどん貯まり、そういう中で田中角栄さんによる列島改造が始まります。日本中に道路を、道路をひいた先には工場団地ができる。その工場団地はすべて輸出産業中心であったわけです。電子機械、電気機械、あるいは工作機械、機械工業中心の輸出産業を中心にして日本列島全体がキャッチアップしていくという道を歩み始めたわけです。ところが、この事態に焦りだしたのが当時の連合国であるアメリカ、ヨーロッパでした。そこで、まさに「列島改造論」と機を一にするがごとく昭和46年、１９７１年12月に「スミソニアン合意」というのが行われて、３６０円が一気に３０８円になります。その直前がご記憶にある通り、「ニクソン・ショック」です。

　自分のことで恐縮ですが、ちょうどその「ニクソン・ショック」の最中、私は財務省、当時の大蔵省で為替を担当する部局に働かせていただいていました。その結果、私は、若干遅れて大阪国税局に赴任になったのですが、その年の暮れに「スミソニアン合意」という形でこの円高が決まります。そしてさらに、昭和48年、１９７３年2月には、いよいよ変動相場制に移行することになります。そして、まさに高下駄に乗った為替レートがはげ落ちていくことになります。輸出産業中心でいけると思っていた日本の有利性が失われていくわけです。

　ちょうど今中国が、破竹の勢いといわれる背景にはやはり、圧倒的に輸出に有利な「元」レートになっているという意識があるはずです。もちろん中国全体で見ると、確かに奥地はまだまだ開発途上で、そういうところからすれば、今の「元」レートでもいいのかもしれないのですが、福建省等の臨海部を中心にして見たときには、明らかに「元」は有利すぎると思っておられるはずですし、その有利性を利

図表10－１　円ドル為替レートの推移

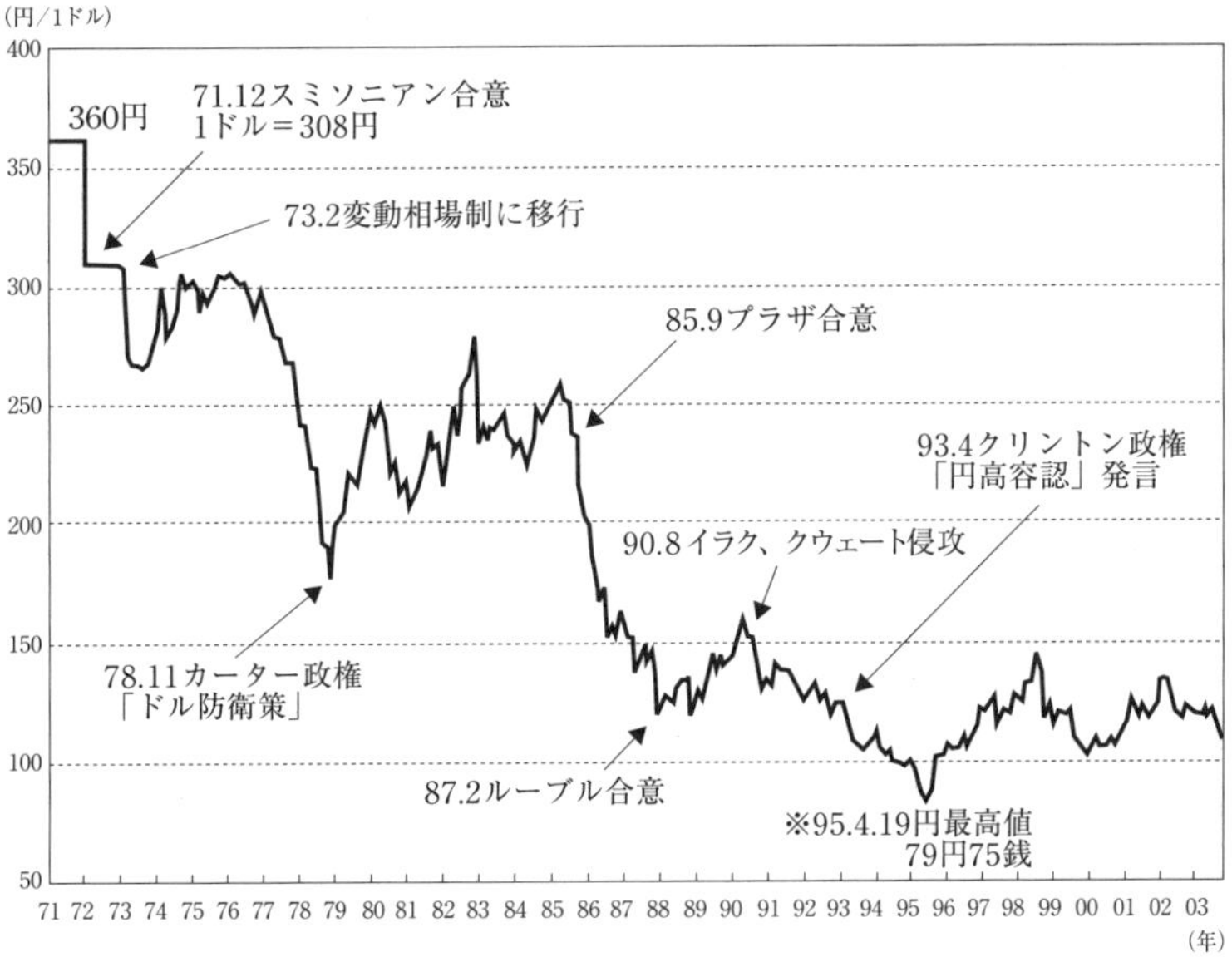

（備考）1949年４月、１ドル＝360円の固定為替相場設定。1971年８月、ニクソンショック（対ドル金兌換の停止）。
1971年12月、スミソニアン合意（１ドル＝308円）。1973年２月、変動相場制に移行。
1985年９月、プラザ合意（各国がドル安に向け協調介入）。

（出所）日本銀行（東京市場、月末スポットレート）等

用して、日本の産業もまた中国に工場をつくってそこから輸出するという形をとることになるわけです。

そこで図表10―1を見ていただくとわかる通り、日本が変動相場制の中で七転八倒しだしたのがこの時代です。１９７５年という時代、ちょうど為替レートが３００円前後をうろうろしていた時代に石油ショックが始まります。第１次石油ショックの到来でして、売り惜しみ、買い占めなどが起きたのもこの時代です。そんなことをしている頃に、日本に対して先進国から「日本機関車論」というのが起きまして、「日本は成長する余力を持っているのだから、世界を牽引すべきだ」とはっぱをか

けられることになりました。ところが、その直後の１９７８年11月、カーター政権のドル防衛策というので、また少し持ち直していく。そしてこの時代に第２次石油ショックが起きるわけです。

プラザ合意で始まった「円高」

　そこで、ぜひ皆さんに知っておいていただきたいのは、１９８５年９月のプラザ合意です。これは、日本の優位性が完全になくなる前触れとして行われたものです。すなわち、このプラザ合意が行われて、従来２５０〜２６０円であった為替レートがあっという間に１２０円、ちょうど今くらいの為替レートに進んでいくことになります。いわゆる円高不況といって騒がれたのがちょうどこの頃です。私は当時、石川県の商工労働部長をしていました。石川県の繊維商社などがつぶれていったのがこの時代です。韓国や中国に負けてしまう、そういう時代でした。

　ところで、このプラザ合意とは一体何だったのかといいますと、実は米ソ冷戦和解の始まりでした。すなわちアメリカとソ連が、ゴルバチョフの登場によって、いよいよ雪解けが始まる。そして東西ベルリンの壁が取っ払われる。開かれた米ソの時代に入ってくると、ソ連に対する防共列島としての日本の位置が失われていったわけです。したがって、高下駄に乗せておく必要はまったくない。その意味で、日本の為替レートは急激に実勢レートに向かって急速な円高を迎えることになります。その結果起きたのが円高不況です。そこで急遽、金利をどんどん下げることになります。これが過剰流動性のスタートです。円高に振れるということは、円高を防衛するために円を売ってドルを買い支えるため、過剰流動性になるということでもあるのです。

そして過剰流動性になるということは、金利が下がるということで、そのことによって何が起こるかというと、この頃を思い返してください。昭和60年～62年頃、海外旅行が安かったですよね。今までできなかった海外旅行が人気になり出します。なぜなら自分が今まで持っていたお金で、倍のものが買えるのです。２４０円が１２０円になったら、今まで持っていた１００円は海外では２００円の価値を持つことになる。ですから、「にわか金持ち」が登場してくることになります。

そこで余った金はどこに行くことになったかというと、土地に向かったわけです。そこで土地の急激な値上がりが起きました。同じことが昭和40年代の後半に起こったということを思い出されると思います。まさにこのときも３６０円から３０８円、そしてさらに変動相場制で２６０円にまで下がりました。あの田中角栄さんの「列島改造論」の時に、地価が急騰しました。これから工場ができるであろうという土地の買い占めが起きて、土地税制でいえば「重課」という制度をつくったのがその時代です。

実は一見何の関係もないように思えるこの円高こそが、地価高騰の主因だったのではないかと私は思います。自分の持っている財産価値が急に値上がりして、海外のものをたくさん買えるわけです。そうすると結局限られた資産、つまり、土地へお金が向かうので結果的に地価が上がるという図式です。そしてその最たるものが、このプラザ合意の円高です。この時、日銀総裁の前川さんが、「前川レポート」というものを出しました。「日本はもはや輸出産業ではやっていけない、内需拡大だ」と必死に叫んでいたはずです。しかし多くの人たちは、その意味が今ひとつわからず、わかっても、「じゃあ何をつくったらいいんだ」、「内需のために何をやったらいいんだ」と必死に思ったはずです。

しかし、今の皆さんならわかると思います。ルイ・ヴィトンあるいはエルメスといった有名ブランド商品の3割から4割が日本で売られています。先般もルイ・ヴィトン・ジャパンの社長さんのお話を伺ったのですが、「日本のどこが不況ですか、こんなに高級品がたくさん売れる国が不況であるわけがない」こういう解釈です。世界の中で、持っているお金の価値が高くなるということは、自分が知らないうちに上がるエレベータに乗っているということなのです。

だから一見、企業の競争力上は不利ですけれど、消費者という立場で考えると、こんなに有利なことはないのです。だから今も、105円の攻防をやっています。競争力という点では大変ですけれど、個人の財産という意味では、黙っていても金利がついてくるようなものなのです。今一生懸命、外為特会がドルを買い支えて、円を売っています。日銀の金融市場調節にかかっているとはいえ、介入により短期的には市中に円が有り余ってくるということです。だから金利は上がるはずがないのです。これからもこの状態を続ける限り、当分金利は上がらないでしょう。では、一体どこへお金が向かうのか、いろいろあると思います。

ひとつは最近の商品相場、多分これは中国のせいもあると思われますが、世界的にも過剰流動性なのです。去年1年間で見ても、繊維は前年比で4・6%上がっていますし、総合でも5・4%上がっています。非鉄金属に至っては14・3%、鋼材は15%。こんなに上がり続けているのです。唯一石油だけが▲9・3%ですが、世界的には商品相場が上がりだしています。余ったお金が商品相場へ向っている側面もあると思われます。

いずれにしても、地価高騰は日本が高下駄に乗っていた為替レートから、次第に米ソ冷戦の終わりとともに普通の国になる、その過程で生じたひとつの側面なのだということも忘れてはならないと思います。そして、これをもたらしたのはまさにプラザ合意です。その後、昭和62年、１９８７年の2月に「ルーブル合意」が行われました。そして１９９０年、ついにイラクのクウェート侵攻が起こります。

米ソ冷戦の終焉とその影響

さて、ここで皆さんに考えていただきたいのですが、どうしてアフガン戦争が起きたのか、どうしてイラクで紛争が起きたか。実はこれは米ソ冷戦の後始末という側面を持つのです。米ソ冷戦の最中に起きた戦争の典型がベトナム戦争です。北ベトナムと南ベトナムが、米ソの代理戦争という意味合いで戦った。しかし、これはベトナムにとどまらず、当時、同じことをやっていたのがアフガンなのです。今でこそ「アフガン戦争」といわれていますが、民族対立が引き金となって、あのアフガンの地で北からソ連が、南からアメリカが戦っていたのです。

そのアメリカ側の代表が、ご存じのように、ビン・ラディンでした。ビン・ラディンという人はサウジの人ですけれど、このアフガンを舞台に、当時の北部勢力と戦っていた人です。この場でもお話したかもしれませんが、『ランボー3～怒りのアフガン』というアメリカ映画には副題として『ビン・ラディンに捧ぐ』と書いてあります。すなわちビン・ラディンはアメリカの代理として戦っていた一人であるということです。

同時に、イラン・イラク戦争でもイラクというのは実はアメリカの代理人、イランはソ連の代理人でした。当時日本の三井石油化学が、イラン石油開発でイラン・イラク戦争に巻き込まれ、大きな損失を蒙りました。そのイラン・イラク戦争こそ、石油をめぐるアメリカとソ連の戦いでした。そのとき、アメリカ側の代理だったのが、イラクのフセインでした。ところが、米ソ冷戦が終わると、これらの人たちは必要がなくなりました。かえって世の中の緊張を増すだけです。そしてテロリストを育てることになる。戦国時代が終わり、平和の時代になったときに徳川家康がやったのは何かというと、武力に傾きがちな大名の弱体化、いわゆる「城つぶし」をやっていくわけで、これとまったく同じなのです。まさに米ソ冷戦の後始末という側面をかなり持っているのであろうと思います。

その意味でいえば、実は北朝鮮をもっとも無用だと思っている国は、ソ連なのではないかと私は思っています。なぜかといえば、韓国と北朝鮮は、あの朝鮮動乱以来、米ソ冷戦の一番まっただ中にいたわけです。北朝鮮こそソ連のダミーとして位置づけられてきたわけです。ところが、これまた米ソ冷戦が終わると、ソ連にとっても無用の長物なのです。ですから従来、後ろ盾であったソ連が冷たくなり、北朝鮮は中国になびくわけです。

それと、アメリカにとって北朝鮮というのは、本当はたいした問題ではないのだと思います。イランやイラクには石油という問題がありますけれど、北朝鮮がいくら武力を持っても、テポドンではアメリカ大陸には届きません。ハワイにも届きません。届くのは日本とか韓国、中国、ソ連です。ですから、この問題は6カ国協議といえども、むしろアメリカ以外の国々の方が実は大問題です。多分そういうことだろうと私は思っています。そういう点でも、米ソ冷戦が終わったということは、世界の地図を変えるとともに、これまで日本が置かれてきた、ある種の特殊な位置が終わったということなのです。

そこで、イラクのクウェート侵攻以後、１９９3年4月には、クリントン政権によって、円高容認という発言が起きます。これによってまた大きく円高が進み、１９９5年4月19日に79円75銭という最高値をつけることになるわけです。この間、日本は円高不況対策として低金利、過剰流動性の状態を続けていくことになるわけです。まさに、日本自体がある種の敗戦を迎えて、その敗戦の中で、いかに日本の経済をキャッチアップさせるかということに必死になっていたのではないかと思うわけです。

思い返していただきますと、今から9年前の平成7年、１９９5年3月頃に、ちょうどベアリングズ社という会社が倒産しました。この席でも何度かお話しました。日本という国をすごく知っている知日の会社として有名だったベアリングズ社が「日本経済はもう立ち直るだろう、金利は先高になるだろう」と読んだにもかかわらず、金利は下がり続け、金利先高と読んで金利先物に失敗したベアリングズ社は倒産しました。多分私はそのときに、第2、第3のベアリングズ社が出現し、そして国自体もこうなる可能性があるということをお話したと思いますが、まさにそういう状態になっていると思います。いい換えれば、米ソ冷戦の終焉がもたらしたものの大きさというものを、我々はもっと知らなければならなかったのだと思います。

そして、図表10―2をご覧いただきますと、これは、一般会計税収、歳出総額、そしてＧＤＰを横に

図表10－2　一般会計税収、歳出総額、名目GDPの推移と主な税制等の動き

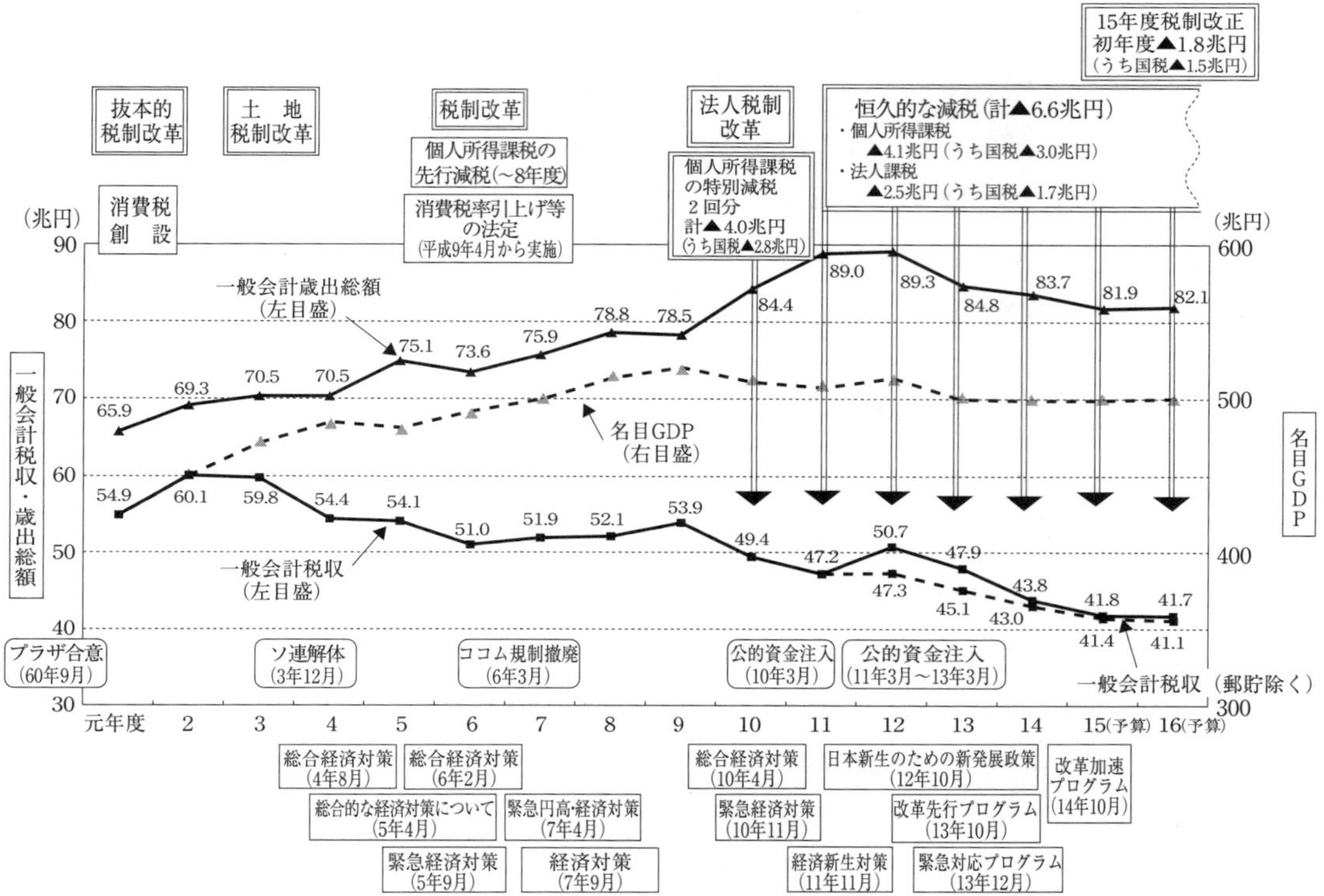

プロットしたものです。上の折れ線グラフが歳出で、平成16年度予算でいうと、82兆１０００億円の歳出、それに対して歳入、税収の方は、41兆７０００億円。いわば41万円稼ぐ人が82万円使っているわけですから、こんなもの長続きするはずがない。それを知ってでもやっているわけです。

特にこういう事態になったのは、平成3年の終わったあたりからです。見ていただくと、平成2年、60兆円の税収に対して歳出は69兆３０００億円。ご記憶にあるように平成2年、日本は赤字公債から脱却いたします。財政再建は一時的にせよ成功したわけです。

ところが平成3年あたりから怪しくなってきます。特に平成3年、１９９１年の12月にソ連が解体します。ここから先ほど述べたように、日本が普通の国になっていくわけです。為替レートひとつをとってみても、大きく円高へ振れていくことになります。そして、これを何とかしなくてはいけないということで、平成4年、１９９2年8月から、総合経済対策、緊急経済対策と、次々にうち続けることになります。その結果が今申し上げた、82兆円の歳出、41兆円の税収という、未曾有の財政赤字を残すことになったわけです。

ただ、これは日本が普通の国家になっていく過程での一時的なやむを得ぬ選択という面もあったのではないかと、自己弁護の上では思う次第です。いずれにせよ、結果としてはこういう事態に陥ったわけです。しかもそのことはストレートにいえば、地価の高騰に現れます。先ほど申し上げたように、為替レートが円高に振れて、昭和60年、１９８５年のプラザ合意から地価は上がり出すわけです。先ほど見ていただいた通り、円高が進んだのはプラザ合意以後なのです。その頃から急速に円高に振れています。

そして平成3年の地価公示価格は昭和58年、１９８３年の３３６・８％という水準、つまり、３・３倍に跳ね上がるわけです。そしてそれが、平成14年、２００２年には80％と、昭和58年、１９８３年の水準より2割も低い水準まで落ちていくことになります。

これは急速な円高の中で過剰流動性となった日本のお金が、当時、一番安全な資産でかつ、担保になるという有利性もあって、専ら土地へ投資が向かったためです。ところが、平成3年、１９９１年12月にソ連が瓦解すると、その翌年から地価の暴落が始まります。なぜかといえば、共産圏の土地が、日本の土地と同じようになってきたからです。

「お金が余る」という現象

しかも、この時代の地価の高騰はもうひとつの現象を生みました。これだけ地価が上がって何が起こったのか。ちょうどプラザ合意の頃から、地価が上がり、土地を担保にお金を借りられるのですね。日本中の企業が、この際だからといって、設備投資を始め、銀行もそれに乗じて貸し出しを始める。そこで、昭和60年、１９８５年頃には、30兆円台だった設備投資が、平成3年には64兆２０００億円。実に2年分以上の設備投資を1年間でやったわけです。明らかに過剰投資です。そして、平成13年には36兆円台です。設備投資は確かに平成3年頃は過剰であったけれど、この10数年間の低い設備投資のままでは、ＩＴ技術がこの間急速に発達していることを考慮すると、日本の設備が陳腐化してしまうというところまできたわけです。

そこで税制も、昨年から設備投資減税や研究開発減税に踏み切ったのです。

資本金10億円以上の全産業が、平成４年から資金余剰になります。資本金10億円以上の大企業ということは、銀行でいえば、大都市銀行の貸出先です。大企業がこれだけ資金余剰になると、都市銀行は貸出先がなく、困ったわけです。それではどこに貸したらいいのか。一番いい例が、あの日本興業銀行の、尾上ぬいさんへの貸付けです。本来、産業銀行である日本興業銀行が、どうして尾上さんに貸すのか。実は大企業の貸出先がなくなったためです。同じことが北海道拓殖銀行でも生じました。北海道拓殖銀行は元々、北海道の屯田の人たちのためにつくられた銀行なのですが、北海道の企業は設備投資してくれないのでお金が余っていました。そこで、関西方面の、ほとんど面識もない人たちへの貸出しが行われ、それは当然土地を担保にした貸出しであったため、地価下落とともに不良債権化し、焦げつくことになるわけです。

このことは何も大都市銀行だけじゃありません。１９９０年頃は、非金融法人部門は、名目ＧＤＰ比で７・９％くらい資金不足であったわけです。事実１９９０年頃は、個人の方が貯金をして、そのお金が銀行を通じて企業にまわって、企業は借り手になって設備投資をする。このようにして日本経済を支えてきたわけです。ところが、１９９８年にはついに非金融法人部門は、名目ＧＤＰ比は０・８％とはいえ黒字になってしまいました。

すなわち企業全体としては借り手ではなく、貸出先になってしまったのです。企業はどんどん返済するため、地方の銀行にとっても、信用金庫にとっても貸出先がなくなったわけです。そしてもっぱら借りてくれるのは、一般政府部門、すなわち国、地方自治体という事態になる。生産性の高い民間企業にお金がまわらなくて、生産性の低い国とか地方にお金がまわるわけですから、経済が成長するはずがないのです。この資金循環をどこかで断ち切り、民間企業の方々にお金をまわさない限り、成長なんてあり得ません。だからこそ、様々な企業減税、あるいは設備投資をした人を優遇するという措置が、どうしても必要になってしまうわけです。こうした状況が、まず第１番目に米ソ冷戦の終焉がもたらした後始末として生じたわけです。

経済のグローバル化とＩＴ革命

そしてもうひとつ、米ソ冷戦の終焉によって、グローバル化の進展が起こります。図表10―３をご覧ください。まず、国境を越えた人・モノ・金の動きが活発になります。特に日本から海外へ渡航する人は実に４・２倍、20年間の間に１６５２万人になります。円高になりましたから、海外の方が安いのです。したがって、どんどん海外へ旅行客が行った。そして海外から日本へ来る人も、４倍に増加しています。また、外国人の労働者も、不法残留者を含めて急激に増えており、輸出も輸入も増えています。

さらに企業の海外進出も急速に増えて、１９８０年の３・５倍、１万２４７６社が海外へ行くことになります。海外生産比率も18・２％とおおむね20年間で３倍になります。意外だと思われるかもしれませんが、海外から日本への直接投資が実に５・４倍、海外が日本市場に向けて実に２兆１８６３億円も投資しているということです。

図表10－３　グローバル化の進展

- 国境を越えたヒト・モノ・カネの動きが活発化。
- グローバル化の中で「新しいフロンティアの拡大と生産資源のダイナミックな再配分を通じた産業競争力の再構築」が求められている（骨太2002）。

	1980年		2002年
●旅行者数			
日本⇒海外	391万人	⇒	1,652万人（4.2倍）
海外⇒日本	132万人	⇒	524万人（4.0倍）
●外国人労働者数	26万人＊	⇒	74万人（2.8倍）
うち不法残留者	11万人＊	⇒	22万人（2.1倍）
●貿易額			
輸出	29兆円	⇒	52兆円（1.8倍）
輸入	32兆円	⇒	42兆円（1.3倍）
●企業の海外進出			
海外進出法人数	3,567社	⇒	12,476社（3.5倍）
海外生産比率（製造業）	6.2%＊＊	⇒	18.2%
●直接投資			
対内	4,046億円＊	⇒	21,863億円（5.4倍）
対外	83,527億円＊	⇒	44,175億円（0.5倍）
●特許使用料			
日本⇒海外	2,720億円	⇒	13,797億円（5.1倍）
海外⇒日本	725億円	⇒	13,066億円（18.0倍）

（注）＊は1990年、＊＊は1992年の計数。

（参考）

- １人あたり国民総所得（2001年）　：日本 OECD 諸国で第５位（3.3万ドル）
- 研究費総額（2001年度）　：日本16.5兆円（対 GDP 比3.29%）
  米国34.2兆円（対 GDP 比2.79%）
- 自国の居住者への特許件数（2001年）：日本11万件
  米国９万件
- 「ソフトパワー」：アニメ「千と千尋の神隠し」（アカデミー賞長編アニメーション賞）
  トロン（デジタル家電に内蔵されている日本版 OS）等

逆に日本の方は、対外直接投資８兆３０００億円から４兆４０００億円と０・５倍になっています。日本が海外へ投資する方は減って、むしろ海外から日本へ投資する方が増えているということであります。

さらに特許料収入を見てください。以前は圧倒的に日本が海外へ特許料を払っていました。１９８０年は２７２０億円も払っています。そして海外から日本がもらっている特許料は７２５億円でした。それが今や、日本が海外からもらっている特許料収入と日本が海外に払っている特許料がほぼ等しいわけです。

くわしくは後でお話しますが、これが日米租税条約を昭和46年以来、実に30数年ぶりに、改訂させていただいた背景です。こうした相互依存が生じ、例えばソフトパワーという意味では、アニメの『千と千尋の神隠し』のみならず、デジタル家電に内蔵されている日本版ＯＳのトロン等大量の技術が日本にはあります。この下京区にもご存じの通り、任天堂さんをはじめ、大量の特許をお持ちになっている企業があります。

さらに、日本の輸入品の推移をみると、１９８５年、プラザ合意の頃日本が輸入しているものは、１位は原油および粗油ですが、以下も液化天然ガス、石油製品、石炭、魚介類、木材、鉄鉱石、液化石油ガス、有機化合物に非鉄金属、全部１次産品です。ところが２００２年には、１位こそ原油・粗油ですけれど、2位は事務用機器、3位は衣類・同付属品、4位は半導体等電子部品。そして5位、6位は違いますけれど、7位は音響・映像機器、そして8位は科学光学機器です。この下京区の繊維関係の方々も、衣類・同付属品を中国で生産され、輸入されている方が多数いらっしゃるはずです。まさに日本は、工業製品の輸出国であり、輸入国になってきているということです。日本は今までのような輸出産業列島から、まさに実体は変わってきているということです。

しかも、アジア主要都市の投資関連コストは、非常に安いわけです。しかし、中国などはいったん投資すると、その投資収益をなかなか中国本土から出してくれません。再投資させられるわけですから、どこまで深入りするかという議論はあると思います。しかし、少なくともこのコストの差というのが魅力であるわけで、ましてやそこでつくると、「元」が安いですから、中国から輸出した方が世界に対して売りやすいわけです。何も日本に輸入するだけじゃないのです。日本の産業が中国へ出て行ってアジアへ輸出する、あるいはアメリカへ輸出するという姿になり出したということです。

そういうグローバル化が進展し、皆さんにとって何より重要な、企業会計のグローバル化がはじまりました。アメリカのスタンダードということで、企業会計旋風が吹き荒れた十数年間でもあります。まずは時価会計、あるいは退職給付会計、そして減損会計という話になります。もちろん金融面でもＢＩＳ規制のみならず、公認会計士、監査法人による監査というのが強化されています。これは、ひとつのグローバル化の進展が日本経済に強いた、ひとつのルールです。

次にＩＴ革命があります。米ソ冷戦が終わったことによって、アメリカはもうひとつのことをやりました。ＩＴの開放です。元々インターネットとは軍事技術であり、冷戦終結後、民間に開放され、その後急速的に全世界に普及しました。次にバーチャルリアリティの世界。これはＮＡＳＡの技術ですし、カーナビゲーションに至っては軍事技術そのものです。世界に実に24個の人工衛星が飛んでいて、その内の16個の人工衛星を使ってカーナビゲーションは動いているのです。そしてまた、迷子老人を探知するのも同じです。ＩＴ革命は、元々は米ソ冷戦時代につくった軍事技術を民間に転換する、軍民転換政策が発端となったわけです。

前述の通り、グローバル化の中で、アメリカのスタンダードを世界のスタンダードにしようという動きが起こります。これがＣＮＮニュースあるいはインターネットを通じたアメリカ化、そして企業会計による経理処理のアメリカ化であったわけです。特にＩＴに関しては、パソコンは１９９０年には一般世帯では１割しか普及していなかったものが、２００３年には63％、事業所に至っては93・２％普及しています。インターネットの利用人口は今や実に６９４２万人、ブロードバンドの回線契約数は９４３万契約、情報化投資は25兆円に上ります。10年間に、莫大なＩＴ化が進んだということです。

　その結果、２００２年では、携帯電話の普及率は、男性だと10代で89％、20代では１００％です。それから徐々に減少し、60代になるとさすがに48％に落ちます。Ｅメールの使用率は、男性は10代で53％、20代で63％、30代で66％というところまで来たわけです。20代の女性で69％ですから、ものすごいＥメールの使用率になっています。ただし、60代の女性は９％しかメールができないわけですから、世代格差がこの情報化によって発生しています。

　しかし、このＩＴ革命が猛烈な勢いで進んだということがアメリカ経済を支えたわけです。アメリカの一人勝ちはアメリカがソ連に勝った戦勝景気ということです。アメリカがソ連に勝ったことによってアメリカの得意分野であるこの情報関連技術を民間に転換することによって、アメリカの一人勝ちが演出されてきたわけです。ところが、この10年間でだんだん息切れをして、かのエンロン事件のような形になっていくわけですが、いずれにせよこの間、アメリカのグローバル・スタンダード化と、ＩＴ革命が世界を席巻しました。これが米ソ冷戦の終わったことによるひとつの側面として現れたわけです。

図表10－4　世界の主要企業のCEO（企業最高経営責任者）年間報酬額と平均賃金

（単位　億円）

	日本		アメリカ		イギリス		ドイツ		フランス	
	社名	報酬額	社名	報酬額	社名	報酬額	社名	報酬額	社名	報酬額
第1位	ソニー	2.34	オラクル	917.9	グラクソ・スミスクライン	6.6	ドイツ銀行	15.9	ロレアル	6.2
第2位	三菱東京FG	1.30	デル・コンピュータ	261.7	ブリティッシュ・ペトロリアム	5.7	ドイツテレコム	4.9	トタルフィナエルフ	3.8
第3位	トヨタ自動車	0.65	JDS Uniphase	196.1	ボーダフォン	4.3	E.ON	3.9	BNPパリバ	2.1
第25位			メリルリンチ	41.4						
第100位			JC.Penny	10.5						
平均賃金（年額）	3.63（百万円）		3.95（百万円）		4.26（百万円）		3.61（百万円）		2.98（百万円）	

（注1）CEOの報酬については、Forbes誌によるランキング（一部については推計・2001年度分）に基づいて作成。

（注2）平均賃金については、総務省「世界の統計2002」により推計。ドイツについては、製造業の平均賃金。

（注3）換算レートは、1ドル＝130円、1ポンド＝187円、1ユーロ＝115円（平成13年12月～平成14年5月の基準外国為替相場）。

なお、フランスについては1ユーロ＝6.55957フラン、ドイツについては1ユーロ＝1.95583マルクで計算している。

桁違いの高い報酬と多額の所得税

さて、ここで図表10―4をご覧ください。世界の主要企業のCEOの年間報酬額と平均賃金が示されています。日本・アメリカ・イギリス・ドイツ・フランスの5カ国を並べていますが、これは『フォーブス』という雑誌のランキングに基づく2001年の資料で、例えば、日本のCEOの年間報酬額ではソニーが2億3400万円、三菱東京フィナンシャルグループで1億3000万円、トヨタ自動車6500万円となっています。日本の企業ではこういう金額なのに、アメリカの1位オラクルは917億9000万円、100位のJC. Pennyでも10億５０００万円。JC. Pennyというのはかなり有名な小売業者ですね。１００位で10億円です。

一方、ヨーロッパの国を見てください。イギリスのグラクソ・スミスクライン6億６０００万円。ドイツはドイツ銀行だけ一人高くて15億９０００万円。ドイツ・テレコムは4億９０００万円。フランスのロレアルは6億２０００万円、トタルフィナエルフは3億８０００万円。ＢＮＰパリバが2億１０００万円。

もうお気づきだと思いますが、アメリカだけが桁外れです。ドイツはご存じの通り、株式会社が６０００社しかないのです。ドイツの会社は基本的に有限会社以下で、むしろ個人会社が多いので、ほとんど間接金融で成り立っているのです。６０００社しか直接金融で成り立っていません。そういう意味では、ドイツ銀行という間接金融の大元締め、そこのいわば頭取というのがやたら偉くて、そこだけ高い給料をもらっています。後はみんな日本とあまり変わりません。とにかくアメリカだけ桁が違うのです。このことをぜひ覚えておいてください。

次に２００３年のプロ野球選手上位5位の推定年俸額と最低保証額の日米比較をみると、例えばアメリカ・レンジャーズのロドリゲスという選手は26億円です。2位のデルガドは22億円、5位はカブスのソーサで20億円です。それから70位のマリナーズ佐々木が9億円、野茂が9億円、松井が7億円と並んでいます。イチローは5億円です。

一方、日本の球団の選手では、中村5億円、清原で4億５０００万円となっています。アメリカと日本では、これまた一桁違います。しかし、逆に年俸の最低保証額は、日本では2軍でも４４０万円保証されていますが、アメリカの１Ａというところは68万円です。ルーキーリーグに至っては31万円です。３Ａでも３７５万円で、日本のプロ野球ではよく３Ａから選手をとってきていますが、実は日本の2軍より安いのです。

また、この度カリフォルニア州知事になったアーノルド・シュワルツネッガーをご存じだと思います。彼は１９４７年、オーストリアの小さな村で生まれたのですが、一説によると、お父さんは警察官で元ナチの党員だったといわれています。このお父さんに育てられてボディ・ビルを始め、１９６９年、ほとんど無一文でオーストリアからアメリカに移住します。そして『ターミネーター』で俳優として名を上げました。その後、彼は肉体トレーニングの傍ら大学に通って経営学を学び、レストラン経営で大実業家として成功します。そして１９８３年に、やっとアメリカの市民権を得て、故ケネディ大統領の姪と結婚し、今日、大富豪としてカリフォルニア州知事になるわけです。

これは日本でいえば、30年ぐらい前に日本にやってきて、その後帰化した人が京都府知事になるということでしょうか。多分日本では絶対あり得ない話です。アメリカはそういうことが可能な国だということを知っておいてください。

冒頭にも申しましたが、実はアメリカというのは移民国家なのです。だから、アメリカのやり方というのは決定的に日本ともヨーロッパとも違うのです。世界中から優秀な人を集めてきて、その人に高い報酬を払う代わりに、その報酬に税金をかけて、それで国家を運営しているのです。したがって、所得税中心の国です。もし消費税を重くしたら、移民の人は所得税を払わないで、お金を持ったまま故郷へ帰ってしまうかもしれない。その国で稼いだものは、きちんと「ショバ代」をとるわけです。だから、アメリカという国は絶対に消費税中心の国にはならないのです。今から２００年前に、やっと移民国家として成立し、１００年前に西部開拓が行われた国なのです。

まさにそういう国であるが故のひとつの出来事を皆さんに知っておいていただきたい。アル・カポネとエリオット・ネスの話です。一見、この話はあの禁酒法時代のギャング、アル・カポネをエリオット・ネスという国税査察官が捕まえた話として日本では伝わっています。実は全然違う側面を持っているのです。アル・カポネは成功すると、そのお金を故郷のシシリーへどんどん持ち出しました。これではアメリカという国は成り立ちません。だから、その資金の持出しを絶つのです。いい換えれば、それはアメリカ本国がきちんと課税をするということをやったわけです。要するに移民国家としては、世界から優秀な頭脳、優秀な能力の人を連れてきて、その人を成功させる。そして、その成功の代償として多額の税金をとって、国家が成り立っているという国なのです。

日本でも、北海道で面白い話があるのです。北海道は最近、墓地ブームなのだそうです。なぜかというと、北海道というのは１９００年に北海道拓殖銀行が生まれた通り、屯田で成り立ったところです。ですから初代の移住者は、死ぬと遺骨ぐらいは故郷の墓地に埋めてくれといっていたわけです。ところが現在の3代目、4代目ぐらいになって、ようやく「自分の故郷は北海道」と思えるようになり、北海道に墓地が欲しくなるわけです。

アメリカも同じです。今ちょうど２００年経って、そろそろ本当の意味でのアメリカ人としての意識が生まれています。しかし忘れてはならないことは、今でもアメリカは毎年７００万人もの移民を認めているのです。当然移民には家がありませんから、あの国は今でも住宅ブームなのです。今では人口は2億６０００万人くらいなっているでしょう。つい最近までは2億人だといっていましたが、遙かに増えているわけです。つまり、アメリカが押しつけたグローバル・スタンダードは、移民国家のスタンダードなのです。

移民国家のスタンダード

どういうところが違うのかというと、典型的には企業会計です。以前にもお話しましたが、アメリカの国民は移民同士ですから、お互いが見ず知らずです。その移民同士が「自分はこういう人間です」「こういう能力を持っています」と全部出します。つまり、情報公開です。それによって「私を信じてください」ということで、投資を受け付けるのです。だからすごくリスクがあって、初めから預金なんてできません。お金集めをする場合には出資になるわけです。したがって、配当も高い代わりにゼロになる可能性もある。そこで、公認会計士という監査の仕事が生まれるわけです。

もともと公認会計士の仕組みは、東インド貿易に始まるといわれています。すなわち、イギリス人が東インド会社等、成功するか、しないかまったくわからない南洋貿易に投資するときに、その船長さんとかその船とか、そこで働く人たちがどれくらい有能かということを判断して、投資リスクを見る。事業の内容が嘘じゃないということを証明する仕事から公認会計士は始まったとされています。これがまさに伝わったのがアメリカなのです。移民国家の見ず知らずの人が「自分にはこんな能力があるから投資しろ」といっても当てになりません。そこでは監査が重要なのです。

ですから、もともと監査という仕事は税理士とはまったく違います。税理士は、税金を払うという面では公正独立な立場ではありますけれど、公認会計士とは違うのです。公認会計士は、むしろ債権者や株主に対して、それが適正であるかどうかという判断の仕事をしているわけです。だから、この間のりそな銀行の時にもそのことが明らかになりました。

また同時に、この移民国家のスタイルというのは、もうひとつ大きなことを思い出します。日本は顔見知り国家です。ドイツもそうです。もともとドイツも農業国家、牧畜国家で定住型です。定住型伝統国家と移民国家は違うのです。ヨーロッパも基本的には定住型伝統国家です。ところが、アメリカだけは移民国家ですから、情報公開によって投資リスクを明らかにすることにより、直接金融で資金調達することになります。

ちょうど１９００年、アメリカでも最初の恐慌が起きます。西部開拓時代にあって、北部鉄道という大敷設ブームが起きます。まさに当時は西部開拓ブームの時代ですから、北部に鉄道を敷くというのに大フィーバーしたわけです。みんなで株式投資に動く。ところが、そんな簡単にできるはずがないので大暴落します。これが最初のアメリカの恐慌です。この恐慌の中でマッキンレーという大統領は暗殺されています。この反省から生まれたのが、あの有名なムーディーズです。格付け会社ムーディーズは、もともと鉄道の格付け機関でした。まさにこれは、移民国家としてのアメリカのひとつのアイデアとして生まれたものだったのです。

デュアルスタンダード

私は最近、「デュアルスタンダード」という言葉を使っています。大企業など、世界を股にかけてやっている仕事というのは、アメリカのスタンダードで動いています。アメリカが勝ったことによって、アメリカの方法が世界のスタンダードになりつつありますから、それに従わざるを得ません。事実アメリカ人の投資家だっているのですから。だけど、日本国内に限るとまったく顔見知り社会ですから、何もこのスタンダードに縛られることはありません。ひとつのものに2つのスタンダードでは、「ダブルスタンダード」になってしまいます。しかし、異なるものをそれぞれの物差しで判断することは、「デュアルスタンダード」として成り立つのだと思います。最近は、ヨーロッパでもこの議論が出だしています。

今このお話をしたのは、実は私自身が国税庁次長の時に税理士法改正をやったからなのです。公認会計士と税理士のどこに違いがあるのか。税理士というのはもともと顔見知り社会で、間接金融の仲立ちという役割も持ちながら税務の仕事をする。要するに、公正中立な立場で納税の義務を支援します。しかし、税理士とクライアントの関係は続くわけですから、いい換えればクライアントの立場に立って、いろんな提案をするコンサルタントでもあるわけです。

では、公認会計士はというと、その費用を支払っているのはそのクライアントですが、株主や債権者に情報を的確に出す仕事ですから、実はクライアントとは緊張関係にあるのです。だから、公認会計士というのは、実はあんまりクライアントに深入りしたがらないはずです。下手に協調してしまうと、適正な情報を流せないからです。罰せられるということです。だから、日本とドイツという顔見知り社会は税理士法という法律が早くからあり、アメリカにはないわけです。

ですから、日本は「デュアルスタンダード」を目指した方がいいと思います。特に間接金融中心の国が、これから全部アメリカ型で本当にいいのかどうか。もちろん、グローバル・スタンダードの取引をする企業にとっては、直接金融としてのスタンダードに立たざるを得ませんし、大きな流れでは、我々も間接金融から直接金融へということになるでしょう。今回の税制改正でも、かなりエンジェル税制を重視する改正をやっていますけれど、しかし現実に99％の会社は上場していないわけです。このあたりはやはり、日本の現状に適した仕組みを大切にした方がいいと私は思います。

そして、次に米国の人種と宗教構成ですが、アメリカの人種構成は80％が白人です。ただし、ヒスパニックを除くと68％です。ヒスパニックというのは、いわゆるスペイン語系の人たちです。アフリカ系が12・７％、アジア系が３・９％、ネイティブ系、アメリカンインディアンですね、それが１・１％、ヒスパニックが13％。

さらに米国の宗教は、プロテスタント56％、カトリック27％、ユダヤ教２％、ギリシア正教１％、モルモン教１％。ユタ州というのはモルモン教です。それからその他（無回答）５％となっていますが、多分その他というところに仏教やイスラム教が入ってくることになります。いかにアメリカという国が、多様な民族によって成り立っているかが、おわかりだと思います。世界の国から顔も、肌も、色も、宗教も違う人たちを呼んで国をつくっている。そういう意味では、アメリカは今こそ自分の時代だと思っているると思います。なぜなら、日本のようにお金を貸すのに相手の顔を見たりしたら、この国では人種差別になるのです。だから、顔を見て貸せないのです。いい換えれば、すべてプロジェクト審査だとか、何らかの理屈をつけない限りだめなのです。

だけど、この国は情報公開を行い、すべてその適正な情報によって機会の平等を保証した国なのです。だから、「我々は世界のスタンダードとして最も相応しい」というのがアメリカの考え方なのです。そしておそらく、イラクとの戦争も、イラクに対してアメリカ的スタンダードを受け入れてもらうということです。今、日本にもそのスタンダードを受け入れてもらうことが、「世界はひとつ」ということのために非常にいいことなのだという発想に立っていると思います。

次に、日本の主な非上場会社をみると、竹中工務店、サントリー、大塚製薬、ヤンマー、矢崎総業と有名な企業が多くあります。矢崎総業はこの間、コロンビアで事件がありました。この会社は世界中で3万から4万の人が働いているのですが、上場していません。上場していないってことは、いわゆるメインバンクがあって、間接金融が成り立っているということです。もちろん、無借金ということもあるかもしれません。しかし、基本的に間接金融にしか頼っていないのです。そんな資金調達で大きくなることはアメリカでは考えられません。これが日本の実態だということです。

図表10－5　法人企業の付加価値の内訳

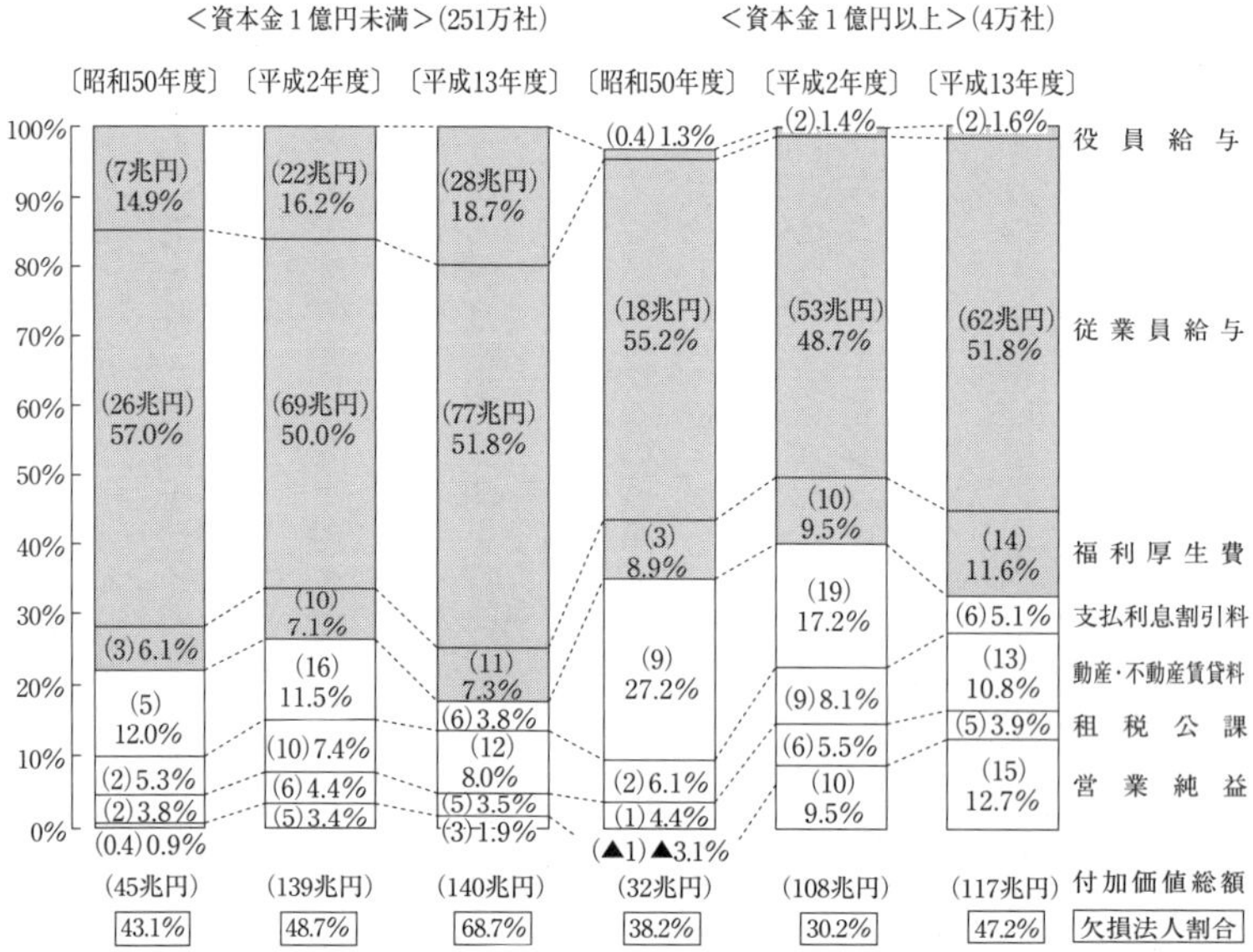

(注) 付加価値の内訳は、「法人企業統計年報」(財務省財務総合政策研究所) による。

さらに、ぜひ皆さんに見ていただかなくてはならないのは図表10―5です。法人企業の付加価値の内訳を示しています。資本金１億円未満の会社が２５１万社あります。資本金１億円以上が４万社です。もちろん、資本金１億円未満の会社というのは非上場です。基本的には間接金融しかやっていない企業が99％以上を占めているということがおわかりになると思います。

しかも資本金１億円以上の会社も、実はかなりが非上場です。さらに平成13年度というところを見ると、確かに営業純益という意味では、この資本金１億円未満の企業は付加価値総額の１・９％、すなわち３兆円くらいしか営業純益がありません。それに対して、資本金１億円以上の企業は営業純益だけで15兆円。全付加価値１１７兆円の内12・７％を営業純益で占めています。しかし付加価値総額を見ると、かっこ書きでわかるように、平成13年度で資本金1億円未満の企業が１４０兆円、資本金1億円以上の企業が１１７兆円ですから、付加価値全体では実は中小企業の方が大きいわけです。そのほとんどが人件費です。役員給与か従業員給与かで成り立っているということです。

ですから、雇用という面を考えたときに、この中小企業がいかに大切か、しかもそこは間接金融で成り立っているわけです。したがって、間接金融から直接金融へ誘導するといっても、まさにここを無視して日本の経済の立ち直りはない、ということが明らかになっているわけです。

ですから、私がここで申し上げたいのは、今日本がこういう移民国家のアメリカと定住型伝統国家の日本という相違をわきまえながら、グローバル・スタンダードの基準に少しずつ舵を切っていくということです。

前にもこの場でお話しましたが、夏目漱石が、１９００年にイギリスに留学してノイローゼになって帰ってきました。『こころ』などを読んでみてもわかります。この定住型伝統国家の代表としての夏目漱石は、当時のイギリスという、アメリカの母国のような国に行って、大変な悩みを持って帰ってきました。そして「真剣にこの世界のスタンダードに合わせるということを考えなければならないけれど、考えすぎたらこれまたノイローゼになるよ」という演説をして、小説でも「迷える羊」で終わっているわけです。そして、今また多くの経営者が我々公務員も含めて、この移民国家の、世界のグローバル・スタンダードに少しでも近づかなくてはならないという産みの苦しみを、「敗戦」とともに味わっているということなのだろうと思います。

大きく変わったライフスタイル

次に、日本の社会構造の変化ですが、特に65歳以上の人口ばかりがいわれますけれど、実は15～64歳の生産年齢人口といわれる層は、１９９５年に８７１７万人でピークアウトしまして、もうすでに日本の国は、一番モノを使ったり、食べたり飲んだりしている年齢層の人口が減ってきているのです。だからこそ、もう大量に売っても儲からないのです。こういうと失礼ですが、某外食チェーンが安売り販売をするといったときに、これは成功しないだろうと思いました。この場でも確かお話したと思います。この層の人口がピークアウトしているということは、決して量が売れる時代じゃないということなのです。まさにこれからは、おにぎりひとつをとっても、むしろ値段が高い方が売れたりするのです。

　しかも、この人口が２０２５年には、７２３３万人という数字になり、65歳以上も３４７３万人、28・７％になると見込まれています。しかし、これも私にいわせると甘いかもしれない。１９９２年、当時私は、２００２年には出生率が１・66人に戻り、いずれは１・80人に戻るという前提で人口推計がなされていると申しました。当時の出生率は１・53人でした。残念ながら２００２年の実態は１・32人にとどまっているわけです。ですから、今回の２００２年の推計でも２０５０年、１・39人に戻る、あるいは横ばいとなっていますが、イタリアの例を見てわかるように、１・２人とか１・１人に落ちる可能性すらあるのです。ですから、そういう意味では決して楽観できない数字だということです。

　さらに、総人口の推移で低位推計を見ると、２１００年には４６４５万人、５０００万人を割るわけです。まさに人口減少に向かっているということです。２１００年なんていうのはまだ先の話ですが、２０５０年という推計で見ても、１億人を割るかもしれないし、今の中位推計ではぎりぎり1億人を守っているのですが、９２００万人になるかもしれない。

しかし、この1億人という推定ですら、危ういことになるのです。今日は女性の方が少ないですけれど、実は女性の方にとっては大変な数字が並んでいるのです。２０５０年には、85歳以上の女性の人口が、５歳きざみの全年齢層で一番多くなるのです。そういう事態だからこそ年金問題は女の人の問題であるわけです。

しかも今、さらに大きな問題が持ち上がっています。２０００年の統計では、65歳以上の夫婦だけというのが3割、65歳以上でお一人という方が13・８％、しかもその世帯で施設に入っている方４・７％を足して、おおむね49・４％、約5割が65歳以上だけの家庭です。夫婦か一人の65歳以上の人で、子供たちと同居しているというのは半分しかいない。夫婦二人か単身になっているわけで、これがどんどん進んでいるわけです。厚生労働省の調べでは今、親に仕送りをしている人はわずか０・２％です。子どもさんからの仕送りの収入というのはそれだけしかありません。収入の7割が年金です。それが今の実態です。だからお年寄りの不安が増すわけです。

また、死亡の場所別に見た死亡数の百分率では、昭和26年の頃は82・５％が家で死んだ。子や孫に看取られて死ぬというのが理想でした。今や（平成12年）自宅で死ぬ人は13・９％、自宅以外、これはほとんど病院ですが、86・１％です。残念ながら、手遅れで子どもに看取ってもらえない方も多いといわれています。従って、看取ってくれるのは看護師さんという事態になってきているのです。

ある政治家の方にうかがったのですが、その政治家の方が経営する病院において、そこの看護師さんが「ぜひ金庫をつくってほしい」といってきたのだそうです。「何のために？」と聞くと、「うちに入っているお年寄りのために金庫をほしい」というのです。そこで「なぜ？」と聞くと、「預金通帳を子どもたちに見せたら取られる」と。一番信頼できるのは看護師さんだから、看護師さんに「預かってくれ」というそうです。

そして、ペイオフになったら困るから、３行ぐらい安全な銀行を教えてくれといってくる。３行というと３０００万円です。そのぐらい皆さん「へそくり」を持っているのです。しかし、子どもにだけは取られるまいと思っている。こんな悲しい事態になっています。私も実際、老人ホームによく行きます。お亡くなりになる直前には病院に行かれる方が多いですけれど、家族がほとんどお見舞いに来なかった方ほど、最後に子どもが一斉にやってきて、取り合いになるそうです。そういう事態が現実にはあるということです。

増える未婚率と国際結婚

私たちの税金の世界でも、非常に重要なことなのですけれど、子どものいる世帯が減少していて、子どものいない世帯が増えてきています。さらに、単独世帯が増加しています。特に２０２５年には、お年寄りも含めて34％が単身となります。

それからもうひとつ、皆さんに知っておいていただきたいことがあります。あっと驚く話です。２００２年、結婚件数が約75万件、離婚件数が29万件ですから、約70組結婚して30組離婚するというのが今の姿です。しかも、もっとすごいのが未婚率です。45～49歳の男性14・６％が未婚です。一度も結婚していないのです。離婚経験もない人が約15％いるのです。そして女の人は６％。これは何だと思いますか？　実は男の方の未婚は所得が低い方に多いのです。女の方の未婚は親が金持ちのパラサイトシングルで「嫁にいかなくていいよ」といわれて、独身を続けているケースが多いようです。

　男の未婚というのは特に地方に多いのです。山形県のある村は、お嫁さんに来てくれる人がいないから、村をあげてフィリピンとか中国からお嫁さんを大量にお招きしている。これが実態です。その結果、国際結婚の件数は、２００２年、３万５８７９件。75万件の結婚件数のうち３万５８７９件、約４・７％は国際結婚なのです。すなわち、20組に１組は外国人と結婚しているということです。今から20年前には、わずか０・９％でした。さらに30年前は、０・４％でした。このことは何を意味するかというと、縄文時代から弥生時代へ移行するときよりも速い速度で、日本人は混血が進んでいくということです。そういう意味では「日本人とは何ぞや」ということを、もう一度考えてみる必要が起こってくると思います。

　したがって、先ほどから見てきた人口統計もあてになりません。もっとたくさんの外国の方々が入ってくる可能性が大いにあるからです。しかも、あまり議論になってないので、多くの新聞にも載っていませんが、今、北朝鮮は自国の人を出さない政策をしているから、日本に来ていませんけれど、これが、どうぞ出て行ってくださいとなったら、たくさんの方々が日本にお越しになるはずです。そのとき日本はどういう政策をするのか。それは、難民条約もあり、当然のことながら日本に入っていただくことになる。そういう問題を考えると、人口推計というのは確定的に考える必要はないのかもしれません。年金制度も含めて、もっとフレキシブルに考えなかったら、実はダメなのです。私はそう思っています。

しかも、今までの常識というのはもっと崩れていきます。２０００年に、今お話した45～49歳の方で１００人中14・６人が独身です。一度も結婚していないのです。この方はちょうど5年前、１９９５年の時には40～44歳でした。そのとき40～44歳の未婚男性は16・４人でしたから、5年間に１・８人結婚して14・６％になったのです。

同じことですが、今２０００年において40～44歳の男性の未婚率は18・４％です。この間に2％が結婚すると、２００５年には16・４％という数字が出てくることになります。いい換えれば、どんどん結婚できない男の人というのが増えてくるということになる、ということです。このことは、逆にいえば、外国の方にでも来てもらわないと困ることになる、ということを意味しています。そうでないと、ますます子供はできない。結婚さえすれば、女の人は子供を2人産むというのは未だにあまり変わってないのですから。

したがって、労働力人口というのはどんどん減る。そのことばかりをいいますが、ぜひ知っておいていただきたいのは、外国人労働者です。今74万人、うち就労目的外国人17万人といわれていますが、果たしてこの数字自体も本当かどうかわかりません。しかし、２０２５年にはこれがかなりの数に増えているのではないかと、私は思います。前述の北朝鮮の状況に加え、中国が今のままの成長を続けられるのかどうか、日本の姿は今のままではないと私は思っています。

さらに日本の雇用慣行の変化です。非正規雇用というのがどんどん増える。正規雇用が減って、今や非正規雇用が１６２１万人、わずか15年の間に１０００万人のパート・アルバイトが増えているわけです。若い人たちのフリーターというのも４１７万人もいる。その結果として、会社に対する帰属意識が、もともとないというのが23・７％。薄れたという32・２％を足すと、実に56％がもはや会社に対する帰属意識を失いつつあるわけです。戦後の日本というのは、国家に対する不信があり、これは敗戦国家として、ある意味では日本の宿命であります（ドイツも同じ問題を抱えているようですけれど）。そして家族の崩壊（これは人口移動という現象による影響もありますが…）、さらに企業が人を支えてきた面があると思います。「寄らば大樹の陰」ではないですけれど、企業の一員としてという意識が人間の絆を守っていた。それが壊れているのです。

それでは、絆として家族もない、国家もない、企業もなくなったとなると、いったい個人はどこへ行くのか。だから「メル友」で知り合った人と一緒に自殺したりする。非常に悲しい話です。

安全神話の崩壊

そして国民の意識も変化しています。まさに心の豊かさを重視する人が増加するとともに、一番心配なのは「将来に備えるか、毎日を楽しむか」です。１９８０年には「将来に備える」という人が44・

7％だったのが、今や27・3％になり、「毎日を楽しむ」が56・4％です。アリとキリギリスでいえば、圧倒的にキリギリスになっている。だから、国民年金なんか払ってくれません。将来はケセラセラで、将来に備えるために保険なんて払えるかという事態になりつつあるということです。

そして、「日常生活の悩みや不安は」というと、非常に不思議なのは、「ゆとりがある」というのは70代以上が一番で83％。逆に「不安が多い」というのは40代、50代。ですから、お年寄りが幸せで、中間層が大変です。このことは、別に本当にお年寄りが幸せなのかどうかはわかりません。戦争で本当に悲惨な時代を経てますから。それに比べれば今はいいと思っている面もあります。逆に僕ら40代、50代っていうのは、若い頃が発展成長時代ですから、それに比べて今はひどいなということなのかもしれません。しかし、これが実態です。

しかも安全神話は崩壊しました。１９８０年に比べて、交通関係業務過失罪を除くと、２００２年の検挙率は実に3分の1になりました。世界一安全な国であった日本は、今や各国の主要な犯罪の検挙率よりも低くなっています。アメリカは20・5％で、日本が20・8％ですから、おおむね等しいですが、イギリス・ドイツ・フランスよりはるかに低い。こんな事態にまでなった。だから警察官を増やしてくださいという話になってくるわけです。

そして、家族の意識も変化してきました。子供の進路決定は子供自体が決めて、まとまった貯金の最終決定は奥さんだというのが増えました。昔は40％くらいだったのですが、20年経つと62・9％の家では、まとまったお金は奥さんが決める。「妻権化」です。男の人には決定権がなくなったというのが今の実態です。

よいものは売れる

ではここで、私が、日本はまだまだ捨てたものじゃないと考えるデータをお話します。２００２年は、１９９０年に比べてデフレ経済下で消費支出は減少しています。世帯あたりの消費指数は１９９０年では３７３万円だったのが、２００２年には３６７万円と98％に減っています。

しかし、健康（health）、情報（information）、教育（education）、癒し（refresh）、外注（outsourcing）という消費支出、これらの頭文字をとって、HIERO（ヒーロー）と総称するのですが、これらに関する消費はすべて増えています。ヨーグルト、健康食品、パソコン、電話通信料、英会話スクールの月謝、ペット、調理用品、保育園費用、みんな増えているのです。

ですから、従来必需品と思われなかったものに対する支出が増えてきています。これは、いい換えれば、以前は贅沢品と見ていたものに、どんどんシフトしているということです。そういう意味では、生活のレベルが上がってきているわけです。いいものさえ出せば売れるということです。

非常に皮肉な話ですが、子供の数が減った分、ペットの数が増加しているのです。昔は「犬税」というのがあったのを覚えている方がいらっしゃると思います。市町村税だったのですが、犬を飼うと税金がかかっていたのです。我々も「ペット税をつくろうか？」と冗談でいっています。そのくらい、子供がいない分、犬を飼っている家庭が増加したという時代変遷があるわけです。だから、お金が無くて売れないわけではないのです。まだまだ商売っていうのは、付加価値の高い商品、ちょっと贅沢なもの、というものに向かっているのだと思います。

また、非常に不思議な話ですが、確かに日本は、所得格差が若干広がってきています。ジニ計数という、所得格差を示す比を見ても、日本は格差が若干広がっています。しかし、内閣府の〝中流意識〟の世論調査によると、中流意識っていうのがいかに高まっているか。１９６５年、80年、90年、そして２００２年を見ると、「上」というのが１％まで増えてきています。「中の上」も、「中の中」さえ増えてきています。これに対して「中の下」と「下」は減ってきているのです。だから、ある意味で、国民全員がある程度豊かになってきているということがわかります。すなわち、所得は増えなくても、物価が下がることによって、可処分所得が増えているのです。こういう姿を見れば、一方的悲観論というのは不必要であって、どうやって、この日本の持っている実力を生かすかということなのだと思います。

「ナンバー・ワン」から「オンリー・ワン」へ

そこで皆さん方に先ほどから申し上げてきたことを、総括させていただきますと、実は日本は捨てたものじゃないということです。日本の人口は現在１・３億人、世界第９位です。人口が１億人以上いる国というのは、実は世界１７１か国中、11か国しかないのです。決して日本は小国ではないのです。自分は小国だからなんていっているとしたら、それは大間違いです。それからＧＤＰは２位、対外準備高は１位、外貨準備も１位、それから米国債の保有も１位。全部１位なのです。そういう意味で、やたら悲観論ばっかり目立っていますが、そんなことはないのです。

そこでぜひ、皆さんにご理解いただきたいのは、「現場に戻る」ということです。先ほど来、わが国の経済社会の構造変化についてご覧いただきました。日本は国際化が進んでいて、実は後１００年もすれば国際結婚だらけになるかもしれません。そういう意味でも日本は変わってきています。そこで、現場に戻って、実態が変わっているということを認識してほしいのです。プロにしか見えないものが、プロには見えるはずです。

「本業を忘れることなかれ」と以前にも申しました。これは毛利元就の言葉なのですが、本業を忘れることなかれで、本業を持った目で現場に戻ってください。多分皆さんが若い頃と現場が変わっているということです。皆さんの目で見れば、その現場をつかめるはずです。そこに立ち戻って考えて、そして行動するということだと、私は思っています。自分の「資産」を生かす時代なのです。

私は以前、アメリカ人の講師にこういわれました。「日本人というのは転職しないけれど、転業しますね」と。同じ会社の中で、営業にいた人が経理に行ったり、経理の人が総務に行ったり。転職はしないけど転業しているのです。本当の意味でのプロが育っていないのです。しかし、これからは、まさにプロを育てなければダメです。資産を生かす時代です。最近の流行歌じゃないですけれど、「ナンバー・ワン」を目指してはダメです。中国に勝てるわけがありません。しかし、「オンリー・ワン」を目指せばいい。

今日お集まりの、京都の経営者の方は、まさにこれだから勝っているのです。よくこの場でもお話するような多くの企業を私もずいぶん見学させていただきました。みんな「オンリー・ワン」です。この「オンリー・ワン」をいかにして活用するか。もちろん「オンリー・ワン」の恐いのは、時代の流れが変わることです。しかし時代の波に乗れば、その商売は絶対に強いのです。今、電機メーカーを見てください。日立、松下、東芝といった総合家電が苦闘しています。では、どこがいいかというと、シャープです。シャープの場合、液晶に特化して勝っているわけです。その意味では「オンリー・ワン」を持っているところが勝っているわけです。ですから、小さくても自分の「オンリー・ワン」を持っているところは決して負けません。

　そして最後に一番重要なのは人、つまり皆さんの時代なのです。人・モノ・金といったときに、モノと金の時代は終わったのです。こういっては関係者の方に失礼ですけれど、某大型スーパーは何をやったか。あの、土地が値上がりする時代に、先に土地を買っておいて、大々的にアドバルーンを上げる。そうすると、そのあたりの地価が一気に上がり、そこで半分を売り、儲け、そしてそのお金で店舗を建設する。スーパーであるとともに不動産屋であったわけです。ところが、金（資金力）、モノ（土地）の時代が終わって、人の時代になりました。これは小売業の方ならおわかりの通り、店長次第でいくらでもそのスーパーは再生するのです。これは、ライフの清水さんがそう仰ってました。ホテルも総支配人次第で、がらっと変わるという話もよく聞きます。

　ですから、そういう意味ではまさに現場に立ち戻って考えて行動し、自分の持てる資産を極力利用することが大切です。総合得点を上げる必要はないのです。自分の特技をどうやって生かすか。私はそういう時代だと思っています。皆さん、京都の方が強いのはまさにそういう特技を持ち、資産を持っているからです。

最後に、日本の最大の資産は何かと申しますと、実は日本人であると私は思っています。これはジャック・ウェルチというＧＥ（ゼネラル・エレクトリック）の名誉会長がいった言葉です。元経団連会長の土光（敏夫）さんからいろんなことを学んだといわれています。しかし、彼らは日本から撤退しました。結局、ＧＥは日本では失敗したのです。しかし、彼は日本人の感性を学んだといって帰ったのです。すなわち何で今、トヨタの自動車が世界でこんなに売れるのか。日本人が乗っているからです。日本人は非常に微妙な感性を持っている。日本人が乗り心地がいいといっている車は世界で通用するのです。しかし、アメリカ人がいいといっている車を、日本人が喜ぶとは限りません。まさに日本人のこの感性こそが、実は商売をするときの最高の種かもしれないのです。

唐突ですが、日本のお城ってきれいですよね。この間も仙台で地震がありましたが、青葉城の膨らんだような箇所の石垣は壊れました。しかし、きれいな曲線を描いている石垣はひとつも壊れなかった。どうしてかというと、きれいなものは壊れない。合理的だからです。

実は人間がきれいだと見えるモノは、合理的にできているのです。すなわち、もっと端的にいうと、臭いものは腐っているのです。臭いものを美味しいと感じたら、その「美味しいもの」を食べて、その人間は死ぬのです。「臭いものは食べちゃいけない。美味しいものは食べる」ということを脳が感じるように人間の遺伝子は発達し、そういう生物になっている。同様にきれいと映るものこそ、実は地震国家日本においては地震にも強く、安全なものになっているのです。ですから、美的意識の強い人ほど実は合理性を持っているともいえるのです。

日本人の感性が、美とか、そういうものを常に持っているということは、実は近代合理主義と合致しているということです。だから、日本では科学技術が発達したのです。そういう意味で、京都のように長く伝統文化や美というものと隣り合わせの地域こそ、科学技術に強い地域なのです。こういう、いわば「強さ」をぜひ発揮してください。私は、よくこの場で宇佐美松鶴堂さんや若林仏壇さんの話をしています。しかし、まさにそれはきれいなものが合理的で、それが日本の宝だということなのです。そういう、自分で気づかない資産をフルに使うこと。それはプロしかわからないことです。それを養って、育ててほしいと思う次第です。

2　わが国の財政の現状と平成16年度税制改正

国、地方の長期債務残高は７１９兆円

次に、わが国の財政事情と今年の改正についてお話したいと思います。実は私どもの一番の悩みは、先ほど来お話してきたように、歳出82兆１０００億円のうち、税収をせめて半分は割りたくないということです。実は50％を割ったことなんか平時にはないのです。平成15年度では、補正後で51％、16年度の予算ではぎりぎり50・８％です。もちろん私どもは、今年の税制改正でも、やはり経済の活性化を実現したい。非常に重要な年なものですから、単純に財政だけのために主張するわけにいかないので、何とか経済活性化、デフレを止めたいという思いで編成しました。そういう意味では、平成16年度の税収41兆７０００億円というのがまさに50・８％ですから、首の皮一枚つながった財政事情になったというわけです。

しかし、歳出の半分しか税金で賄えないものですから、公債を発行するのです。公債残高は先ほどお話した通り、私が最初に京都に呼んでいただいた平成４年に比べてものすごく増えました。その結果、そのころはまだ国債の発行額がトータルで１７４兆円だったのですけれど、今は４８３兆円、一般会計税収の約12年分の発行残高になってしまったのです。平成16年度の予算では、実に歳出総額82兆１０００億円のうち、21・４％は国債費ですし、実際に政策的経費として使えるのは58・５％しかない。しかも、そのうちの24・１％は社会保障関係費であって、高齢化が進行していく中で、その削減は容易なことではありません。

その結果、国・地方を通じた長期債務残高というのは膨れに膨れまして、国・地方を合わせますと７１９兆円という未曾有の数字になっています。去年の末が６９５兆円であるのに対して、７１９兆円です。これだけ一生懸命やってもこの通りです。ただ、よく総理が「財政悪化歯止めの足がかりをつかめた」というところも、このあたりから出てくるのですが、国・地方の財政収支というフローで見ると、２００４年はＧＤＰ比▲６・８％でして、去年の▲７・４％とか、少し前の１９９９年の小渕さんの頃の▲８・２％から比べれば、少し改善してきたということです。

ただひとつ、皆さんに嫌な話をします。日本の「国・地方の財政収支」はむしろ横ばいで、１９９０年頃は、それこそほとんど債務残高のなかった国から急速に悪化するのですが、最近は他の国（米国・英国・ドイツ・フランス・イタリア・カナダ）も、２０００年をピークにどんどん悪くなっているということです。いい換えれば、日本だけが財政が悪かった時代は、ボンドマーケットで見ると、実は日本の国債しかなかった。いい換えれば、「玉」という意味では、日本の国債というのはボンドマーケットにとって貴重な「玉」であったのです。

ところが、今や世界が山のようなボンドを発行しだしたものですから、「玉」は余りだしているということです。だから、最近市場が若干弱含みで株の方に流れ、あるいは商品相場に流れているという姿になっている面があるのかなと私は思います。

ただ、２００４年の国・地方の債務残高の国際比較では日本は断トツに悪く、実にＧＤＰ比で１６１・２％。イタリアが１１６・７％で未だに悪いですけれど、これは１９９０年頃悪かったのが、今もこたえているからです。他の国は悪いといっても、だいたい60～70％くらいです。それに比べて日本は、国・地方を通じた債務残高は、ＧＤＰの１・６倍分を抱えているわけです。

こういう切羽詰まった財政状況にあるものですから、今年の税制改正というのは、この財政の制約の下、極力経済活性化と構造改革に資するという観点でやらせていただきました。持続的な経済社会の活性化を実現するための、あるべき税制の構築に向けて、15年度税制改正に引き続き、切れ目のない政策を実施しようということです。昨年この場でお話させていただいた研究開発減税とか設備投資減税というものを主体に、16年度も約1兆５０００億円の減税が継続します。特に皆さん方に関連のある、事業承継ということを考えると、相続・贈与税の一体化とか、使い方によってはかなりの朗報になる部分も入れさせていただいています。

資産活用の促進による資産デフレへの対応

では今回、新たに何をやったかというと、まず、資産活用の促進による資産デフレへの対応です。お金がフローでは制約があるのですから、持っている資産をできるだけ使うしかない。これがひとつの流れだろうということで、去年から、登録免許税などの軽減や、金融証券税制の軽減・簡素化を図ってきました。さらに今回、住宅ローン減税を1年間は単純に延長いたします。しかし、これはそのままにしておくと、１兆円の減税になります。

現在の規定では、借入金５０００万円まで10年間ローン減税が続くのですが、通常は５０００万円を10年間、借り続けられる人なんてほとんどいません。そういう意味では空振りの部分もあり、それを少しずつ削減して、中堅層の人たちのローン水準に重点化しながら延長するということで、平成20年まで設計しました。その場合でも、６２００億円くらいの減税は継続します。国土交通省と相談しながら、そういう形で徐々に、計画的な持ち家取得を支援しようという政策に移らせていただいています。

次に2番目ですが、まったく新しい話を入れました。居住用財産の譲渡損失の繰り越し控除です。従来、ローン残高を抱えながら、自分の家を売って、そこに譲渡損が発生する。しかし、新たにローンを設定して住宅を建てるという場合に限って、繰り越し控除ができるという政策がありましたが、そういう要件を取っ払いました。すなわち、居住用財産の譲渡損失がある場合に、つまり、ローン残高よりも安い値段でしか売れなかったときに、その年の損金で落とし、かつ3年間譲渡損失を繰り越せるようにしました。

実はこれは、多くのサラリーマンの方にけっこうあるのです。公務員でも不祥事を起こしたり、企業でも会社の金を使い込んだりする事件の中には、自分の給料が上がるという前提で住宅ローンを組んでいたのに、給料が上がらないのでサラ金に手を出した。結果としては悪いことに手を出してしまう。こういうケースが多々見られるわけです。

そこで、今回の改正というのは、過大なローン残高があるときは、家を売って損失を出して借家に移る。その場合も、その発生した損を今後の自分の所得から控除できるという仕組みをとったわけです。

ひとつ変わったケースがあります。老人ホームで聞かせていただきました。少し気の毒な話ですが、奥様がアルツハイマーになったため、夫婦で一緒に老人ホームに入り、本人は会社に行っているのです。こういう方がけっこういるのです。こういう方はせっかく家があっても、それこそお手伝いさんが来てくれるわけではない。奥さんだけ老人ホームに行かせるのもかわいそうだというので、夫婦で老人ホームに入るのです。

そういうとき、せっかく持っている家を売り払うのです。すると高値のときに買った家ですから、ローン残高の方が大きくて、売った額の方が低いということになります。これが今までは何にも救えなかったのです。そこで今回は、家を売って損を出して老人ホームに入るような方にも、繰り越し控除ができるという制度をつくらせていただいたということです。

3番目は、土地の譲渡益に対する税率の引下げです。後でお話する非上場株式も、26％を20％に下げさせていただきました。これは、土地というものについて、あのバブル時代に重課とかいろいろな制度がつくられたわけですが、この長期の譲渡については、過去にもなかった20％という低い税率にして、利子、配当、譲渡益という金融税制と同じ考え方で整理させていただきました。

これは、実は2つの意味を持っているのです。今年の6月に、税制調査会の中の金融小委員会で意見がまとめられる予定ですが、税制調査会では「金融所得の一元化」ということを考えています。すなわち、勤労所得のように、毎年自分の意志とは関係なく、所得があり、「来年はいくら稼ごう」なんて、自分では計画できない所得があります。ところが、資産性所得というのは、損を出すことも利益を出すことも自分で選べるわけです。

一番いい例はゴルフ会員権です。最近ゴルフ会員権はなぜ上がらないかという理由のひとつなのですが、売ったら多少は損が出る、だから退職の時に売るといいのです。すると、実は分離課税ではありながら、最後は退職所得と合算になります。所得がちょっと多そうなときに譲渡損を出すというのは、有効な節税方法です。その結果、税金が安くなる分、ゴルフ会員権というのは、本来の価格より安い値段で売買が行われてしまうわけです。

実は土地もそうなのです。地価が上がる過程のときにはよかったのですが、地価が下がるようなときには、特に総合課税の50％という方にとっては譲渡損を出すことによって、税金で半分を埋めてくれることになるわけです。例えば、1億円の勤労所得がある方にとっては土地を売って損を出すと、譲渡損で消していくことが可能になります。ということは限界的には5割相当の補助金を出すのと同じことですから、少々安い値段でも売ってしまうのです。その結果、ますます地価下落に拍車をかけてしまうのです。

これは国土交通省から、何としても適正な時価の形成が図れるようにしてくれといわれました。しかも売買実例が少ないものですから、一度でもその売買実例がつくと、それで地価公示がついてしまうのです。すると、また下がってしまうわけです。そういう悪循環を断ち切るためにも、土地の譲渡益は金融所得と同じように損も益も分離課税にする代わり、益が出たときも2割で完結するというのがこの考え方の基本にあります。

ですからこの課税については、損益通算できる制度が急に改正されてしまったという批判が一部の税理士さんから上がっているのですが、土地政策的にも、資産性所得の一元化という世界の潮流からも、損も益も分離課税とし、利益が出た時の課税を20％に引き下げるというパッケージに踏み切ったのです。

4番目に、公募株式投資信託の譲渡益を上場株式並みに軽減します。すなわち、譲渡益の課税というのは株式とまったく同じように10％で完結する、いい換えれば特定口座が公募株式投資信託に生まれます。その結果、従来、証券会社しかなかった特定口座が銀行とか信託銀行にもできることになります。いずれは、株の譲渡益とか投資信託等を合算する話になっていきます。これを今年の6月までに、考え方を再整理させていただこう。そして、これによって皆さん方がいちいち税務署に申告しないで、特定口座で完結するしくみにする。今、株式だけはそうしたわけですけれど、投資信託もそのようにするということにしたわけです。

事業の再構築と前向きな企業活動の支援

次に、事業の再構築と前向きな企業活動の支援をやらせていただきました。これは先ほどからお話ししたことと、実は非常につながっている話なのですが、私自身、間接金融中心の日本が直接金融中心のアメリカのルールに合わせるため非常に難しい調整をしている、というように思っています。しかしそうはいいながらも、直接金融を育て、エンジェルというものを育てていく必要があるだろうとも思っています。

今回エンジェル税制をかなり緩和しました。これはなぜかというと、従来ベンチャーというものを規定するのに、経済産業省のチェックが必要だったわけです。今回は民間の目ききを活用することにしました。すなわち証券業協会がベンチャーに該当するとして、グリーンシートのエマージング銘柄に指定したら、エンジェル税制を適用することにしました。また、投資事業組合に該当するベンチャーにも、エンジェル税制を適用することにしました。この結果、従来よりはるかに裾野が広がるわけですし、これに手を挙げてくる企業も増えてくると思います。

次に、非上場会社ですけれど、中小同族会社にかかる相続税の課税価格の軽減の特例、例の「1割減額」の制度ですが、従来3億円で頭打ちにしていたのを、10億円まで広げました。非上場株式の譲渡益課税を26％から20％に引き下げるとともに、相続税支払いのため、自分がオーナーの会社の非上場株式を自分の会社に買わせる場合、みなし配当課税の特例を定めて、2割の税金で済むようにしました。今までは、みなし配当課税が適用されましたから、最高5割の税金が課税されたのが2割になるわけです。なお、去年の改正で、留保金課税を自己資本比率が5割に達するまでは非課税にしました。これにより、できるだけ非上場の中小企業の自己資本を増やして、そこで株式を買い取る余裕をもっておいてもらって、相続の時に自分の会社に買わせる手当を講じたわけです。

この他、皆さん方はあまり関係がないかもしれませんが、幼齢立木を中心とした評価を大幅に引き下げました。立木については、グラーゼル法という評価があるのですが、実際の市場価格はそんなに高くないものですから、実態に合わせ、幼齢木の評価価値を低く押さえ込んだわけです。

以上のように、この2～3年の間に非上場株式の譲渡益の税率を下げ、今いった非上場株式をその発行会社に売った場合のみなし配当課税をやめて、譲渡益課税とする。それから同族会社の留保金課税の特例を設けて留保金を課税しないといった、できる限りのことをやってきたつもりです。

相続税を不公平だといわれない範囲で、日本型の非上場という、日本的企業経営形態特有の問題を何とか解決しようと必死になってやってきました。さらに本当は、これに物納の制度をもっと拡充したいというのが私の夢にはありますが、いずれにしてもこういう政策をやって、何とか事業の再構築と前向きな企業の支援をこの2～3年間やってきました。ですから、あのバブル時代に大変お困りになった方々の状況からは、かなり改善しているはずです。

国際的な投資交流の促進

さらに、国際的な投資交流の促進を図りました。これは、多くの方が関係するのかどうかはわかりませんけれど、今回、昭和46年以来、実に30数年ぶりの、日米租税条約の全面改正をいたしました。これは珍しく全新聞社から論説で評価いただきました。配当、利子、使用料というところを原則として相互免除にしました。特に私が一番感激をしたのは、アメリカがこの租税条約で配当について、5割超の持ち株割合の会社の配当を免税にするとしたことで、これによってアメリカに進出している日本企業の8割が配当免税になります。ですから、アメリカソニーにしてもアメリカトヨタにしても、みんな配当免税になります。

これは、先ほどのお話でお気づきになるはずですが、アメリカという国は移民国家です。アメリカの「ショバ」で稼いだものについては、基本的に税金をかけるという、あのアメリカの例外規定だということなのです。その意味では、アメリカとしては大変な譲歩をしたと思います。その裏として、逆に日本も使用料を免除しました。ですから、ＩＢＭはＩＢＭ本社に支払う使用料を今まで日本は１割税金をとっていたのが、払わなくなりますし、ディズニーランドの、あのオリエンタルランドの使用料も免税になることになります。

しかし相互の免除ですから、相互の経済交流がいっそう活発化するということです。これをきっかけとして、内々ではありますが、もうさっそくヨーロッパの各国が日米両国に殺到しています。この新しい租税条約ポリシーを各国との間の租税条約に適用していこうという動きです。

さらには、アジアの国々とも、これをやっていきたいと考えています。例えばＦＴＡ（自由貿易協定）で日本が譲歩するならば、逆にこの租税条約で日本が開発途上国の方に譲歩していただく。そういう貿易と投資交流の一体化を進める。世界はある意味でグローバリズムから、どちらかというとリージョナリズムへ、あるいはバイラテラリズムへ動いてきています。日本もアジアとの間に、どうやって相互交流の道を深めるかだと思います。ですから、この日米租税条約をきっかけとして、今回抜本的に国内関連税制も見直します。特に移転価格税制について、わかりやすい課税に変え、併せて租税回避行為を包括的に防止する措置を導入するというのが、今回の税制改正の目玉として入れさせていただいています。

先ほど来お話しているように、海外からの国内直接投資が4倍も増えてきています。この実情の中では、やはり世界の力を利用しない手はない。ただ単に、お金が入ってくるだけではダメです。日本の国に具体的に設備投資をしてもらうことなのです。その結果、極端な話ですが、仮に日本に爆弾が落ちたとすると、これは日本一国の問題ではなくなるのです。その投資した国の企業や、その投資した国にとっても大変な損害になるのです。その意味ではできるだけ日本の国に投資してもらうことが、経済安全保障という意味でも非常に重要であるし、雇用にも役立つことだと思うのです。

少子高齢化社会への対応

さらに少子高齢化への対応、地方分権の推進があります。ここばかりが新聞ではいろいろいわれるのですが、私どもとしてはまず年金課税の適正化をさせていただきまして、これはお年寄りの方を中心に課税強化になるので、皆さんの中にもイヤだなあ、と思われる方もおられると思います。しかし、今回の課税というのは、これでも約50万円、給与所得者よりもお年寄りの年金の方を優遇させていただいています。ですから、今までは年金といえば、全部非課税みたいな形だったのですが、それでは働くサラリーマンが、とても耐えられない。保険料は取られるわ、しかもかかる税金もサラリーマンの方が多いのでは、とてもサラリーマンが納得してくれません。そういう意味では給与所得控除に比べ50万円はお年寄りについて優遇しておりますけれど、課税の公平を保たせていただいたということです。金額的に見て、確かに少し重いといわれる方もいらっしゃるかもしれません。お年寄りの中には６万円くらい増税になる方が出てまいります。

ただ他方で、今回、確定拠出年金制度の拠出限度額を引き上げました。すなわち、４０１Ｋじゃありませんけれど、自助努力で年金をつくっていくという場合の限度額を引き上げて、それをできるだけ自分で設計するという方向への税制上の優遇を図ったということです。さらに、これとの関係で年金の国庫負担を３分の１から２分の１にすることも決められました。これはもちろん年金の方の話ですが、この年金課税の適正化によって発生する税収は、１６００億円くらいです。この税収については年金の国庫負担引上げの財源にするということが、与野党間で決まっています。まだ国民年金法が出されていませんので、条文自体はわかりませんが、そういう使い方をしたいということです。

さらに、国庫負担を3分の1から2分の1にする財源として、所得税の定率減税の廃止、縮減を行い、さらに社会保障給付全般に要する費用の見通し等を踏まえつつ、[※1]平成19年度を目途に、消費税を含めて抜本的に税制改革を実現するということが政府与党で合意されたわけです。

地方分権の推進

それから、さらに三位一体改革です。我々としては、よく新聞でタバコ税といっていたのが、何で所得譲与税になったのか、こういう議論があります。

ただ私どもは、はっきりいって、これからは自分のことは自分で決める、特に自治体が自ら選ぶ。例えば自治体が大きな建物をつくるときに、交付税や借金でやっていくというのでは、もう将来の税負担が増えてたまりません。ですから、せめて立派な施設をつくりたいなら、自分のところの住民税を一定割合自分で引き上げる努力をしてくださいという方向に持っていく。そういう意味では、所得税を住民税に移していく、ということを考えています。

できるだけ住民税についてはフラットな税率にして、所得税は累進税率にして応能負担にする。住民税は応益負担、そこに住んでいる人が余分な支出を望むときには税率を上げて負担していただく。こういう税制にしたいと思っています。しかし、今年の税源移譲は４２４９億円しかないわけですから、毎年少しずつ所得税から住民税へというのでは、源泉徴収義務者がたまりません。毎年コンピュータソフトを変えて移譲していく、というわけにはいかないのです。

そこで私どもは、とりあえずきちんと税源移譲をしろといわれるのなら、たばこ税４２４９億円分を地方に移す、という案を出しました。ただ、地方自治体の方は、何となくタバコじゃ将来住民税をもらえる担保がとれないという批判があって、国の所得税収の一部を地方へ譲与することにしました。

これはどういう仕組みかというと、皆さん方から預かった所得税を、国税収納整理資金から直接、地方交付税・譲与税特会という特別会計に流して、そこから人口比で市町村に配る、県に配る、ということになります。４２４９億円の半分が県、京都でいえば府ですね。半分が市町村。それぞれを人口比で配る。ただ、これはあくまで暫定的なもので、[※2]平成18年までには、所得税から住民税に今後の補助金カット分を合わせて税源を移譲します。そして、合わせて定率減税の見直しも一緒にやる。こういうような整理になっているわけです。

それから、さらにもうひとつ補足すると、「平成19年度を目途に社会保障給付全般にかかる費用の見通しを踏まえつつ、消費税を含む抜本的税制改革を実現する」と書かれている点については、実務的側面があります。去年の税制改正で、消費税の免税点を３０００万円から１０００万円に下げました。これで、従来の課税事業者が２３６万社から、１・５倍以上に増加します。これは、ほとんどが個人の方

※１　今まさにこの話題が、今後の大きな政治課題になっていくと思われます。図表10―6を参照。
※２　この方針通り、平成18年度税制改正でこれが実現しました。

です。法人の方は、例えば3月決算法人なら今年の4月から課税業者になるのですが、個人の場合は来年の1月からなのです。平成17年の1月からということは、平成18年の確定申告で消費税の支払いが生じるわけです。すなわち、平成18年の確定申告期を経ないと、永年指摘されてきた益税解消ができないのです。

私どもが「税の対話集会」で消費者の方から何度もいわれたことは、「消費税はいいけれど、益税を解消してからにしろ」ということです。その益税問題を解決する手段が総額表示であったり、免税点の引下げであったり、簡易課税の見直しであったわけです。それが完結するのが平成18年の確定申告期、つまり平成18年2月、3月なものですから、それを経て消費税の税率に手をつけるとすれば、平成19年度からになるのです。

益税を解決してから平成19年度を目途に、ということで、もちろん経済状況次第で、経済が悪ければそういうことはできないわけです。だからこそ、我々は全力で資産を動かすとか、経済活性化に向けた改正をやっているのです。いずれにしても、バブル期を経て、今日まで悪戦苦闘してきたわけです。これからも歳出は切らなければダメです。しかし、切っても切っても80兆円のうち、国債費が20%以上あり、年金や社会保障の財源手当が今後さらに増加していくわけですから、それだけでは間に合わないのです。だから、国民のご理解を得ながら、税負担も上げていかざるを得ない。これが実態だと思う次第です。

図表10－6　平成16年度税制改正大綱

（平成15年12月17日、自由民主党・公明党）

第一　持続可能な社会保障制度と地方分権の推進を支える税制の確立を目指して

今、わが国は、構造改革を着実に進め、活力ある経済社会を実現していくため、多くの基本的な課題に取り組まなければならない。

第一は、少子高齢化社会における年金、医療、介護等を抜本的に再構築し、持続可能で国民が信頼できる社会保障制度を確立していく必要がある。特に年金制度については、平成21年度までに基礎年金の国庫負担割合を段階的に２分の１に引き上げるための安定した税財源を確保する。

その際、税と社会保険料負担を合わせた国民負担の水準を抑制し、将来にわたってわが国経済社会の活力を維持するようにつとめる。

第二は、「国から地方へ」の考え方に立ち、地方の自立と地域経済の発展を目指して、真の地方分権を推進し、地方自治の確立を図っていく必要がある。特に、平成18年度までに、約４兆円の国庫補助負担金の廃止・縮減等を行うとともに、地方交付税の見直しと地方への税源移譲を行う「三位一体改革」を進めることが求められている。

その際、地方行革を徹底して進め、地方財源の健全化を図っていくことが重要である。

こうした諸課題を解決するため、むこう数年間のうちに、次のような税制の抜本改革に取り組むこととする。

1　平成16年度税制改正において年金課税の適正化を行う。この改正により確保される財源は、平成16年度以降の基礎年金拠出金に対する国庫負担の割合の引上げに充てるものとする。

2　平成17年度及び平成18年度において、わが国経済社会の動向を踏まえつつ、いわゆる恒久的減税（定率減税）の縮減、廃止とあわせ、三位一体改革の中で、国・地方を通じた個人所得課税の抜本的見直しを行う。これにより、平成17年度以降の基礎年金拠出金に対する国庫負担割合の段階的な引上げに必要な安定した財源を確保する。

3　国と地方のいわゆる三位一体改革の一環として、平成18年度までに所得税から個人住民税への本格的な税源移譲を実現することとする。この本格的な税源移譲を実現するまでの間の暫定的措置として、平成16年度税制改正において所得譲与税を創設し、所得税の一部を税源移譲する。

4　平成19年度を目途に、年金、医療、介護等の社会保障給付全般に要する費用の見通し等を踏まえつつ、あらゆる世代が広く公平に負担を分かち合う観点から、消費税を含む抜本的税制改革を実現する。

第2部　21世紀の日本の国家戦略

（大武健一郎・野村明雄・吉田實男）

大武健一郎

野村明雄
（財団法人納税協会連合会会長）
（大阪ガス（株）代表取締役会長）

【司会】吉田實男
（財団法人納税協会連合会常任副会長）

はじめに

吉田　本日、大武先生、野村会長には、お忙しい中、対談にご出席いただき、誠にありがとうございます。さて、大武先生には、平成4年10月から平成17年12月まで、延べ13回にわたって下京納税協会員の皆さんを対象に、税制講演会の講師をお務めいただいたわけですけれども、本当にお忙しい中を毎年1回、13年間に及ぶシリーズ講演をしていただいた先生のご熱意に、心から敬意を表する次第です。今回、その講演録を財団法人納税協会連合会において、1冊の本として出版させていただくに当たりまして、この対談を企画いたしましたところ、大武先生、野村会長には快くお引受いただき、感謝申し上げます。また、奇しくも今年は連合会が昭和21年6月29日に創設されて60周年という記念の年でもありまして、ものすごくご縁を感じています。大武先生の下京納税協会でのご講演の内容は、その年度の税制改正の内容や改正に至る背景についてはもちろん、将来を見据えた日本の税制のあるべき姿、また世界情勢を踏まえた日本の進路に至るまで、多様な切り口からのお話であります。

　今、その当時の講演録を読み返してみて、その時その時の先生の思いがひしひしと伝わってきます。その中でも、「税制の歩み」については第1部をご覧いただくとして、特に最近のご講演でよくお話をされる「米ソ冷戦の終結」後の日米関係において、日本の優位性がなくなったという先生の見方に私は大変興味を覚えます。それでは、まず大武先生、今後、アメリカ・ヨーロッパ（EU）といった欧米の国々、また進出めざましい中国・韓国といったアジアの国々との政治・経済の関係において、日本はどのようにお付き合いをしていけばよいのか、お話しいただけませんか。

戦後の3つのボーナス

大武　この下京納税協会の講演会が始まった平成4年という年は、ある意味でいえば日本が〝敗戦〟の宣告を受けた平成3年の12月（ソ連が瓦解し、米ソ冷戦構造が崩壊したことにより、日本経済の優位性が失われ始めた）からほぼ1年近く経って、徐々に日本の敗戦ということが、本当は見えてきた時代だったんだろうと思います。今になってみれば、それ以後、この講演会を通してずっと話していることは、そのことに根差しているのですね。

そういう意味で、平成4年からちょうど10年余、この講演会を毎年開かせていただいたことは、私としては自分の人生なり、あるいは税制を企画・立案する者として思っていたことを日記のごとく振り返らせていただける、本当によい機会だったのではないかと思っています。また、それを〝冊子〟という形でまとめていただいたことに、本当に感謝している次第です。

この講演会でもお話させていただきましたが、日本が戦後一貫して経済成長を続けてきた背景には、3つの要因があると思います。まず1番目は、人口増加の時代であったということです。敗戦の年、昭和20年に7200万人であった人口は、平成17年には1億2700万人になりました。しかも、働き盛りの人口（生産年齢人口）が増加し、扶養される人口は少子化により減少するという「人口ボーナス」の時代であり、国内総生産（GDP）も増加しました。

2番目は、人口の大移動が起きたことです。第1次産業（農林水産業・鉱業）から第3次産業（サービス業系）へと従事する人が移り、この間地方から都市へ人口が大移動しました。そして、都市に移っても住む家がないので、家をつくることが最優先された時代でした。家ができれば家具や調度が売れる。そして、次は「3種の神器」（白黒テレビ、洗濯機、冷蔵庫）や「3C」（カラーテレビ、クーラー、カー）といわれる電化製品や車が普及していく時代でした。まさに「人口移動のボーナス」の時代です。

そして3番目は、為替レートです。戦後GHQは、日本本土には1ドル＝360円、沖縄には1ドル＝120円という為替レートを設定しました。つまり、米ソ冷戦が進行していく中で、日本を防共列島と位置づけ、日本本土は輸出産業に有利なレートとして経済発展を促し、沖縄には軍事基地を営みやすくするために、輸入しやすいレートとしたわけです。いわば「為替レートのボーナス」であったわけです。

この3つのボーナスに乗って高成長を遂げてきたものが、まさにこの時点から音を立てて崩れていった。これからは逆に、「人口は逆ボーナス」「人口移動はほぼ止まる」、そして米ソ冷戦が終わった今日、いわば「為替レートなどは全く普通の国」という状況に大きく様変わりしているということを、私たち自身がきちんと認識しないとダメだということです。

私自身がよく思うことですけれど、戦後の60年間というのは、やはり右肩上がりが当たり前だったものですから、日本人の頭には「量の拡大」ばかりが一番こびりついていた。それがまさにこの十数年で、音を立てて壊れていったのではないかと思います。

日本は世界の中の超大国である

大武　私は今、大学で教えていますけれど、多くの若い学生たちと話をすると、彼らは「私なんか、生まれてから一度として量の拡大なんて経験していません」というわけです。物価も上がってないし、むしろ不景気ばかり……といわれました（笑い）。「それが普通です」という学生がいっぱいいるわけで、彼らはまさに質の時代に転換している人たちだと思うんです。ただし、「質の時代」は、個人個人に「選択」が必要になる。選択できない人は、よくいわれるフリーターとなるわけです。

また、量の拡大の時代に慣れ親しんだ私たちの頭からは、景気一つとっても、数字では「景気が拡大した」なんていわれているけれど、全くその実感がない。それも、まさに量の拡大ではないからだと思います。量が拡大する時代というのは、ある業種一つを捉えてみても、その業種の中のトップリーダーも、一番下を歩いている人たちも、おしなべて景気がよくなると、みんなよくなる、ということを経験できたと思うんですが、これからの景気回復は、基本的には強いところが益々よくなって、よくないところは、ちっともその実感が湧かない、そういう時代になっていくということだと思うんですね。これが最近よくいわれる「格差社会」という議論につながっていくんだろうと思います。ですから、質の時代というのは、まさに質で成功した人と、質で必ずしも成功しなかった人の格差をどうするかというあたりが、確かにこれからは国の役割として大きくなっていく、それは事実だと思います。

ただ一方で、格差がつくことを恐れて、経済を拡大し、質を向上させる努力を、もし日本が怠るとしたら、それはアジアの大国として、私は無責任だと思うのです。日本はともすれば中国も含めて、自分たちの競争相手という捉え方で、常に相手を見ているような気がするんですが、私の経験からいえば、彼らとは、ある意味で幸か不幸か「質」という点で全く差が大きすぎて、すぐ同じになるとはとても思えない。

特に中国という国は、確かに量は大きいし、人口も日本の10倍以上いるわけですから、それは大変大きなインパクトをもっているのは事実ですけれども、中国のＧＤＰは、その37%が海外投資で成り立っているわけで、しかも、その１割は日本からの投資です。実は中国が怖いという裏には、日本から出ていった日本企業を恐れている部分もあるということであって、日本という国自体が、確かに人口はピークアウトしたかも知れませんが、アジアの中の超大国というよりは、世界の超大国だということを、まずしっかり我々自身が認識しないといけない。特にこの60年の間に、日本はアメリカに次ぐ世界第2位のGDPの国になったわけですし。ましてや人口においても、東アジアの中では、中国とインドネシアを除いて、1億人を超えているのは日本しかないという事実も、日本人はもっとしっかり考えなくてはいけないと思います。

そして、アジアの中で、日本という国がいかにすごい国であるかということは、偶然の代物では全くないというのが私の意見です。確かに、日本がいくつかの偶然に恵まれたことは事実です。先ほどお話した戦後の「3つのボーナス」というのは、日本としては予期せぬ、地政学的なメリットも含めて、極めてラッキーな面もありました。

しかし、例えば明治維新一つとっても、日本の国は、全くフロックで成功したのではなくて、もともと江戸時代以来培ってきた、その力量がいかんなく発揮されたということを我々はもっと自信をもって語らなくてはいけない。だからこそ、これからの人口減少社会にあっては、その日本人の特技をしっかり活かしていくという道があると、私は確信しています。そして、アジアとともに、特に欧米とアジアの結節点として、いわば架け橋として、日本が21世紀という時代に果たす役割というのは、大変大きいのではないかと思っています。

吉田　ありがとうございます。今、大武先生がお話になった「３つのボーナス」も含めた戦後60年の軌跡について、企業経営者としてのお立場から、野村会長はどのようにお考えでしょうか。

野村　日本は戦後、驚くべき経済成長を成し遂げました。その背景として、大武先生が「３つのボーナス」とご指摘されたように、日本を取り巻く環境の影響は大きかったと思います。

同時に、もう一つの背景として、「欧米に追いつけ追い越せ」というスローガンに象徴されるように、「より高品質な商品を大量に、より安く、より速く」という明確な目標が、日本企業の間で共有化されていたことがあると思います。そこで活きてきたのが、終身雇用や年功序列といった制度に代表される「日本的経営」であり、そこから生み出される強い共同体意識は生産の効率を大いに高めてきました。

また、モノづくりにおける「技術力」や、様々な現場で創意工夫に富む「改善力」の高さといった日本人の個性ともいえる能力も見逃すことはできません。

しかし、その後、大武先生のご指摘のとおり、市場は「量」から「質」の時代に変化してきており、日本企業はこれまでの延長線上では成長していくことができなくなってきています。これからの日本は、バイオやナノテクなどの全く新しい技術や、オンリーワンの製造技術による商品などによって、厳しい国際競争に勝ち抜いていかなければなりません。

私自身の企業経営の経験から申しまして、企業を支えているのは「人」です。画期的な新技術を生み出すのも、それを商品に応用するのも、新しい販売手法を開発するのも、「人」すなわち人材の力です。人材は、企業にとってバランスシートに表れない「見えざる資産」ともいわれていますが、人材を育成すると同時に、働きがいや自己実現など、従業員にとっての会社の価値をいかに高めることができるか、「質の時代」を迎えた日本の経営者にとっての大きな課題になると考えています。

選択する国家に

吉田　従業員は企業を支える大切な資産であるとのお話ですが、まさしくそのとおりだと思います。ところで、欧米に行かれた方からよくお聞きするのですが、日本の製品に対する世界からの信頼は相当なものだと。もちろん、厳しい国際競争を勝ち抜いてきた結果なのでしょうが、そのことに対して、私たち日本人はもっと自信を持たなければいけないと思います。ただ、先ほど中国のお話が出ましたが、日本の外交面、例えば対中国との関係においても「政冷経熱」というようなことで、総合的な国家戦略が考えられていないのではないかという面が見られます。その点について、大武先生はどのようにお考えですか。

大武　右肩上がりの時代というのは、あまり総合戦略を必要としなかったように思います。例えば自分個人の問題を考えても、昨日より今日、今日より明日、明日より明後日、必ず経済がよくなるというのが当たり前でしたから、何も特段、自分だけ特異なことをする必要性もないので、みんなで同じようにやっていくことがよかった。特に、日本の国は、農耕民族ですから、みんながお米をつくろうといっているときに1人だけ野菜をつくって、害虫が発生して、全員に迷惑をかけることはいけないことで、みんなに従っていくことが正しいという時代だったと思います。

その中で特異なことをすることよりも、みんながやれることをみんな以上に頑張って、ナンバーワンになる。まあ、いってみれば総合的な点数の高いことが重要な国だったと思います。しかし、おそらくこれからは、総合点数の高さよりも、ある特技で生きていく時代、よくいわれる「オンリーワン」の時代になってくると思います。同じような意味で、企業もそうだと思います。家電メーカーであれば、例えばシャープさんのように液晶一本で活躍する企業が、大企業といえども実は強くなったりしている。こういうことを一つとっても、企業にとっては特技というのが重要になってきています。

同じ意味で、国というのも、今まではアメリカの、こういっては言い過ぎかも知れないけれど、ハワイ州の次の州として日本は位置づけられているようなところがあったから、自分で国家戦略を描かなくても、アメリカの戦略の一つとして行動することでやってこれた時代だったわけです。しかしこれからは、アメリカ自体がそれでは困るんですね。日本は国家として、アジアの国としての役割をそれなりに果たしていく。その中で、あることを選んで、あることを諦めるという選択がいる。国家の選択こそ「国家戦略」なんですね。

ですから、みんなにいい顔だけしていられる時代ではないし、かといって、敵は極力つくらない。それをどうやって演出するかというためには、やはり国というもののアイデンティティをしっかりつくることと同時に、国としてどういう選択をして、どういう生き方を国が選ぶかということを今、国民と一緒になってもっと議論すべき時代になっているのではないかというのが、私の今の一番強い思いです。

吉田　野村会長は、企業人として海外に出られることも多いかと思いますが、企業人のお立場から、これからの日本の進路というものについて、どのようにお考えでしょうか。

野村　国家としてのアイデンティティを明確にし、国の「あり姿」について国民全体で議論すべし、という先生のご意見はその通りだと思います。戦後の日本は、とにかく欧米諸国に追い付くことだけを考えていればよかったのに、いつの間にかほとんどの国を追い抜いて先頭を走るようになりました。世界のトップランナーとして、どういう姿勢で臨むか定まらないのが今の日本の姿ではないでしょうか。

以前、日産自動車のカルロス・ゴーンさんが、「確固としたアイデンティティを持っている国や人物のほうが、実はダイバーシティ（性別、文化、世代間などの様々な多様性）を上手く活用できる」と話しておられました。自分を知らない者は、他者との違いを認めることができないという意味だと思います。例えば、外国に行って改めて日本の良さを実感するということがあります。自分をよく知ることにより、他者との違いがわかるのではないでしょうか。自らのあり姿が定まらないから、諸外国の要求に振り回された上に尊敬も得られない。まずは独立した国としての誇りと自覚を取り戻すことが大切です。

天然資源に恵まれないわが国が、2度のオイルショックやバブル崩壊などの危機を乗り越え、経済成長を続けることができたのは、日本人の勤勉さと技術力、そして改善力の賜物です。私は、これからも、日本の高い技術力と優秀な人材が国の発展を支える「科学技術創造立国」を目指していくべきだと思っています。わが国の貿易額の4割以上は対アジアであり、日本はアジア全体から優秀な人材を呼び込み、最先端の研究・技術開発の知的集積拠点として生き残ることが必要ではないでしょうか。

確かに、実際に中国に行きますと、経済発展のスピードの速さと人々の熱気に圧倒され、「この国の成長に日本が取り残されては大変」という気になります。しかし、急速な経済成長は、一方で環境破壊やエネルギー不足、農村の疲弊といった歪みや矛盾も生み出しています。相対的な経済力は低下しても、日本のこれまでの経験と優れた技術力は、これからのアジアの成長に大きく貢献できると確信しています。日本の役割はアジアだけでなく欧米を始め、世界中から大きな期待を寄せられているということも認識する必要があると思います。

また、アジア、特に中国の急速な台頭で、欧米は危機感を募らせつつあり、今後両者には様々な問題が生じてくると考えられます。日米関係を軸にした先進国の一員でありながら、地政学的にも経済の面でもアジア諸国と密接な関係のあるわが国は、両者の間に立つことのできる、いわば「橋渡し役」を担える唯一の国であり、この点でも大きな貢献が果たせるはずです。

移民の受け入れも視野に入れた国の選択を

吉田　今のカルロス・ゴーンさんのお話はとても印象的で、自己主張の下手な日本人としては、大変耳の痛い話です。お二人がおっしゃいますように、21世紀は、日本人はアイデンティティをしっかりもって、また進むべき道を国が選択していく時代であるという認識に立ったとして、さて、そのアイデンティティをどう捉えるのか、また仮にある選択がなされた場合の国民や諸外国へのアプローチの仕方というのも、大変難しいと思うのですが。

大武　卑近な例で恐縮なのですが、税制の面で私の意見をいわせていただくと、私が主税局長の時代に、法人税率を下げるのか、あるいは恒久減税として研究開発減税とかＩＴ特別減税をするのかといった議論をしていたのを覚えておられると思います。私は、確かに今までの規制を取り払うという意味で、中立ということが重要かも知れないけれど、国家戦略をつくるということは、中立ではないんですね。だから私は、むしろ法人税を一様に下げるよりも、日本の国家戦略上、重要なモノづくり、商品開発、そういうものをてこ入れすることが重要だと主張しました。

さらに、私自身はその中でもみんなが忘れておられる付加価値、特に雇用すなわち人件費という意味で、極めて大きなウェイトをもっている「中小企業」を育てることがいかに重要かということを主張したかったということです。もちろん、大企業がリーダーであり、特に法人税という意味では、大半はその方々の恩恵を受けるわけですけれども、雇用や付加価値全体を考えると、意外と中小企業のウェイトは大きいわけですね。法人全体を見たとき、延べで法人税率を下げるよりも、むしろ日本の将来の戦略を見据えれば、野村会長のいわれた科学技術創造立国、当時私は研究開発立国、商品開発立国といいましたが、それがとても重要ではないかという思いで、あえて政策減税を選択させていただいてきたわけです。

ですから、すべての減税をできればそれに越したことはないのですが、財政に限りがある中で、どう使うかということを考えれば、こういう選択をすることが必要ではないかという思いです。もちろん、もっと大きな総合戦略が重要であって、法人税率や政策減税の議論といった話だけではないと考えられるのですが。

それと、日本人が決断しなければならない一番の大きな課題は、たぶん「移民」という問題だと私は思っています。よく申し上げるように、20年後には５・５人に１人が75歳以上という社会を考えると、地方都市では２～３人に１人が75歳以上と想定されます。雪下ろし一つできない状況です。こういう社会を考えたとき、どういう町づくりをしていくか、もちろんいろいろな工夫はあるにせよ、やはり介護する人を雇い入れざるを得ない事態も想定されると思うんです。ですから、このあたりは、いよいよ国民として意見の集約をしていかなければいけない。ちょうど時あたかも、憲法論も出ているんですから、みんなで家族とか地域といった問題を、本気でもう一度考えていただきたいですね。

私が、国税庁長官のときに「税を知る週間」を「税を考える週間」に改めさせていただいたのも、税を知るだけではなくて、自分でできることは自分でする、元気なうちは社会に貢献するというようなことをして、はじめて税金というのは少なくなるので、税というものを通して、国を考えてほしいという思いが大変強くあったのです。これからは、今までのように右肩上がりではありませんから、やはり何かを得る代わりに、何かを諦めるという作業が一人ひとりに必要なんです。これは一朝一夕にできるものではない。すべての要望に応えられることなんてあり得ないのです。

スウェーデンだって、年金制度を守るために移民枠を認めています。これを認めないで年金制度を維持できているのはノルウェーだけです。ノルウェーは北海油田のお金を年金会計に入れ込んでいるからです。そのような特殊事情がない限り、とてもできません。そのあたりを国民にわかってもらって、意見集約をしていく必要があるように思います。

吉田　ありがとうございます。今の大武先生のお話について、野村会長はどのようにお考えでしょうか。

野村　大武先生がおっしゃるように、確かに今は国民一人ひとりが自ら考え、選択していく時代であると私も思います。

先生の挙げられた例でいいますと、まず中小企業の支援については、全く同感です。わが国では中小企業が全企業の9割以上を占めており、まさに中小企業こそが日本経済の基盤をなしている状況です。であるからこそ、「研究開発減税」「ＩＴ特別減税」の導入は、わが国経済の強みを担う中小企業のモノづくりを振興・支援する税制として必要不可欠な取り組みであったと思います。ある研究所の試算では、研究開発減税によって平成15年度から17年度までの3ヵ年累積でＧＤＰを約7兆円押し上げる効果があったといわれており、なくてはならない減税であったと評価されています。実現にご尽力いただきました大武先生に、改めて感謝を申し上げる次第です。

もう一点、移民の是非についてご示唆いただきましたが、ご指摘の通りこれからの人口減少社会において労働力不足を補うためには、海外からの移民の受け入れについて検討が必要なことは間違いありません。しかし、一方で、わが国における外国人犯罪は、平成17年中で検挙件数約4万8千件、4年連続で過去最多を記録するなど、目を覆うばかりです。このような状況を見ると、無条件で受け入れるというわけにはいかないと思います。

移民という問題を考える場合、まず、わが国は海外から人材を求めるべきか否か。また、求めるとするならば、わが国に来てもらいたいのはどのような人材なのか。これらの点について、国民の間で慎重に議論し、合意を図っていかなければなりません。また、移民として受け入れる前に、例えば日本に来てもらう国の人々に対して日本の文化やものの考え方、価値観などに関する教育を充実させるなど、制度面での整備も考える必要があります。

こういった点について日本もそろそろ検討を始め、将来の移民受け入れ時代の準備をしておく時期に来ているのではないかと思います。

「会計」は日本の財産

吉田　一つの選択には多くの困難が伴うのは、歴史を見れば明らかですし、国が何を取捨選択するかというのは非常に難しい問題だと思います。ただ、お二人の共通の認識としては、中小企業を育成するということが大切であり、一つひとつの法人の足腰を鍛えていくというお考えだと思います。日本の中小企業、大阪であれば東大阪市を例にいたしましても、いろいろ技術力をお持ちの企業がありますし、また知的財産をたくさん持っておられる企業もあります。そのあたりについて、税制だけで解決できるのかという問題があると思うのですが。

大武　アジアの国々にないものを日本は持っています。これが、実は「会計」なんです。一見、複式簿記による会計をみんな当たり前のようにやっていますが、実は私、今ベトナムで税務援助、国税庁のお手伝いをさせていただいているんですが、はっきり気付いたことは、たぶん日本のように帳簿をキチッと持っているのは、台湾とシンガポールだけじゃないでしょうか。あとは、中国でも日本のような複式簿記を持っているのは、外資系企業と国営企業の大きい所だけで、町の小売店なんかでは、複式の帳簿はありません。日本だってよく考えてみたら、戦後すぐの頃、小さな八百屋さん、タバコ屋さんというのは、どんぶり勘定だったんです。

　これは、ベトナムへ行ってわかったことなんですが、ホーチミン市にビンタインマーケットという、華僑の一番大きなマーケットがあるんです。その中に税務署も入っています。ところが、ここには売上伝票しかないんです。仕入伝票はあっても、売上伝票とつながっていないんです。だから、ある品をいくらで仕入れたかがわからない。つまり、「これだけ売りました」という現金出納は出てきますが、「これをいくらで仕入れました」という出納は出ない。その間の対応がないから、何をいくら売ったらどれだけ儲かるかというのがわからないわけです。

　よくよく考えたら、日本も江戸時代、そうなんですよね。これを最初に気付いた方は、どうも福沢諭吉翁らしいんです。しかし、これが日本で全面的に採用できたのは、実は青色申告会のおかげなんです。当時は、申告納税に移った時代で、税金を申告してもらう運動だったんですけれど、実は結果的にこれによって自分の企業経営の合理化、そして帳簿を作成することによって金融機関からの借り入れが可能になるという、3つの役割が叶えられたわけです。ですから、帳簿をきちんとつくるというようなインフラが、いかに重要かということが、アジアへ援助に出て痛切にわかりました。

今、ベトナムは申告納税運動を始めようとしています。実は振り返ってみると、まだベトナムというのは出生率が2・3ぐらいあって、人口も8千万人で、これからはちょうど日本でいう昭和30年代の状況なんです。だから、ベトナムではこういう帳簿運動もいいんですけれども、日本は量では商売できない。損して得をとれなくなるんですね。ということは、1回ごとの取引で、損か得かが決まるということは、今までのような年次決算ではダメで、本当は1回ごとの取引、1回ごとの商売で、損か得かを考えるぐらいの会計がいる時代になっているんです。

ですから私は、現職時代から「月次決算」「月次審査」だよ、それができれば書面添付も可能になるよと。税理士法でいえば「33条の2」（計算事項、審査事項等を記載した書面の添付）をいってきた理由は、実は税理士さんや国税庁のためだけにいっているわけではなくて、これからの中小企業にとっては、どんぶり勘定ではとてもダメなうえに、少なくとも毎月ごとに、損か得かを明確にする時代になっている。それによって、経営を合理化する時代になっている。だから、書面添付ができるような企業になってほしいという思いで主張してきたのです。

そうすることで、本当にチャレンジする企業ができていくと思うんです。いっては悪いですけれども、欧米型のような「チャレンジ」を日本の経営者の多くはあまり考えていないと思うんですね。

あの「ライブ・ドア」の堀江さんとか、村上さんのようなやり方というのは、今までの日本人から見れば宇宙人のような話だと思うんです。だけど、日本の中小企業がチャレンジしていないかというと、しているんです。今までの量的拡大の時代は、自分の帳簿を元にして、地道に取り組んで売上を伸ばす、それが最高のやり方だったんです。

しかし、これからは売上ではなくて利益なんです。売上は小さくしても、利益をどう上げるかということをするための体制をつくるには、財務分析が重要なんです。そのためには、税理士さんが最大のパートナーだと思うし、しっかりやってほしい。また、納税協会もこれから重要な役割になると思うんです。一見、税金を払う運動のように見られてきたけれど、実は違う。経営合理化のための団体で、売上は減らしてもいかに収益を上げるか、法人税を払ってその代わり自己資本比率をできるだけ上げてというように。

中小企業というのは大企業に比べて、２つ弱点があります。景気がよくなったらいい人材がこない。景気が悪くなったら、銀行の貸し剥がしに合う。この２つです。特に、後者の部分については、自己資本比率を上げなくてはならない。そのためには利益を上げないと、いつまで経っても自己資本比率が上がらない。私が現職の時に、留保金課税を自己資本比率が50％以下の企業には課税しないといった措置を講じたのも、そこに最大の狙いがあったわけなんです。

中小企業の人たちには、もっと帳簿を大切にしてほしいと思います。これは、日本人が当たり前のようでいながら、ちょうど毎日自分の体温を計る人がいないのと同じように、日々の取引についてそこまでナーバスに見ていないと思うんだけれど、これからの時代というのは、こうした取り組みが必要な時代になってきていると思うんです。

私は、例えば、減価償却についてはもっと単純化して、その代わり加速度償却の選択を入れることが必要と思っています。金型の話をするのが必ずしも適当かどうかわかりませんが、金型は基本的に2年で償却しますが、1個1億円もするような金型が最近いっぱいあります。2年で償却すると、1年で5千万円の損金で落ちます。そうすると、中小企業では黒字どころか大赤字になってしまう。これでは怖くて新しい金型を入れられない。そうすると、益々その企業は時代から遅れていってしまう。

だから、本当に使う年数が5年なら、5年にしたらいい。1年にしたいなら、加速度償却でやれるようにしたらいい。そうしてあげないと、もっと困るのが金融の面だと思いました。実は、償却年数しか設備資金を貸せないんです。だから、実際5年使う金型も、耐用年数が2年になっていたら、設備資金は2年しか貸せないんです。残り3年は、運転資金になる。

変な話ですが、今後政策金融機関として残る中小金庫なんかは、設備資金しか貸せないので、

2年で切らざるを得なくなります。残りの3年は新たな別の金融機関に借りに行かなくてはならないことになります。このような実態を考えると、やはり大企業、中小企業の両方が満足できる制度にする必要があると思っています。

吉田　今の税制という面については、野村会長はどのようにお考えでしょうか。

野村　まず、全体的に税制そのものが複雑すぎるのではないでしょうか。納税者の個別事情や要求に配慮しすぎた結果、様々な控除や租税特別措置などが組み合わさって、まるで宮大工の組み上げた巧緻な建築物のごとき様相を呈しています。税というものは、もっと納税者にとってわかりやすい制度であるべきだと思います。

シンプルな税制は、納税者にとってわかりやすいため、信頼性がまず高まります。加えて、徴税コストが下がることによる経済効果も期待できますし、納税者にとっても余計な計算などをしなくてよいので、納税コストも下がり、税負担に対する予見性も高まります。複雑さの元になっている控除や特別措置、課税標準などの各種制度を見直し、できる限りシンプルな税制が望まれます。

また、将来のわが国のあり姿を考えると減価償却の見直しが重要、というご指摘がありましたが、同様にわが国の進むべき方向性、国際間での競争激化を見据えた場合、現在の税制には障害となりかねない点がいくつかあるように思います。

例えば、法人税率の高さについては再考が必要ではないでしょうか。先生もご指摘になっている通り、将来のわが国のあるべき姿を考えた場合、海外資本の導入は必要不可欠であります。しかし、海外資本による投資判断の基準となる法人実効税率では、わが国が40・69％であるのに対し、アジア諸国の平均で27・3％、ＥＵ諸国の平均でも29・5％と大きな隔たりがあります。国際間競争が激化の一途をたどる中で、海外からの企業誘致などの面でこの格差の意味するところは非常に大きく、イコールフッティングの観点から見過ごすことはできません。諸外国並みの法人実効税率実現の必要性について、我々経済界としては、引き続き声を上げていきたいと考えています。

　高額所得者に対する税負担の大きさの問題も同様です。所得税のあり方に関する議論では、現在、高額所得者に対する課税上限の引き上げも検討されていますが、もし現在の税制に「とれるところからとる」という考え方があるとするならば、それは非常によくない発想だと思います。努力して高い報酬を得た人からよりたくさん税金をとることは悪平等にもつながり、優秀な人材の海外流出を招きかねません。税制に何よりも必要なのは、納税者の「公平性」と「納得感」です。「とれるところからとる」のではなく、「とるべきところからとる」という発想で税制を考える必要があるように思います。

経済上の物差しは柔軟な方がいい

吉田　税制の簡素化については、以前から度々いわれていることなのですが、経済の実態に即した改正を重ねていくということで、簡素どころか益々複雑になっているような気がします。ある程度やむを得ない面もあるのでしょうが……。税制で、もう一つ大切なコンセプトは、企業の円滑な経済活動を阻害しないということですが、この点はどうでしょうか。

大武　先ごろ会社法が施行されましたが、ますます企業実態が日本の経営とは違った形になってきています。たぶん多くの経営者は、今度のこの会社法の改正は、何だかわからないというのが実態だと思います。ただ、上場企業にとっては、ああいう道へ行かざるを得ないというのが事実でしょう。

　したがって、税制もそれに対応して、複雑になっていかざるを得ない面がある。だけど、日本企業の99%は非上場ですから、もっと非上場企業を視点にした企業会計ルールをつくるなど、日本は真剣に自分の国の有り様、野村会長のいわれる「あり姿」を考えなくてはいけません。

　上場企業のために公認会計士がいて、非上場企業をみるのが税理士です。税理士というのは、もともとドイツと日本にしかいなかった。その後、韓国が真似て税理士制度ができ、来年からベトナムも導入するわけですけれど、少しでも、自分の国の実態にあった物差しをつくる努力が我々にいると思います。

面白い話があって、政府がフグは絶対に毒があるから調理禁止だというのを、大阪の黒門町は「これはフグやありまへん。鉄砲という魚ですわ。フグではないから、我々食べますわ」といって、てっちり、てっさは生き延びたわけです。それがいいことかどうかというと、いろいろ見方はあります。しかし、物差しというのはもっと柔軟に、やはり実態においた考え方をしていく必要があります。それが経済を支える最大の重要な点ではないかと、私は思います。

明治政府が「和魂洋才」を主張したわけですが、それこそが和魂洋才の根底にある考え方です。それは、現実を踏まえて考えて、世界の物差しに実態を合わせるための、いわば知恵です。今はそれが求められている時代だと、私は思うんです。アメリカの教科書をそのまま写してくることは簡単なんですけれども、こういっては失礼だけれど「建築学栄えて建築滅びる」といった大工の棟梁がいます。日本の経済も同じことになりますね。

吉田　今、大武先生から大阪人気質のお話が出ましたが、大阪でお仕事をされている野村会長は、これからの日本にとって、関西人の進取の気性がますます重要になるとお考えではないでしょうか。

野村　「関西人の進取の気性」は、江戸時代の大坂商人にルーツがあります。当時の大坂商人には、新しいもの好きで、独創的な発想を貴ぶ気風がありました。例えば、米国・シカゴの先物市場の開設に先立つこと２００年以上も前に、堂島の米市場で既に先物取引のアイデアが生まれていました。また、当時の革新的商品であった「清酒」を江戸へと海上輸送する「海運業」や海産物市場である「雑魚場」から生まれた一大ヒット商品「塩昆布」など、江戸時代の大坂では画期的な商法・商品が多数生まれました。

こうした「進取の気性」に加えて、官に頼らず、民の努力と才覚でやり抜こうとする「自助独立」の精神も大坂商人の特徴といえます。「八百八橋」といわれた大坂ですが、淀屋常安が架けた「淀屋橋」、岡田心斎の「心斎橋」をはじめ、橋のほとんどが商人の手で架けられ、「道頓堀」などの堀川の開削も、安井道頓など、有力商人たちが自らの判断と負担で行いました。

明治・大正の頃から今日に至るまで、大阪で多くの企業家が活躍し、「進取の気性」、「自助独立」の精神を発揮して、「日本初」「大阪発」となる新製品・新事業を多数生み出してきました。「ものの始まり みな大阪」と申します通り、江戸時代から受け継がれてきた旺盛な企業家精神は、大阪の誇るべきＤＮＡだといえるでしょう。

規制緩和等による「官から民へ」の流れ、激しさを増す変化と競争といった、昨今の企業を取り巻く環境を考えますと、現代のビジネスにおきましても、このような企業家精神が持つ意義、果たすべき役割は益々重要になってきていると考えます。今後、日本経済を活性化し、国際競争を勝ち抜いていくためには、こうした精神を受け継いだ企業や個人が果敢にチャレンジし、イノベーションを起こしていくことが不可欠だと思います。

日本文化の美

吉田　即席ラーメンしかり、回転寿司しかり、なるほど「ものの始まり　みな大阪」というのは、大阪に暮らしていると実感します。しかし、日本人全体でみると、やはり「真似る」のが得意な民族のように思います。先ほど大武先生のお話の中で、明治時代の「和魂洋才」が出ましたが、戦後の日本はアメリカ一辺倒で、この国を見ているとすべてがアメリカのコピーのように見えることがあります。なかなか大武先生のお話が浸透しにくいというか、違う流れにあるような気もします。本当の意味での日本の「自立」は、まだまだ先の話になるのでしょうか。

大武　日本自体が変えなければいけないところももちろんありますが、人間というのは、そう簡単に変えられるものではありません。それは、明治時代に思い返してみれば、天皇家から始まって、靴を履いたりして、みんな洋装の生活に入ったわけですね。忘れられないことなんですが、以前目白にあった細川護熙さんがお育ちになった細川邸の修復事業に立ち会ったときに、表に面していない内側の部屋の6畳間にだけ畳が敷かれていた。お気の毒に女の方がそこにだけ畳を敷いて住んでおられたようです。みなさん洋装、洋服の生活を強いられたけれど、ゆっくり休めないのでやっぱり畳の部屋がほしかったと。たった1室だけ、外からは見えない部屋をつくっていたんです。そのくらい、みなさんは欧米化のために苦労してきたんです。

だから僕らも苦労は厭わないようにしなければいけないけれど、その中で真似る部分と、自分たちが絶対に守るべき部分というのをしっかり見据えないとだめです。特に明治の時は、それを見据えていたんだと思うんですが、戦後は敗戦国でしたから、やっぱり見据えられなかった。

一番いい例をいいますと、実は日本の絵画というのは、日本画とはいわないんですよ。日本の絵画というのは生活美術でしたから、襖や屏風に描いたりして、少なくとも額には入れなかった。額に専ら入れるようになったのは、戦後なんです。日本人にとっての絵画は、あえて額に入れる文化じゃなかったんですね。もっと身近に置いて、身近に見るものだったんです。それが、実は日本人のアートに対する考え方の基本なんです。だから、日本の自動車の内装であったり、家電製品だったり、みんな実はアートなんです。我々日本人にとっては、「用の美」なんです。

ところが、欧米の方にも、ないとはいわないけれど、芸術というのは主張というものを強く要求するから、それがないものは芸術とはいわないんです。ここには決定的な、そして実はたぶん深い深い溝があると私は思います。これまでの日本人が鍛えてきたアートの概念は、決して日本人が忘れてはいけないものだと思います。それが使いよい自動車であったり、家電につながっていくんですから。

だから、芸術は欧米の物差しでいいけれど、もう一つの日本人が支えてきた「用の美」というのは、やはり日本に脈々と残していくべき努力がいると私は思います。そういう意味では、日本の絵画というのは、こういっては悪いですが、芸術の作り手の方と芸術作品を売る人とだけが主張して、買う側の意見が何も入っていない。それが今の美術界ではないでしょうか。

お酒もそうだったんです。造り手ばかりが主張して、飲む側の意見が入っていないから、結局いいお酒を造りながら、飲む現場では正しい飲み方がされていません。それで「まずい」とかいわれてしまう。こういうことを繰り返してきたんだと思います。

これからの日本は、自分の持っているものを理解して、そのよさを引き出すことによって、もっともっと日本はいい国になるし、アジアでも貢献できる国になると私は思います。

吉田　日本人が培ってきた独自の文化を大切にしていく、それがモノづくりや、ひいては世界の国々に対しても貢献できる基になるという大武先生のお考えに対して、野村会長のご意見はいかがでしょうか。

野村　その通りです。先ほどの「用の美」などは、まさに「和魂洋才」だと思います。

戦後60年、日本は世界に冠たる経済大国の地位を築いてきました。世界中で多くの日本製品が、付加価値の高い商品として信頼され、シェアを伸ばしてきました。自動車しかり、情報家電製品しかり、アニメーションしかりであります。

しかし、考えてみれば、こうした製品の元々の概念や基本技術は、ほとんどが外国から入ってきたものです。日本は外国発のコンセプトや先進技術を熱心に学び、吸収・消化しながら、徐々に日本流の改善を加え、さらには日本文化の精神を注入することで、より魅力的な商品に仕上げることに成功してきたといえます。

大武先生のおっしゃる通り、「和魂洋才」の精神で、変えないものと変えるもの、日本の文化と外国の技術について、絶妙のバランスをとりながら取捨選択してきたところに、戦後日本の驚異的な経済発展のカギが隠されていると思います。

先進国へのキャッチアップが終わった今、日本が得意としてきた「和魂洋才」の手法も踊り場に来ているのではないかという意見もあります。しかし、日本人の特質に深く根差した「和魂洋才」の能力そのものが急速に力を失うことはありません。ＩＴやライフサイエンスといった新しい産業分野においても、今後、このような日本の強みがさらに活かされるでしょう。また、「和魂洋才」を極める一方で、新たに「和魂和才」で独自の地平を切り拓いていくことにより、21世紀の国際社会においても、日本が一層大きな存在感を示すことができると考えます。

国際社会をリードしていく立場となる日本には、文化についても、これまでのように受身一辺倒ではなく、今後は自国の文化を海外に積極的に発信していく必要があります。そのためには、世界に発信される日本文化の本質が何であるのか、日本人自身がより明確に理解しておく必要があります。何よりもまず、我々日本国民が自国の文化について関心を持ち、よく知ること、そして、一人ひとりがあらゆる機会を通じて海外の人々に吹聴していくことが大切になります。

悩む若者は「考える若者」でもある

吉田　アメリカを「文明の国」とするなら、日本は「文化の国」ということができると思います。特に日本人が培ってきた精神性といいますか、本居宣長や吉田松陰がいうような「大和心」をなくしてはいけないと思います。しかし、今の若者を見ていますと、本当に大丈夫かなと心配してしまいます。

大武　大学の若者を見ていると、決して日本も見捨てたものではないと思います。私たちの時代と比べても、悪くはなっていないと思います。私たちの時代は、自分で考えるよりも学ぶ、すなわち真似ることばかりやってきた気がします。だけど、この頃の子は、一見マニュアルを真似ているように見えますけれど、自分自身で何を選択しようか悩んでいます。そして、先にも申しましたように、選べない、選択できない子どもたちは、結局フリーターなるのです。

　あるものを選ぶことは、裏を返せば、他を諦めることになります。諦めることができないから、延々と大学でぐずぐずしているわけです。早く諦める努力をさせないといけない。結婚しないのもそのせいかもしれません。いずれにしても、今の子たちは、いわれているよりは、自分で考えようとする努力は持ってくれています。だから我々がもっと考えさせるようにすればいいと思います。

先ほど私がいった中小企業の弱点、つまり景気がよくなったら、いい人材が採れないとよくいわれるけれど、実は中小企業にとって、今こそチャンスだと思います。商工中金でも実はやっているんですが、大学に寄付講座をみんなでつくって、社長たちが教えに行くんです。そこで直接指導すると、むしろこの頃の子たちは、必ずしも「寄らば大樹の陰」なんて思っていませんから、自分と意見が合うとなると、来てくれる学生はいくらでもいます。

しかも、成績がいい学生が実は優秀であるとはぜんぜん限りません。特に成績なんていうのは総合平均点だから、逆に特技のない学生がそれなんです。こんな人材は中小企業がほしい人材ではないんです。中小企業にとっては、あることが得意な人材がほしいわけです。だから総合点数が悪くたってかまわないんです。一つのことができる人材を採ってくればいいんですから。

そのためには、社長自らが金の卵を探してこなければいけません。それができないのは、明らかに社長が悪いんです。だから、人材については、世の中みんな寄らば大樹、考えることもしないで「右向け右」みたいな私たちの時代と違うから、社長自らが出ていって、いい人材を見つけて口説き上げれば、絶対連れてこれると思います。そういう時代になっていると私は思います。

吉田　最近の若者の気質については、野村会長はどのように見ておられるでしょうか。

野村　最近の若者については、少し別の見方もあるのではないでしょうか。ご承知の通り、現在、フリーターの数は少なく見積もって２１０万人、ニートは85万人にも上るといいます。こうした若者の急増は、産業競争力の面でも、社会の活力の面でも、わが国の将来に深刻なマイナス影響を及ぼすものと危惧しています。

こうした状況に至った原因はいろいろと考えられますが、私は、わが国の戦後教育の歪み、とりわけ義務教育におけるあらゆる格差の否定、「悪しき平等主義」に帰すべきところが少なくないと考えます。

現在、格差について様々な議論が交わされています。もちろん、チャレンジする機会を平等に確保することや、失敗した人が再チャレンジできること、セーフティーネットを整備することが必要不可欠なのはいうまでもありません。しかし、ストラッグルした結果に差が出るのは、競争社会において当たり前のことです。

多くの学校現場ではこれまで、「平等主義」を金科玉条として、およそ「競争」と名の付くものは、生徒や学校間に格差を生み、序列化につながるとして排除してきました。しかし、すべてにおいて競争を禁ずることは、逆に、子どもたちがそれぞれの得意分野で自信をつけ、伸びる芽を初めから摘み取ってしまうことになりかねません。学校教育においては、機会の平等は確保するが、結果の平等までは保障しないという原点に帰っていただきたいと思います。

教師や親をはじめ周りの大人から「競争しなくていい」「そのままでいい」と甘やかされて育ってきた若者たちは、いざ現実の厳しい競争社会に直面した途端、その落差に大きなショックを受けます。そして、自ら進路を決められず、モラトリアムへと逃げ込む結果、フリーターやニートになっていく若者も多いのではないでしょうか。

こうした若者達も、生涯、気ままなフリーター生活を続けるわけにはいきません。結婚なり、育児なり、近い将来のことを考えたとき、フリーターがイソップ物語の『アリとキリギリス』の寓話の中の「冬のキリギリス」の悲哀を味わうことになるのは明らかです。それに、働き盛りの若者が所得税も社会保険料も納めずに、わが国の国民経済や社会保障が成り立つはずがありません。若者が困難から遁げず、正面からチャレンジし、自己を高めることに価値を置く社会、将来の日本の社会もそうあってほしいと願います。

若者の「働く意欲」を向上させるためには、高校生や大学生になってから慌てて叱咤激励しても手遅れですので、もっと早い段階、つまり初等教育の段階から職業観を身に付ける必要があります。こうした考えに基づいて、「キャリア教育」と呼ばれる職業観の養成教育を小学・中学・高校での学校教育に導入する動きが全国で始まっています。大阪では全国に先駆けて、教育界、行政、産業界などの関係機関が広く連携してキャリア教育を推進しており、大阪商工会議所が中心となってキャリア教育支援拠点を設立・運営するなど具体的な支援活動を行っています。

「クール・ジャパン」を目指す

吉田　第1部の「平成の税・財政の歩み」を読んでいただきますと、若い人たちがモラトリアム人間になっている時間など全くないほど、国の財政は逼迫しています。大武先生は常に一貫してこの「財政再建」問題についてお話をされていますが、この危機的な状況に対して、これからどのように対処していけばよいのか。今の状況を見ていますと、小手先だけの数合わせの感もいたします。なかなか簡単に答えは出ない問題であるとは思いますが、これまでのご経験からぜひお話を伺いたいのですが。

大武　生意気な言い方をしますと、量が拡大した時代は量の拡大によって財政再建はできたと思うんです。少なくともいくらかは。だけど、これから量が拡大しなくなったときの財政再建というのは、今お話したのと同じで、質による経済発展を活かして財政再建を目指していかざるを得ないと思うわけです。そういう点からも、財政再建もまた国家戦略なしには実現できないのだと思います。

私自身は、財政至上主義者じゃありませんから、むしろ経済あっての財政だと思っています。ただ、これからの経済は財政の健全化なくしてはあり得ないと思っています。量が増える時代は、ある程度財政を犠牲にしても経済を伸ばすことができました。なぜなら、企業経営を見てもそうですが、少々放漫でもどんどん売れている限りは絶対に潰れないわけです。だけど、売上が増えない、むしろ減っていく中で、赤字決算をしていては倒産です。そのことを考えると、これからの右肩下がりというか、黙っていたら量的には延びない時代には、明らかに戦略が要ります。これが一点です。

もう一点は、非常に重要な点ですけれど、人口減少になって貯蓄率が明らかに下がってきました。もはや２・７％です。過去の日本を知っている人間からは、とても信じがたい数字です。２・７％という数字を考えた場合、従来のアメリカ並の貯蓄率ですから、ある意味でいえば、財政を健全化していかない限り、はっきりいって経済自体が潰れてしまいます。ある種の金融規律というのが働き出しているのじゃないかと思います。

今までは、銀行が運用先がなくて国債を買ってくれました。また、郵便貯金、簡易保険などが、国債をどっと買ってくれたから金利は抑えられていますが、これらの資金がもし外国への投資にまわる、いいかえれば、外国の債券等に運用することで高い利回りを得るという行動に出たとすると、国内における国債というのは買い手がなくなってきます。今、実は日本の国債だけが先進国の中で、外国政府にほとんど持ってもらっていない珍しい国債なんです。比率でいえば４・７％ぐらいでしょうか。こんな国はないですから、たぶんこれからは外国に買ってもらわざるを得ない、買ってもらうとしたら、ある程度の金利をつけざるを得ない。ということは、日本の中長期金利は上がっていく可能性が高いといえます。

日本の中小企業というのは、必ずしも収益性は高いとは限りませんから、しかも、もし借入金が仮に多かったら、それこそあっという間に金利上昇で収支は真っ赤になってしまいます。そういう怖さを秘めています。日本経済をつぶさないためにも、財政再建というベクトルは絶対に必要です。そのためにはどうしたらいいか、という戦略、これは量で解決できないわけですから、日本の国家戦略を立て、質への転換を図っていかなければなりません。

これは私の意見ですけれども、アジアの経済発展、アジアは人口が増加しているわけですから、それを利用しながら、欧米とアジアの結節点として日本の強いところ、すなわちモノづくり、あるいは商品開発力を活用することが重要です。クール・ジャパン（かっこいい・日本）です。まさに、日本人の格好よさみたいなものをアジアに売っていくことで日本経済を伸ばし、それによって財政再建も果たしていくという道しかないんじゃないかと思います。財政をよくするというのは結果であって、経済をいかによくして、その中で財政再建もあると思います。

ただ、この時に避け得ないと思うのは「増税」です。それはなぜかというと、20年後の75歳以上が5〜6人に1人という社会は、まさに本当のお年寄りが急増する時代です。その時、元気のなくなったお年寄りを放っておくというわけにはいきません。これを守ることが、日本が長く培ってきた「公」という精神です。弱い者を放っておくなんてできないですから、その時みんなで助け合う心が必要です。税負担の増大というのは避けて通れないと思います。

吉田　今の財政再建と国民の税負担の問題について、野村会長はどのようにお考えでしょうか。

野村　ご承知の通り、現在のわが国の財政は、長期債務残高が７００兆円を超えるなど、非常に危機的な状況にあるといえます。健全化に向けて、一刻も早い取り組みが必要であることはいうまでもありません。

問題はその手段です。少子高齢化、人口減少社会を迎えるにあたり、今後わが国では財政面で非常に難しい舵取りが要求されることになります。増税すなわち「入るを図る」ことを検討することも重要ですが、将来のことを考えると、何よりもまずは国の財政体質をできる限り筋肉質にしておく必要があります。そういった意味では、現在検討されている「歳出改革の徹底」は非常に重要だと思います。国も人間と同じで、時が経って油断していると贅肉もついてきますから、常に見直しを行って無駄な部分をそぎ落とし、また増やさないように努力し続ける必要があります。

しかし、歳出を削る方向にばかり目が行ってしまっては、筋肉まで削ってしまいかねません。日本の発展という意味では、例えば次世代型のモノづくり産業や科学技術の振興、大武先生もおっしゃっている「クール・ジャパンの発信」など、使うべきところには十分な資源を投入する必要があります。限られた資源をいかに有効に経済活性化に結びつけ、税収を増やしていくか。

こういった視点で広く議論し、資源配分を決めていくべきではないでしょうか。そして、これらの手を尽くしても、どうしても将来の社会保障費などの増大幅が吸収しきれない、そういった状況を国民が納得できた場合に初めて、痛みを恐れずに増税の検討を選択できるのではないかと思います。

国民の納得感という意味では、税の使い途についてももっと公開し、透明性を高めるべきだと思います。特に、ブラックボックスといわれている特別会計については、誰もが内容のわかる形にする必要があります。国の特別会計による事業への補助金についても優先順位があるのではないでしょうか。特別会計だからといって特別視するのではなく、使途を明らかにして、それぞれの事業の必要性について、国民の間でしっかりと議論しなければなりません。塩川元財務大臣が以前一般会計と特別会計の関係について「母屋では粥を食っているのに、離れでスキ焼きを食っている」とおっしゃったことがありますが、節約重視の一般会計と、潤沢かつ聖域視されている特別会計の違いをうまく言い表していると思います。こういった、公平さや納得感を欠く事例こそが、先ほど申し上げた国の贅肉の部分であり、しっかりと見直していかねばならないところです。

日本人の危機意識のなさ

吉田　「歳入・歳出の一体改革」は、今盛んに議論されているところですが、この国の財政を家計に例えれば、ものすごく危険な状況です。そんな安心のできない家（国）から逃げ出したいと思う人も少しはいると思うのですけれど、それより全く国の財政に関心を示さない人が多くなっている。そういう国柄になったのはなぜなのでしょうか。

大武　まさにこれは、右肩上がり時代の残像に酔いしれているんです。やはり自分たちの国が今日より明日、明日より明後日と、ずっと強くなり続けてきたから、特に私たちの世代、団塊の世代も含めて、みんな非常に楽観主義者になっている気がします。

これは明治時代の人たちが悲観主義者だったというわけではないけれど、危機意識が強かったのとは、極端に逆だという気がします。どちらも行き過ぎていた気がするんです。はっきりいって、あれだけ危機意識が必要だったかどうか、歴史的事実としては意外といろいろな意見があり得るんだと思います。逆に、戦後の日本の危機意識のなさというのは、あまりにも極端だと思います。

だから、先ほどもいったように、みんなが「選択する」という覚悟がいると思います。あることを採って、あることを諦める、この諦めることができない世代が、実は多数の日本人、特に中高年齢者に多いのではないかと思うんです。その意味では、例えば、本当に年金制度を今の形で最後まで頑張るのかと。私は、女性が生涯に生む子どもの数が1・25となった現状を考えたら、夫婦2人で1・25人しか生めない社会というのは、移民を入れずして、年金なんか守れないと思うんです。

しかし、日本人にその覚悟ができているのか。移民を受け入れるかとなると、野村会長も先にいわれたように多くの方がまだ反対です。もちろん、文化的な問題で大変混乱も生じますから、日本のアイデンティティみたいなものをしっかりつくらないで、移民を認めるなんてとてもできないと思うんですが、そういう準備もできていません。まさにそこのところが、危機意識のなさ、そのものなのかなという気がします。

危機感がないのと、自分の強さ、実力もわかっていないんです。何しろ自分の国は、小さな国だと思っている人がすごく多いんです。要するに東の端の小さな、とんでもない国だと。大の大人がベビー服を着て、「私、小ちゃいの」といっているようなものなんです。世界の国から見たら何を冗談いっているんだという話になります。こういう強い国が、強い国として実力を活かす。そのことを果たしていないというのが一番の問題です。これを次の世代では、少し変えていきたいと思っています。

最近、若い子たちの方が、海外旅行をいっぱいしていて、世界のことを知り出しています。それだからといって、鼻にかけて、威張ってふんぞり返るようなものでは全くないし、むしろここまで来たことを、以後どう活かすか考えて戦略を立てることだと思います。

吉田　野村会長、「失われた10年」があって自信喪失の日本ともいわれていますが、経済面から見ればまだまだ日本は大国だといえるのでしょうか。

野村　「自信喪失の日本」とのご指摘ですが、政治の面ではまだそういった感覚があるのかもしれませんが、経済の面では、一概にそうともいえないのではないでしょうか。

バブル経済の崩壊以降、日本の企業は必死に努力をして、設備・人員・負債の3つの過剰を解消してきました。その結果、日本企業の経営体質は大きく強化されています。この点は、グローバルマーケットでの競争においても、大きな強みとして効果を発揮しています。

例えば、アジアにおいて、日中関係については「政冷経熱」などといわれていますが、ASEANプラス3（東南アジア諸国連合＋日中韓）のGDPに占める日本の割合は、依然として60％を超えています。また、アメリカとの関係も引き続き密接で、平成17年には日本の対米貿易収支黒字が過去最大を記録しました。日本が儲けるばかりではありません。日本の自動車メーカーなどは、アメリカ国内での生産拠点を大きく拡大することで、雇用の増加などの面でアメリカ経済の発展にも大きく寄与し、高い評価を受けています。これらの点を考えると、特に経済面での日本のプレゼンスは、世界の中でもまだまだ高いといってもよいのではないでしょうか。

もちろん、将来、安閑としていられないのはいうまでもありません。中国やインドなど、アジア経済においても強力なライバルが台頭してきており、日本のプレゼンスを懸念する声も強まりつつあります。日本が世界から高く評価される国であり続けるためには、技術力や知の集積といった「日本の強み」をライバルが真似できないようなレベルへと磨き上げ、競争力を高めていく。そういった努力を通じて、経済面でも確固たる地位を維持し続けることが必要だと思います。

地方分権の問題点

吉田　常にイノベーションとコストパフォーマンスで世界に挑戦する日本企業の姿勢は、本当にすばらしいと思いますが、そうした努力とは反対に、どうも日本の国は企業も含めてＰＲが下手だという気がします。ですから、若い人たちも外国へ行って初めて自分の国の実力がわかるけれども、それではそれを自覚して、第三者に表現するといったことは苦手です。国も同じで、他国に対して積極的に「これはこうなんです」ということをはっきりいえない部分が結構あるのではないかと思います。

大武　まったく同感です。これはおそらく類推の域を出ませんけれど、日本という国は、やはり中国大陸の横にある島国であったということに起因するのではないかと思います。いわゆる文化は輸入したけれど、文化を広める先はなかったと。それが大きいのではないでしょうか。日本自体は、驚くほどの情報収集能力を持っていて、自分なりに昇華している、すごい国なんです。

まさに３００年前、１７００年代初めに和時計をつくっていて、精度は欧米に負けないくらいでした。きちんとケプラーの法則も知っていて、キリスト教を禁止しながら、欧米文化を知っているわけです。しかし、自分の国がこんなにすごいものをつくっているということを、欧米に決して発信しないわけです。これが、未だに続いているんですね。日本の国というのは、ミステリアスかも知れないけれど、ちっとも自分のことをいわない国になっちゃったんですね。

はっきりいえばＰＲが下手で、ＰＲすると叩かれる。今度も堀江さんみたいな人が、どこまで本当かわからないけれど、ＰＲばかりやって成長するアメリカの手法を真似て、こけていくわけです。日本では、目立たないほうがいいんだという経営者がまだたくさんいらっしゃいます。目立ったらろくなことがないと。ここがマイクロソフトなんかと正反対なんです。

いろんな生き方があると思うけれど、日本は自分の明確なる意思をはっきりといっていく時代だと思うんです。ただ、いうからには、先ほどから申し上げているように、ある程度自分たちの考えをしっかりまとめていく努力がいると思うんです。ところが、それぞれがあんまり言い合わないもんですから、意見もまとまらないんです。これが最初にいわれた通り、相変わらず数字合わせになってる理由です。戦略というものを議論せずに、結局、数字の上で調整するという手法です。

これからは、質の時代になってきている以上、数字合わせではダメで、国の形とか家族の形、あるいは地域の形をどうするかといった議論をした上で、きちんとしていかなくてはならない。
例えば、地方分権が金科玉条にいわれていて、確かにそれは必要なんですけれど、地方分権を「分散」と捉えている人がいたら、絶対に成り立ちません。20年後、田舎は3～4人に1人が75歳以上の状態になる。そのとき、身体を悪くしたお年寄りが、遠い辺鄙なところにバラバラ存在されたら、とてもじゃないけれど見きれません。そういう意味では、最低限人間の生き様をするためには、前もってある程度、地方の中核都市に集まってもらうとか、そういうことをしないとやっていけません。
インターネットで、「私、危ないから助けに来て！」といえばいい、ということもあるかも知れないけれど、そのつど自衛隊出動なんてわけにはいかないですから。ここはやはり分権ではあるけれど、分権した先がどういう地域づくりをしたらいいか、国家としてビジョンを策定し、公表するといったことをしなければいけません。地方分権という時に、このあたりの基本のところの議論があまりなされていないのではないか、その点が非常に気になりますね。

吉田　この地方分権の問題については、野村会長はどのようにお考えでしょうか。

野村　先ほども申しましたが、日本は危機的な財政を健全化させていかなければなりません。また、これまでのような強力な中央集権による国家統治にも制度疲労の兆しが随所に現れており、地方分権の推進が求められます。

中央集権による弊害としては、例えば、国が地方にとっての必要性を十分に考慮しないまま、国税を用途指定の補助金や地方交付税の形で地方に分配するといった押し付けがましさが目につきます。過去の地方支配の残像でしょうか。地方分権のためには、大前提として、外交や防衛、国土インフラづくりなど国がやるべきことと、地域の道路整備や産業振興など地方がやるべきことを切り分ける必要があると思います。その上で、それぞれの組織が「小さな政府」、「小さな自治体」を実現していかなければなりません。そのためには、国から地方へ税源を移譲し、課税権限を与えるなど、税財政制度の改革を進めること、そして、その自立を促すために、国の権限・関与を減らして、地方にインセンティブを与え、その動きと並行して、分権の受け皿である自治体自身も改革を進めることが必要です。「あんな自治体に権限を委ねられるか」と国から侮られない自治体づくりです。

自治体改革における重要な視点は、「行政のスリム化」と「情報公開の徹底」だと思います。行政のスリム化を図るためには、人員や人件費の削減はもちろんのこと、公共サービスを民間に開放することも必要です。例えば、これまで官が実施してきた公共サービスの担い手を幅広く官民の競争入札で決める制度、いわゆる「市場化テスト」が現在検討されていますが、この制度の導入は、官民の競争を促し、サービスの向上やコストの削減につながりますので、各自治体はぜひとも推進していただきたいと思います。

また、ここ数年、行財政の効率化や財政基盤の強化のために、全国で市町村合併が進められていますが、併せて地方議会制度の改革も必要です。例えば、わが国の地方議会の議員定数は多すぎるのではないでしょうか。アメリカでは自治体の平均議員数が約5人だそうですが、日本では各市町村に平均約20人もの議員がいます。議会コストを低減し、議員間の競争を生むためにも、議員の定数を削減することが必要ではないでしょうか。

情報公開の徹底は、自治体改革が成功するためのカギになる取り組みだと考えています。自治体の情報をわかりやすく住民に提供するなど、開かれた自治体運営により、住民の支援を得て、その力を改革のエネルギーにしていくことが必要でしょう。「内々で まあ内々でと 税を食い」という時事川柳もあります。

関西では、現在、地方分権の推進と広域的行政ニーズに対応するために、道州制や広域連合の導入に向けた議論が活発に行われています。道州制の導入となると１２０年ぶりの大改革となり、また、解決すべき課題も多いので、いつも総論どまりで実現は容易ではありません。むしろ、最終的には道州制を目指しつつも、まずは観光振興や企業誘致、あるいは地域防災といった具体的政策で関係する府県が広域連合を形成するなど、できるところから着実に実績を積み上げていくアプローチが必要ではないでしょうか。こうした具体的取り組みが進んで、全国に地方分権の機運が盛り上がることを望みます。

吉田　地方分権は、いわば国力の分散ですから、財政を考えた場合、コストが非常に高くなるのではないかという気がするんですけれど、いかがでしょうか。

大武　「中央で、ある変な一つの物差しをつくると、余分なものを地方ではすることになるから却って無駄がある。したがって地方に任せた方がいい」というのも一つの考え方であると思います。しかし、吉田副会長のいわれるとおり、地方分権によって行政効率が下がる部分があると思いますし、その時でも「シビルミニマムはこうだ」という国家の基準なしに、勝手に「国とは別だ」ということを地方自治の名でされては困ると思います。

また逆に、景気が悪くなったらＯＤＡを切ってしまえ、という日本の国論のように、本当に貧しい地域に対して東京都民がお金を出すのをやめた、というようなことを主張されたら、地域的な経済格差の大きい日本にあって、貧しい地方自治体はやっていけなくなるんです。やはり、そこは一つの国家である以上、シビルミニマムについては、国で設計をしないといけません。そして、地域間の財政調整も必要です。そのあたりの物差しの考え方が、できていないのではないかということが非常に心配です。

東京都民の地方分権論をいうのは、都だけだったら税金が少なくてすむというもので、一面の真理です。しかし、それをされたら、北海道や田舎の人はたまったものではありません。しかも、東京都民の多くも、故郷は田舎なのです。そういう全体を議論していかないとだめなんです。例えば、北海道で必要なものでも、沖縄ではいらないものもあるでしょう。沖縄で必要なものでも、北海道ではいらないものもあるでしょう。それをそれぞれの地域が選んでいくというのは、大いに必要なことなんだけれど、他の自分の住んでいない地域に対して、思いやりを忘れての地方分権であったら困ると思います。

また、地方分権は、「分権」であるとともに「分義務」ですから、逆に田舎の人は、お金だけ降ってくるように思ってはやっていけません。このあたりの考え方をもう少し国家戦略の中で、地方分権をどう位置づけるかをきっちり議論してほしいと思います。

21世紀はアジアが注目される

吉田　話は変わりますが、今世紀、21世紀はアジアが注目されると思うのですが、それについてお話いただけませんか。

大武　この21世紀は、おっしゃるようにアジアという地域が世界の中でも最大の関心事になっていくと思うんです。ＧＤＰの４分の１がアジアですから。しかも、人口の最も多い中国、インドがアジアにある。そこが今後どうなっていくかは、世界がどうなるかということと不可分になっています。そういう中で、中国とアメリカという大国がどう相対峙していくかということは、中国のすぐ横にある日本にとって死活問題なんです。

しかも、沖縄というところは、東シナ海のへそでして、あそこからは東京より北京の方が近いわけです。まさにそういうところを抱えた日本という国が、この中でどういう生き方をするかというのは、日本のことだけではなく、アジア全体にとって極めて重要なんです。このあたりを日本人が日本の地図だけを見るのではなくて、世界の地図の中で日本というものを見るようにしないといけません。これだけ豊かになった日本に対して、「何をしていたのか」ということになってしまうのではないかということを恐れます。

中国は世界外交をすごくやっています。それがいかがかという議論が逆に起きてきますが、日本もどう生きようとするかを国民一人ひとりに問うてほしい。もちろん、中国と日本の間には、靖国問題以外にもいろいろあります。どこの隣国同士にも問題はあると思いますが、やはり日本は明治以降の中で、隣国の人たちに迷惑をかけたというのは事実でしょう。

しかし、アジアの国々はどの国も、欧米の近代化の中で必死にあえいできた百数十年であったというのも、また事実です。アジアのどの国も、欧米という全く違う物差しに出会ったのです。その中で、日本だけがいち早く欧米近代化に成功したわけなんです。その過程で、いろんな迷惑をかけた。しかし、これは長い目で、日本が学んできたその知恵を少しでもアジアの国々に共有してもらうことで、日本という国の過去にかけた迷惑を清算していく。未来に向かって、日本が果たす役割ということで、少しずつ返していくことだと思います。

一番いい例がベトナムです。本当にわずかな期間ですが、日本の軍隊の進出によって食糧をとられた結果、餓死者が出たという歴史があるんですね。しかし、そういうことを捨てて、日本という国を兄貴分として頼ってきています。東南アジアの多くの国々がそうだと思います。そこで、日本が彼らなりの欧米近代化を少しでも援助できれば、それこそが日本の役割だと思います。

申告納税導入を目指すベトナムへの手助けなどが典型だと思うのですが、そういうことをお手伝いすることが重要だと思います。また、インドネシアにおける「交番」もそうです。警察がよく援助しています。そういったものを含めて、日本人の知恵を利用していただけるならどんどん利用してもらう。

そうした援助を行うことで、長年にわたって築いてきた日本の宝物を共有してもらえればいいと思います。そして、少しでも日本を信頼される国にしていくことです。いくら他の遠い国と仲良くしていても、隣の国と喧嘩しているようではだめです。得てして、どの国もそうなんですが、例えばアメリカとカナダも、またシンガポールとマレーシアもそんなに仲良くないんです。

吉田　家族の中でも一番近しい間柄にある兄弟の仲が悪いということがよくあります。今後の日本のあるべき姿といいますか、コンセンサスをつくりあげていくことが21世紀の大きなテーマですね。

大武　私は、それが一番のテーマだと思います。そのためにも、今起きている現実をできるだけ国民に知ってもらいたいのです。アメリカの教科書や過去の日本の数字を見るのではなくて、今起きている日本の現実を見据えて、その中からそれぞれが最適な答えを出していくのであって、このようにあった方がいいというラインだけ、机上論だけで議論したって意味がありません。今の現実の中から諦めるものと絶対守るものを選択していく。そのための議論をしっかりしてほしいと思います。そのための数字とか、現実を公開していく努力がいると思います。あまりにもその努力がなさすぎるのではないかと思います。

吉田　野村会長、コンセンサスに向けた国民の議論ということについては、どのようにお考えでしょうか。

野村　先日、憲法を改正する際の国民投票の仕方を定める法案が国会に提出されました。憲法が公布されて60年。これまで未整備のままであった法案の策定に向けて動き出したのは、国のあり姿を規定する憲法の見直しについて、国民や政党の意識が変わってきたことを表しているのではないでしょうか。

人口減少の歯止めや国・地方の財政健全化の方策、あるいは国際社会の変化に伴う安全保障や国際的貢献のあり方など、時代が大きく変化しようとしている今、日本のあるべき姿について、あらためて国民のコンセンサスを得ることが必要な時期にきています。じっくりと時間をかけながらも、憲法の改正について議論を進めることが必要です。国民一人ひとりが自らの問題として受け止め、考えることが大切です。

例えば自衛権の議論一つをとっても、「自分たちの国は自分たちで守る」という意識を持っている国民がどれだけいるでしょうか。日本は、戦後長い間、日米安全保障条約によって守られてきました。しかし、冷戦構造が終結する一方で、近隣諸国による領海の侵犯やミサイルの発射が現実のものとなっている今、誰がどのように自分達の国を守るのかということを、まずは国民一人ひとりが自らの問題として考えなければなりません。社会保障の問題も、子どもたちの教育の問題も、街の安全・安心の問題も然りです。前回の衆議院議員選挙では「小泉劇場」などという表現が使われましたが、国民は決してオーディエンス（観客）ではありません。国民自身があくまでも国政の主役であるという強い自覚を持つべきです。

それぞれができる社会貢献を

吉田　確かに「主権在民」からいっても、国民が国の主役であることはその通りなのですが、かといって、我々一人ひとりが具体的に何をどのように、どうすればいいのかという話になると、その答えはなかなか難しいように思うのですが。

大武　下京納税協会（京都）の講演の時にもお話したんですが、こういっては悪いけれど、世界の観光都市で、朝、京都のようにゴミがあふれている所はないのではないでしょうか。地域の方が全員で、ごみ拾いをするべきではないでしょうか。そうすれば、税金なしで、自分たちの手できれいな街づくりをすることができるし、もっと観光客が来てくれるのではないかと思います。

私は、最近朝6時には目が覚めるんです。そして、できることをやろうと思って、8時まで今はいろいろな原稿を書いているわけです。要するに、元気なうちは地域や社会のためにやれることをやる。それぞれみんなが社会に貢献できることをするのです。ゴミを集めるということは、ある程度誰でもできると思います。

残念ながら東京でも、午前中に清掃車が来るようで、朝は汚いんです。夜に騒いだ分が残ってしまうんです。清掃車に頼んでもいいのだけれど、地域でゴミを集める運動をやりだしたら、きっと団結が出来上がると思うんです。

吉田　野村会長は、社会貢献ということについて、どのようにお考えですか。

野村　大競争時代にあって、企業は、お客さまや投資家から厳しい選別を受けるのはもちろんですが、その前提として、社会と共生し、社会からの共感や支持を得ることが企業存続の要件となります。つまり、企業は、お客さまやお取り引き先さま、株主さま、そして社会にとって、十分な価値を生み出す存在でなければならないということです。まことに手前味噌ですが、大阪ガスでは従来から、これらすべてのステークホルダーの価値をともに高めていくための「価値創造の経営」を基本理念として掲げ、企業活動を行っています。

社会貢献は、企業自らの経営理念や哲学を世に表すためのシンボリックな行動であり、一般に、二つの次元があると思います。一つは「事業を通じた社会への貢献」であり、もう一つは「事業とは別の企業ボランティア活動」です。大阪ガスの例でいえば、前者は環境負荷の低いエネルギーである天然ガスの普及促進と安定供給、高効率な省エネ機器の開発、緑化技術の利用拡大などであり、後者はチャリティ募金の寄付、事業所周辺での清掃、会社施設の開放など、「小さな灯」運動という名で続けているボランティア活動です。

日本でもかねてから、企業は一定の社会貢献活動を行ってきましたが、それらは、ともすれば「コスト」とみなされがちであり、不景気になれば整理・縮小されるなど、景気の動向に左右されることが多かったように思います。しかし、社会的な存在である企業が社会貢献活動を「会社の論理」だけで始めたり、やめたりすることは、社会の信頼を大きく損なうことになりかねません。

ここ数年、ＣＳＲ、いわゆる「企業の社会的責任」が注目されており、企業価値の向上という点から見れば、企業の社会貢献は新たな段階を迎えています。企業にとって、社会に開かれた姿勢のよい事業活動を行うことがＣＳＲの基本であり、企業は単に収益を確保し、税を納めるだけでなく、法令の遵守、環境の保護、人権の尊重、情報セキュリティの確保など、様々な分野で社会的責任を果たしていかなければなりません。

昨今、企業の社会的責任に対する世間の評価も年々厳しくなってきています。欧米ではすでに、環境や地域に配慮した活動に取り組む企業の商品を進んで購入する消費者運動が盛んです。日本でも、国や自治体だけでなく多くの事業者や国民が「グリーン購入」に取り組むなど、企業の社会貢献活動を重視する考えが浸透してきたように感じます。今後は、企業の社会貢献度を評価する新たな規範をつくろうという動きも出てくると予想され、社会貢献によって獲得した信頼が企業の「見えざる資産」、「競争力の源泉」となる時代もそう遠くないように思います。

吉田　企業も市民もできる限りのことをしながら、国・地方の行政コストを下げていくという社会は、成熟した市民社会のあるべき姿であろうと思います。ただ、やはりまだ日本では、「社会貢献」というと、何か大げさに聞こえます。これは、まさしく大武先生がいっておられる「当たり前への回帰」に尽きると思うのですが。これは、マニュアル通りではなく、地元の現場へ戻ってその地域のニーズなどを分析し、考えるということですね。

大武　一例でいうと、特に京都というのは歴史のある本当にきれいな街なんですから、地元の中学校の先生とか、歴史を知っている人たちが、ボランティアで京都を案内されたらどうでしょうか。あるいは、熱心なタクシーの運転手さんもいらっしゃるので、教えられたらいいと思います。調べたところでは、江戸の中期に、大阪の貝塚にも岩橋善兵衛という人がいて、モノづくりの拠点として「岩橋善兵衛グループ」というものをつくっています。

この人たち以外にも、そういう技術集団がいて、例えば和時計の歯車をつくりました。精度の高い歯車をどうやってつくったかと調べても、今では当時の手法では再生できないんです。そういうモノづくりの歴史を大阪も持っているわけなんです。こういうことをみんなが思い返して、それをどう受け継いでいくのかをみんなで考えればいい。自由な発想で、先ほどの「てっちり」の話が適当かどうかは別としても、自分の物差しをつくるべきだと思います。そうしたらもっと大阪は面白くなると思います。

納税協会はどうあるべきか

吉田　納税協会は、税知識の普及、適正な申告納税の推進、納税道義の高揚と企業及び地域社会の発展に貢献することを目指していますが、この申告納税制度もいわば「当たり前」のことだと思います。それでは最後に、納税協会がこれからどうあるべきかをお伺いしたいのですが。

大武　納税協会にお世話になってきた私がいうのも面はゆいのですが、やはり質の時代になっている今こそ、先ほどの「会計」が重要になると思うんです。これは税理士さんがやることでもあるけれど、やはり実際に帳簿を付けるのは納税者ご自身ですから、しっかりと新しい時代に合うように、より高度な月次決算をしていただきたいのです。場合によっては、週次決算をして、自分の会社がどういう位置にあるのかをきっちり把握する。それを納税協会に支援していただければと思います。新しい会計が普及してきていますから、ただ単に税金を納めるためではなくて、法人も個人もそういう対応ができるための連絡組織として、納税協会に機能してほしいと思います。

もう一つは、納税協会には特に第一線から引かれたような経験のある方が多くいらっしゃるので、こういうボランティア組織が後輩の中小企業の方々に、先人の知恵を伝えていく団体になってほしいと思います。

あまり皆さん方はお気づきになっていないと思いますが、私は経営には二つの哲学があると思っています。一つはその時代の流れに合っているかということ。これは若い人や現場に近い人が一番知っていることで、この部分ではＯＢの方がどの程度役に立つかわかりません。ただ、もう一つの哲学がある。それは「本業以外はドケチ」であるということです。これは、長年商売に携わられた方々に脈々と受け継がれていて、悪いのですが、若いＪＣの人たちでは絶対にできません。納税協会の先人の方々に、もっと自信を持って、この「本業以外はドケチ」という運動をみんなでやってほしいぐらいです。

世の中というのは、ちょっと景気がよくなると、他人の庭がきれいに見えるんですね。その結果、本業を忘れて他に手を出す。そうして、こけてしまう人が山ほどいます。本業で必死になっている人たちがいるところで、横から急に入った人が成功するというのは、宝くじに当たるより難しいですよ。まさに、納税協会はそういう経営哲学というものを、次の経営者に伝えていく団体としてもあってほしいと思います。

吉田　今の「本業以外はドケチ」という考え方について、特に本業に徹しておられる大阪ガスの野村会長はどのようにお考えでしょうか。

野村　江戸時代の大坂商人の家訓や心得に「始末」という言葉があります。大武先生の「本業以外はドケチ」と同じ意味だと思いますが、これは単にカネを出さないことではなく、「生きたカネを使うために、無駄な出費は徹底的に省く」ということです。先ほども申し上げましたが、大阪には商人が私財をなげうって整備したインフラが多数あります。ただの「渋ちん」では、こんなことはできません。日頃「始末」してコツコツ貯めたカネも、長期的な繁盛につながると見れば気前よく使う。今風にいえば、コストは徹底的に削減するが、新たな主力事業に育つ分野や、本業とのシナジー効果のある事業には積極的に投資するということになるでしょうか。

先ほど「本業に徹しておられる」と紹介いただきましたが、私ども大阪ガスグループも、実は様々な多角化事業を展開しています。成功している事業もありますが、失敗も少なからず経験してきました。私は、すでに整理した新規事業の失敗原因を分析した資料を大事にデスクにしまっているのですが、そのファイルには「死屍累々」という表題をつけております。いくら魅力的な市場でも、先行して進出している企業を上回る専門知識やネットワーク、商品力がなければ、十分な利益を出すのは難しいこと、また、撤退は進出以上に難しいことなど、身をもって学びました。

それでは企業は本業だけを粛々と守り続ければよいかというと、そうではありません。社会環境も変化しますし、何よりも組織や制度というものは少しずつ硬直化し、いずれは衰退していきます。企業の寿命が30年といわれる中で50年、１００年と存続していくには、組織の新陳代謝が欠かせません。イノベーションの実施やチャレンジ精神の発揮と、浮利を追わず本業に徹する精神とのバランスは、経営戦略の重要なテーマです。

大武先生のおっしゃるとおり、納税協会会員である経営者の皆さんの持つ豊富な経験と社会貢献の意識、納得いくまで長期的なリスクとリターンを見極める「ドケチの精神」は、若くて積極的な経営者の方々にもぜひ参考にしていただきたいと思います。

大武　それと、もう一つ重要なことは、税というのは、自分のものをあたかも取られるというように思っているかもしれないけれど、国なくしてこれからの時代はあり得ません。米ソ冷戦の時代は国の有難さなんてわからなかったけれど、国がガタガタの国、アルゼンチンなどは辛酸をなめているわけです。インドネシアもそうです。そういう意味では、国家というのは他人事ではなくて、自分の商売を上手くしていくためにも、国家を上手く営まさなければならないわけです。

そういう点でも、納税者は納税協会を通じて国や地方自治体にものを申していかれればいいと思います。それは、ただ要求だけではなく、自分たちはこういったことをやるから、あなたたちもこうしてほしいという意見をどんどんいってほしいと思います。特に、国は総花的なことをいいますが、総花では絶対ダメな時代ですから。特に成功している経営者のほとんどの方は、他を犠牲にして一つにかけて成功しているんです。みなさん、選択することのプロなんです。そこをもっと国や自治体に対しても、意見具申していただけたらと思っていました。

不動産で大儲けした他の人が、左うちわで豪遊しているときに、不動産に手を出さないというのは本当に辛かったと思います。しかし、「何で？　絶好の機会に」といわれても、じっと我慢した人が最後まで生き残ったと思います。残っておられる方は「本業以外はドケチ」という頑なさをもって生きておられる方なんです。一見器用な人の方が、かえって失敗しておられます。

私は十数年、納税協会での講演のおかげで、たくさん工場見学もさせていただき、今もお付き合いしている方がいますが、成功している方というのは、時代の読みを誤っておられません。ダイエーさんなんかは、時代の流れを見誤ったんでしょうね。もう、大量にものを買う時代ではないのですから。そして、最後を勝ち抜くのは「本業以外はドケチ」。そういう時代なのです。

吉田　納税協会連合会会長のお立場として、今の大武先生のお話について、野村会長はどのようにお考えでしょうか。

野村　大武先生の「納税者はもっと国や地方自治体にものを申すべき」というご意見には全く同感です。アメリカでは、納税者が権利意識を非常に強く持っており、国会議員のところに「アズ・

ア・タックスペイヤー」という書き出しで意見や要望の手紙を送るということを読んだことがあります。

日本でも、国民が納税者としての義務と責任を果たしつつ、タックスペイヤーとしての意識を強く持ち、より積極的に声を上げるようにならなければ、政治や行政はなかなか変わらないのではないでしょうか。国民自身が税に関心を持ち、税金がどのように徴収されて、どのようなことに使われているのかをしっかり理解する必要があり、その上で、日本の将来のあり姿について真剣に考え、国や自治体に対してものを申していくことが重要だと考えます。一方で、そういったタックスペイヤーの声に対して、国や自治体はもっと敏感に反応する意識を強く持たなければなりません。

納税協会では、あらゆる税の相談をはじめとして、租税教室や改正税法説明会の開催、税法解説書の出版などの幅広い活動を通して税知識の普及に努めており、また、税制改正要望により会員の声を税務当局にフィードバックしています。今後も、税のトータルアドバイザーとしての活動を積極的に行うとともに、税に対する国民の意識が高まり、タックスペイヤーとして政治や行政に対して堂々と意見をいえるような社会風土の醸成に寄与していきたいと考えています。

大武先生は先ほど、「成功している経営者は選択のプロ」とおっしゃいましたが、経営者にとって「選択」がいかに重要であるかということをよく表しておられます。世の中には、「不易」と「流行」がありますが、企業を取り巻く環境の変化が非常に激しい現代だからこそ、経営者が時代の流れを見誤ることなく、守っていくべき「不易」となるものをいかに的確に選択していけるかがカギになると思います。

大阪・船場では、「素人芸は下手が上手　素人うまけりゃ店へたる」という言葉が伝えられているそうですが、自分にとって大事なものを見誤ると身を滅ぼすということをうまく表しています。経営者の皆さんには、守り続けていくべき価値と変革するすべをしっかり見極めていただきたいと思います。

今年、納税協会連合会は創立60周年を迎えましたが、「納税道義の高揚」、「税務の民主化に資する」という設立当初からの理念は次代に引き継ぐべきものだと考えています。一方、時代の変化に対応した変革も必要で、新しい事業にも取り組んでいかなければなりません。いずれにしろ、時代の流れを見誤ることなく、会員のニーズを把握した上で、企業経営のサポートや明るく健全な地域社会づくりに取り組んでまいります。大武先生におかれましては、従来にも増して、ご指導とご協力をいただきますようお願い申し上げます。

吉田　先日、納税協会にも関わりのある公認会計士の先生が、「きちんと税を納めるためには、その前にしっかりとお金を稼がないといけない。納税協会はまずそのサポートをされてはどうですか」とおっしゃったのですが、やはり経営の基本、お金が儲かっているかどうかの判断は、まず記帳をして、自社の今の評価をきちんと把握することだと思います。自分の体力、自社の評価を時価で的確に把握できる企業であれば、次にどうするかという経営戦略も出てくると思います。自分の足腰、体力がわからないからバカな轍を踏んでしまうのではないでしょうか。最近は、ようやく日本経済に復活の兆しが見られ、企業業績も好調であるということが伝えられています。こういう時こそ、足元をしっかり見つめて、ということですね。

大武　今はチャンス、という時代には必ずピンチが始まっているわけで、ピンチの時こそチャンスの芽がある。生き残っている企業は、バブル崩壊というピンチの時にまさにチャンスの芽をつくってこられたから伸びることができました。今一見、チャンスといわれているときにこそピンチがありますから、本業以外はドケチということをかみしめて、自分の仕事が時代に合っているのかどうかをしっかり見据えて、これからもご努力いただければと思います。そして、納税協会の一層のご活躍を期待しています。

吉田　ありがとうございます。納税協会は、先ほど大武先生、野村会長からいただきました納税協会への温かいご提言を踏まえながら、これから先、税のトータルアドバイザー、オピニオンリーダーとして積極的に活動し、会員の皆様方にとって「なくてはならない存在」、また会員の皆様方から「加入してよかった」といっていただける協会に向けて、頑張っていきたいと思います。大武先生、野村会長、本日は大変お忙しいところ、貴重なお話をお聞かせいただき、ありがとうございました。これからもよろしくお願いいたします。

【著　者】

大武健一郎（おおたけ・けんいちろう）

東京都生まれ。昭和45年東京大学経済学部卒業、
同年大蔵省入省、大阪国税局長、大蔵省主税局審議官、
財務省主税局長、国税庁長官を歴任。
現在、商工中金副理事長、大阪大学・学習院大学非常勤講師。
『データで示す日本の大転換』（かんき出版）『税財政の本道』
（東洋経済新報社）などの著書がある。

平成《へいせい》の税《ぜい》・財政《ざいせい》の歩《あゆ》みと21世紀《せいき》の国家《こっか》戦略《せんりゃく》

平成18年11月1日　第1刷発行

著　者　大《おお》武《たけ》健《けん》一《いち》郎《ろう》
発行者　吉　田　實　男

発行所　財団法人 納税協会連合会
〒540-0012　大阪市中央区谷町1－5－4
電話（編集部）　06（6135）4062番

発売所　株式会社 清　文　社
〒530-0041　大阪市北区天神橋2丁目北2－6
（大和南森町ビル）
電　話 06（6135）4050
FAX 06（6135）4059
〒101-0048　東京都千代田区神田司町2－8－4
（吹田屋ビル）
電　話 03（5289）9931
FAX 03（5289）9917

印刷所　亜細亜印刷㈱

ISBN4-433-30586-3　C2033